人性
优点与弱点

〔美〕戴尔·卡耐基 著
〔美〕李麦逊 译

图书在版编目(CIP)数据

人性:优点与弱点/(美)卡耐基(Carnegie,D.)著;(美)李麦逊译. —北京:北京大学出版社,2015.8
ISBN 978-7-301-25789-0

Ⅰ.①人… Ⅱ.①卡… ②李… Ⅲ.①心理交往—通俗读物 ②成功心理—通俗读物 Ⅳ.①C912.1-49 ②B848.4-49

中国版本图书馆CIP数据核字(2015)第092424号

书　　　名	人性:优点与弱点
著作责任者	〔美〕戴尔·卡耐基 著　〔美〕李麦逊 译
策 划 编 辑	王炜烨
责 任 编 辑	王炜烨
标 准 书 号	ISBN 978-7-301-25789-0
出 版 发 行	北京大学出版社
地　　　址	北京市海淀区成府路205号　100871
网　　　址	http://www.pup.cn
电 子 信 箱	weidf02@sina.com
新 浪 微 博	@北京大学出版社
电　　　话	邮购部 62752015　发行部 62750672　编辑部 62750673
印 　刷 　者	北京汇林印务有限公司
经 　销 　者	新华书店
	880毫米×1230毫米　A5　18.5印张　429千字
	2015年8月第1版　2022年10月第4次印刷
定　　　价	69.00元

未经许可,不得以任何方式复制或抄袭本书之部分或全部内容。
版权所有,侵权必究
举报电话:010-62752024　电子信箱:fd@pup.pku.edu.cn
图书如有印装质量问题,请与出版部联系,电话:010-62756370

本书将助你实现八个目标:

1. 钻出牛角尖,注入新观念,开阔新视野,发现新理想。
2. 更快更易结交朋友。
3. 提升你的人缘。
4. 如何说服他人。
5. 增加你的影响力、威望和能力,以圆满解决问题。
6. 应付抱怨,规避争论,和睦、愉悦你的人际关系。
7. 让你更善言辞,更乐于交流。
8. 点燃你伙伴的热情。

本书以 36 种语言,让数千万读者实现了这八个目标。

目 录

001　　　读懂本书的九个建议

上册　人性的优点

003　　　上册写作的过程与动机

第一部分　关于忧虑，你应该知道的

011　　第一章　活在当下
024　　第二章　一个解除忧虑的神奇魔方
032　　第三章　忧虑对你的危害
043　　小结

第二部分　分析忧虑的基本技巧

047　　第四章　如何分析和解决忧虑问题

055　　第五章　如何消除生意场上一半烦恼

060　　小结

第三部分　在烦恼侵袭你之前将其化解

063　　第六章　怎么排遣内心的烦恼

073　　第七章　别让琐细之事坏了你的心境

081　　第八章　一条祛除你内心纷扰的法则

088　　第九章　和"宿命"合作

099　　第十章　为你的忧虑设置"止损点"

106　　第十一章　别试图去锯木屑

112　　小结

第四部分　七种技巧，带给你淡定和愉悦

115　　第十二章　重塑你生活的8个词汇

129　　第十三章　"扯平"的昂贵代价

138　　第十四章　这样做，你会看淡"不感恩"

145　　第十五章　百万美元能收买你吗？

152　　第十六章　发现自我，保持本色

　　　　　　　　——铭记：我是世界的唯一

161　　第十七章　如果有一只柠檬，就做一杯柠檬汁

169　　第十八章　如何在14天内治愈抑郁

183　　小结

第五部分　战胜忧虑的最佳方式

187	第十九章　我父母是怎么战胜忧虑的

第六部分　如何不为批评所扰

211	第二十章　铭记:没人去踢一条死去的狗
215	第二十一章　这么做,批评就于你无妨
220	第二十二章　我做过的蠢事
225	小结

第七部分　六招防止疲忧、神清气爽

229	第二十三章　如何每天赚回一个小时
234	第二十四章　什么使你疲劳,怎么应付
239	第二十五章　如何避免疲惫,永葆青春
244	第二十六章　四个好习惯,助你防止疲劳和忧虑
249	第二十七章　疲、忧和恨源自厌倦,如何祛除
257	第二十八章　防止因失眠而焦虑
263	小结

第八部分　"我是如何战胜忧虑的"
　　　　　——31个真实故事

267	洛克菲勒靠什么多活了45年
275	本杰明·富兰克林怎么战胜忧郁
277	六件麻烦事同时击中了我
280	我能在一小时内变成"乐和族"
281	我怎么摆脱自卑感

285	我驱赶烦恼的五个办法
288	过得了昨天,就过得了今天
290	我去体育馆打沙袋或徒步旅行
291	我曾经是"弗州理工忧郁王子"
293	触底之后,就是反弹
295	我曾是世界最大的蠢货之一
297	我始终保持自己的补给线畅通
300	当警察敲响我的家门
303	我最大的敌人是忧虑
305	我的肠胃就像"堪萨斯旋风"
308	看太太洗盘子,我治好了忧虑
310	我找到了答案
312	时间能改变很多事情
314	我动一下手指头就会死去
316	我是个拿得起放得下的人
317	我若不停止忧虑,早进坟墓了
319	我摆脱了胃溃疡和忧郁
321	医生说我在慢性自杀
323	发生在我身上的奇迹
325	我曾忧虑得14天颗粒未进

下册　人性的弱点

329　　　　下册写作的过程与动机

第一部分　交际的基本技巧

339　　　　第一章　"如欲采蜜,别毁蜂窝。"

354　　　　第二章　与人相处的诀窍

368　　　　第三章　"这样做的人包打天下,否则孤家寡人。"

386　　　　小结

第二部分　让人喜欢你的六种方式

389　　　　第四章　怎样成为"万人迷"

401　　　　第五章　留下第一印象如此简单

409　　　　第六章　不这样做,你就会麻烦不断

418　　　　第七章　变成一个好的交流者

427　　　　第八章　如何引起别人的兴趣

431　　　　第九章　如何成为"见面熟"

443　　　　小结

第三部分　如何说服他人

447　　　　第十章　争论中无胜者

454　　　　第十一章　有效避免制造对立面

465　　　　第十二章　如果自己错了,勇于承认

473　　　　第十三章　一滴蜂蜜

481	第十四章	苏格拉底的秘密
486	第十五章	应付抱怨的安全阀
491	第十六章	如何使人跟你合作
496	第十七章	一个为你创造奇迹的公式
501	第十八章	每个人所需要的
508	第十九章	人人都喜欢的气场
513	第二十章	必要时,做回演员又何妨?
517	第二十一章	束手无策时,不妨试试这个
521	小结	

第四部分 领导艺术:既影响他人,又不招怨

525	第二十二章	如果必须纠错,这样来
531	第二十三章	如何批评才不招怨
535	第二十四章	正人先正己
540	第二十五章	没人喜欢被使来唤去
543	第二十六章	面子要给足
547	第二十七章	如何激励人们成功
552	第二十八章	即使一条狗也要取个好名
557	第二十九章	轻松纠错
562	第三十章	让别人乐于为你效劳
567	小结	

读懂本书的九个建议

1. 如果你想读懂本书,有一个必备条件,一个确凿比任何法则或技巧都重要的条件。除非你具备这种先决条件,否则即使你手握上千种研究法则,也徒劳无益。如果你拥有这种关键的天赋,你便可以创造奇迹,大可不必通过阅读获取什么建议。

这种神奇的条件是什么?**正是:一种出自内心深处的钻劲和欲望,一种停止焦虑、重建生活的坚强意志。**

你怎么才能形成这样一种冲动呢?经常提醒自己,这些法则对你何其重要。不妨这样设想一番——如果掌握了这些原则,对把自己引向一种更多姿多采和更幸福的生活大有裨益;不妨反复对自己说:"我内心的宁静、我的幸福、我的健康,也许还有我的财富,最终取决于我对本书中蕴含的那些古老、显而易见和永恒真理的运用。"

2. 快速阅读每一个章节,得到一个大致轮廓。或许你就忍不住想看下一个章节,但请你别这样做——除非你纯粹拿这本书消遣。如果你是出于停止焦虑、重建生活的目的,那么请返回**再次细读每一个章节**。长时间看,这样最省时,最有效。

3. **阅读中时时常停下来,思索一下你读到了什么?** 问问自己,在什么情况下能运用本书中的每一项建议,以及如何实施。这样的阅读方式会对你大有裨益,效果远超"惠比特犬"[①]追赶一只野兔。

4. 阅读时,请手拿一只彩色蜡笔、铅笔、钢笔、变色笔或萤光笔,遇到一项你认为能实施的建议时,就在句子旁边画线标注。如果是一项四星级的建议,就在建议下面画线,或标出"＊＊＊＊"符号。在书上标记符号和画线不但增加阅读趣味,还有助于快速温习。

5. 我认识一位就职于一家大保险公司的女士,她担任经理职务已有15年。每个月,她都审阅公司当月签发的所有合同。她月复一月、年复一年地审阅同样的合同。为什么?因为经验告诉她,那是让自己记住保险单上条款的唯一办法。

我曾经用了差不多两年时间写一部关于公共演讲的书。但我发现,我必须不断温故,才能牢牢记住我到底写了些什么。人健忘之快,让人瞠目结舌。

所以,如果你要真正读懂本书,获益终生,就别指望囫囵吞枣便可大功告成。每天,把书放在你面前的桌上,不时翻一翻;细读全书后,每月都应抽几小时温故而知新。经常浏览浏览,那些仍然近在咫尺、能提升完善你的丰富信息,就能不断地感染你。请记住,要使这些规则的运用成为一种习惯和潜意识,只有通过持久、充满活力的温故知新和学以致用,除此之外,别无终南捷径。

6. 萧伯纳有过高论:"如果你试图教一个人任何东西,他永远学不会了。"他说对了,**学习是一种主动而为的过程。人们通过实践来学习。所以,如果你渴望掌握本书中的规则,那就行动起来,一有机会就付诸实**

---

① "惠比特犬"(whippet),一种犬,腿长、瘦小,常用于赛狗。

施。如果你不这样做,很快就会把书本知识忘得一干二净。只有学以致用的知识,才会扎根于心。

或许你会觉得,随时随地活学活用是件难事。是的,尽管这本书是我写的,但我也常常觉得,要将我倡导的所有建议全部付诸实施,并非易事。所以,当你读本书时,别忘了你不仅仅是出于求知,而是尝试养成新的习惯。哦,是的,你是在尝试一种新的生活方式,那需要时间、恒心和每天的学以致用。

所以你要时常阅读本书,把它当成克服忧虑的工作手册。不要一遇到棘手事就闹情绪。别意气用事,别鲁莽冲动。这样做通常是错的。相反,这时你该翻开本书,复读那些你标注过的段落;试着按其中的方式去做,你会发现奇迹出现。

7. 不妨让家人监督你。当他们发现你违反本书中倡导的某一项规则时,付他们25美分作为对自己的罚款。你得当心点,否则他们会让你破产的。

8. 请翻到本书第六部分第二十二章以及第八部分第二个故事读一读,看看华尔街银行家 H. P. 郝威尔和本杰明·富兰克林是怎么自我纠错的。何不用他们的技巧来检测一下自己是如何运用本书中的原则的?如果你做了,会有两个结果:

第一,你会发觉自己处于一项有趣而又珍贵的教育过程之中。

第二,你会发现自己克服忧虑、重建生活的能力,就像水边树木一样快速生长枝繁叶茂。

9. 写日记。在每一篇日记中,你都应该记下你在活学活用时取得的成效。日记应该很具体,写出姓名、时间和结果。保持这样一份记录会激励你更上一层楼。设想一下,多年后的某个晚上,你偶尔看到这份条目详尽的记录,那份回忆有多么美妙!

上册
人性的优点

上册
写作的过程与动机

1909 年,我是纽约市最不开心的年轻人之一。

当时我以推销卡车谋生。我不懂卡车工作原理,那还不算什么——我压根儿就不想知道。我对我的工作烦透了我对我蜗居的那个破地方也烦透了——那是西 56 街一间陈设简陋、蟑螂出没的小屋。我现在还记得,当时把一捆领带挂在墙上,早晨取领带时,一窝蟑螂被顺势抖搂出来,四处乱窜。我烦透了那些廉价而脏脏的小餐馆,没准儿那里也是蟑螂的乐园呢。

每天晚上,我回到那孤零零的小屋,头痛和恶心挥之不去——这源于失望、忧虑、苦涩和叛逆感。我叛逆,因为我大学期间孕育的美好梦想活生生演化为一串串噩梦。难道这就是生活?这就是我苦心孤诣渴求的远大前程?难道对于我来说,生活的所有意义就是——干一个让自己恶心的工作,和蟑螂做亲密伙伴,吃着倒胃口的饭菜——以及没有希望的未来?……我大学时的梦想可不是这样,我渴望在悠闲中读书,再写他几本大作——

我知道,丢掉这份不开心的工作,我不但毫发无损,还有好处。我对发财没什么兴趣,却执迷于生活的丰富多彩。简单说,我做出了重要决定——那是很多年轻人处于人生十字路口时必须做出的抉择。所以,我也做了决定,这个决定改变了我的命运;我此后的人生被赋予的幸福和价值,远远超出我最为狂放的想象力。

我的决定是这样的:把这份让我讨厌的工作扔掉。鉴于我在密苏里州沃伦斯堡的州立师范学院读了四年书,我想在夜校教授成人课程谋生。然后我就有闲暇读书,准备演讲和写小说。我要的生活是"活着为了写作,写作为了活着"。

我该在成人夜校教什么呢?当我回顾和掂量我的知识储备时,我发现,在商业生涯以至人生中,我在公开演讲中的训练和经验,远比我在大学里学到的所有知识加在一块更实用。为什么?因为这些训练和经验将我的羞怯和自卑一扫而光,赋予我与人打交道的勇气和信心;这些训练和经验对领导能力也效果显著——通常,一个敢于站出来表达自己观点的人,他的领导力也会增强。

我同时向哥伦比亚大学和纽约大学申请教职,去夜校上它们的推广项目——公共演讲,但这些大学认为,没有我他们一样撑得住场面。

我当时很失望,现在却谢天谢地——幸好他们拒绝了我,因为我去了基督教青年联合会夜校执教。在那儿,我必须尽快验证我的教学能力和实际效果。这是多大的挑战啊!那些成年人不来上我的课,因为他们看重的是教师的实际教学经验和社会名望。他们来只为一个目的——解决火烧眉毛的几个问题。比如,他们要在一个商务会议上站起来讲几句话,而不至因怯场而晕过去;销售人员需要拜访一个刁钻客户,而不至要先绕街区走三圈来鼓足勇气。他们要培养出镇定和自信,要做生意,要多赚几个钱养家糊口。他们的学费是采取分期付款方式——如果觉得没收获,人家就不来了;我也不是固定工资,而是靠利润分成,如果还想维持生活,我的课程就必须有实用性。

我当时觉得，我是在极其不利的条件下教学；我现在却意识到，这对我是个宝贵的训练机会。**因为我不得不将学生的积极性充分调动起来，我不得不帮助他们解决实际问题，我不得不让每一期充满吸引力，这样才有"回头客"。**

我热爱这工作，它太激动人心了。这些生意人自信心提高之快，升职和加薪之神速，让我大为惊讶。课程比我最乐观的希望成功多了。三期内，曾拒绝付我每晚 5 美元薪水的基督教青年联合会居然在百分比提成的基础上，另外付我每晚 30 美元。刚开始时，我只讲公共演说课；后来，我注意到，这些成年学员还有赢得朋友和影响他人的需求。由于我找不到一本完备的人际关系教材，我便自力更生。撰写——不，它不是寻常的写作方式，而是源于我的授课经验，并不断**演化**。我将教材命名为**"如何赢得朋友，影响他人"**。

鉴于撰写这本教材的目的，仅仅是为了我给成年学员讲课；也因为我还写过其他四本无人问津的书，所以我从没期望这本书会如此畅销——我也许是活在这个世界上最让人惊讶的作者之一。

这些年来，我意识到成年人们另外一个大问题——**焦虑**。我的大多数学员都是商界人士——高管、销售人员、工程师、会计师等，横跨所有商务和专业领域，绝大多数都有自己的烦恼。还有一些女学员——女商人和家庭主妇，她们也有问题！

显然，我需要一部如何克服焦虑的教材——于是我再次四处搜罗。我去了纽约第 5 大道和 42 街交叉口那座宏大的公共图书馆。我吃惊地发现，在"焦虑"条目下，只找到 22 本书；我还惊喜地发现，"虫子"条目下的图书居然有189本!① **几乎是"焦虑"条目下图书的九倍之多!** 够吓人的,是吧! 由于"焦虑"是人类面对的最主要问题之一,那你肯定认为每所中学和大学都开设了"如何克服焦虑"的课程吧? 然而,即使有某所大学开了,我也闻所未闻。

难怪戴维·斯伯瑞②在他的书《如何应付焦虑》中这样说:"当我们成年时,在应付压力方面的准备之稀缺,犹如要一个书呆子去跳芭蕾舞。"

结果呢? 我们医院里一半以上的病床,都被各种神经和情绪出了问题的病人占据了。

纽约公共图书馆里书架上关于"焦虑"的这22本书,我都认真拜读了;另外,但凡我能找到的相关书籍,统统搜罗来,却依然没一本书适合做我的教材。一筹莫展之余,我再次下决心自起炉灶。

七年前,我开始筹备这本书的撰写。怎么着手呢? 博览古往今来哲学家们关于"焦虑"的诠释;我还读了数百倍人物传记——比如,从中国的孔子到英国的丘吉尔,等等;我还采访了各个领域里大量杰出人物——比如杰克·邓普西③、奥马尔·布拉德利将军④、马克·克拉克将军⑤、亨

---

① 英语词汇"worry"(焦虑)和"worm"(虫子)条目接近。此处为幽默说法。
② 戴维·斯伯瑞(David Seabury,1885—1960),美国心理学家、作家、演说家和教育家。
③ 杰克·邓普西(Jack Dempsey),原名(Thomas Moore,1920—2007),美国著名摔跤手。
④ 奥马尔·布拉德利(Omar Nelson Bradley,1893—1981),美国陆军将领,"二战"期间在北非和欧洲指挥作战,诺曼底登陆西翼部队主要指挥官。
⑤ 马克·克拉克(Mark Wayne Clark,1896—1984),美国陆军"二战"和"韩战"时将领,美军最年轻陆军将领(三星中将)。

利·福特①、艾琳诺·罗斯福②和多萝西·迪克斯③,而这仅仅是个开头。

我还干了很多远比采访和阅读更重要的事情。我在一家研究克服焦虑的实验室工作了五年之久——实验就在我们的成人课堂上进行。据我所知,这种类型的实验室,我们这是全世界第一也是唯一的。我们是这么进行实验的:我们教给学员一套停止焦虑的规则,要求他们在日常生活中付诸实施,然后回到课堂谈心得体会。其他人则报告他们在过去运用过的技巧。

根据这些实验结果,我完全可以推测出这一点——我所听过的关于"我是如何战胜焦虑的"的话题,比世界上任何人都多。此外,我还**读**了数百次其他关于"我是如何战胜焦虑的"的谈话——要么是通过我收到的邮件,要么是通过在课堂上的获奖讲话——这些讲话在全世界范围内进行。所以这本书不是象牙塔里"闭门造车"的产物,也不是一部关于焦虑如何"**可能**"被克服的学术布道书,而是尽我所能撰写的一部节奏明快、言简意赅、**资料翔实并被数千成年人成功验证过的"焦虑攻略宝典"**。

有一点确凿无疑——这本书立竿见影,行之有效,你尽管拿去一试。

法国哲学家瓦雷里说过:"科学就是成功秘诀的汇合。"本书恰如其分——一套摆脱焦虑生活的、成效显著并经得起时间检验的秘诀汇集。

然而,我还要警告读者:你不会在本书里得到任何新知识,但你会发现很

---

① 亨利·福特(Henry Ford,1863—1947),美国著名工业家、"福特"汽车创始人、"汽车大王"、慈善家。
② 艾琳诺·罗斯福(Anna Eleanor Roosevelt,1884—1962),美国总统富兰克林·罗斯福夫人,入住白宫时间最长的第一夫人。
③ 多萝西·迪克斯(Dorothy Dix,1861—1951),美国著名记者和曾经稿酬最高的专栏作家,擅写婚恋家庭类文章。

多未被普遍利用的方法。就这点而言,你我都不需别人传授任何新知识,因为在引领完美生活方面,我们已经知道得足够多。我们都读过所有的"黄金法则"①和"山顶布道"②,我们的问题不是无知,而是疏于行动。本书的宗旨,就是将古老而基本的真理加以陈述、阐释、梳理、调整和渲染,并敦促你行动起来,切实将这些规则活学活用。

当你拿起这本书,不是为了看这本书的创作动机和过程,而是为了付诸行动。好了,我们行动起来吧!请阅读本书第一章和第二章——如果读完前两章你仍然觉得并没获得新的力量和灵感停止焦虑、享受人生,你索性将书扔得远远的。——那说明,本书对你毫无意义。

---

① "黄金法则"(The Golden Rule),指以下两种道德规范之一:一个人应该待人如待己;己所不欲,勿施于人。
② "山顶布道",来自《新约全书·马太福音》,指耶稣基督的言论和布道汇集。

第一部分

关于忧虑,你应该知道的

第一章

活在当下

　　1871年春,一个年轻人拿起一本书,书中21个词汇对他的未来产生了深刻的影响。他是加拿大蒙特利尔综合医院的一个学生。他为期末考试烦恼,为无所事事烦恼,为何去何从烦恼,为怎么实习烦恼,为如何谋生烦恼。

　　得益于1871年读过的那21个词汇,这位年轻的医学院学生成为他那一代人中最有声望的内科专家。他创建了蜚声世界的霍普金斯医学院,他成为剑桥大学的皇家教授——那是大英帝国授给医学界人士的最高荣誉。他被英国国王封为爵士。他去世时,关于他生平事迹的书籍足有整整两卷,长达1466页。

　　他是威廉·奥斯勒爵士。1871年春他读过的那21个词汇出自托马斯·卡莱尔[①],这些词汇让他在此后的人生中远离了烦恼:**"我们的主要任务不是遥望远方的黑暗,而是关注于眼前。"**

---

① 托马斯·卡莱尔(Thomas Carlyle,1795—1881):苏格兰哲学家、文学家。

42年后一个微风和煦的晚上,耶鲁校园里的郁金香迎着春风盛放,就是这个人——威廉·奥斯勒爵士,对耶鲁学子们发表演说。他告诉这些学生,像他那样一个任教于四所大学、写过一部畅销书的教授,理应有一个"卓尔不凡的大脑"。他宣称,事实并非如此。他说,熟悉他的人都知道,他的脑子"平庸之极"。

那么,什么才是他的成功秘诀呢?他解释说,他的成功归功于他所说的活在"日密舱"①里。这话怎么讲?在耶鲁演讲前几个月,威廉·奥斯勒爵士搭乘一艘邮轮横渡大西洋。船长站在驾驶舱里,按动一枚按钮——机器"叮当"一声,瞬间变戏法似的,轮船一些部件立即纷纷关闭,然后轮船进入"水密舱"②。

"现在,你们每一人——"威廉·奥斯勒博士对这些耶鲁学子说,"你们每个人的身体都是一部比巨型邮轮更了不起的组织,航程也更远大。我要告诫你们,学会控制,生活在'日密舱',这才是航行最安全的保障。去驾驶舱看看,至少确保主要隔水舱运行正常。在你人生的每一个阶段,按一下按钮,把"过去"——死去的昨天关在外面;接着,按另一个按钮,一个金属舱壁再次关上,那是"未来"——还未诞生的明天;这样你就安全了——你的今天就安全了!……关掉过去,让死去的过去自己埋葬自己吧……将那些给傻子照亮死亡之路的昨天关在门外吧……那些明天的负担加上昨天的负担,再将今天的负担加上,让人步履蹒跚。把未

---

① "日密舱"(Day-tight Compartments):是威廉·奥斯勒根据"水密舱"(Water-tight Compartments)生造的一个词汇,意思是只有将过去和未来关在"今天"之外,才能全神贯注于当下。

② "水密舱"(Water-tight Compartments):也叫水密隔舱,是船舶结构,就是用隔舱板把船舱分成互不相通的一个一个舱区,使船体保持浮力,不致沉没。还可以在一个或数个船区进水后,船体仍然安全。

来关闭得和过去一样严严实实吧……未来就是今天……永远就没有个什么明天。人类的救赎就在今天。一个对未来担惊受怕的人，精力的损耗、内心的压力和精神上的烦恼会像咬尾的蛇一样紧追不舍……那么，将过去和未来的大水壁关闭了，养成这样一种习惯——活在当下的'日密舱'中！"

奥斯勒博士的意思莫非是我们完全不必为了明天而未雨绸缪？不，完全不是。在那场演讲中他接着说过，对明天最好的准备方式就是集中你们所有的智慧和热情，把今天的事情做得无可挑剔。这是迎接明天唯一最可行的办法。

在耶鲁大学，威廉·奥斯勒爵士呼吁学生按耶稣基督祷告的那样开始每一天，"**把今天的面包给我们。**"

记住，这句祷文只要求**今天的**面包，而没有抱怨我们昨天吃下去的旧面包，也没有说："主啊，近来小麦带干旱，可能还会干旱，明天秋天我可去哪儿找面包啊？——或者我要是失业了，主啊，我去哪儿找吃的啊！"

没有，这句祷文只教诲我们找今天的面包。因为，今天的面包可能是你唯一能吃到口的。

多年前，一个身无分文的哲学家在一片贫瘠的土地上晃荡，那儿的人生活得很艰辛。一天，人们在一座山丘上围绕着哲学家，他发表了一场演说，在人类历史上其引用率可能空前绝后。他的演说包含26个词汇，回荡了几个世纪之久："不要去想什么明天，因为明日自有明日的想法，活好今天才是正道。"

很多人反对耶稣的这句话："别想明天的事情。"他们将这句话斥之为完美建议和神秘主义。他们说："为了保护家人，我**必须**买保险；为了养老，我**必须**攒钱；未来将来，我**必须**早做打算。"

没错！你当然必须。实际上，耶稣这句话是300年前翻译的，在詹姆斯王朝时的意思和今天的意思并不一样。300年前，thought这个词的意思常常指anxiety(**焦虑、忧虑**)。现代版《圣经》对耶稣这句话的引用更为准确："**别为明日忧。**"

是的，无论如何，想着明天；为了明天未雨绸缪，但别因为明天而烦恼。

第二次世界大战期间，我们的军事领导人为明天做了**谋划**，但他们无法承受烦恼之重。

"我为最好的将士配备了我们所能提供的最好武器。"指挥美国海军的欧内斯特·J.詹姆斯上将这样说，"还给了他们执行使命的最佳方案，我能做的就是这些。"

"如果一艘舰艇被击沉。"欧内斯特·J.詹姆斯上将接着说，"我没办法把它打捞起来。如果一定会沉没，我也束手无策。我能更有效地为明天的事情工作，而不是为昨天的事情懊恼不已。另外，如果我任由那些烦恼缠住我，我也扛不住。"

无论战争时期还是和平时期，乐观思维和悲观思维最大的区别在于——乐观思维能理顺事情的前因后果，取得符合逻辑、建设性的计划；悲观思维则经常引起紧张和神经崩溃。

我荣幸地采访过阿瑟·海斯·苏兹伯格，1935到1961年间，他是世界上最有影响力的报纸之一《纽约时报》的出版人。苏兹伯格先生告诉我，当"二战"硝烟弥漫欧洲时，他惊慌失措，对未来太焦虑，以至于几乎无法入眠。他常常半夜起床，取出画布和油画笔，看着镜中的自己，试图画一幅自画像。其实他根本不会画画，但为了驱逐焦虑，还是画了。苏兹伯格先生告诉我，他从来无法祛除他的焦虑，直到他将一首赞美诗中的五个词汇作为自己的座右铭——**"一步对我足够"**。

> 光明指引……
> 我紧随你的脚步：
> 我勿需眺望远景；
> 一步对我足够。

大约同一时间欧洲某个地方，一个穿军服的年轻人也学到了人生这一课。他的名字叫特德·本杰明诺，来自马里兰州的巴尔的摩，他的焦虑使他患上了一级战斗疲劳症。

"1945年4月。"本杰明诺写道，"我的焦虑发展到了医生所说的'痉挛性结肠炎'——那是一种能引起剧烈疼痛的病。如果战争不是那时结束，我整个人肯定早就垮了。"

本杰明诺接着说："我当时已经筋疲力尽了。我是墓地登记员，隶属于第94步兵师，是没有军衔的那种军官。我的职责就是对在各项行动中所有阵亡、失踪和负伤住院的人员建立档案，并保存这些记录。我还必须协助把那些在战斗最激烈时阵亡后匆匆浅埋的军人尸体——无论是盟军还是敌军的，挖出来进行深埋。我还必须将阵亡军人的个人物品收集起来，负责寄送给他们的家人或近亲；对这些物品，他们非常珍视。我担心不停，生怕出什么纰漏，引起尴尬。我担心我能否完成这任务。我担心我能不能活到抱一抱我那唯一的儿子的那一刻——他才16个月大，我还没见过呢。我焦虑和疲惫得体重掉了34磅。我狂躁不安，距疯掉只一步之遥。我看着自己的双手，发现它们简直就是皮包骨。一想起回家时成了个废人，我就魂飞魄散。我崩溃了，像孩子似的哭泣。我脆弱极了，一旦独处我就泪流满面。在巴尔吉战役后不久的那一阵，我哭得太多了,连做一个正常人的希望都差点放弃。

"最后我去了部队医院,一位军医给了我一些建议——这些建议彻底改变了我的生活。在做了彻底体检后他告诉我,我的问题是心理上的。他说:'特德,**我希望你把自己的生命看成一个计时沙漏器。你知道,在沙漏器顶部有不计其数的沙粒,所有沙粒都会缓慢而均匀地穿过容器中部的狭窄瓶颈;除非把沙漏弄坏了,你我没有任何办法能多让一粒沙子经过瓶颈。你,我,或任何别的人,都像沙漏器一样。每天早上一起床,我们会觉得有几百个任务需要当天完成;然而,如果我们不按部就班一个一个地来——就像沙粒通过沙漏器的瓶颈一样,慢慢地来,有条不紊地来;不论我们的身体还是心理,都会垮掉的。'**

"自从军医给我上了这堂难忘的课那天后,我便开始践行这些哲学。'一次一粒沙……一次一件事',这个忠告在战争期间不仅挽救了我的身体,还挽救了我的心灵;对我目前在广告印务和平面印务公司担任的公共关系和广告经理这个职务,也很有帮助。我发现,那些战争时期出现的问题,在职场中同样出现了:太多事情需要马上处理——而时间却太紧。譬如,库存太低,新表格需要填写,进货需要安排,地址要修改,办公室开张关张,等等。我记起那位军医的话'一次一粒沙……一次一件事',才没有方寸大乱。通过不断温故这句话,我以一种有效得多的方式完成了任务,那种在战场上差点毁了我的迷茫和紊乱感烟消云散。"

关于当代生活方式,最令人瞠目结舌的观点之一是:我们的医院一度把一半病床留给了各种精神和心理病人——无数个"昨天"累积起来的千钧重压和令人忧惧的"明天",终于将这些人压垮。然而,这类病人绝大部分原本并不需要住院,他们原本可以过着幸福有意义的生活——如果他们一早就知道耶稣所说的**"别为明日忧"**或者威廉·奥斯勒爵士说的**"活在日密舱"**的道理。

此刻,你我正好同时站在两种永恒的交会点:不堪回首的浩瀚而永恒的历史以及连通永恒的未来。我们不可能置身一种永恒里——不可能!甚至不可能活在被分割的一秒钟之内。如果非要去折腾,必然身心俱毁。所以,还是知足常乐,活在我们唯一能够存在的时间内:从现在起,直到上床就寝。

罗伯特·路易斯·斯蒂文森①这样说:"无论负担多么沉重,任何人都能撑一天;无论工作多么艰难,任何人都能坚持一天;从朝霞到日暮,任何人都能生活在甜蜜、耐心、珍爱和纯洁之中。这就是生活的全部要义。"

是的,这就是生活对我们的要求。但对于密歇根州萨基纳多的 E. K. 谢尔兹太太而言,在学会"活在今天"之前,她陷入了绝望——甚至处于自杀的边缘。谢尔兹太太向我讲述她的故事时,这样说道:

"1937 年,我丈夫去世了。我极度抑郁——几乎不名一文。我给我的前雇主——堪萨斯市洛奇-福勒公司的里奥·洛奇先生写了一封信,恢复了我以前的工作。以前我是以去乡村和小镇推销《世界百科全书》为生。两年前,我丈夫生病,我卖掉了我的汽车。恢复工作后,我想方设法凑齐了买一辆二手车的首付款。我曾以为,重操旧业有助于缓解我的抑郁症,但孤身一人开车、孤身一人吃饭简直让我难以忍受。有些地方生意不好做,我觉得很难赚够买车钱——尽管那也不算什么大钱。

---

① 罗伯特·路易斯·史蒂文森(Robert Louis Stevenson, 1850—1894),苏格兰小说家、诗人与旅游作家,也是英国文学新浪漫主义的代表之一。史蒂文森受到许多作家的赞美,其中包括海明威、约瑟夫·鲁德亚德·吉卜林、豪尔赫·路易斯·博尔赫斯与纳博科夫等知名作家。代表作品有《沃尔特·斯科特爵士》《金银岛》等。

"1938年春,我去密苏里州的维塞里斯卖书。那儿的学校很穷,路很旧。我如此孤独和沮丧,甚至想到了自杀。我的日子毫无奔头了,我恐惧明天早起面对生活。我担心一切:还不起购车款,付不起房租,吃不起饭,身体日渐垮了却看不起病……只有两个想法阻止了我的自杀:我姐姐会伤心欲绝,我没钱支付我的葬礼。

"后来的一天,我看到的一篇文章将我从沮丧里拽了出来,并给了我活下去的勇气。其中一句话非常鼓舞人,我永远不会忘记文章中这句话对我的恩典。这句话是这样的:'对聪明人来说,每一天都是新生活。'我把那句话打印下来,粘贴在汽车挡风玻璃上,这样,开车时每一分钟都会看到。我学会了忘记昨天,也不想明天。每天早晨,我都对自己说:'今天就是新生活。'我发现,每一次活过一天不算太难。

"我战胜了我的孤独恐惧,我的需求恐惧。现在的我很开心,对生活充满了热情和爱。我现在明白,无论今后生活怎么变幻,我都不会再恐惧了;我现在明白,我不必为未来恐惧;我现在明白,我能一次活好一天;我现在明白'对聪明人来说,每一天都是新生活'的含义。"

你猜,下面这首诗是谁写的:

> 快乐的人,快乐并孤独着,
> 他,视今天为他所有;
> 他,知足常乐。
> 明天,你就糟透了吧,
> 因为,我享受了今天。

这些话听起来挺现代的,是吧?可它却出自耶稣基督诞生前30年、古罗马诗人荷瑞斯之手。

我所知道的人类最为悲摧的事情之一,就是——我们都倾向于对生活敷衍搪塞。我们都梦想看到遥远的地平线处美轮美奂的玫瑰园,却对近在咫尺的窗户外怒放的玫瑰熟视无睹。

我们怎么这么傻——傻得令人心酸?

"我们的生活这么贫瘠寒碜,真奇怪!"斯蒂芬·里科克[①]写道,"孩子说'等我成大男孩时……'当他成了大男孩,他就说'等我长大了……'好吧,等他长大了,他又说'等我结婚了……'但等到要结婚了,又怎么说呢?想法变成了'等我退休了……'然后,退休如期而至,他回望自己的人生历程,不寒而栗。不知怎么回事,他错过了,一切都过去了。关于生活,我们领悟得太晚的是——活着,活在每一天、每一分钟的肌理中。"

底特律不久前去世的爱德华·S. 伊文斯先生,在领悟"生活就是活在每一天、每一分钟的肌理中"这句话之前,差一点杀了自己。爱德华·S. 伊文斯幼时家境贫寒,他挣的第一分钱是做报童,随后在杂货店打工。再后来,为了养活家里七个人,他去做图书馆助理管理员。尽管薪水少得可怜,他却担心丢掉饭碗。八年后,他终于鼓起勇气创业。但一旦开始,他凭东拼西凑的50美元老本,仅在第一年就赚了两万美元!然后是一场变故,一场要命的变故。他为一个朋友做贷款担保,这个朋友却破产了。很快,祸不单行——他存款的那家银行倒闭了。爱德华除了将赚到的每一分钱全部亏掉,还倒欠一万六!他无法承受这个打击。他告诉我:

"我寝食难安,我很奇怪地得了一种病——焦虑症。**焦虑,我的病完**

[①] 斯蒂芬·里科克(Stephen P. H Butler Leacock,1869—1944),加拿大教师、政治科学家、幽默作家。

全是焦虑引起的。 有一天当我走在街上时,走不动了,昏倒在人行道上。我被送到病床上,我身上长满了大疮肿。大疮肿向体内发展,直到我一病不起,备受折磨。我的身体一天天虚弱下去。最后,大夫告诉我只有两个礼拜可活。我吓坏了,写好遗书,躺回病床等待末日来临。现在,挣扎和焦虑都无济于事。于是,我放弃了,放松了,睡着了。此前几个礼拜,我没有一天睡满过两小时;现在呢,反正尘世间的一切都已了结,我睡得跟个婴儿似的。我的精疲力竭开始逆向发展,我的胃口回来了,我的体重居然增加了。

"几周后,我能拄着拐杖走路了。六周后,我就回去工作了。我曾经一年赚了两万美元,现在找了个每周付我 30 美元的工作我也很开心。我的工作是销售——汽车装船运输时,需要在车后轮上装阻隔物——我就卖那种阻隔物。我现在汲取了以前的教训。对过去,我无怨无悔;对将来,也从容坦荡。我将自己所有的时间、精力和热情全部倾注于销售工作中。"

爱德华·S.伊文斯的事业从此突飞猛进。几年后,他成为伊文斯产品公司老总,公司在纽约证券交易所上市好几年了。如果你飞临格陵兰岛,可能会降落在以他名字命名的伊文斯机场。当然,如果伊文斯不能领悟"活在'日密舱'"的含义,他绝不会取得这些成就。

你可能会想起怀特·奎恩[①]说过的那句话:"给你昨天的果酱,给你明天的果酱,但今天的果酱想都别想。"[②]我们大多数人都喜欢为昨天耿耿于怀,为明天惴惴不安,却从来不抓住眼前的醇厚的"果酱"。

---

① 英国作家路易斯·卡罗(Charles Lutwidge Dodgson,1832—1898),出版的童话小说《艾丽丝梦游仙境》(*Through the Looking Glass and What Alice Found There*)小说中人物。

② 此句话比喻那些永远无法实现的诺言和空头支票。

甚至伟大的法国哲学家蒙田也犯过这种错误。他说:"我的生活中笼罩着可怕的灾难——那些灾难却从未发生过。对此,我也一样——你们也不例外。"

"想想吧,"但丁①说,"今日一去不复返。"生命以不可思议的速度溜走。在这个行星上,我们以每秒钟19英里的速度飞奔。**今天是我们最珍贵的财富,也是我们确切的仅有的财富。**

这就是劳威尔·托马斯②的哲学。我最近在他的农场过了一个周末,我注意到,这些摘自《圣经(旧约)·诗篇》中第118篇的句子,被挂在他播音室的墙上,以便他经常能够看到:

这是耶和华亲选的日子;

我们要乐在其中。

作家约翰·鲁斯金的书桌上,放着一块简单的石头,上面刻着一个词——**今天**。我的书桌上倒没有这样一块石头,但我在镜子上贴了一首诗,每天早晨我剃须时都会看见。——这首诗始终被威廉·奥斯勒爵士放在他的书桌上,它出自著名印度剧作家迦梨陀娑:

向黎明致敬

把握今天,

因为今天就是生命,

---

① 但丁(Durante degli Alighieri,1265—1321):意大利中世纪诗人、现代意大利语的奠基者、欧洲文艺复兴时代的开拓者,以史诗《神曲》留名后世。

② 劳威尔·托马斯(Lowell Jackson Thomas,1892—1981):美国作家、电台主播,以制作节目《阿拉伯劳伦斯》闻名。他也是戴尔·卡耐基好友,本书就是献给他的。

——生命中的生命，

短促的时光隧道里，

包含了——

你存在的所有真理，

和现实意义；

成长的欢愉，

行动的荣耀，

成就的绚烂。

昨天早成追忆，

明天一场幻景，

若不虚度今天，

每一个昨天因此美丽，

每一个明天因此值得憧憬；

所以——

把握今天。

——谨以此诗向黎明致敬

所以，关于焦虑，你首先应该知道的是：如果你要摆脱焦虑，就应该像威廉·奥斯勒爵士那样做——**将过去和未来的铁门关上，活在"日密舱"里。**

何不问问自己下面这些问题，并写下答案：

1. 我是不是因为对未来杞人忧天，或因为对"远在地平线的玫瑰园"念念不忘，而倾向于对眼下的生活敷衍了事？

2. 我是不是时常因为对过去的事情——早已了结的事情懊悔不

已,而让眼前的日子更苦涩?

  3. 我早晨起床时,是不是决意"抓住今天"——让24小时过得最有价值?

  4. 我能不能通过"活在'日密舱'"里,而让我的生活尽量精彩?

  5. 我何时开始行动?下周?……明天?……**今天?**

第二章

一个解除忧虑的神奇魔方

在你继续阅读本书之前,你是否愿意获得一个应付忧虑的快速、确切而且立竿见影的方法?

那么我和你说说这个方法,其实这个办法是威利斯·卡瑞尔先生摸索出来的。卡瑞尔是空调工业先驱、杰出的工程师兼世界著名的卡瑞尔公司掌门人。他解除忧虑的办法是迄今为止我听到过的最有效的技巧之一,有一天我和他在纽约工程师俱乐部共进午餐时,他亲口对我讲述了这个技巧。

卡瑞尔先生说:

"我年轻时为纽约州布法罗市的布法罗富基公司工作。有一次,我接到一个任务,为位于密苏里州的水晶城匹兹堡平板玻璃工厂安装一种燃气清洁设备。这套设备的作用是去除燃气中的杂质,以免在燃烧过程中损害机器。这家工厂为这套设备投资了数百万美元。这种清洁法当时很新颖,之前只试验过一次——而且是在各种条件下。我在水晶城工作期间,无法预料的困难接踵而至。那种清洁法不算差,但也不像我们打包票的那样可靠。

"我被产品的问题吓坏了,就像有人在我头上猛击一棍。我头冒金星,肠胃、内脏翻江倒海。那一阵,我简直是寝食难安。最终,常识提醒我,焦虑对我毫无用处,于是我想出了一个解决办法。这个办法棒极了,三十多年来我一直靠这法子对付焦虑。办法分为三个步骤,很简单,任何人都可以使用。

"第一步:**我大胆而坦诚地分析了具体情况,推测这个错误所能导致的最坏结果**。没有人会把我送进监狱或一枪崩了我,这一点确信无疑,我可能被撤职;另外,公司可能不得不拆除那些已投资两万美元的机器。

"第二步:**推测了这个错误所能导致的最坏结果后,我设法让自己接受这个结果——如果可能的话**。我这样说服自己:这个错误对我的职业记录是个打击,还可能意味着丢掉工作;但即使如此,我还能再找个职位,尽管新工作待遇可能差得多。至于我的雇主——这个嘛,他们会这样想,这是在试验一种新的清洁法;如果这个试验花费了两万美元,也能承受。他们可以将这笔损失算进科研费,因为这的确是一项试验嘛。推测出这个错误所能导致的最坏结果,并说服自己接受结果后,奇迹发生了:我立即如释重负,那种平静感是我多日来从未体验过的。

"第三部:**从那时起,我坦然面对现实,心平气和下来,亡羊补牢,竭尽全力地予以补救和改善**。现在我试着想出一个补救方案,那样就可能降低我们所面对的两万美元损失。我实验了几次,最终测算出,如果我们再投入5 000美元添加另外设备,问题就可以解决。我们这样做了,公司不但没有损失两万美元,还赚了一万五。如果我一开始便纠缠于焦虑,我可能就不能解决这个问题,因为焦虑最糟糕之处就是摧毁了我们精力集中的能力。当我们发愁时,心里七上八下,完全失去了拿主意的能力;然而,当我们强迫自己面对最坏的结果并在心理上予以接受时,就消除了所有模糊的臆想,让自己置身于心无旁骛解决问题的有利位置。"

"这起和我有关的事故发生在多年前,结局之完美让我从此受益,而我的生活也从此远离了忧愁。"威利斯·卡瑞尔最后说。

现在,从心理学上说说,为什么威利斯·卡瑞尔先生的神奇魔方如此有价值,如此实用?因为它把我们拽出了笼罩在心头的雾霾——当我们被忧虑蒙蔽了视听时,就只能在雾霾中首鼠两端进退失据。这个"魔方"让我们的双脚扎扎实实地站在大地上,让我们知道自己站在哪儿。如果我们不脚踏实地,怎么可能有任何作为?

应用心理学之父威廉·詹姆斯教授[①] 1910年就去世了,如果他今天还活着,如果他知道这个应付最坏局面的"魔方",他会真心赞同的。我怎么知道?因为他对他学生说过:"坦率接受……坦率接受,**因为坦率接受现实是战胜任何灾难的第一步。**"

中国哲学家林语堂在他广为传阅的《人生的盛宴》中,也表述过同样的观点:"内心真正的宁静,来源于直面最坏的局面。我以为,从心理学上讲,这意味着能量的释放。"

太精辟了,是吧?心理学上,直面现实意味着新的能量的释放!当我们接受了最糟糕的局面,我们也就没有别的不能失去了。那也就自然意味着——**此后的一切都是赚头!**

---

① 威廉·詹姆斯(William James,1842—1910):美国哲学家与美国最早的实验心理学家之一、哈佛大学教授。本书中被提及和引用最多的学者之一。

"直面最坏局面之后。"威利斯·卡瑞尔说,"我立即放松,感觉到一种此前几天不曾体会过的淡定,从那时起,我就能**思考问题**了。"

有道理,对吧?然而,无数的人让自己毁灭于愤怒的漩涡,因为他们拒绝接受最坏的结局,拒绝亡羊补牢,拒绝力挽狂澜于即倒。他们不是去重建命运,而是陷入一场苦涩和"与痛苦的死磕硬掐"——结果呢,沦为那种被称为"忧郁症"的痛苦牺牲品。

你想知道别人是怎么将"威利斯·卡瑞尔魔方"付诸实施的吗?好吧,手头就有一个例子,来自我的学生、纽约的一位汽油商人。

"当时我被敲诈了!"这个学生这样开始讲述他的故事,"我都不相信这是真的——除了在电影里,这事还真能发生!但我确实被敲诈了!事情是这样的——我领导的汽油公司有很多载重卡车和司机。当时,战时规章被严格执行,对任何客户我们都配额供应。有些司机似乎从正常客户那里克扣汽油,转卖牟利,我当时对此并不知情。这些非法行径最早露出蛛丝马迹,是有一天一个自称政府检视官的人来见我,要我付封嘴费——他说他手头有我们司机所作所为的文件证明。他威胁说,如果我不买账,他就把这些证据转给地区检察官办公室。我当然明白,就我个人而言,我没什么好怕的。但我知道,从法律上说,公司对其雇员的行为负有一定责任。我还知道,如果这案子上了法庭,就会被媒体揪住不放,糟糕的公共形象会毁了我的生意。我为我的生意骄傲——它是我父亲 24 年前开创的。

"我焦虑得病倒了!我三天三夜没吃没睡。我发疯般地原地走圆圈。该不该付给这家伙 5 000 美元?或者告诉他想怎么着随他去?两个念头都让我乱作一团麻。后来在一个星期天晚上,我碰巧拿起一本小册子《怎么战胜忧虑》,就是我上卡耐基培训课时的教材。我开始阅读,看到了威利斯·卡瑞尔的故事。故事说的是'直面恶运',所以我就问自己:'如果我拒付赎金,如果敲诈者去检举,最坏的局面能坏到哪儿去?'

"答案是这样的:'毁掉我的生意——最坏不过如此。我不会坐牢,最多搭上我的名声。'然后我又对自己说:'好吧,就算事业毁了,我接受这点,接下来呢?'这个嘛——生意毁了,我可能不得不找个工作。还不算太坏。我认识很多汽油公司——七家可能会雇佣我……我感觉好多了,持续三天三夜的惊恐缓解了,情绪稳定下来……让我惊讶的是,我居然可以**思考**了!

"现在我可以头脑清醒地面对第三步——亡羊补牢。当我想法子时,一个全新的视角出现了。如果我将我的麻烦对我的律师合盘托出,他可能会找出一个更稳妥的办法。当然,如果告诉他这事我是头一遭遇到,会显得很傻——此前的确我压跟儿就没想过办法,我一直在发愁呢。我瞬间做出决定,明天一早头一件事就是见我的律师——然后我宽衣解带,睡得像根木头似的。

"事情结果怎么样?呵呵,次日早晨,我的律师告诉我去地区检察官办公室实情相告。我完全按他的意见办了,结果让我大吃一惊。你猜怎么着?检察官告诉我,这种敲诈持续几个月了,而那个自称'政府人员'的家伙其实是一个警方缉拿的诈骗犯。在经受三天三夜到底给不给这职业骗子5 000美元的煎熬之后,听到这个消息,我松了好大一口气!

"这次经历给了我一个受益终生的教训。现在,无论啥时遇到棘手头痛的问题,我都拿起'老威利斯·卡瑞尔魔方'应付。"

如果你认为"威利斯·卡瑞尔魔方"不好使——你还不相信,那你听着吧,这儿还有个故事。这事发生在马塞诸塞州温切斯特的艾尔·P.汉

尼身上。1948年11月17日,在波士顿斯塔特勒旅馆,他亲口对我讲述了他的故事:

"1920年代,我陷入焦虑,以至于胃里的溃疡开始吞噬胃壁。一天晚上,我出现大出血,急奔芝加哥西北大学医院。我的体重从175磅降到了90磅!我病得如此严重,医生警告我甚至连手都不要举一下。三名大夫、包括一位著名溃疡专家说我是'没治了'。每个小时我被喂食一次碱性粉以及一勺由牛奶和乳脂各占一半的流质食物,我就靠这个把命吊着。每天早晚,护士将一根橡胶管插到我的胃里去,将胃里的东西抽出来。

"这样过了几个月……最终,我对自己说:'听着,艾尔·汉尼!如果你除了等死别无祈求,最好还是尽量利用一下所剩无几的日子。你不是一直想在死前去世界各地看看吗,如果你真要去,你不得不现在就去。'

"当我告诉医生,我要环游世界,每天抽胃两次让我自己来干时,他们惊呆了。不可能!他们从来没听过这样的事!他们警告说,如果我执意要走,我肯定会葬身大海。'不,不会的!'我说,'我向亲友们承诺过,我将葬在内布拉斯加州布罗肯堡的家族墓地。'所以,我会带着我的棺材环游世界。我张罗了一架棺材,安放在船上,然后我和船运公司达成协议——如果我死于途中,他们就把我的遗体放进一个冷冻舱,运回国内。于是,我出发了,满怀古老的"奥玛精神"①:

  噢,尽情把握拥有的时光,
  在我们归于尘土之前。
  尘土归于尘土,尘土之下,

---

① 奥玛尔·海亚姆(Omar Khayyám,1048—1133):波斯数学家、诗人及天文学家。

没有美酒,没有欢歌,没有歌手,

也——没有终点。

"当我在洛杉矶登上 S.S. 亚当姆斯总统号前往世界东方时,我感觉好些了。我逐渐停止使用碱性粉,也不再把我胃中的东西抽出来。很快,我啥都能吃了,即使那些古怪的当地混合食物和荤素混合菜肴也照吃不误——这些东西据说会要了我的命。几个礼拜过去后,我甚至抽起那种又长又黑的雪茄、喝起冰镇威士忌来。这么多年来,我从来没有这么开心过! 我们遭遇到热带季风和台风——它们理应把我吓死,送进棺材,我却觉得好玩极了。

"我在船上玩游戏、唱歌、交朋友,玩到半夜。当抵达中国和印度时,我发现,和东方的贫穷和饥饿相比,我以前所受的那点委屈,简直就是天堂。我扔掉了毫无意义的焦虑,感觉良好。当我回到美国时,我体重增加了 90 磅——完全恢复到以前! 也完全忘了我曾有严重的胃溃疡。我的生命从未如此美好过。我重返职场,从此再没得过一天病。"

艾尔·P.汉尼告诉我,他现在意识到,他在无意识中运用的战胜焦虑的法则和威利斯·H.卡瑞尔的做法如出一辙。

"首先,我问自己:'最坏的结局是什么?'答案是死。

"其次,我做好了接受死亡的准备,我不得不接受。毫无选择,医生已经判了我的死刑。

"第三,我尝试在所剩不多的日子里尽情享受生活……**如果——如果**在登船后我仍焦虑不停,返航时我毫无疑问会躺在棺材里。但我卸下包袱,忘掉了所有麻烦。心灵的宁静让我爆发了新的能量,并把我从棺材里拽了出来。"

所以,规则 2 就是:如果你被忧虑困扰,请按下列步骤实施"威利斯·卡瑞尔魔方"——

1. 问自己:"最坏的结果是什么?"
2. 对无能为力的事情,准备接受。
3. 冷静地从最坏处着手,死马当活马医。

第三章

忧虑对你的危害

> 那些不懂如何克服忧虑的人会早逝。
>
> ——阿里克斯·卡瑞尔博士

多年前的一个傍晚,一个邻居按响了我的门铃,催促我和家人去打天花疫苗。他只是整个纽约市数千名上门通知的志愿者之一。惊恐万状的人们排成长队,一次等几个小时打疫苗。疫苗注射站不仅开在医院,还开在消防站、警区和大型工厂里。两千多名医护人员通宵达旦地为人们注射疫苗。什么原因引起了这么大的动静?原来,纽约市有八个人得了天花,其中二人死亡。也就是说,在一个差不多800万人口的城市里死了两个人,就闹得草木皆兵了。

我久居纽约,从来没人来按我的门铃,警告我去应付忧虑引起的情感疾病——在同一时间段内,这是一种危害超过天花一万倍的疾病。

从来没一个按铃人警告我,每十个定居美国的人中就有一人会有一次神经崩溃——大部分都是由忧虑和情绪冲突引起的。所以,我特地写下本章,"按你的门铃",给你一个警告。

伟大的诺贝尔医学奖获得者阿里克斯·卡瑞尔博士说过:"不知道如何克服忧虑的商人会早逝。"其实,对家庭主妇、兽医和砖瓦工而言也一样。

几年前,我和O.F.戈伯尔医生驾车去得克萨斯和新墨西哥两州旅行。戈伯尔医生的真实头衔是科罗拉多伽尔夫和杉塔菲医院协会的主任医师。我们谈起了忧虑,他说:"百分之七十看内科的病人,如果能摆脱恐惧和忧虑,都能不治而愈。你可别一时误解了我的意思,我是说他们的病并非自己的错觉,他们的病和疼得要命的牙疼一样都是病,有时候严重一百倍。我指的是有些病——诸如神经性消化不良、某些胃溃疡、心脏紊乱、失眠、某些头痛和麻痹或瘫痪。这些病都是真病,我知道我在说什么。因为我自己也被胃溃疡折磨了12年。恐惧引起焦虑,焦虑让你紧张慌乱,影响你的肠胃神经,从而让你的胃液变得不正常,通常的结果就是引起胃溃疡。"

《神经性肠胃问题》作者约瑟夫·F.蒙塔古博士,也说过完全同样的话:"胃溃疡不是你吃的东西引起的,而是由吃你的东西引起的。"

梅奥门诊医院的W.C.艾尔瓦瑞兹医生说:"溃疡常常随着情绪的起伏而加剧,或减弱。"

这个论段被梅奥门诊医院一项针对1.5万名的肠胃病病历的研究所支持。五分之四的病人在体质上没有引起胃溃疡的任何病灶。恐惧、忧虑、愤恨、极端自私和无法调整心态融入社会或面对现实,才是引起肠胃疾病的主因……按照《生命》杂志的观点,胃溃疡高居致命疾病第十名。是的,胃溃疡可以要了你的命。

近来我和梅奥门诊医院的哈罗德·C.哈贝恩医生有一些通信联系。

他在美国工商界内外科医生协会的一次年会上宣读了一篇论文。哈贝恩博士在论文里说，他做过一项关于 176 名商业管理人士的研究。他们平均年龄为 44.3 岁，**其中超过三分之一的人遭受下列三种特种病中的一种的折磨，这些病均和高压生活有关——心脏病、消化道溃疡和高血压。**想想吧，我们三分之一商务人士的健康被心脏病、溃疡和高血压摧毁。

成功的代价太昂贵了！而成功他们却无法消受！谁愿意成为这样一位成功人士——以胃溃疡和心脏病为商业成就买单？一个人即使赚到整个世界却丢掉健康，又意义何在呢？即使他赚到整个世界，他也只能一次睡一张床，一日三餐。即使一个新雇员也能做到这点——或许比那些位高权重的商界大佬们睡得更甜，吃得更香呢。坦率说，我宁愿做一个无责一身轻的逍遥派，也不愿在 45 岁时为了经营一家铁路公司或烟草公司而把健康丢了。

世界最有名的烟草制造商死于心脏病，当时他想在加拿大的森林中稍微消遣一下。他赚下亿万家产，却在 61 岁时就和世界说再见了。——他恐怕是在用折寿和所谓的"事业成功"做交易呢。

在我看来，这位坐拥金山银山的烟草大亨还没有我老爹一半成功呢——我老爹是密苏里州的一位老农，没有一块钱资产，却活到 89 岁。

著名的梅奥兄弟宣称，我们医院里一半以上的床位被各种神经性疾患病人占据。可是，用高倍显微镜对这类病人的尸检研究却发现，绝大多数死者的神经和硬汉杰克·邓普西一样健康。他们的神经性问题不是因为神经的生理恶化引起，而是毁于情绪的崩坏、沮丧、烦恼、忧虑、恐惧、挫折和绝望。

柏拉图①说过:"医生最大的错误就是试图只治疗身体而不治疗心理,然而生理和心理本为一体,不该分开治疗!"

医学界用了2 300年才接受这个伟大的真理。我们现在才开始培育一门新的医学,叫**精神医学**——一种身心兼治的医学。现在确实是这样做的时候了,因为现代医学已经消灭了大量由生理细胞引起的可怕疾病,比如天花、霍乱、黄热病以及大量别的病患——说不清有几百万人被这些病患过早地送进了坟墓。但是,医学科学对那些不是由细胞,而是由焦虑、恐惧、恨、沮丧和绝望引起的心理和生理崩坏,却束手无策。事实上,死于这些心理病患的人正以灾难性的速度暴增、扩散。第二次世界大战期间,我们那些应征入伍的年轻人中,每六个中就有一个因为精神问题被拒绝入伍。

心理不健全的原因是什么?没人知道所有答案,但在很多情况下,恐惧和焦虑极有可能是最大的诱因。那些焦虑和烦躁的人,无法应付这个严酷的现实世界,对周围环境采取自闭态度,退回到自己虚设的私密梦想中,以此解决他的焦虑。

我的书桌上有一本爱德华·波多尔斯基博士的书《停止忧虑 享受生活》。下面是书里的一些章节标题:

  忧虑对你心脏的影响

  忧虑是高血压的孵化器

  风湿病可能由忧虑引起

  为了你的胃,少一点忧虑

  忧虑怎么引起感冒

---

  ① 柏拉图(Plato,前427—前347):古希腊哲学家,与苏格拉底、亚里士多德并称"希腊三贤"。

忧虑与甲状腺

焦虑的糖尿病人

另一本有关忧虑的书也很有启发,书名是《自救者》,由梅奥精神病学兄弟之一卡尔·梅林吉博士著。梅林吉博士的书不会为你提供任何避免忧虑的规则,却向你揭示出我们的身心如何被烦恼、沮丧、恨、怨气、叛逆和恐惧摧毁的可怕景象。你也许能在当地的公共图书馆找到一本。

即使是情感最坚忍的人,也可能因为忧虑而致病。这一点是格兰特将军[①]在内战接近尾声的日子里发现的。故事是这样的:格兰特率军将里士满围困了九个月,罗伯特·李将军[②]的部队,弹尽粮绝,人困马乏,整个军团乱作一团。其他一些人在军营帐篷里举行祈祷会,吼叫、哭泣、卜算。末日来临了,李将军的士兵们在里士满纵火点燃棉花和烟草库,点燃军火库,在夜色掩护下逃离里士满城。城里火光冲天,格兰特率军紧追不舍,不断从叛军两翼和尾部发起攻击。同时,谢里丹的骑兵部队在前面截击叛军,拆毁铁路,挡获补给火车。

格兰特将军因为严重的偏头痛,眼睛半瞎,他落在大部队后面,在一处农舍歇息。

"我过了一夜。"他在《回忆录》写道,"我用热水和芥子酱泡脚,还把芥子膏敷在我的腕关节和后颈处,指望次日一早痊愈。"

次日早晨,格兰特迅疾痊愈。实际上,让他痊愈的并不是芥子膏,而是一位快骑兵送来的一封信——李将军的投降书。

[①] 尤里西斯·S.格兰特(Ulysses S. Grant,1822—1885):美国第 18 任总统(1869—1877 在任)和美国内战著名将领。

[②] 罗伯特·爱德华·李(Robert Edward Lee,1807—1870):又常简称为李将军。美国将领、教育家,为南北战争期间联盟国最出色的将军。

"当信使赶到我这儿时。"格兰特写道,"我正头痛得厉害,但当我看到信的内容后,我一下就好啦!"

显然,是焦虑、紧张和情绪让他病倒了。在他痊愈的瞬间,信心、成就和胜利占据了他的情绪。

70年后,富兰克林·D.罗斯福总统任内的财政部长亨利·摩根索发现,焦虑能严重到让他晕眩。他在日记中记道,当为了提升小麦价格,总统在一天内购买了440万蒲式耳①小麦时,他焦虑极了。他在日记里说:"当时我真的晕眩了。我回到家里,午饭后在床上躺了两个小时。"

如果我要了解忧虑是如何影响人们的,我没必要非得上图书馆或找医生,在我写本书的房间里向窗外看就行了。我能看到一个街区内的一幢房子里,焦虑已经造成了神经衰弱;另一幢房子里,一个先生活生生把自己愁成了糖尿病——当股票市场暴跌时,他血液和尿液里的糖分却开始暴涨。

当法国杰出的哲学家蒙田被选为家乡波尔多市的市长时,他对市民们说:"我愿意把你们的事情放到我的手上,而不是我的肝脏和肺里。"

我的邻居却把股票沉浮放进了他的血管里——差点为此送了命。

如果我要提醒自己忧虑会对人们造成什么伤害,我没必要非得去我左邻右舍找答案;我只需在正撰写本书的这个房间就可看得清清楚楚——因为焦虑,我的前房主早早地进了坟墓。

焦虑能让你患上风湿病和关节炎而让你坐进轮椅。鲁塞尔·L.瑟塞尔博士是世界公认的关节炎权威,他列出了引起关节炎的最常见的四种条件:

---

① 蒲式耳(bushel):相当于35.42升。

1. 婚姻搁浅。

2. 财务困境和悲伤。

3. 孤独和焦虑。

4. 经久不息的怨恨。

当然,这四种情绪状态远不是造成关节炎的唯一原因;因为不同原因,关节炎可以有很多种。但是,重申一下,造成关节炎**最常见的条件**是被瑟塞尔博士列出的这四种。

举个例子吧。我一个朋友在"大萧条"①里损失太重,以至被燃气公司掐断燃气供应,银行中止了他的房屋赎回权。此时,他的妻子又突遭关节炎袭击,不管是吃药还是注意饮食都无效;可是——当他们的财务状况改善后,她的病也好了。

焦虑甚至能造成牙齿变坏!在一次美国牙医协会会议发言中,威廉·I. L. 麦格里戈博士说:"那些被焦虑、恐惧、唠叨等引起的不愉快情绪,能够扰乱体内的钙平衡,从而造成牙齿腐坏。"麦格里戈医生提到他的一个病人,原本有一口完美无瑕的牙齿,当他开始为她太太的急病发愁时,情况改变了。在他太太住院的三个星期内,他就出现了九个龋洞!——那就是焦虑引起的。

你是否曾经留意过某个甲状腺异常活跃的人?我就留意过,而且我告诉你,甲状腺颤抖、摇晃,让病人看起来吓死人——的确能吓死人。甲状腺腺体——即管理人体的腺体,被抛离了正常状态。腺体让心脏加速——整个身体像供暖室所有气流被打开,被迫以最高速度运行。如果

---

① 指1929年始于美国席卷全世界的那场经济危机,一直持续到1930年代末期甚至第二次世界大战中期。

这症状不通过手术或其他治疗措施遏制,病人就可能死亡,可能活活把自己"烧死"了。

一段时间前,我和一个朋友去费城,他就得了这种病。我们请教了以色列·布拉姆医生,他是这方面的著名专家,有38年行医经验。下面就是他悬挂在候诊室墙上的建议,它用油笔写在一个大木板上。等候期间,我找来一个信封,恭录如下:

放松和消遣

最好的放松和消遣是一个有益的宗教。

睡眠,音乐和欢笑。

信仰上帝,学会好好睡眠,

热爱好的音乐,看到生活的阳光面。

——健康和幸福就属于你!

布拉姆医生问我朋友的第一个问题就是:"这症状是什么不良情绪引起的?"他警告我朋友,如果不停止忧虑,他可能会出现其他麻烦:心脏问题、胃溃疡或糖尿病。这位名医说:"这些病是表兄弟,最近的表兄弟。"

当我采访电影明星默尔·奥本朗时,她告诉我她拒绝焦虑,因为她清楚焦虑会毁了她在银幕上最大的资产——她美丽的容貌。她说:

"当初尝试进入电影界时,我很焦虑和担心。我来自印度,在伦敦举目无亲,却想在那儿立足。我见了几个制片人,但没人用我。身上本来就没几个钱,眼看着就用完了。整整两个星期,我就靠梳打饼干和水充饥。我不仅焦虑,还忍饥挨饿。我对自己说:'你也许太幼稚了,也许你永远也进不了电影圈。别的先不说,你没经验,你甚至从来没演过一次戏——除了一张漂亮脸蛋,你还有什么?'我走到镜子前。当我看到镜中的我时,我看到了焦虑在我脸上的'杰作'!我看到脸上长出来的线条,我看见了满脸的不烦恼;所以我对自己说:'你能不能不再焦虑?'你承受不起焦虑的代价。你除了一张漂亮的脸蛋一无所有,但焦虑会毁了它!"

很少有什么事情可以像焦虑一样迅速催人衰老,像焦虑一样迅速毁坏女人的容颜和魅力。焦虑用皱纹使表情凝固,下颚僵化,面容因此变成一张永久的苦瓜脸;焦虑还能让人白发,在有些情况下还让你掉头发;焦虑可以毁掉你的肤色——能带来所有种类的皮疹、发疹和粉刺。

心脏病是当代美国的头号杀手。在"二战"中,差不多有 30 多万人阵亡;但同一时期,心脏病夺走了 200 万美国人的生命——其中 100 万人死于各种焦虑和高压生活导致的心脏病。阿里克斯·卡瑞尔博士所说的那样:"不知道如何克服焦虑的商人活不长。"其中主要原因之一就是心脏病。

"上帝也许会原谅我们的罪过。"威廉·詹姆斯说,"神经系统却永远不会。"

有一个让人震惊、几乎不可思议的事实:每年美国死于自杀的人比死于五种最常见传染病的人加起来还多。

为什么?最大的答案就是:焦虑。

当残忍的中国军阀要折磨战俘时,他们会把战俘的手和脚绑起来,然后放到一个不停滴水的水袋子下面,袋子不停地滴答……滴答……滴答……日夜不停。水滴不断滴到战俘的头上,就像一把铁锤不停敲打着——最终让人们癫狂。在西班牙宗教法庭统治时期和希特勒的德国集中营里,这种刑罚也曾使用过。

焦虑就像这没完没了的滴水声,而这没完没了的焦虑经常把人逼疯,逼自杀。

当我还是密苏里的一个乡村小孩时,比利·桑代给我讲另外一个世界的"地狱之火",把我吓个半死。但他从来没提起过,焦虑者眼下不得不面对的引起身体剧痛的"地狱之火"。比如,如果你长期忧郁,有一天可能会被尘世间最折磨人的痛苦——心绞痛击倒。

你热爱生活吗?你想长寿、享受健康带来的益处吗?你能按我说的去做。让我引用阿里克斯·卡瑞尔博士的那句话:"**那些在现代城市喧嚣中保持自我内心宁静的人,对神经性疾病具有免疫力。**"

你能在现代城市喧嚣中能保持自我内心宁静吗?如果你是一个正常人,答案是:"能。""肯定能!"我们大多数人比我们知道的要强大,我们拥有可能从未开发过的内心资源。正如梭罗[①]在他的不朽名著《瓦尔登湖》里说的那样:"我明白,没有什么事比人类通过有意识的努力来升华自己的生命能力更鼓舞人心了。如果一个人沿着他的梦想自信地前行,倾力过自己想象的生活,他会在几个小时内遇到意想不到的成功。"

千真万确,本书很多读者,都和爱达荷州科迪林的奥尔嘉·K.嘉维一样内心强大。嘉维发现,即使在最悲惨的情况下,她也能驱逐忧虑。我坚信,如果我们将本书中谈论的古老原理活学活用,你和我也能那样。

在给我的信中,奥尔嘉·K.嘉维讲述了她的故事:

"八年半以前,我濒临绝境——那是一种缓慢而剧烈的死法——癌症。全国最好的医学机构'梅奥兄弟'确认了这个诊断。我在一条死胡同里走到了头,死神狞笑着瞪着我。我还年轻,我不想死!在绝望中,我给在科勒格的我的医生打电话,向他哭诉内心的绝望。他相当不耐烦,

---

① 亨利·戴维·梭罗(Henry David Thoreau,1817—1862):美国作家、哲学家。最著名的作品有散文集《瓦尔登湖》和《公民不服从》。

责备我:'那又怎么啦?奥尔嘉,你就不能抗争吗?如果你哭个不停,你当然很快就会死。没错,你遇到了最糟糕的情况。好啦——面对事实!停止焦虑!然后做点什么!'

"当时我就在现场发了个誓,这个誓那么严肃,以至我的指甲深深嵌入我的血肉,以至寒意穿透我的脊背:'我不会再焦虑!我不会再哭泣!如果这世界真有人定胜天的奇迹,我就能创造者奇迹!我要活下去!'

"当时,在这种严重病情下,X射线的一般辐射量是一天10分钟30秒,连续透析30天。他们给我的辐射量是每天14分钟30秒,连续透析49天。尽管我的骨头像荒山坡上的石头一样从皮包骨般的身体里突了出来,尽管我的双脚就像铅一样没有色泽,**我没焦虑!**我一次也没哭过!**我笑!**是的,我实际上是**强迫**自己笑。

"我不会白痴到幻想仅仅凭笑就能治愈癌症,但我坚信,开朗的心态对身体战胜疾病有帮助。不管怎么说,我创造了癌症治疗史上的奇迹之一。我从来没像过去这几年这么健康过,这都归功于那句挑战性的、战斗性的话:'面对现实,停止哭泣,然后做点什么!'"

温故阿里克斯·卡瑞尔博士的那句话:"**那些不知道克服忧虑的人会早逝。**"

先知穆罕默德的追随者们常常将《古兰经》里的诗句刺在胸前。我也想把本章的标题刻在每个阅读次数的读者胸前:"那些不知道克服忧虑的人会早逝。"

卡瑞尔博士说的是**你**吗?

可能吧。

小结
关于忧虑,你应该知道的

规则 1

如果你要避免焦虑,

就按威廉·奥斯勒爵士说的那么做

——"活在'日密舱'里。"

别为未来忧心忡忡,活好每一天,从清晨到入睡。

规则 2

下次的麻烦——大大的麻烦,会把你逼到墙角,

试用"威利斯·H.卡瑞尔魔方"吧:

a. 问自己:"如果我不能解决这个问题,

最坏的结果是什么?"

b. 如果迫不得已,做好接受最坏结果的心理准备。

c. 冷静地尝试从最坏处着手亡羊补牢

——反正已有心理准备。

规则 3

提醒自己,在忧虑上,你健康所能承担的最高代价。

"那些不知道克服忧虑的人会早退。"

第二部分

分析忧虑的基本技巧

第四章

如何分析和解决忧虑问题

> 我保留着六个坦诚的男仆,他们教会了我一切。
> 他们的名字是"什么"、"为什么",
> "何时"、"怎么"和"谁"。
>
> ——鲁迪亚德·克普林

第一部分的第二章描述过的"威利斯·卡瑞尔魔方",能一劳永逸地解决**所有**忧虑吗?不行,当然不行。

那么,答案是什么呢?答案在于:我们必须学习分析问题的三个基本步骤,以此"武装"自己,进而以此解决形形色色的忧虑问题。

第一步:弄清事实
第二部:分析事实
第三部:做出决定——并在此基础上采取行动

一目了然了吧？是的，亚里士多德①是这么教诲的——也这么运用的。如果要把那些把我们折腾得日夜不宁的问题解决掉，我们必须也得采用这个办法。

我们从第一个规则——弄清事实——开始吧。提出问题为什么这么重要？因为不找到问题所在，就不可能聪明地解决问题。不找出事实，我们只能在迷惘中徘徊。这是我的观点？不是，这是已故哥伦比亚大学主任赫伯特·E.郝基斯的。他帮助20万学生解决了他们的忧虑问题。他告诉我"迷惘是忧虑的主要原因"，他是这么表述的：

"世界上一半的烦恼是这样造成的：人们在没有掌握足够的相关知识前就试图去做出决定。比如——假设下周二下午3点我有个问题要面对，在这个时间到来之前，我不会做出什么决定。这时，我会集中精力去弄清和那个问题相关的所有事实。我不发愁，我不会痛苦，我不会失眠。我只关注弄清事实。到了周二那天，如果我弄清了所有相关事实，问题常常会迎刃而解！"

我问过郝基斯主任，这是不是意味着他完全战胜了忧虑。

"是的。我认为我可以坦率地说我现在的生活和忧虑完全绝缘了。我发现——"他接着说，"如果一个人愿意专门投入精力，以完整、客观的方式去弄清事实，他的忧虑常常就会在知识的光照下自动蒸发。"

让我重复一遍："如果一个人愿意专门投入精力，以完整、客观的方式去弄清事实，他的忧虑常常会在知识的光照下自动蒸发。"

然而，我们大多数人是怎么做的呢？如果我们懒得去弄清事实——正如托马斯·爱迪生所言："只要有权宜之计，任何人都会毫不犹

---

① 亚里士多德(公元前384—前322)：古希腊哲学家、教育家。他是一位"百科全书式"的大学者，对众多学科都做出了贡献。代表作有《工具论》《政治学》等。

豫地逃避劳神费时的思考。"如果我无视事实,我们就会像猎鸟犬一样追踪那些我们**已经**信以为真的事实——却忽略其他事实！我们只接受那些能证明我们行为合理的事实——那些对我们胃口的事实,以及能让我们先入为主的偏见的合理化的事实。

正如安德列·莫罗瓦①表述的那样:"一切投我们个人所好的事物都貌似真实,否则都会让我们火冒三丈。"

所以,要找到解决我们问题的答案如此艰难,难道有什么奇怪吗？如果我们认可了2+2=5的逻辑,那我们解决一个二年级的算术题时,难道不会遇到同样的麻烦吗？然而,这个世界上还有很多人固守2+2=5,甚至2+2=500的逻辑,结果把自己和别人的生活弄得一团糟。

我们能怎么办呢？我们必须放弃感情用事,就像郝基斯主任表述的那样,必须以"完整、客观"的方式去弄清事实。

当我们陷入忧虑时,这么做很不容易。当我们忧虑时,情绪主宰了理智。但当我试图从我的麻烦里抽身以便能清晰客观地看清事实时,我发现了两个办法,贡献于下:

1. 弄清事实时,我将当做不是为了自己、而是为了别人搜集信息。这有助于我有一个冷峻、不偏不倚的视角看待证据,有助于我消除自己的情绪。

2. 搜集那些引起我忧虑问题的事实时,我经常把自己看做一个律师,为了和本案的另一方辩论做准备。换句话说,我试图找出对付自己的事实——那些有违自己愿望的事实以及自己不愿面对的所有事实。

---

① 安德列·莫罗瓦(André Maurois,1885—1967):法国作家。

随后,我把两边的事实都写下来——我发现,事实真相总是存在于两个极端之间的某个地方。

有一点我要强调一下,不论是你、我、爱因斯坦或是美国最高法院,都不至聪明到无需了解事实就能做出包治百病的英明决策。托马斯·爱迪生对此深有体会。在他去世时,关于他需要了解的事情记了整整2 500个笔记本!

所以解决我们问题的规则1是:**弄清事实。** 让我们学郝基斯主任那样做:如果没有以完整、客观的方式弄清所有事实,我们甚至别试图去解决问题。

然而,直到我们分析和阐释问题时,弄清问题才有实际意义。

从我自己的宝贵经验里发现,如果把事实写下来再进行分析会容易得多。事实上,仅仅把事实写在纸上再清晰陈述你的问题,就对理性决策大有帮助。就像查理斯·克特林①说的那样:"一个问题如果陈述清晰,等于已经解决了一半。"

我来告诉大家怎么付诸实施。中国人说"百闻不如一见",那我就给大家看一个鲜活的例子,看看一个人怎么把我们讨论的规则精确而高明地用于实践。

我以我的老友盖伦·里奇菲尔德的事情为例吧。里奇菲尔德是在远东最为成功的美国商人之一。1942年,日本人入侵上海时,里奇菲尔德先生就在中国。他在我家做客时,给我讲述了他的故事:

"'珍珠港事件'不久,日本人蜂拥进入上海。"他打开了话匣子,"我

---

① 查理斯·克特林(Charles Franklin Kettering, 1876—1958):美国发明家(186项专利)、工程师和商人。他最著名的发明是电启动发动机和含铅汽油。

是上海亚洲保险公司经理,日本人给我们找来一个'军事债务清算人'——这人是个货真价实的海军上将。日本人还命令我协助这位将军核算我们的资产,对此我别无选择;我要么合作,要么——肯定死路一条。

"我就按他们的意思来,因为我毫无选择。但有一笔价值75万美元的有价证券,被我从清单里拿掉,没交给日本人;因为这笔资产属于我们的香港公司,和上海方面的资产毫无关系。尽管如此,我还是提心吊胆,如果日本人发现了,我的麻烦可就大了。不久,他们果然发现了。秘密暴露时,我没在办公室,但我的财务主管在那儿。他告诉我那个日本将军大发雷霆,跺脚大骂,骂我是盗贼和叛徒!骂我胆敢违抗皇军!我知道那意味着什么,我会被扔进桥屋监狱!桥屋监狱!那是日本'盖世太保'的行刑处!我有过一些私人朋友,他们宁愿自杀也不愿被扔进那儿;我还有一些朋友被扔进去后,提审和折磨仅仅十天后就死了。现在,我却要主动把自己送进去!

"我怎么做的?我是星期天下午获得消息的。如果我没有确实可行的应付焦虑的技巧,我想我应该被吓坏的。多年来,每当我焦虑了,我总是走到我的打字机前,把下面这个问题打印出来,并给以回答:

第一,我为什么而焦虑?
第二,我能怎么办?

"我曾经试图不把这些问题写下而直接回答,但几年前我不这么做了。我发现,把问题和答案都写下来让我的思路更加清晰。所以,那个星期天的下午,我直接走进上海基督教青年联合会我的房间,拿出我的打字机,打出:

第一,我为什么而焦虑?

——我担心明天上午被送进桥屋监狱。

第二,我能怎么办?

——我用了几小时想出并写下我能采取的四个行动,以及每个行动可能导致的后果。

"第一,尽量对那个日本将军解释,但他不讲英语。如果我找翻译,可能再次惹怒他,那可能意味着死;因为这人很凶残,宁愿把我扔进监狱,也懒得和我费劲。

"第二,设法逃走,不可能!他们一直掌握我的行踪。我每天必须在基督教青年联合会登记出入;如果逃跑,我可能会被抓住或被射杀。

"第三,待在房间里,不再去办公室附近。如果这样,日本将军就会起疑,可能派兵来抓我,把我扔进监狱,连解释一句的机会都不给我。

"第四,像往常一样周一一早去办公室。万一那个日本人太忙了,这件事没准忘了;即使他想起来了,也可能已经冷静下来不招惹我。如果这样,我就没事了。退一步说,即便他找我的麻烦,我还有个解释的机会。所以,周一早晨若无其事地去上班,这样我就有两次逃过被扔进桥屋监狱的机会。

"一旦我想通了并做出采用第四种计划,我立即如释重负。

"第二天早晨,当我走进办公室时,那个日本将军坐在那儿,嘴里叼着一根香烟。他像往常一样瞪着我,啥也没说。六个星期过后,谢天谢地——他回东京了,我的焦虑也就过去了。

"就像我说过的,我可能是通过这样做救了我的命:在周日下午坐下来,写出所有我能采取的步骤,再写出每个步骤可能产生的后果,然后冷静地拿定主意。假如我不那么做,我恐怕会慌乱、犹豫,一时冲动之下酿下大错。如果我不想出法子，拿定主意，星期天整个下午我可能被弄得焦头烂额，晚上也不可能睡好；周一早晨去办公室时，肯定一脸魂不守舍的样子，那可能会引起日本人的疑心，促使他采取行动。我的经验一次又一次表明了拿主意的重要性。目标不明是大忌，原地打转是大忌，那样会把人逼垮、逼疯。我发现，一旦我做出一个清晰、明确的决定，我百分之五十的忧虑都消失了；一旦我开始实施那个决定，另外百分之四十的忧虑通常也消失了。

"所以通过这四个步骤，我差不多百分之九十的忧虑都消失了：

1. 把我的忧虑准确地记下来。
2. 把我能采取的应对措施记下来。
3. 决定怎么办。
4. 立即开始实施那个决定。"

盖伦·里奇菲尔德成为斯塔帕克和弗里曼公司远东地区经理，代表大保险公司和金融公司的利益。这让他成为美国在亚洲最重要的商人之一。他向我坦诚，他的成功很大程度上归功于这套正面分析问题和解决忧虑的方法。

为什么他的办法这么棒？因为它有效、具体以及直奔问题核心。除此以外，这套法则通过第三个——也是不可缺少的步骤**决定怎么办**臻于完美。除非我们采取行动之前劳神费时的"弄清事实"和"分析问题"都是浮光掠影，纯粹浪费精力。

威廉·詹姆斯这么说过："一旦拿定主意，付诸实施就是当务之急，绝对别考虑什么责任，别担心什么后果。"他的意思是——你一旦在事实基础上做出一个认真的决定，**就采取行动**，不要瞻前顾后，不要在自我怀疑中迷失自己——自我怀疑只会招致新的顾虑。

我曾经问过俄克拉荷马州最显赫的石油商之一维特·菲利普斯先生,他怎么拿主意。他回复说:"我发现,在过度拘泥、纠缠于问题,必定会产生新的困惑和烦恼。总会有这种时候,任何过多的谨小慎微都是有害的;总有这种时候,我们必须做出决定,付诸实施并绝不回头。"

为什么你不用盖伦·里奇菲尔德的技巧,来对付你的忧虑之一呢?

这儿是几个问题:

问题1. **我因为什么而焦虑?**

问题2. **我能怎么办?**

问题3. **我将怎么做?**

问题4. **我何时开始行动?**

第五章

如何消除生意场上一半烦恼

如果你是生意人,现在你可能自言自语:"这一章的标题太可笑了。我在商场搏击 14 年了,如果有人知道怎么消除生意场上的一半烦恼,我当然也知道了。任何人想告诉我这一点,那也太可笑了。"

这倒公正——几年前,如果本人看到这个标题,也会这样想。这标题打了个很大的包票——打包票是最不靠谱的事。

我还是实言相告吧:**也许我并不能**帮助你消除生意场上百分之五十的烦恼。最新的研究表明,除了你自己,没人能做到那点。我**能**做的,就是告诉你别人是怎么做的——剩下就看你自己的了!

你可能会想起,在本书前面我引用过世界著名的阿里克斯·卡瑞尔博士的话:"那些不知道怎么克服忧虑的人会早逝。"

既然忧虑会造成这么严重的后果,如果我助你消除哪怕百分之十的忧虑,你难道不开心吗?……是吗?……好!那好,我现在就告诉你一个商人如何将他生意场上百分之七十五——而不是百分之五十的烦恼消除掉。为了解决生意上的事情,长期以来,他百分之七十五的时间被用来参加各种会议。

而且,我不会告诉你这个故事的主角是"琼斯先生"或"X先生"或"一个我认识的俄亥俄人"——这些故事似是而非,你无从考证。现在的这个故事完全是真人真事,主角是里奥·森肯,他是美国最优秀出版社之一——纽约洛克菲勒中心里面的西蒙-舒斯特前合伙人和总裁。

关于里奥·森肯先生的经历,还是看他的原话吧:

"15年来的每个工作日,我几乎都是半天时间在开会,讨论各种问题:我们该不该做这个或那个——或者什么也不做?我们很紧张,蜷在公司的椅子里,在地板上走来走去,绕着圈子争来辩去。到晚上时,我已经筋疲力尽。我巴望着我的余生就这么过下去。我已经这么过了15年,我从来没发现有什么更好的办法。如果有任何人告诉我,我可以把用在这些乏味会议上的时间省去四分之三,把我的精神压力消除四分之三,我得说这个人是个疯狂、糊涂且脱离实际的乐观主义者。然而,我还真制定了这样一个计划,八年来我一直按这个计划行事,对我的效率、健康和幸福产生了奇迹。

"这听起来就像魔术——但就像所有的奇技淫巧,当你洞悉其机关时,才发现原来简单极了。

"秘密是这个:首先,我立即中止沿袭了15年的会议程序——这个程序通常这样开始:我那些焦虑的同事们背书般列出工作中纰漏的细节;这个程序通常这样结束:那些忧心忡忡的同事们问,我们该怎么办?

"其次,我出台了一个新规定——任何要向我反映问题的人,必须提前准备和提交一个备忘录,此备忘录回答下列四个问题:

"问题1. 问题究竟是什么?

(那些年,我们耗费一两个小时开一个累人的会议,没人明确知道真正、具体的问题是什么。我们常常让自己置身于一个泡沫化的会议中,而我们的问题到底是什么,都懒得写下来。)

"问题 2. 问题的根源是什么?

(当回顾我的职业生涯时,我对被浪费在会议上的时间深感震惊。这些冗长累人的会议,无法清楚找出问题根源和解决条件。)

"问题 3. 怎么解决?

(那些年,会议中,一个人可能提出一个方案,可能有人和他争论,火气也上来了;还可能完全离题万里。散会时,没人将所有可能解决问题的事情记下来。)

"问题 4. 你有什么方案?

(我曾经和一个员工参加一个会议,该君愁眉苦脸几个小时,即使急得团团转也没想出所有解决方案,然后写下来,说:'我推荐的方案是这个。')

"我的同事现在很少找我解决问题。为什么?因为他们已经发现,为了回答这四个问题,就必须提前摸清情况,通盘考虑。做了这些'功课'后他们发现,其中四分之三的事情无需和我协商,因为正确的方案就像电烤箱里的面包片一样,火候到了,自然就出炉了。即使那些必须协商的事情,也只需要以前三分之一的时间,因为事情已经沿着一条有序、合乎逻辑、通向合理结论的路径运行。

"现在,西蒙-舒斯特公司被**烦恼和纠缠**于什么是错什么是对耗费的时间少多了,更多的是采取**纠错**的行动。"

我的朋友弗兰克·贝特基,是美国最成功的保险业从业者。他告诉我,他通过同样的办法,不仅减少了商务活动中的烦恼,还差不多让收入翻番。

"多年前,"弗兰克·贝特基说,"刚开始卖保险时,我对工作充满了无限的热情和爱。后来因为一件事,我变得沮丧极了,开始憎恨我的工作,甚至想放弃。要不是一个周六上午我想出一个主意——坐下来,把我的烦恼根源找出来,我想我早就辞职了。

"第一,我首先问自己:'**究竟问题出在哪儿了?**'答案是:**我的回单太少,因为我很多电话打得不够及时。**我似乎很善于和新客户打交道,直到签下那个单子。随后,客户就说:'贝特基先生,这个我得好好想想。你有空再来面谈吧。'就是这些白费时间的客户追访电话让我闷闷不乐。

"第二,我问自己:'**怎么解决问题?**'为了得到这个答案,我不得不摸清事实。我找出过去12个月的记录本,研究那些数字。

"**我有了一个惊人发现!** 就在这儿,白纸黑字。我发现我的单子中,百分之七十在第一次面谈中就搞定了!百分之二十三在第二次面谈中拿下;只有**百分之七的单子**是在第三次、第四次……面谈中签下的,这一次次面谈让我筋疲力尽且浪费了大量时间。换句话说,我用了一半以上的工作时间,只换回了百分之七的单子!

"第三,'**答案是什么?**'答案已经显而易见了。我不再进行第二次面谈以后的拜访,将余下的时间用于发展新客户。结果难以置信,在很短时间内,我就把每一次拜访客户的保额翻了一番。"

正如我说的,弗兰克·贝特基是全美国最知名的人寿险推销员,却曾经处于放弃、处于服输认命的地步——直到"**分析**"问题才将他送上成功之途。

你能将这些问题用于解决**你的**生意难题吗?重复我的挑战——他

们**能**将你的烦恼减少百分之五十。这些问题是:

1. 问题究竟是什么?
2. 问题的根源在哪儿?
3. 解决问题的方案有哪些?
4. 你的方案是什么?

小结
分析忧虑的基本技巧

规则 1

弄清事实。牢记住哥伦比亚大学郝基斯主任的话:

"世界上一半的烦恼是这样造成的:

人们在没有掌握足够相关知识前就试图去做出决定。"

规则 2

通盘考虑仔细权衡后,做出一个决定。

规则 3

一旦认真做出一个决定,行动! 迅速实施你的决定,

不要担心任何后果。

规则 4

当你,或你的同事,可能因为某个问题烦恼时,

将下列问题写出来:

1. 问题究竟是什么?
2. 问题的根源在哪儿?
3. 解决问题的方案有哪些?
4. 最好的方案是什么?

第三部分

在烦恼侵袭你之前将其化解

第六章

怎么排遣内心的烦恼

我永远忘不了马瑞昂·J.道格拉斯上我的课的那个晚上(出于个人原因,我没用他真名,这也是他本人的要求)。他在课堂上讲的是他的真事。他告诉我们,他的家庭的遭遇有多悲惨——不是一次,而是祸不单行。第一次,他失去了他深爱的 5 岁的女儿,他和妻子觉得他们承受不了这次打击,然而,他说:"十个月后,上帝给我们送来另一个小女孩——她却在出生后仅仅五天就去世了!"

这双重打击简直无法承受。

"我撑不住了。"这位父亲说,"我睡不了觉,我吃不下饭,我片刻不得安宁。我的神经完全垮了,我的信心完全没了。"他去看医生,一个医生建议服安眠药,另一个医生建议出门旅游一趟。他都试过了,都无效。

他说:"我的身体就像被一个老虎钳夹住了,钳子的牙齿一点一点地收紧。那种剧烈的疼痛——如果你曾经因为痛苦而瘫痪过,你就知道那种痛苦有多可怕了。

"但是,感谢上帝。我留下了一个孩子——一个 4 岁大的儿子。他给了我解决问题的办法。一天下午,我坐在那儿独自悲伤,我儿子问,'爹地,你能不能给我做艘船?'我当时没心情做什么船,事实上,我啥事也不想干,但我儿子是个不达目的誓不罢休的小家伙!我只好妥协。做那艘玩具船花了我差不多三个小时的时间,当做好它时我发现,这三个小时是那几个月来我第一次感到身心放松和平静的时候!

"那个发现让我在了无生气中为之一振,引起我的点滴思考——那是我几个月来第一次真正思考问题。我意识到,当你忙于事务之中时,你必须规划运筹,必须动脑筋,也就很难去感伤,去烦恼了。就我来说,造船将我的忧伤赶出了我的情感漩涡。所以我决心一直忙下去。

"当天晚上,我挨个儿检查每个房间,列出需要完成的家务活单子。很多东西需要修理:书橱、楼梯、防风窗、百叶窗、门把手、锁子、漏水龙头等。这单子看起来挺吓人——两个星期内,我居然列出了242家务活。

"过去的两年中,我基本干完了这些活。除此之外,我还参加了很多让人激动的活动。每周我在纽约听两堂成人教育课。我去老家参加一些文娱活动。我现在还是学校董事会主席。我参加大量会议。我帮助'红十字'协会和其他活动筹集善款。我实在太忙了,忙得没时间去忧虑了。"

没时间去忧虑!那正是温斯顿·丘吉尔在"二战"高潮期每天工作18个钟头时的情形。当有人问他是否因为责任重大而忧虑时,他说:"我太忙了,没时间去忧虑。"

查尔斯·凯特林摸索汽车自动启动器时,处于一样的困境。他直到退休一直是通用汽车的副总裁,负责世界闻名的通用汽车研究公司。但在创业的那些日子里,他实在太穷了,不得不在一个农场仓库的干草棚里做实验。为了买吃的,他不得不动用太太教钢琴课挣来的1500美元。

再后来,不得不从自己的人寿保险中提取500美元。我问他的太太,当时那种情况下她担心吗。她说:"当然,我愁得饭都吃不下,但凯特林没事,他完全沉浸在工作中,没工夫发愁。"

最杰出的科学家之一巴斯德提起过"图书馆和实验室找到的宁静"。为什么宁静能在那儿找到?因为在那种环境中,人们心无旁骛,无暇顾及其他。研究人员很少有神经崩溃的,他们没时间那么奢侈。

为什么忙碌这么简单的一件事有助于消除烦恼?因为一个规律——心理学发现的最基本的规律之一:任何一个人,无论他多有智慧,都不可能在给定的时间内**一心二用**。你将信将疑?那好吧,我们做个实验。

比如,现在,你闭上双眼,身体后仰,试着同时想着自由女神像,以及明天上午你将干什么。

你发现了没有——一次你只能精力集中于**一件**事情,而不能同时集中于两件事。那么,在情绪范畴内,情况也一样。我们不可能兴致勃勃热情澎湃地干某一件事情,同时被忧虑弄得垂头丧气。一种情绪将另一种情绪驱逐了。正是这个简单的发现,使随军精神病医生们得以在"二战"中创造如此奇迹。

因为战争经历,那些从战场中回来的将士们精神都垮了,以致被叫做"精神神经症患者",医生开出的处方是"让他们忙碌起来"。

这些神经紧绷的军人在清醒时的每一分钟都被各种事务填满了——通常是户外活动,诸如钓鱼、打猎、打球、打高尔夫、摄影、园艺和跳舞。他们根本就没工夫去舔舐战争中的留下的创伤。

在当代,"工作"(忙碌)成了一种"处方药","职业疗法"因而被精神病医生们作为一种术语使用。这种疗法其实不算新颖,早在公元前500年,古希腊医生就提倡这么做了。

在本杰明·富兰克林时期,费城的贵格会教友①也是这么做的。1774年,一个人参观贵格会教徒的一个精神病院,惊讶地看到所有精神病人都在不停地纺亚麻。刚开始他还认为这些可怜的病人在遭受剥削,直到教友给他解释:病人有点事做时,病情就有所好转,工作舒缓了他们的神经。

任何精神病医生都会告诉你,工作——不停地忙碌——是迄今为止对付神经性疾病最有效的药物之一。

亨利·W.朗费洛②在痛失年轻妻子后,发现了这个疗法。一天,他妻子在一支蜡烛上融化封蜡③时,衣服着火了。当朗费洛听到哭声跑过去救她时,她已经被烧死了。此后一段时间,这可怕记忆把朗费洛折磨得几乎疯掉了;幸运的是,他的三个孩子需要他的照料。朗费洛顾不上悲痛,同时承担了父亲和母亲的职责。他带他们去散步,给他们讲故事,和他们玩游戏,还把他们亲密的人伦亲情写进不朽的诗歌《孩子们的时光》。他还翻译但丁的作品。这些事摞一块儿,让他忙得彻底将自己忘怀,重新获得了内心的宁静。

就像特尼森失去他的密友阿瑟·哈兰后说的那样:"我必须让自己淹没于事务之中,否则我将枯萎于绝望。"

在忙碌的白天的工作中,我们多数人基本能"让自己忙个不停";但工作时间以外的那几个钟头,就非常危险了。这一段闲暇时间本应最开

---

① 贵格会教友(Quakers):公谊会教徒、贵格会教徒,基督教的一个教派,反对暴力,宗教仪式简单且无神职人员,兴起于17世纪中期的英格兰。
② 亨利·W.朗费洛(Henry Wadsworth Longfellow,1807—1882):美国诗人和教育家。
③ 封蜡:一种硬质、常为红色、用于资料和信件黏封的蜡。

心,忧虑之魔却也不期而至。这是这段时间,我们开始想自己的生活是不是够美满,自己的生活是不是原地踏步毫无改进,老板今天的那句话到底暗藏什么玄机,或者我们是不是失去了性方面的吸引力了。

当我们不忙碌时,我们的心智接近于一片"真空"。每个物理学专业的学生都知道"自然法则排斥真空"的原理。你我能看见的最接近真空的东西,可能是白炽电灯泡的内部。一旦打破灯泡,自然法则就会迫使空气立即填充那个理论上的"空"间。

自然法则也会使心理空间被迅速填充。用什么?用我们常说的各种情感。为什么呢?因为忧虑、恐惧、恨、羡慕、嫉恨这些情绪被最原始的生命和最活跃的丛林法则所驱使;这些情绪非常强烈,倾向于把我们内心中所有和平、愉悦的思维和情绪统统驱走。

哥伦比亚大学教育学院教授詹姆斯·L.默塞尔说起这个话题时,表述得非常给力。他说:"烦恼最容易缠住你的时间,并不是在你忙碌时,而是在你完成白天工作后。你的想象力可能变得狂放,随后造成形形色色、荒唐的后果,并将小纰漏酿成大错。那时,你的心智就像一部没有负荷的马达运行。马达疯狂空转下来,弄不好就会烧毁它的轴承,甚至彻底散架。烦恼的最好疗法之一,就是全身心沉浸于建设性的事务之中。"

要了解这些知识并付诸实践,你不必非得成为大学教授。在"二战"期间,我遇到一个来自芝加哥的家庭主妇,她告诉我她是怎么发现"烦恼的最好疗法之一,就是全身心沉浸于建设性的事务之中"的。我是在从纽约回老家密苏里的农场时,在火车上的餐车上遇到这位女士和她丈夫的。

这对夫妇告诉,他们的儿子在"珍珠港事件"后第二天参军入伍。这位主妇说,对唯一的儿子的担忧几乎毁了她的身体。他在哪儿？他安全吗？他在执行任务吗？他会受伤吗？他会阵亡吗？

当我问她怎么克服她的忧虑时,她是这样回答的:"我让自己忙碌起来。"她告诉我,她首先辞退了家里的佣人,一切家务都大包大揽。但似乎不是很有效,她说:

"我的麻烦是,我的家务活基本都是机械化作业,不怎么动脑子;所以当我铺床时、洗碗时,还是不停挂念儿子。我意识到,我需要更多的新活儿,那样就能让我每个小时脑子和四肢都紧张起来,于是我找了个在大商场的销售工作。这就有效了。我立即发现我自己忙得像旋风似的:顾客们问价格、问型号、问颜色……把我围的团团转。除了工作,我没有一秒钟的工夫去想任何别的事。到了晚上,除了想让脚痛缓解一下,啥也不想了。一吃晚饭,我就上床,倒头就睡。我既没时间、也没精力去忧虑。"

这位女士的发现正是约翰·科伯尔·包易斯在《忘却不愉快的艺术》阐述的:"当一种实在的舒安全感、实在的深厚的内心安宁和愉悦的麻木感不被分配的任务所吸收时,人类的神经也就得以舒缓。"

多值得庆幸啊！奥莎·约翰逊是世界最著名女探险家之一,她曾经告诉我她是怎么释放忧虑和悲戚的。你可能读过她的真实故事,在《我嫁给了探险》中。如果真有任何女人嫁给了探险,那她肯定就是。她16岁时嫁给了探险家马丁·约翰逊后,立即就被丈夫带离堪萨斯州的香路特,踏上了婆罗洲岛①原始森林里的羊肠小道。25年来,这对堪萨斯夫妇走遍了全世界,将亚洲和非洲濒临灭绝的野生动物拍成影片。一些年

---

① 婆罗洲岛:一半属马来西亚,一半属印尼。

后,他们开始巡回演讲,展示他们的电影作品。他们搭乘飞机从丹佛飞往西海岸,飞机撞向一座山。马丁·约翰逊当即死亡,奥莎则被医生宣布永远下不了床。

但是他们不了解奥莎·约翰逊。三个月后,她坐上轮椅发表公开演讲。事实上,她坐着轮椅发表了一百多场演讲。我问她为什么那么做?她说:"我那么做,就没时间去伤心、去悲痛了。"

奥莎·约翰逊的发现和一个世纪前特尼森唱的那句歌词如出一辙:"我必须忙起来,否则我将会枯萎于绝望。"

海军上将伯德也发现了这个事实。当时他孤身一人在一个窝棚里住了五个月。那窝棚其实被埋在巨大的冰盖下——冰盖覆盖着南极,而南极隐藏着世界上最大的秘密——覆冰之下,是世界上最古老的大陆,比美国和欧洲加起来还大。伯德上将一个人在那儿待了五个月时间。100英里之内没有任何活的生物。天气如此严寒,以致当风吹过耳朵时,他能听到呼吸被冻成结晶。白天和黑夜一样漆黑,他必须不停活动以保持清醒。在他的书《孤独》中,他描述了五个月中,在那让人迷乱、让人心碎的黑暗中发生的一切。

"在晚上,"他说,"我形成了一个习惯——在灯笼熄灭以前,谋划明天的工作。这是一件按小时计算的事情。比如说,'逃生地道'待一个小时,半个小时清扫积雪,一个小时加固燃料桶,一个小时在食物通道里墙上凿出一个书橱,两小时修人力雪橇……这样对时间精打细算太棒了,赋予自己一种给自己下命令的美妙感觉。没有这样或类似的活动,便无所事事;如果无所事事的话,日子也就没法过了,就像那些总是支离破碎的时日。"

再次记住最后那句话:**"如果无所事事的话,日子也就没法过了,就**

像那些总是支离破碎的日子。"

如果我们烦恼了,就记住这一点:我们能把工作当做古老而行之有效的疗法。说这句话的可不是什么凡夫俗子,而是已故哈佛大学门诊医学教授理查德·C.卡波特博士。在他的著作《人以何为生》中,卡波特博士说:"作为一名医生,我很高兴看到很多受震颤性麻痹折磨的病人被治愈,这病是强烈的猜忌、踌躇、犹豫和恐惧引起的……我们的工作带来的勇气,就像爱默生创造的永放光辉的自我依靠精神一样。"

如果我们不忙碌起来——而是闲坐在那儿闷闷不乐,我们就会"焖"出一大群查尔斯·达尔文所说的"叽叽歪歪婆婆妈妈"——那不过是一群以前的小妖魔,他们会把我们掏空,摧毁我们的行动力和意志力。

我认识一个纽约商人,他就是通过忙于事务而战胜了"叽叽歪歪婆婆妈妈",从而没时间去懊悔和烦恼。他的名字叫崔恩坡·朗曼,是听我课的学员。他关于战胜烦恼的说法非常有趣,非常鼓舞人,所以我就在课后邀请他和我共进晚餐。我们在餐馆一直坐到午夜后很久,讨论他的经验。他这样开始了他的故事:"18年前,我烦恼透了,经常失眠。我紧绷、烦躁、神经过敏。我觉得我正在滑入神经崩溃的深渊。

"我的烦恼情有可原。我是克朗恩·福路伊特和伊克斯阿克特公司的财务主管。我们投资了100万美元到罐装草莓业务上,单罐容量以1加仑为准。20年来,我们一直将这种加仑罐装草莓卖给冰淇淋生产商。我们的销售突然停顿下来,因为一些大型冰淇淋生产商——比如全国乳品和波顿产量大增,为了省钱省时,他们开始采购桶装草莓。我们不仅积压了价值50万美元的草莓,还必须按合同在此后12个月之内购买另外价值100万美元的草莓!我们已经在银行贷款35万美元,恐怕不但还不上这笔款项,连续贷也成问题。难怪我焦头烂额了。我紧急赶往草莓生产商所在地——加州的瓦特森维尔，试图以情况发生了变化以及我们公司面临灭顶之灾的理由说服他们的老总。他不相信我说的，并把所有责任怪罪于我们纽约公司的糟糕的营销手段。经过几天求情，我最终说服他停止罐装更多草莓，并把即将卖给我们的草莓转而在旧金山鲜草莓市场上出售。这样一来，我们的麻烦基本解决了。按理说我的烦恼也该停止了，事实上却没有。烦恼是个习惯，我有那个习惯。

"回纽约后，我依然满脸愁云惨雾：我们在意大利买的樱桃怎么办，在夏威夷买的菠萝怎么办……我紧张不安、失眠，我说过，我一步步走向神经崩溃。绝望中，我通过一种新的人生方式，将我的失眠和焦虑克服掉了，那就是——忙起来。那些事务需要我全力以赴，所以我就没闲暇去发愁了。以前我一天工作7个小时，现在每天工作15到16个小时。我每天早上8点赶到办公室，差不多待到半夜。我承担起新的义务，新的责任。我半夜赶回家时，累得几秒钟就酣酣而睡了。这个过程持续了差不多3个月，我改掉了忧虑的习惯，恢复了正常的工作时间——每天7小时或8小时。这是18年前的事情了，那以后我从未被失眠和忧虑困扰过。"

萧伯纳归纳的没错："**痛苦的秘密在于，有闲暇去困扰自己——我幸福，还是不幸福。**"所以不妨好好想想这句话！甩开膀子干事去吧！你的血液开始循环，你的心脏开始铿锵作响。很快，你身体里的正能量就会将你的烦恼撵得无处躲藏。**忙碌起来，忙碌下去。**这是世界上战胜烦恼最价廉物美的药物之一。

要改变烦恼的习惯，下面是规则1：

规则 1

保持忙碌。烦恼的人必须让自己忙起来,
否则他将怙萎于绝望。

第七章

别让琐细之事坏了你的心境

讲一个非常戏剧性的故事,只要我活着,恐怕就忘不了。这故事是新泽西州枫木市的罗伯特·穆尔讲给我的。

"1945年3月,在中南半岛海岸外276英尺深的水下。"他描述道,"我得到了人生最大的教训。当时我是潜艇'贝亚 S.S.318号'88名水兵之一。我们从雷达里发现一支日本小舰队朝我们开过来。拂晓时,我们下潜,准备发起攻击。我从潜望镜里发现一艘日本护航驱逐舰、一艘油轮和布雷舰。我们向护航驱逐舰发射了3枚鱼雷,却都没打中。护航驱逐舰还没发觉被袭击,继续航行。我们正准备攻击最后那一艘布雷艇时,它突然转弯向我们驶来。(一架日本飞机发现了水下60英尺的我们,向布雷艇通报了我们的位置。)为了避免被侦查到,应付深水攻击,我们下潜到150英尺深。我们把所有的螺栓放到舱口。为了让潜艇完全静音,关掉助推桨、制冷系统和所有电动装置。

"3分钟后,一阵天崩地裂。6枚深水炸弹在我们周围爆炸,潜艇被冲击波推到海底——那儿水深276英尺!我们吓坏了,潜艇在1 000英尺以内被攻击是危险的,500英尺以内被攻击几乎是致命的。——就安全而言,我们在比500英尺一半略深的地方被攻击,就像膝盖那么浅。14个小时中,日本的布雷艇不停地向我们投掷深水炸弹。假如一枚炸弹在潜艇17英尺以内爆炸,其威力就能洞穿潜艇,而这时很多炸弹都在我们周围15英尺内爆炸!我们被命令'保命'——躺在卧处不出声。我吓得都出不了气,心里不停喃喃自语'这回死定了'!潜艇桨和制冷系统关闭后,潜艇里的温度超过100华氏度①,我却被吓得穿上毛衣和皮内衬夹克衫,还冷得瑟瑟发抖。我的牙齿直打架,出了一身冷汗。攻击持续了15个小时后突然停止,显然,日本布雷艇的弹药用完了,开走了。

"这15个小时就像1500万年漫长。我回顾了我的半辈子。我想起我干的所有坏事,想起所有曾让我烦恼的荒唐琐事。入伍之前,我是个银行小职员,为工作时间长而烦恼,为薪水低发愁,为不明朗的职场前程忧虑,为不能买房苦恼,为不能换新车郁闷,为不能给太太买新衣服愧疚。我对以前的老板恨得咬牙切齿,这家伙老是叽叽喳喳唠唠叨叨个不停!我记得,我是怎么拉长个脸回到家里,为那些鸡毛蒜皮的小弟和太太吵个没完。我还为我前额上一块难看的伤疤烦恼——那是在一起交通事故中留下的。

"那些年,这些烦恼看起来多严重啊!但当你面临随时要把你送到西天的深水炸弹时,那些烦恼显得多么荒诞可笑。当时我就对自己发誓,如果我还能看见太阳和星星,我就永不烦恼。永不!永不!永不!那15个小时我在潜艇学到的生命真谛,比我在西那库斯大学4年中所有书本里学到的还多。"

---

① 约38摄氏度。

我们经常敢于直面人生的大灾大难，却被鸡毛蒜皮的琐事所困扰。比如，萨穆尔·佩皮斯在他的日记里描述了他在伦敦目睹哈里·韦恩爵士被砍头的情形。当哈里·韦恩爵士被送上台上时，他没有为保命求情，居然请求行刑时别碰他脖子上脓肿，因为一碰会很难受！

在天寒地冻漆黑一片的南极之夜，海军上将伯德发现了这一点——他的随从对大事不再在意，却为了些鸡毛蒜皮的小事斤斤计较。他们并不抱怨危险、艰苦和常常低于华氏零下80度①的气温。"但是，"伯德将军说，"我知道人们互不搭理，因为每个人都怀疑分配给自己的空间被别人挤占了1英尺。我还知道一个人，除非富雷奇瑞斯特不在餐室时才肯进餐——富雷奇瑞斯特就是那个吃饭时必须一本正经咀嚼28次才咽下肚子的家伙。

"在一个极点营帐内，"伯德说，"即使最自律的人，都会被诸如此类的琐事逼到崩溃边缘。"

伯德将军，你大可补充一句，婚姻中的"鸡零狗碎"也能让人处于疯狂边缘，"世界上一半的痛苦"都是因此引起的。

至少，权威们是这么说的。比如，芝加哥的法官约瑟夫·瑟巴斯，在裁决了4万桩不愉快的婚姻案子后宣称："大多数婚姻不愉快都是琐事引起的。"

纽约县前地区检察官弗兰克·S.赫根说："一半以上的刑事案子祸起琐事。酒吧逞能、家庭纠葛、一句羞辱性的评论、一个冒犯性词汇、一个粗鲁的举动——就是这些小事引发暴力攻击和凶杀案。天性残忍邪恶人其实很少。正是那些对我们自尊的小冲撞、对我们虚荣心的小打击

---

① 约摄氏零下63度。

和尊严丧失感造成了世界上一半以上的不幸。"

艾琳诺·罗斯福新婚燕尔时,因为厨师一顿饭没做好,"烦恼了好几天"。她说:"如果那事发生在现在,我大不了耸耸肩,很快就抛在脑后了。"这就对啦,这才像一个成年人的风范。即使货真价实的大独裁凯瑟琳大帝①,遇到厨师没把菜做好,也不过付之一笑。

我太太和我曾经在芝加哥一位朋友家做客。朋友切肉时,出了点小纰漏。我没留意,即使看到了也不会在意。但他太太发现了,当着我们的面突然冲他大叫:"约翰,看看你怎么弄得!你就不能学着点怎么上菜?"

然后她就对我们说:"他老是出娄子,就是不上心。"也许他的确没做对,但我实在佩服他和她相处了20年之久。坦率说,我宁愿在和平友好的气氛中吃几只夹着芥膏的"热狗",也不愿一边吃着北京烤鸭和鱼翅,一边听她河东狮吼。

事后不久,太太和我在我们家宴请朋友。在他们抵达前,太太发现三张餐巾和桌布不搭配。

"我冲到厨师面前,"她后来告诉我,"发现另外三张餐巾已经拿到洗衣间了。客人已到门前,来不及换了。我都要急哭了!当时我能想的就是,为什么让这个低级错误把整个晚上给毁了?然后我又想——是啊——凭什么啊?于是我下决心玩开心点,就去了餐桌。我的确度过了一个美妙的晚上。我宁愿朋友们认为我是个懒主妇,而不是一个神经兮兮、脾气乖张的主妇。而且,据我所知,没人留意那些餐巾!"

一句著名法律箴言是这样说的:**"法律不去管细枝末节。"** 如果你想

---

① 即女沙皇叶卡捷琳娜二世(1729—1796),1762—1796在位。

拥有一颗宁静的心,也不应该受那些细枝末节困扰。

大多数时间内,我们在克服琐事困扰方面所能做的,就是对重点的转换施加影响——在心里建立起一个全新和愉悦的视角。

我的朋友赫穆尔·克洛伊——即写出《他们必须去巴黎看看》和大量作品的作家,就如何克服琐事带来的困扰举出了一个非常精彩的例子。他在纽约公寓里写一本书时,曾经被暖气片的"卡嗒"声逼得快疯了。蒸汽会发出"噗噗"声和"咝咝"声——而我的朋友坐在书桌前时,也会被滋扰得怒气冲天。

"后来,"赫穆尔·克洛伊说,"我和一些朋友去搞了一次野营活动。当我听到树枝桠在熊熊篝火里发出破裂声时,我觉得那声音和暖气管里的声音很像。为什么我要厚此薄彼呢?我回家后,这样对自己说:'树枝桠在熊熊篝火里发出破裂声舒心悦耳,暖气管里的声音也毫不逊色。——去睡觉吧,别再自寻烦恼。'**我就那么做了!** 刚开始几天,我还能觉得暖气管的存在,很快就忘得一干二净了。其他一些小滋扰也像这样被克服了。我们不喜欢这些小烦恼,因此闷闷不乐,因为我们太高看了这些小琐碎……"

迪斯瑞利说:"人生短促,别太计较。"

"这些话,帮我走出很多困境。"安德列·莫罗瓦在杂志《本周》上写道,"我们常常放任那些本应被憎恨和忘却的琐细之事来侵扰自己……在这个地球上,我们只有短短几十年可活,却把一去不返的宝贵时间用来落落寡欢——那些失意事,只需一年就会被我们忘到爪哇国去了。不能这样,让我们把生命投入到有价值的行动和情感之中,奉献给伟大的思想、真挚的情感和持久的使命中,因为——生命短促,别太计较。"

即便是鲁迪亚德·克普林①这样的杰出人物,有时候也会忘记"生命短促,别太计较"这句话。结果呢?他和他姐夫在佛蒙特州打了一场本州历史上最轰动的"诉讼战争"——这次官司动静太大,还专门出了一本书《鲁迪亚德·克普林的佛蒙特恩怨》。

事情是这样的:克普林娶了一个佛蒙特女孩凯洛琳·巴里斯蒂尔,在佛蒙特州布拉托巴罗建立了一个可爱的家,安顿下来,准备在此度过一辈子。他的姐夫贝提·巴里斯蒂尔成了他最好朋友,他们一起工作、游玩。

后来克普林从巴里斯蒂尔手里买了一些土地,也允许巴里斯蒂尔每季在此地块上打牧草。一天,巴里斯蒂尔发现克普林在土地上辟出一个花园。他一时怒血沸腾,暴跳如雷,克普林也毫不退让。一时间,佛蒙特的绿山的气氛紧绷绷的。

几天后,克普林出去蹬脚踏车,他姐夫驾着马车和一群马突然横穿马路,克普林猝不及防,摔了一跤。克普林——这位曾写过"当你周围的人都失去理智或怪罪于你时,如果你能保持头脑……"的作家却昏了头,将巴里斯蒂尔告到警察局,抓了起来,随后是一场耸人听闻的审判。大城市的记者们纷纷涌进这个小镇,新闻飞遍了全世界。事情闹得无法收场,迫使克普林夫妇离开了他们的美国之家。所有这一切烦恼和痛苦皆由一件琐事——一车牧草引起!

24 世纪前伯里克利②说:"行了吧,先生们,我们为琐事已经蹉跎太

---

① 约瑟夫·鲁德亚德·吉卜林(Joseph Rudyard Kipling,1865—1936):英国小说家、诗人,1907 年因作品《老虎! 老虎!》获诺贝尔文学奖。
② 伯里克利(Pericles,约公元前 495—公元前 429):古希腊民主政治的杰出代表、古代著名政治家。

久。"不错,我们的确是这样!

在哈利·爱默生·福斯迪克博士讲过的故事中,下面这个是最有趣的之一——这个故事讲述的是一棵巨树的胜利和失败:

> 在科罗拉多州朗斯峰的坡上,躺着一棵残余的巨树。博物学者告诉我们,那棵树差不多已经伫立400年了。当哥伦布登陆圣萨尔瓦多(现在塞尔瓦多首都)时,这树还是一颗树苗;新教徒在普利茅斯(现在马萨诸塞州波士顿附近)登陆时,那棵树长到现在的一半高了。在它长达4个世纪的漫长生命中,共经受雷击14次以及无数次的雪崩和暴风雨,它都幸存下来。然而,最终,它不敌一群甲壳虫的攻击,轰然倒下。这些昆虫在树皮上一路吃进去,逐渐靠它们微不足道却坚持不懈的攻击摧毁了巨树内部的生命元气。一棵森林巨无霸,年龄并未枯萎,没有毁于雷闪电霹,也没有毁于风吹雨蚀,却最终倒在甲壳虫手中——这些虫子如此之小,人们仅仅动弹一下拇指和食指,就足以将它们捏为齑粉。

难道我们和那颗战斗不息的森林巨物有何不同?难道我们没有想方设法从罕见的人生风暴、雪崩和闪电攻击中幸存下来,却又让我们的心脏被那些微小的"烦恼甲壳虫"咬噬一空?那些"虫子"小得能在食指和拇指之间化为粉末。

我曾去怀俄明州的特腾国家公园旅行,一块去的还有怀俄明州高速公路管理局局长查尔斯·瑟福雷德和他的朋友们。当时我们都要去看约翰·D. 洛克菲勒在那儿的不动产,但我开车拐错了弯,迷路了,等我赶到那片不动产的前入口时,其他车已经到达一个小时了。瑟福雷德先生没钥匙,就在这片炎热、蚊虫肆虐的树林里等了我们一个小时。蚊虫的凶猛足以让一个圣人发疯,却无法征服瑟福雷德先生。原来,在等我们时,他砍下一根白杨树枝,用它做了一个哨子。当我们赶到时,他在骂蚊子吗?没有,他在吹他的哨子呢!我收藏了那支哨子,用来纪念一个知道怎么抛弃小滋扰的人。

要在烦恼习惯侵袭你之前将其化解,下面是规则2:

规则2

不要放任那些本应被憎恨和忘却的琐细之事来侵扰自己。

记住:"人生短促,别太计较。"

第八章

一条祛除你内心纷扰的法则

我是在密苏里州的一个农场长大的。有一天帮我妈妈去樱桃核时，突然哭起来了。我妈妈问："戴尔，你究竟在哭什么啊？"我边哭边说："我害怕哪天被活埋了。"

那些日子里，我整日被愁云惨雾笼罩着。下雷阵雨时，我害怕被雷电给劈死；日子艰难时，我担心会挨饿。我害怕我死后会下地狱。一个比我大的男孩山姆·怀特曾恐吓我——要把我的耳朵割下来，我被吓坏了。我害怕如果对女孩脱帽致礼，她们会取笑我。我担心没有一个女孩愿意嫁给我。我不知道我结婚后对我妻子的第一句话应该说什么。我想象我们会在一座乡村教堂结婚，然后乘坐带穗饰顶篷的游览马车回到农场……但这一路上我该怎么继续我们的话题呢？怎么办？怎么办？我一边走在耕犁后面，一边想这些严肃的问题，琢磨了好几个小时。

几年后，我逐渐发现，以前闹心的事情，百分之九十九没有发生。

比如，我说过，我害怕被雷电劈死，但我知道——根据国家安全委员会的资料，任何年份一个人被雷劈的概率只是 35 万分之一。

我害怕还没死就被埋了更是荒唐可笑。我也没想想,即使在制作木乃伊的时代以前,一个人被活埋的几率也只有千万分之一。我却因此哭过鼻子。

每八个人中有一个死于癌症。即便担心,我也应该担心这个,而不是被雷劈和被活埋。

其实,我刚才一直在说我年轻和幼年时的烦恼,但很多成年人的烦恼却莫名其妙。如果我们能停止烦忧,以**平均数定律**来探究我们的烦忧是否合乎情理,那么,你我就可能将百分之九十的烦忧一扫而空。

世界最著名保险公司伦敦洛伊德,通过人们杞人忧天的本性赚取了无数财富。这个公司和人们打赌——他们担忧的那些灾祸很少发生。**只不过他们不把保险叫做赌博,美其名曰保险。但它确实是基于平均数定律的赌局。**二百多年来,这个大公司越来越强大。除非人性发生变化,它就还会通过对鞋子、轮船、封蜡的抗灾保险在未来的 5 000 年里变得更加强大,因为以**平均数定律**衡量,这些灾祸并不如人们想象中那样频繁发生。

如果我们好好研究平均数定律,经常会被那些不为我们所知的事实所震惊。举例说,如果我知道今后五年期间我不得不参加一场血腥如葛底斯堡战役①的战斗,我会害怕的。我会买下我能买的所有保险。我会把遗书写好,将我一切后事安排好。我会说:"我可能无法躲过那一劫,最好还是把我最后这几年过好。"然而,按照平均数定律,实际情况是,在和平年代想从 50 岁活到 55 岁和参与葛底斯堡战役一样危险、一样致命。

---

① 葛底斯堡战役(Battle of Gettysburg):为 1863 年 7 月 1 日至 7 月 3 日所发生的一场决定性战役,于宾夕法尼亚葛底斯堡及其附近地区进行,是美国内战转折点。

我的意思是:在和平时期,每1 000个50岁到55岁人群的死亡率,和16.3万名参与葛底斯堡战役中的每千名将士的阵亡率是一样高的。

本书的几章写于詹姆斯·森普森位于加拿大落基山脉①中堡湖湖畔小屋。在那里消夏时,我见到了旧金山来的赫伯特·H.塞林格夫妇。塞林格太太安详、沉着,让我觉得她从未有过烦恼。一天晚上,在熊熊燃烧的壁炉前,我问她是否忧虑过。

"被忧虑困扰过吗?"她说,"我的生活差点就被忧虑毁了。在我学会战胜忧虑前,我作茧自缚自作自受了11年。我脾气不好、易怒,生活在可怕的紧张中。每周我都从圣马提奥的家坐巴士去旧金山购物,即使购物时我都惊慌失措。熨衣板上的电熨斗好像没关电源,也许房子着火了,女仆是不是丢下孩子走了,孩子们会不会跑出去骑车了,会不会被汽车撞了……我常常把自己吓出一身冷汗,急匆匆坐车赶回去看看是不是一切正常。难怪我的第一次婚姻灾难性地收场。

"我的第二任老公是位律师——一个头脑冷静、明辨事理的人,从不因为任何事情忧虑。我变得紧张和焦虑时,他就会对我说:'放松,我们好好想一想……你真正焦虑什么?我们研究研究平均数定律,看看这事情发生的可能性有多大。'比如,我记得从墨西哥艾尔布魁尔克开车去卡尔斯巴德-卡文斯那次,那是一条土路,我们碰到一场可怕的大雨。汽车开始打滑,控制不住,我断定我们会滑进路边沟里去,但我丈夫不断安慰我:'我开得很慢,不会出什么大事。即使汽车滑到沟里去,但按平均数定律算,我们也不会受伤。'他的冷静和自信让我安静下来。

---

① 北美落基山脉加拿大段,主要位于中西部阿尔伯塔省。

"一个夏天,我们去加拿大落基山脉的托魁林山谷野营。有个晚上,我们在海平面 7 000 英尺处安营扎寨,帐篷用钢索固定在一个木平台上。一场暴风雨似乎要将我们的帐篷撕碎,外篷在大风中抖动摇晃着发出尖厉的声音。我每一分钟都觉得帐篷在被撕破,被大风掀到空中。我吓破了胆!但我丈夫却一直说:'看,亲爱的!我们有老向导呢,他们知道怎么回事,他们在这些大山里搭帐篷 60 年了。帐篷搭在这儿是很有道理的。它这不还没被吹垮呢,况且,按平均数定律算,今晚上没事儿;即使出事了,我们还可以住别的帐篷。所以,放松吧……'我放松了,我睡得香极了。

"几年前,一种小儿麻痹症传染病在加州一些地方迅速蔓延。要在以前,我会歇斯底里的。但我丈夫劝我沉着应付。我们采取了所有的预防措施:让孩子远离人群、学校和电影院。通过咨询卫生局,我们了解到,即使在加州此前最严重的小儿麻痹症流行期间,整个加州也只有 1 835 名学生得病。平常的病例只有 200 到 300 个之间。尽管这些数字够悲惨了,我们还是觉得,按照平均数定律,任何单个孩子得病的机会是很遥远的。

"'按平均数定律,不会发生。'这个说法将我百分之九十的忧虑消除了,让我过去 20 年的生活远比我期望的美满平静。"

据说,我们的烦恼和郁闷几乎都源于我们的想象,而非现实。回首过去的几十年时,我发现我绝大多数烦恼都属于庸人自扰。纽约格兰特配送公司老板吉姆·格兰特告诉我,他的情况也一样。他说,一次,他采购了 10 到 15 火车皮佛罗里达柑橘和葡萄柚。他告诉我,他曾经因为一些想象把自己折磨得够呛:如果火车出事了怎么办?如果我的水果被撒得满地都是怎么办?万一我的货车过桥时桥塌了怎么办?……当然,水果是买了保险的,但他担心如果不能按时送货,他可能会丢掉市场。他如此焦虑,以至于担心自己有了胃溃疡并去医院检查。医生告诉他,除了神经受了一点惊吓,他啥问题也没有。

"这下,我看到光明了。"格兰特说,"然后我开始问我自己:'听着,吉姆。这么多年来,你经手了多少车皮的水果?'答案是:'差不多25 000个车皮吧。'我又问自己:'那有多少车皮水果坏了?'答案是:'唔——也许5车皮吧。'然后我对自己说:'25 000个车皮里只有5车皮?你知道那意味着什么?5 000分之一!换句话说,在这个经验基础上,按平均数定律算,你的车皮出事的概率是5 000分之一。所以你有什么好着急的?'我又对自己说:'呵呵,桥可能会垮!'我再反问自己:'你因为桥垮了损失了几个车皮?'答案是:'一个也没有。'我又对自己说:'你整日担心桥垮了,都愁得快染上胃溃疡了,桥却从来都没垮过;你整日担心你的货出事,但出事的概率却只有5 000分之一,你不是个傻瓜是什么啊?'"

"一旦那么看问题,我觉得自己挺傻的。"吉姆告诉我,"就在那一刻,我决定,**让平均数定律来替我做主吧**!从此以后,我从来没有因为胃溃疡提心吊胆过。"

艾尔·史密斯当纽约州长时,曾被政敌攻击,他就不停说:"我们查看一下记录吧……我们查看一下记录吧。"随后他给出事实,让事实说话。下次当你我为可能发生的事情焦虑时,就学学聪明的艾尔·史密斯吧:查看事实,摸清事实。看看我们的焦虑究竟有没有道理。

当弗里德里克·J.马斯德特恐惧自己躺在坟墓时,就完全是这么做的。在我开的一堂课上,他讲述了他的经历:

"1944年6月初,我躺在奥马哈海滩附近的地下战壕里。我和第999通信连在一起,我们刚在诺曼底把战壕挖好。当我在那个地下长方形壕堑里四处察看时,我对自己说:'这活像个墓穴。'当我躺在里面准备睡觉时,**我觉得**这就像个墓穴。我忍不住自言自语:**'也许这就是我的葬身之地。'**晚上 11 点,德国人的轰炸机开始在头顶上盘旋,很快炸弹倾泻下来,我吓得浑身僵硬。两三个晚上,我完全睡不着。到第四个或第五个晚上,我差不多神经崩溃了。

"我知道,如果我不干点什么,我会彻底垮掉。所以,我提醒自己,五个夜晚过去了,我还活着。其他战友也活着,只有两名战友负伤——而且不是被德国人击伤,而是被我们掉下来的高射炮弹片击中的。于是我决定干点有用的事情,以停止忧虑。我在我的壕堑上建了一个厚厚的木头掩体,以防被弹片击中。我估算了一下连队分布的巨大面积,然后告诉自己,在那个又深又窄的壕堑里,我被杀死的唯一可能是直接击中;然后我推测出,我被直接击中的概率不会高于万分之一。几天这么想下来,我平静了,甚至敌机空袭时,我也能安然入睡。"

美国海军用平均数定律的数据来鼓舞士气。一名前水兵告诉我,当他和战友被派到油轮后,他们吓得像僵尸似的。他们都认为,如果装满高爆汽油的油轮被鱼雷击中,油轮瞬间就会大爆炸,每个人都会被送上西天。

但美国海军知道不会那样,所以发布了详细的数据。数据显示每 100 艘被鱼雷击中的油轮中,60 艘不会沉没;在沉没的 40 艘油轮中,只有 5 艘在 10 分钟以内沉没。那就意味着,有时间跳船逃生——也意味着伤亡率相当低。那对鼓舞士气有用吗?

"平均数定律的知识消除了我的焦虑。"讲述这个故事的是明尼苏达州圣保罗人克莱德·W. 马斯。他说:"水兵们都觉得宽慰,我们知道,我们有机会逃生;而且按照平均数定律,我们不大可能被杀死。"

要在烦恼习惯侵袭你之前将其化解，这里是规则3：

规则 3

"让我们查查记录。"让我们问自己，

"按照平均数定律，我担心的那件事有多大可能发生？"

第九章

和"宿命"合作

我还是小孩时,常在密苏里西北一个破旧、被丢弃木屋的阁楼里和一些小伙伴玩耍。一次,我从阁楼里爬出来时,双脚踩着窗台,稍后就往下跳。我左手食指上有个戒指,当我跳时,戒指卡在一个铁钉上,我的手指被拉掉了。

我尖叫起来。我吓坏了,断定自己会死的。但自从手痊愈后,我就没再焦虑过哪怕一秒钟。焦虑又有什么用呢?……我听天由命了。

现在,我经常甚至一个月也想不起一次——我左手只有三个手指和一个拇指——这茬事。

几年前,我遇到一个在纽约中心区一幢办公大楼开货梯的人。我留意到,他的左手从手腕处被齐齐砍断。我问他,没了左手,是不是很烦恼。他说:"哦,不,我几乎都想不来这回事。我没成家,我唯一想起它的时候,是当我要穿针线头时。"

在迫不得已的情况下,我们对任何局面的接受速度之快是非常惊人的,我们强迫自己接受,并遗忘掉。

我常常想起荷兰阿姆斯特丹一座15世纪天主教堂废墟上的铭文。铭文是佛兰德语①:"事已至此,已无变数。"

当漫长的人生旅途中,我们会遇到很多不开心的事情。它们已经是既存事实了,不可能是另外一番情况。我们可以做出选择:要么听天由命,调整自己适应现实;要么采取拒不接受,从而毁了我们的生活——说不定以神经崩溃收场。

我最推崇的哲学家之一威廉·詹姆斯有一句睿智的教诲:"**要乐于接受事实。对既存事实的接受是制止任何可能发生灾祸的第一步。**"

俄勒冈州波特兰的伊丽莎白·康妮付出了巨大的努力,才得到了这一启示。

这是她写给我的一封信:

"就在美国庆祝我们的军队在北非获胜的那一天,我收到一封战争部发来的电报,说我的侄子——我最挚爱的人——在一起行动中失踪了。不久,又来了一封电报,说他阵亡了。

"我伤心极了。到那时,我才明白,我以前的生活多么美好。我有热爱的工作,我帮助抚养过这个侄儿。在我看来,他的身上具备年轻人的一切美好。我觉得我所有的付出都有获得好报……随后,这封电报就来了。我整个世界坍塌了,我觉得以后的日子毫无盼头。我对工作敷衍了事,我对朋友敷衍了事。我放任自流,我变得尖酸刻薄。为什么要带走我的侄子?为什么一个锦绣前程的好孩子非被杀死不可?我无法接受。我痛苦得无以复加,决定放弃工作,走得远远的,让我的眼泪和痛苦将我淹没。

---

① 佛兰德语(Flemish):指北欧地区语言。

"清理办公桌准备辞职时,我找到一封信——正是我死去的侄子几年前写给我的,当时我母亲刚去世。

"'当然,我们都会怀念她——尤其是你。'他在信中写道,'但我知道,你会往前看。你的人生哲学会促使你那样做。我永远不会忘记你教给我美丽的人生真谛。不管我在哪儿,或我们离得多远,我永远会铭记你教导我要微笑,纵有风云变幻,也像一个男人一样去担当。'

"我把那封信读了又读,好像他就在我旁边,亲口对我说话。——他好像是这样对我说的:'你为什么不按你教我的那么做呢?'不管出了什么事,往前走。用微笑掩盖你的悲伤,好好活下去。

"于是,我回到桌前。我不再尖酸刻薄。我不断对自己说:'都过去了,我改变不了。但我能像他希望的那样好好活下去。'我全身心投入我的工作。我给士兵们——别人的孩子写信。我参加了一个成人夜校课程,培养新兴趣,结交新朋友。我都无法相信自己身上的变化。我不再为为无可挽回的过去而伤神。现在我每天开开心心地生活——正如我侄子要求我的那样。我和生活和解了,我接受了我的命运。我现在生活的丰富多彩,过去闻所未闻。"

伊丽莎白·康妮学会了我们迟早要学会的知识:也就是说,对于宿命,我们必须接受,必须合作。

"事已至此,已无变数。"这不是容易学会的人生之课。即使金銮宝殿上的帝王们也不得不经常提醒自己。前不久去世的乔治五世把这些话装裱起来悬挂在白金汉宫他图书馆的墙上:"不要教我对月亮哭泣,也不要教我对撒掉的牛奶哭泣。"

同样的思想也被叔本华①这样表述过:"明智的顺从是提供给人生旅途中第一重要性。"

显然,事情本身并不让我开心或不开心,而是我对事情的反应决定了我们的情感。耶稣基督说,天堂之国在你的内心。地狱同样也在你的内心。

如果别无选择,我们就能承受所有灾难、悲剧,并战胜它们。我们可能没想过我们能,但我们拥有令人惊讶的强大的内心力量,只要我们将其充分调动起来,就会披荆斩棘,攻无不克。我们比我们想象的更强大。

新近去世的布斯·塔金顿②曾一直说:"我承受生活所能强加给我的一切,只有一件事例外——双目失明,我绝对受不了。"

后来在60多岁时的一天,塔金顿低头盯着脚下的地毯,地毯颜色模糊了。他看不清图案,去看眼科专家,得知一个悲剧性的事实:他正丧失视力,一只眼睛几乎瞎了,另一只也快了。他最恐惧的事情终于发生到自己身上了。

对这个"所有灾难中最大的灾难",塔金顿是怎么反应的呢?他是不是觉得"这就是命,这就是我生命的终结"了?不,这事让他惊讶,甚至开起玩笑来。浮动的"微粒"掠过他的眼睛,让他的视力消失,惹得他心烦意乱。然而,当这些最大的微粒又要在他眼前晃动时,他会这样说:"嗨,爷爷又来啦!一大早的,他这是去哪儿啊?"

命运怎么能战胜那种精神呢?答案是:不可能。当接近全瞎时,塔

---

① 叔本华(Arthur Schopenhauer,1788—1860):德国著名哲学家。
② 布斯·塔金顿(Newton Booth Tarkington,1869—1946):美国小说家和剧作家。主要作品为三部曲:《混乱》《伟大的安伯逊家族》《中部人》以及《寂寞芳心》,多部作品获普利策奖。

金顿说:"我发现我能承受眼睛全瞎了,就像一个男人能承受别的任何事。如果我失去**五种所有感官**,我知道我能靠内心生活。因为不管我们知道与否,我们是靠内心看,靠内心生活。"

为了恢复视力,塔金顿不得不在一年内接受不下 12 次手术,而且是**局部麻醉**!他抗拒过吗?他知道只能那样,他知道他逃不过这一关,所以要减轻痛苦的唯一方式就是优雅地接受。他在医院谢绝使用单人病房,而是住进集体病房,在那儿他能和其他病友在一起。他试着让大家开心。当他必须一次接一次承受手术时,他完全明白这对他的眼睛意味着什么,他却要记住他多幸运,他说:"多好啊!现在的科学技术多棒啊!连人类眼球一样高度脆弱敏感的东西,都敢耍大刀!"

换做一般人,如果要忍受失明和 12 次以上的手术,恐怕早就神经崩溃了。塔金顿却说:"再开心的经历来和我换,我也不干。"这经历让他领悟到接受的道路,让他体验到生活带给他的任何东西,都远不如他的忍受力重要;还让他明白了约翰·弥尔顿①的一个发现:"失明并不可怕,唯一可怕的是不能承受失明。"

英国著名女权主义者玛格丽特·福勒曾经将"我接受自然法则"引为信条。"老怪物"托马斯·卡莱尔在英国听到这件事后,揶揄道:"上帝保佑,她最好接受。"是的,上帝保佑,对那些不可逆转的事情,你我也最好坦然接受。

如果我们对"宿命"采取咒骂或对抗姿态,只会更加愤世嫉俗。我们无法扭转乾坤,却可以扭转自己。我知道这点,因为我试过。

---

① 约翰·弥尔顿(John Milton,1608—1674):英国诗人、思想家。代表作《失乐园》和《论出版自由》。

我曾经拒绝接受一件我遭遇过的无法逆转的事情。我干蠢事,咒骂,对抗。我把我的晚上变成失眠的地狱。旧的问题没有解决,还把新麻烦给带来了。最后,经过一年自虐,不得不接受从一开始就知道无能为力的事实。

我早该在那些年就和老瓦尔特·惠特尼一起呼吁:

噢,和夜晚、暴风雪、饥饿、

讥笑、事故、挫折狭路相逢时,

就像植物和动物面对它们一样。

我和家畜打了12年交道,但我从没看见一头泽西的母牛会因为牧场干旱、或因遇到雨夹雪或寒潮、或因为男伴另有新欢而发脾气。动物淡定地和夜晚、暴风雪、饥饿狭路相逢,所以他们从来不会神经崩溃,或患上胃溃疡,也从不疯掉。

莫非我在鼓吹我们干脆对所有向我们袭来的灾祸俯首称臣?绝对不是!那绝对是"宿命论"。只要我们还有一线力挽狂澜的希望,就竭力一搏!但如果常识告诉我们,我们在和某种"事已至此,以无变数"的情况作对,那么,出于理智,我们就不要"思前顾后,做无用功"。

哥伦比亚大学已故学者郝基斯主任告诉过我,他把童谣"鹅妈妈"作为他的座右铭之一:

世界上的每一种病患,

或有一种疗法,或者没有;

如果有,尽量找出来;

如果没有,别放在心上。

写这本书期间，我采访了美国大量的工商界精英，他们那种达人知命免于忧虑的故事给我留下了深刻的印象。如果他们不"有所不为"，可能早就被紧绷的神经给压垮了。

下面还有几个很好的例子，正是这个意思：

全国百货零售店 J. C. 彭尼创始人 J. C. 彭尼告诉我："如果我丢掉了我所有的钱，我不会焦虑，因为那样于事无补。我尽力而为，至于结果，让上帝作主吧。"

亨利·福特对我说的大同小异："当我无法应付事情时，我就顺其自然。"

当我请教当时克莱斯勒汽车公司总裁 K. T. 凯勒时，他是如何克服忧虑的，他说："当我面对棘手情况时，如果有办法就做；如果我无能为力，我就忘了它。我从来不为未来烦恼，因为我知道没有一个活着的人能搞清楚未来世界究竟要发生什么。影响未来的因素太多了！没人能告诉我们什么能促进这些因素——或弄个究竟。所以，何必白费工夫？"

如果你对 K. T. 凯勒说他是个哲学家，他会很窘迫的。他只是一个优秀商人，然而他却体会到了 19 世纪前古罗马埃皮克提图①对罗马人的教诲："幸福只有一种办法，那就是不要为那些超出我们意志力的事情而烦恼。"

"天后萨拉"萨拉·伯恩哈德特就是一位知道"有所为有所不为"的女士。半个世纪以来，她一直是世界歌剧界的绝对女皇——全世界最受爱戴的女演员。然而，她 71 岁时却祸不单行。她破产了，所有的钱都损失了；另外，她的医生、巴黎的波兹教授终于告诉她，她必须截肢。原来

---

① 埃皮克提图(Epictetus，公元前 55—135)：希腊斯多噶派哲学家、教师。

在乘船横渡大西洋时遇到风暴,萨拉摔在甲板上,腿部严重受伤,发展成静脉炎,引起腿部萎缩。腿部疼痛如此严重,以致医生觉得应该截肢。他很担心把这个手术非做不可的消息告诉这位急性子暴脾气的"天后",他估计肯定引起一阵歇斯底里的"风暴"。但他错了,萨拉看了他一会儿,静静地说:"如果非做不可,那就做吧。"这就是命运。

当她坐着轮椅被推向手术室时,她的儿子站在那儿哭起来。她向他做了一个快乐的手势,开心地说:"别走开,我一会儿就回来。"

前往手术室时,她背诵了她出演过的一出剧里的一段台词,有人问她这是不是为了给自己打气,她说:"不,我是让医生和护士轻松,他们压力太大了。"

手术痊愈后,萨拉·伯恩哈德特在全世界巡演,让观众再为她如痴如醉了七年。

"当我们停止无谓抗争时,"艾尔塞·麦克米克在《读者文摘》上一篇文章里写道,"我们释放了能让我们活得更好的能量。"

现世中,没人有足够的情感和精力在做无谓抗争的同时,还能重建生活。你要么在生活的暴风雪中妥协顺从,要么无谓抵抗,然后垮掉。选一种吧!

在密苏里我的一处农场里,我目睹了这样的事。我在农场种了很多树。刚开始时,它们长势惊人。后来下了一场雨夹雪,裹住树枝桠的重重冰层把树枝桠都折断了。这些树没有优雅地向这些负担低头,而是骄傲地坚持,终于不堪重负,被折断了,分权了——终于被毁了。这些树没学会北方森林的生存智慧。我在加拿大常绿森林里旅行了数百英里,却从没看见一颗云杉或松树被冰雪折断。这些常绿森林知道怎么"放下身段",怎么和不可抗力合作。

柔道大师就教导他们的弟子:"像柳树一样弯腰,不要橡树一样死扛。"

为什么你觉得你的汽车在路上那么经久耐用,那么经得起折腾。起初,车胎生产商试图把车胎做得能抵御路上的颠簸,很快车轮就散架了。后来,他们设法把车胎做得能把震动吸收掉,车胎就经久耐震了。在乱石密布的人生道路上,我们如果学会将那些震动颠簸吸收掉,就能享受更悠久和更平稳的人生之旅。

如果我们对人生中的颠簸采取对抗而不是妥协,后果将会如何呢?如果我们拒绝"像柳树一样弯腰",而像橡树一样昂扬,情况会如何呢?答案一点也不难:我们会在内心形成一系列冲突。我们会忧心,会紧张,会精疲力竭,会神经质。

如果我们继续执迷不悟,对这个残酷的现实世界死扛硬碰,或自闭于我们意淫的世界,我们就会陷入癫狂。

在战争中,数百万受到惊吓的军人们,在不可逆转的情况下,要么接受,要么在压力下崩溃。要举例说明这点,我想到了纽约州戈伦戴尔的威廉·H.凯瑟里奥斯。在一次我开设的课上,他给大家讲了一个非常精彩的故事,曾经获得奖励。

"我加入海岸警卫队不久,我被派到大西洋沿岸战争气氛最浓厚的地方。我被任命为爆炸物监督官!想想吧,那就是我!一个卖薄脆饼干的人去做爆炸物监督官!一想到自己站在上千吨 TNT 炸药上,就足以把我这个卖薄脆饼的推销员吓得背脊骨里的脊髓都跟着发凉。我只接受了两天培训,从中学到的更让人害怕。我永远不会忘记我第一次执行任务的情形。那天又黑又冷,还雾蒙蒙的,我到新泽西州巴扬的凯文港去接受命令。

"我被派到船上的5号货舱。我不得不和5个码头工人一起下到5号货舱。他们身强力壮,但对爆炸物什么的一无所知。他们正在装载重磅炸弹,每一个有1吨TNT炸药——那威力足够把这艘老船送上西天。这些炸弹被两根吊索往下降。我不断对自己说,要是哪根吊索滑脱或断了!啊,天啊!我被吓呆啦!我浑身颤抖,嘴巴又干又涩,膝盖发软,心里直跳,但我不能离开。那是临阵脱逃,我会觉得丢脸——我父母也会觉得丢脸——而且,我还可能因为临阵逃跑被毙了。我不能跑,我必须留下来。我就看着那些装卸工们粗心大意地搬弄着这些重磅炸弹。船随时可能爆炸。经过一两个小时脊背发凉的恐惧后,我开始用一点常识看问题。我理智地开导自己,我说:'喂,听我说!即使你被炸死了,那又怎么啦!反正你不知道有啥不同!这么死洒脱,比死于癌症痛快多啦。别傻了,别想什么长生不老!你不得不这工作——要不就等着挨枪子儿。所以,你还是安于职守为妙。'

"我就那样对自己说了几个小时,我开始觉得平静了。通过强迫自己接受不可抗拒的现实,我终于克服了焦虑和恐惧。我永远不会忘记那一堂现场课。现在,每当我快被某件无能为力的事情烦恼时,我都一笑置之,'算了吧'。我发现这样做很管用——即使对一个卖薄脆饼的销售员。"

太棒啦!让我们对这位薄脆饼推销员喝彩三声,另加一声喝彩!

贯穿历史,除了耶稣殉难于十字架,最著名的死亡场景要算苏格拉底之死了。今后1万个世纪人们还会阅读和珍视柏拉图对这个场景的不朽描绘——那是所有文学作品中最欷歔动人的篇章。一些雅典人,出于对年老赤脚的苏格拉底的妒忌,捏造罪名对其构陷。苏格拉底经审判后被判处死刑。当好心的狱卒给苏格拉底毒酒杯时,他这样说:**"非要如**

此，就尽量少遭些罪吧。"他面对死亡的平静和顺从让上苍动容。

"**非要如此，就尽量少遭些罪吧。**"这是公元前 399 年说的话，但今天这个焦虑的世界比任何时候都需要这句话："**非要如此，就尽量少遭些罪吧。**"

我读每一本书和杂志时，都很实际地去读那些能消除烦恼的文字，即使这些文字对消除烦恼显得很间接……关于消除烦恼，你想知道我在所有阅读中获得的最好最简洁的建议吗？这个嘛，就在这儿——概括起来就 27 个字。这些词应该粘贴在我们的浴室镜子上，每次洗漱时也把烦恼从我们心里一起洗去。这些宝贵的祷文是瑞恩赫德·奈布尔写的：

> 上帝赐我宁静，
>
> 无力则受；
>
> 赐我勇气，
>
> 改变我所能；
>
> 赐我智慧，
>
> 明察秋毫。

要在烦恼习惯侵袭你之前将其化解，谨记规则 4：

规则 4

和"宿命"合作

第十章

为你的忧虑设置"止损点"

你想知道怎么在华尔街赚钱吗?呵呵,恐怕上百万的人都想知道。如果我知道答案的话,这本书会卖 10 万美元一本。然而,我手头有成功人士们使用的一个成功秘籍。这个故事是一位投资顾问查尔斯·罗伯茨告诉我的:

"我最初怀揣 25 000 美元从得克萨斯州来到纽约,这些钱是朋友们让我投资股票的。我自以为我懂股票诀窍,却输了个精光。真的,尽管有的交易让我大赚一把,最终却血本无归。

"我不在乎自己的钱赔了。"查尔斯·罗伯茨解释道,"但对赔了朋友的钱却很不安,即使他们承受得起。我们的老本不幸输掉后,我害怕面对他们,但出乎我的意料,他们不仅开朗大度,还是不可救药的乐观主义者。

"我知道我一直在做'大赔大赚'的交易,很大程度上靠运气和其他人的意见。——我一直在靠感觉和靠跟风投资。我开始反思我的错误,决定再入市前要彻底弄清楚股市究竟怎么回事。所以我找到有史以来最成功的炒家之一并和他混熟,他叫柏顿·S.卡索斯。我相信我能从他那儿学到很多,因为这么多年来他的大名一直在行业内如雷贯耳;我相信,炒股事业不仅仅靠机遇或运气。他问了我几个问题,就是我以前是怎么操作的;然后对我说了一些我认为是最重要的投资原则。他说,'我为每一笔单子设置了一个止损点。比如,我在50美元一股的价位买入一只股票,我立即把45美元设为止损点。'这就意味着,当估价跌了5个点时,将会自动卖出,由此限定了损失。'如果你首次买对了股票。'这位投资老手继续说,'你平均利润会是10个点、20个点,甚至50个点,这样一来,通过止损5个点,即使你一半的交易都失手,你依然可以大赚。'

"我立即采纳了他的技巧并沿用至今,这让我留住了客户,并避免了成千上万美元的损失。过了一段时间我意识到,除了在股票市场,'止损点'原则可以借鉴到其他很多地方。我开始对侵袭我的所有烦恼和愤恨设置'止损点'。效果神奇极乐!比如,我经常和一位不守时的朋友共进午餐。那些日子,他经常让我空等半顿饭的时光才姗姗来迟。最后,我对他说了我应付烦恼的'止损点'原则,我说:'比尔,我等你的精确止损点是10分钟。如果你迟到10分钟以上,我们的聚餐就取消,恕不奉陪啦。'"

哈哈!我好希望以前有这种意识,把"止损点"设置到我的急躁、我的坏脾气、我的自我辩解、我的悔恨和我的所有心理和情绪压力!我怎么就没有一点审时度势的常识,以免我内心的淡定被恐吓、被摧毁?我怎么就没反问过自己:"嗨,戴尔·卡耐基,为了那事斤斤计较值得吗?下次还这样吗?"……我为什么就没这么做呢?

然而,至少在一事情上,我必须给自己加点分。而且这一次也很重要——那是我人生中的一次危机,我眼看着未来的梦想、蓝图和多年付

出的心血将破灭。事情是这样的:

在我三十来岁时,我立志成为作家,我要成为弗兰克·诺里斯①、杰克·伦敦或托马斯·哈代第二。我很执著,还在欧洲待了两年——"一战"后,那儿滥发货币,我能靠使用美元节省开支。我在那儿用了整整两年写我的伟大作品,我叫它《暴风雪》。这书名真是太切题了,因为出版商们的回应冷得就像横扫达科他平原的暴风雪。当我的文学代理人告诉我,我没有写小说的天资、禀赋,我的心差点停止跳动。我头重脚轻地走出他的办公室。即使他给我当头来上一棒,我也不会那么头昏眼花的。

我意识到,此刻的我站在人生十字路口,不得不做出一个重大决定。我该怎么办呢?我应该朝哪边转?几个星期后我才从浑浑噩噩中清醒过来。当时,我从未听说过"对你的烦恼设置'止损点'"这个说法。但现在当我回顾那件事时,我明白我正是那么做的。为了那部小说我呕心沥血整整两年,就是为了体现它的价值——一次高贵的实验,并在此基础上继续前行。随后,我重操旧业,搞成人教育;业余时间,我就写人物传记和一些现在你们正在读的非虚构类作品。

我现在对我的决定开心吗?满意吗?每当我想起这点,我就觉得像跳街舞一样狂喜。坦率地说,重操旧业以来,我从来没有因为不能成为第二个托马斯·哈代而懊恼。

一个世纪以前的某个夜晚,一只猫头鹰在瓦尔登湖边的树林里哀鸣,亨利·梭罗用鹅毛笔在他自制的墨水里蘸了蘸,在日记里写道:"一

---

① 弗兰克·诺里斯(Frank Norris,1870—1902):美国作家,代表作有《麦克提格》和《章鱼》。

件事情的代价——就是我所说的生命的总值,迟早需要交换,要么眼下,要么将来。"换个说法:当我们对某件浪费了大量精力的事情耿耿于怀时,我们就是大傻瓜。

然而,吉尔伯特和苏利文①就如此悲哀。他们能写出快乐的歌词和欢快的曲子,却完全不知道在自己的生活中寻找乐趣。他们创作了一些最富想象力的轻歌剧,为世界带来了欢乐,比如:《耐心》《围裙》《日本天皇》等;同时,对自己的坏脾气,他们却完全缺乏自控能力。

把他们弄得好些年苦不堪言的,不是因为别的,而是一条地毯的价格。苏利文为他们购买的一家剧院预订了一条新地毯。吉尔伯特看见账单时,暴跳如雷。两人为此对簿公堂,此后老死不相往来。当苏利文写好新歌剧的乐曲后,他寄给吉尔伯特;吉尔伯特填上词后又寄给苏利文。如果遇到同台谢幕,他们就各站一角,连向观众鞠躬都方向不同,这样他们就不用照面。他们没有"止损点"意识——为他们的憎恨设置下限,这一点他们远不如林肯做得好。

美国内战期间,有一次当林肯的朋友们咒骂林肯的政敌时,林肯说:"你比我更忌恨人,也许我也有一点,但我向来觉得不值得。一个人没有那么多精力把半辈子时间拿来跟人过不去。如果任何人不再攻捍我,我永远不会记仇。"

我多希望我那上了年龄的姑姑伊迪丝有林肯那样的博大胸襟。伊迪丝姑姑和姑父弗兰克住在一个贷款购置的农场里,农场杂草丛生,土质贫瘠,沟渠纵横。他们的日子苦巴巴的,恨不得一分钱掰成两半花。

---

① 吉尔伯特和苏利文,指英国剧作家和作曲家搭档 W. S. Gilbert(1836—1911)和 Arthur Sullivan(1842—1900)。两人合作 14 部喜剧闻名于世,其中最著名的为《皮纳福号军舰》《彭赞斯的海盗》《日本天皇》。

但姑姑伊迪丝喜欢买几付窗帘和一些装饰品把寒碜的家装点一下。她在密苏里玛丽维尔的丹·埃维尔首的纺织品店赊账买了这些奢侈小玩意。姑父弗兰克一直为他们的债务发愁。他的消费观是农民式的量入为出，于是私下告诉店家不再让太太赊购东西。太太知道后火冒三丈——甚至差不多50年后，还余怒未消。我曾多次听过她痛陈此事。我最后一次见她时，她已经快80岁了。我对她说："姑姑，姑父当初那么羞辱您不对；但坦率地说，您不觉得对此不依不饶唠叨了差不多半个世纪，是不是比他的所作所为更有点那个啊？"

因为那些被自己滋养起来的愤恨和苦涩的记忆，伊迪丝姑姑付出了相当大的代价——内心的淡定。

本杰明·富兰克林7岁时犯了一个错，直到70多年后都难以释怀。他7岁时爱上了一种口哨，爱得如此强烈，以至于直奔玩具店，把自己的钢镚儿往柜台上一堆，要求买那个哨子，连价都不问一声。

"然后我就回家了。"本杰明70年后给朋友的信中这样写道，"我满屋子吹个不停，对我的口哨洋洋得意。"

但当他的哥哥姐姐知道他花了太多冤枉钱后，狠狠嘲笑了他一番，正如本杰明说的："我被气得大哭一场。"

多年后，当本杰明当上美国驻法国大使，成了名震世界的大人物，却依然对此不依不饶，他说那次当冤大头的遭遇"带给他的懊恼远远超过哨子带给他的快乐"。

这次经历带给本杰明的教训其实很简单，他说："等我成年后观察社会时，我觉得我遇到了太多太多的人，他们如我一样**'对陈谷子烂芝麻太过较真'**。简单说，我发现人类很大部分痛苦，都在于对那些导致痛苦的事情估值错误，对他们的**'陈谷子烂芝麻太过较真'**。"

为了那些"陈谷子烂芝麻",吉尔伯特和苏利文付出了太多代价,伊迪丝姑姑也是,在很多情况下卡耐基也是,世界最伟大巨著据其二的《战争与和平》《安娜·卡列尼娜》的作者托尔斯泰同样是。

据《大不列颠百科全书》记载,托尔斯泰在他生命的最后 20 年间"可能是世界上最受人尊敬的人"。也就是从 1890 年到 1910 年间,无数人朝圣般源源不断地前往他家,只为看他长什么样,听他说话的声音怎么样,或者仅仅摸摸他的衣角。他说的每句话都被记在笔记本上,和"神谕"差不多。然而,一说到日常生活,呵呵,托尔斯泰在 70 岁时还不如 7 岁时的富兰克林呢,他简直不明事理。

先看完我的话吧。托尔斯泰娶了一个他很爱的女孩,事实上,他们在一块儿快乐到什么程度?他们曾经一起跪着祈祷上帝,让他们永远沉醉在如此纯粹、神圣的幸福中。但这女子生性多疑,她曾把自己化妆为农妇,偷偷监视托尔斯泰的一举一动,甚至跟踪到树林里。她甚至嫉妒自己的孩子,抓起枪把自己女儿的照片射了一个洞。她甚至在地上打滚,将一个鸦片瓶子放到嘴边威胁要自杀,而她的孩子们则在屋角挤成一团,吓得大哭大叫。

托尔斯泰怎么办呢?呵呵,如果他将家具砸个稀烂,我不会责怪他——他有足够的愤怒的理由。但他根本没这么做,仅仅私下写了一则日记!是的,一篇日记。他在日记里把妻子责备个够!这就是托尔斯泰的"哨子"!他一心想让后人对**他**网开一面,而让妻子承担所有的诘难。对他这一招,他妻子怎么回应的呢?她二话不说,把丈夫写的那几页日记撕下来付之一炬,自己也写了一篇,里面把**丈夫**描绘成一个恶棍。她甚至还写了一篇名叫《谁之过?》的小说,把丈夫妖魔化为一个居家混蛋,自己则成了牺牲品。

那最终结果呢？这两口子究竟为了什么，把唯一的家弄得就像托尔斯泰自己所说的"疯人院"？显然有几个原因，其中之一就是他们强烈的面子思想。是的，每一代人有每一代人的烦恼。谁对谁错我们在乎吗？不，我们连自己都愁不过来，谁愿意浪费一分钟去想托尔斯泰的私事啊！这一对冤家对头，因为他们的"陈谷子烂芝麻"付出了多大的代价啊！50年的家庭生活简直如同地狱——仅仅因为谁也没有意识到该说一句："到此为止！"因为谁也不能判断这句话的价值："让我们立即设立个'止损点'，我们在浪费生命呢！"

是的，我由衷地相信，对真实的心灵淡定而言，"体面的价值感"是最大的秘密之一。我还相信，如果我们能培养出一种个人的重要准则——一种能衡量什么事物对我们的生命具有价值的宝贵准则。

所以，要在烦恼习惯侵袭你之前将其化解，记住规则5：

规则5

在生活中，每当可能重蹈覆辙—错再错时，让我们住手，问自己下面这3个问题：

1. 我担心的这件事究竟对我有什么影响？
2. 我应该在哪个点上设置"止烦"令，以及忘掉它？
3. 我究竟应该为这陈年旧事付出多少？我是否已经付得太多？

第十一章

别试图去锯木屑

行笔至此,我能看到窗外园子里嵌在页岩和石头里的恐龙足迹——这些恐龙足迹化石是我从耶鲁大学皮波蒂博物馆买来的。我还有一封博物馆馆长的来信,说这些足迹是180万年前留下来的。即使一个白痴也不会想回到180万年前去改变这些足迹。但即便白痴到如此地步,也不会比自寻烦恼更白痴,因为时光不会倒流,就连180秒前发生的事情都不可能改变——很多人恰恰就是这么干的。当然,我们可能对180秒前的事情的结果给予**某种修订**,但想从根本上改变当时发生的事情则完全不可能。

世界上只有一种重建过去的可能性,那就是通过冷静分析我们过去的错误,从中吸取经验教训,然后将其遗忘。

我知道这是正确的,但我能有始终如一这样去做的勇气和意识吗?要回答这个问题,让我告诉你我几年前一个精彩的往事。我让30万美元从我手头白白溜走,一分钱都没赚到。事情是这样的:

我成立了一家大型成人教育企业,在一些城市开设分支机构,在管理和推广上大手大脚地撒钱。我忙于上课,既没有时间也没有兴趣察看财务情况。我太天真了,没想到找一个精明的管理人打理财务。

终于,大约在一年后,我发现一件既让人伤心又让人震惊的事情。尽管我们收入不少,却没有任何纯利润。发现这点后,我应该做两件事情。首先,我应该向乔治·华盛顿·凯文学习。他在一次银行倒闭中损失了一生积蓄的4万美元。当时有人问他是不是知道自己破产了,他回答:"是的,我听说了。"——然后继续教书。他把破产这件事彻底忘掉,从未再提起过。我该干的第二件事是,应该分析错误,从中得到永远的教训。

但坦率地说,这两件事我一件也没做,而是陷入惊慌失措之中。几个月来我都恍恍惚惚。我失眠,眼看着消瘦下去。我没有从这个严重的错误中吸取教训,而是执迷不悟,在同一条水沟里摔倒了两次,只不过第二次没那么惨!

要我承认我的愚蠢是很窘迫的,但我很久以前发现了一件现象:"教会20个人该做什么,要比让这20个人中的任何人汲取我的教训容易得多。"

我真心希望我能去纽约乔治·华盛顿中学读书,受教于保罗·布兰德怀恩博士,纽约的艾伦·桑德斯①就是他的弟子。桑德斯先生告诉我,他的卫生课老师保罗·布兰德怀恩博士的课是他学到的最有价值的课之一。

"我当时才十多岁。"桑德斯说,"但那时我就少年老成了,对自己犯下的过失懊恼不已。一旦交了试卷,我就辗转反侧难以入睡,生怕不及

---

① 艾伦·桑德斯(Allen Saunders,1899—1986):美国作家、记者和漫画家。

格。我总是对那些过去了的事情念念不忘,后悔没有换一种做法;我总是回想自己说过的话,后悔没有说得更得体一些。

"后来的一个上午,全班同学鱼贯进入理科实验室,我们的老师保罗·布兰德怀恩博士就在那儿,旁边一瓶牛奶很显眼地摆在桌子边上。我们陆续坐好,瞪眼看着那瓶牛奶,纳闷和他教的卫生课有什么关系。这时,布兰德怀恩博士突然站起来,把牛奶猛地倒进水池——然后大叫一句:'不用为倒掉的牛奶哭泣!'然后他让所有的同学到水池边看了看那些残液。'好好看看,'他对我们说,'因为我要你们下半辈子都记住这堂课。牛奶没有了——牛奶都进下水道了;再怎么争吵也一滴都拿不回来了。以前稍微有个念头和预防都能避免,但现在太晚了。——我们能干的,就是了结它、忘掉它,接着干下一件事情。'"

"那个微不足道的表演,即使在我忘记立体几何和拉丁文以后,也难以忘怀。"桑德斯告诉我,"事实上,关于实际生活,在我四年高中期间,它教给我的道理比任何别的什么都重要;它让我明白,如果可能就应该防患于未然,但是事情一旦无可挽回,就应该彻底忘掉它。"

一些读者会对我津津乐道"不用为倒掉的牛奶哭泣"这样的谚语嗤之以鼻,我知道这话老生常谈,还有点陈词滥调,我知道你们都听得耳朵起死茧了;但我也明白,这些老套的谚语包含着千百年来积淀升华出来的智慧精华;它们来自人类并被验证,薪火相传了无数代人。如果你遍读古往今来伟大学者们关于烦恼的言论,你不会读到任何比诸如"船到桥头自然直"、"不用为倒掉的牛奶哭泣"这些老套谚语更根本或更精深的文字了。如果对这两条谚语大加运用,而不是冷嘲热讽,我们根本就不需要读这本书了;事实上,如果将大部分谚语付诸实施,我们将会过上近乎完美的生活。不管怎么说,知识不学以致用就构不成力量。本书的目的并不是告诉你什么新知识,而是——提醒你已经掌握了什么知识;而是——鞭策你鼓励你行动起来。

弗雷德·福勒·谢德①那样的人,一直为我所仰慕——他将古老的真谛以流行和生动的方式表达出来。做《费城公报》编辑时,他曾对大学毕业生发表演讲,当时他问:"你们当中有多少人锯过木头?锯过的举举手吧!"大多数都锯过。他又问:"你们多少人锯过木屑呢?"这次,没人举手了。

"当然,你们锯不了木屑!"谢德先生棒喝道,"因为已经锯了!就像过去,当你开始为已经结束已经完成的事情烦恼时,就和锯木屑毫无二致。"

棒球明星康尼·马克在他 81 岁高龄时被我问到,他是否因为输掉的比赛而烦恼时,他说:"是的,我曾经烦恼过,但多年前我就克服了这个毛病。我发现,烦恼对我毫无好处。你不能用已经流进水沟里的水来碾磨粮食。"

是的,你不能用已经流进水沟里的水来磨粮食,你不能用已经流进水沟里的水来锯木头;但你可以在你的脸上平添皱纹,在你的胃里滋生溃疡。

我曾和杰克·邓普西在一个感恩节共进晚餐,他越过桌上的火鸡和小红莓酱对我讲起一次拳击赛。那次比赛他将自己的重量级冠军头衔输给了基恩·汤尼。对他的自信心,这当然是个打击。

"在那场比赛中,我突然意识到我老了……"他说,"在第十轮结束时,我仍然站着,但也不过如此了。我的脸肿了、破了,我的眼睛几乎睁

---

① 弗雷德·福勒·谢德(Fred Fuller Shedd,1870—1936):美国出版家、编辑。

不开了……我看见裁判举起基恩·汤尼的手宣布胜利……我不再是世界冠军了。我在雨中和众目睽睽之下回到更衣室,沿途有些观众试图和我握手,还有些人眼里闪着泪花。一年后,我和汤尼再战,但没有扭转乾坤。我算彻底完成历史使命了,却很难不为此忧心,但我对自己说:'我不会活在旧日中,也不会为倒掉的牛奶哭泣。我会接受脸上被击中,但不会接受被命运击倒。'"

杰克·邓普西也完全是这样做的。他一遍又一遍对自己说:"我不会为过去耿耿于怀吧?"不会,那样只会迫使他重舔旧伤。邓普西接受现实,彻底和过去再见后,全力以赴谋划自己的未来。他在百老汇大街和57街交会处的大北酒店开了邓普西餐馆;他推动职业拳击赛,举办展览。他忙得不可开交,根本没工夫也没兴趣为过去劳神伤怀。

"过去这十年,我比做冠军那些日子过得更开心。"邓普西说。

邓普西告诉我,他读书不多,但并不妨碍他遵循了莎士比亚的忠告:"聪明人从来不会坐在那里为他们的损失生闷气,而是开心地设法弥补创伤。"

我读历史和人物传记时,常常留意那些身处逆境的人们。有些人物抛开烦恼摆脱困境重建快乐生活的能力,让我惊讶之余深受鼓舞。

我曾参观过辛辛监狱,对我震动最深的,是犯人们显示出的快乐本性和监狱外的常人并无二致。我对当时的典狱长刘易斯·E.拉韦斯说了我的看法。他告诉我,犯人刚进来时,比较痛苦,充满敌意;但几个星期后,大多数较为聪明的犯人就摆脱痛苦,安顿下来,平静地接受牢狱生活,并尽量过得舒服点。拉韦斯还对我说,一个打理菜园花园的犯人还在种菜养花时唱**歌**呢。

"辛辛监狱"种菜养花时唱歌的那个犯人,比我们大多数人都聪明。

因为,他明白——

> 手指游走,奋笔疾书,
>
> 白纸黑字,瞬间即成;
>
> 虔诚睿智,无力回天,
>
> 泪水涟涟,一字难洗。

所以,何苦白费眼泪?当然,我们对犯错和干荒唐事应该感到内疚!那又怎么啦?谁没犯过错干过荒唐事?即使拿破仑也输掉了他三分之一的重要战役。莫非我们的平均战绩比拿破仑还好?谁知道呢?

再说了,全世界找不出个人可以让时光倒流。所以,让我们记住规则7:

规则7

别试图去锯木屑。

小结
在烦恼侵袭你之前将其化解

规则 1
忙碌起来,不给你的烦恼容身之地。
迄今为止,治疗烦恼最有效的药方之一就是充分的行动。

规则 2
别为鸡毛蒜皮的事喋喋不休,
别让生活中的琐事毁了你的快乐。

规则 3
用"平均数定律"驱散你的烦恼。
扪心自问:"坏事发生的几率究竟有多大?"

规则 4
和"宿命"合作。如果你明白某件事凭己无力回天,
就对自己说:"事已至此,已无变数。"

规则 5
对你的烦恼设置"止损点",
对某件事烦到一定程度就拒绝再烦恼。

规则 6
让过去将过去埋葬,别去锯木屑。

第四部分

七种技巧,带给你淡定和愉悦

第十二章

重塑你生活的 8 个词汇

  几年前,我在一个电台节目中接受采访,被问道这个问题:"你从人生中获得的最大教训是什么?"

  那不难回答:到我接受采访时止,我最大的人生教训是了解到我们的所思所想的重要性。如果我知道你在想什么,我就知道你是什么人。我们的思想观念决定了我们是哪种人,我们的心态是决定我们命运的最重要也是最神秘的因素。爱默生说过:"一个人整天想什么,他就是那种人。"……是啊,他怎么可能变成任何另外一种人?

  现在我对一点确信无疑:你我必须应付的最大——其实也是**唯一**不得不面对的问题——就是选择正确的思想观念。如果我们能做到这一点,所有的问题就迎刃而解。伟大的哲学家——统治罗马帝国的马科斯·奥里略将决定我们命运的 8 个词汇归纳起来:"**我们的人生取决于我们的所思所想。**"①

---

  ① "Our life is what our thoughts make it."共计 8 个词汇。

是的,如果凡事往好处想,我们就会乐观豁达;如果凡事往坏处想,我们就会落落寡欢;如果思维被恐惧攫取,我们就会提心吊胆;假如我们老劳神伤情,我们就会活在悲惨世界;假如我们想着失败,我们肯定不战而败;假如我们整天自怨自艾,朋友们就会对我们如避瘟神。

诺曼·文森特·皮尔说:"你不是你想象的那样,而是你的**所思所想**决定了你的本质。"

莫非我是在鼓吹你对所有问题持盲目乐观态度？不是的,可惜生活根本没那么简单。但我是在提倡一种**积极**而非消极的态度。也就是说,我们对自己的问题应该留意,但别焦虑。留意和焦虑有何区别？我举个例子吧。每次我从交通高峰期的纽约街头过马路,我都留意我在干什么——但不焦虑。留意意味着问题是什么,然后冷静应付;焦虑意味着原地转圈,让人抓狂却徒劳无益。

一个人可以在对自己的严重问题心知肚明的同时,依然在衣服扣眼里插一支康乃馨昂首阔步。劳威尔·托马斯就那么做过,并为我亲眼所见。我曾经有幸和劳威尔·托马斯共事,当时他的影片在伦敦参展,题材是"一战"中的艾仑伯-劳伦斯战役。他和他的助手去了好几处前线拍摄。最精彩的是带回了一些影像记录,内容有T. E. 劳伦斯[①]和他率领的多姿多彩的阿拉伯部队;此外还有一部缩微胶片记录,题材是艾仑伯征服圣地。托马斯图文并茂的演说取名为"和艾仑伯在巴勒斯坦以及劳伦斯在阿拉伯",在伦敦甚至全世界引起轰动。为了让他能在考文特花园皇家歌剧院继续讲述他耸人听闻的冒险,同时展示他的影片,伦敦歌剧

---

① T. E. 劳伦斯(Thomas Edward Lawrence,1888—1935):英国军官,雅号"阿拉伯的劳伦斯",在"一战"时深入中东,组织阿拉伯军联合大英帝国和奥斯曼帝国作战。

季特地延后六周举行。在伦敦轰动一时的成功后,他凯旋般地去很多国家巡回展出。然后托马斯花了两年的时间筹备一部关于在印度和阿富汗生活的纪录片。岂料厄运连连,最难以置信的事情发生了:托马斯在伦敦发现自己破产了!当时我就和他在一起。我记得我们不得不去里昂角茶餐厅里找便宜的食物,而且,要不是劳威尔从苏格兰人——著名艺术家詹姆斯·麦克白那儿借来钱,即使这儿也吃不起。

故事的意义在这儿:托马斯即使陷入破产和失望,他关注这一点,但并不焦虑。他清楚,如果被逆境放倒,他对任何人就毫无价值——包括他的债权人。所以,每天早上出门前,他都买一枝花别在他的纽扣里,走在牛津大街上时,他要么步态轻盈,要么昂首阔步。他心态积极、进取,拒绝让失败感将自己击败。对他来说,失败只是游戏的一部分——如果你要最终取胜,你就应该接受有效的训练。

即使对我们的肉体力量而言,心态也具备难以置信的影响。关于这一点,著名英国精神学专家J. A.哈德菲尔德在他备受推崇的54页小册子《心理的力量》里,给出了强有力的佐证:"我要求3个人参加心理暗示对体力影响的实验,体力由手握测力计衡量。"测试在3类不同条件下进行,哈德菲尔德要求他们使出最大力气握紧测力计。在参加实验者神志正常情况下,哈德菲尔德测得的平均数据是101磅。

当哈德菲尔德告诉他们身体很虚弱后,他们只能握到29磅——还不到正常情况下力气的三分之一。(这些人当中还有个职业拳击手,当他在催眠状态下被告知身体很虚弱后,他说他觉得他的胳膊太小,就像婴儿胳膊一样大。)

随后哈德菲尔德对这些人进行了第三次测试,告诉他们在催眠状态下他们都很强壮,他们居然能握出142磅的平均成绩来。当他们的心里充满了积极念头后,他们的实际体力几乎增加了百分之五十!

我们的心态就有如此不可思议的力量!

为了展示思想魔力般的力量,我给大家讲一个美国历史上最骇人听闻的故事之一。我都能写一本书了,不过还是简述一下吧。当时美国内战落下帷幕不久,在10月一个霜降大地的晚上,一个无家可归、一贫如洗、比地球上任何流浪汉都瘦弱的女人,敲开了"母亲"韦伯斯特的家门——她的丈夫韦伯斯特是一个退役海军上尉,住在马塞诸塞州的阿米斯伯力。"母亲"韦伯斯特开了门,看见眼前这么一个又瘦又弱的"活物":"她几乎不会超过100磅重,一身皮包骨怪吓人的。"

陌生人格拉瓦太太解释说,她在寻找一个家,以便她能在此静心思考,把那个让她昼夜难安的大问题找出来。

"为什么不留住这儿呢?"韦伯斯特答复道,"反正这么大的房子就我一个人住。"

要不是韦伯斯特的女婿比尔·埃利斯从纽约回来度假,格拉瓦太太可能就在这儿没限期地住下来去了。比尔发现冒出来个格拉瓦太太后,大叫道:"我不会把一个游手好闲的流浪汉留在家里。"于是把这个无家可归的女人推出了门。此刻,大雨倾盆,格拉瓦太太在雨中瑟瑟发抖了几分钟,然后沿路往前面走去,她想找个避雨的地方。

现在才到故事最震撼的地方呢。在对世界的思想观念的影响方面,那个被比尔·埃利斯赶出家门的"流浪汉"注定和任何生活在这个世界上的女人一样多。现在,她的名字被数百万忠实的追随者所熟知,她就是玛丽·贝克·爱迪——基督科学教①组织的创始人。

然而,直到这时,她对生活的理解依然寥寥——除了生病、痛苦和悲剧。她的首任丈夫在他们婚后不久撒手人寰;继任丈夫抛弃了她,跟一个有夫之妇私奔了——此人后来死于贫民院。她只有一个孩子——一个儿子。因为自己贫穷、身体多病和艳羡他人,她在儿子4岁时被迫放弃抚养权。她完全失去了儿子的下落,此后31年,她再没见过他。

因为自己健康堪忧,爱迪太太多年来对"心理康复科学"感兴趣。但在马塞诸塞州林恩时,她的生活发生了戏剧性的变化。一个冬天,她在去市区的冰路上滑倒,脊椎受伤严重,出现痉挛和抽搐。医生都觉得她难保生命,还断言即使出现奇迹,她也永远不能走路。

躺在那张原本为她准备的等待死亡的床上,玛丽·贝克·爱迪打开了《圣经》。她说,在天意的指引下,她开始阅读圣马修的话:"还有,瞧啊,有人用床抬着一个瘫子到耶稣面前。耶稣呢……就对瘫子说:孩子,放心吧!你的罪赦免了。起来吧,带着你的床回家去吧。那人就起来,回家去了。"②

爱迪太太认为耶稣的这些话在她内心产生了如此的力量、如此的忠诚、如此的痊愈的爆发力,她"立即就下床行走了"。

"对我来说,"爱迪太太说,"那段经历犹如苹果掉到地上引导了牛顿一样,让我发现了如何造福自己,以及如何福泽他人……我在科学上得到了确信——任何因果关系都在于心,每一个结果都是一种心理现象。"

玛丽·贝克·爱迪就这样变成了一门新宗教——基督科学教的创

---

① 基督科学教(Christian Science):属于基督教分支的复原教派,由玛丽·贝克·艾迪于1879年创立于波士顿。
② 此段出自《圣经·新约全书》"马太福音第九章"。

始人和高级女教士,这是唯一一个由女性创立的宗教,而且传遍了全世界。

现在你可能对自己说:"这个卡耐基要改宗信基督科学教了。"不,你们错了。我不是一个基督科学教的信徒,但我活得越长,我就更加相信精神的力量。以我多年成人教育的经验,我知道不论男女都能通过转换他们的思想来驱逐各种烦恼和疾病,来转型他们的生命。我知道! 这样的转型我见过几百次,早已见惯不惊。比如说,这样不可思议的转型就发生在我一个学生身上,他曾经神经衰弱。怎么回事呢? 焦虑。这个学生告诉我:

"什么都让我忧心如焚。我烦透了——因为我太瘦,因为我害怕掉头发,因为我忧虑赚的钱不够结婚,因为我担心自己做不了一个好父亲,因为我担心想娶的那个女孩不要我了,因为我觉得我的生活一团糟,因为我担心别人对我印象不够好,因为我怀疑我有胃溃疡……我无法再工作了,我把饭碗砸了……我在内心构筑紧张,直到我变成一个没有安全阀的锅炉。当压力大到无法忍受时,肯定会出问题。如果你曾经有过神经衰弱,千万不能崩溃,因为身体的任何痛苦都无法超过一颗遭受重创的心的锥心之痛。我精神崩溃得非常严重,严重到甚至不能和自己家人说话。我对大脑失去了控制,心里充满了惊惧。最轻微的一点响动就会让我暴跳如雷,我会毫无理由地大哭大叫,我任何人也不见。我觉得每一天都是受刑日。我觉得我被所有人抛弃了——甚至上帝。我差点跳河一了了之。

"于是我决定去一趟佛罗里达,心想换换环境对我也许有好处。当我坐上火车时,父亲给了我一封信,让我到了佛罗里达再拆开。我是在旅游高峰期到达佛罗里达的,找不到旅馆,我就在一个人的车库里租了一间屋睡觉。我试图在迈阿密港的货船上找个工作,却没那运气,于是我就在海滩上闲逛。我在佛罗里达比在家里还痛苦,于是拆开信封看看老爸写了些什么。信是这样写的:儿子,你现在离家1 500英里了,感觉不一样了,是吗?我知道你不会,因为你带着一样引起你所有问题的东西——那就是——你自己!你的身体和心智都没有问题。并不是你遭遇的情况背弃了你,而是你的想象背弃了你。'一个人心里想什么,他就是什么样的人。'① 儿子,当你明白了这些,回家吧,因为你很快就会痊愈的。

"老爸的信让我愤怒。我要的是同情,而不是一通教训。我气急败坏了,当时就决定我偏不回去,永远不回去!那天晚上,我在迈阿密一条背街晃悠时,信步走到一座教堂。反正无处可去,我就溜了进去。我听到了这样的布道:'征服自己精神的人比征服一座城市的人更强大。'身处这圣洁的场所,谛听和我父亲写在信中的一样的思想,我感觉脑子里长年累月堆积起来的垃圾被一扫而空。我平生头一回能够清晰理性地思考问题。我意识到自己以前真傻,当目睹到真实的自己时,深感震惊——原来,要改变整个世界和世界里的每个人,只需改变'照相机'的'焦距'——即我的内心——就万事大吉了。

"第二天一早,我收拾行囊打道回府。一周后,我就上班了。4个月后,我和那个担心失去的女孩结了婚。现在我们是一个幸福的五口之家。托上帝的福,我们物质生活、精神生活都很丰裕。在我精神出问题时,我不过是一座小商场的夜班领班,手下管着18个人;现在我是一个包装物厂家的高级监理,管着450多个人。我的生活比以前丰富、美好多

---

① 引自《圣经·旧约全书》。

了。我相信,我现在能鉴赏生活的真实价值了。当短暂的躁动试图侵入我时(正如每个人都有这种时候),我便告诫自己调整内心的'焦距',一切都迎刃而解了。我可以坦率地说,我很高兴我曾经崩溃过,因为我找出了一条艰难的道路:精神力量是可以控制我们的心智和身体的。现在,我能让我的思想为我所用,而不是跟我作对。我现在明白老爸的话是对的,我所有的痛苦根源不是外部,而是我对外部情况的想法。一旦我意识到这一点,我立马就痊愈了——永远也不再复发。"

这就是这个学生的经历。我深信,我们内心的平静和从生活得到的乐趣并不取决于我们的地位,我们拥有什么,或我们是谁,而仅仅取决于我们的心态。外部条件与此关系微乎其微。比如,我们以约翰·布朗的故事为例。因为在哈伯斯渡口攻占美国军火库,并试图煽动奴隶造反,约翰·布朗被绞死。到了绞刑架后,布朗悠闲地坐在自己的棺材上,旁边马车上的狱卒倒紧张、焦虑起来。约翰·布朗仰望弗吉尼亚的蓝脊山脉,兴奋地喊道:"多美丽的国家啊!可惜以前从来没有好好看看她。"

或者再看看首批抵达南极的英国人罗伯特·法尔康·斯科特和他的伙伴的故事。他们的返程可能是人类探险史上最残酷的经历——食物吃光,燃料耗尽。他们动弹不了,因为一场猛烈的暴风雪在这片处于世界边缘的大陆肆虐了 11 个昼夜——这场暴风雪如此之猛,把极地冰川的边缘都削掉了。斯科特和伙伴们知道他们难逃一劫。为了应付这类紧急情况,他们随身带着大量鸦片,因为大剂量鸦片可以让人在甜梦中告别世界。然而,他们却没使用,而是在"欢歌笑语"中死去。8 个月后,一支搜索队在他们被冻僵的尸体上发现一封"诀别信",人们才确信他们的最后时刻的淡定从容。

300 年前,失明后的英国诗人约翰·弥尔顿也发现了同样的事实:

> 内心即自己的世界，
>
> 内心能把地狱变成天堂，
>
> 也能把天堂变成地狱。

拿破仑和海伦·凯勒的事例就是弥尔顿的阐释的最佳注脚。

拿破仑拥有任何男人通常所渴望的一切——荣耀、权力、财富，他却在圣赫勒拿岛①说："我一生中找不出六天快乐日子。"又瞎又聋又哑的海伦·凯勒却宣称："我发现生活如此美好！"

如果我真的从半个世纪的生命中学到了什么，那就是："除了你自己，没人能为你带来内心的淡定。"

我只想把爱默生在他的随笔《靠自己》收尾处表述得如此美妙的几句话重复一遍："一场政治胜利，一次房租上涨，一次大病初愈，一次朋友的失而复得，或者其他身外之事，能让你开心，你便以为好日子来了。别犯傻了，除了你自己，没人能为你带来内心的淡定。"

杰出的斯多噶派哲学家埃皮克提图警告人们，相对于**"祛除体内的瘤子和脓肿"**，更应该注意祛除内心的迷雾。

埃皮克提图的话说于19世纪前，却被现代医学认可。G.坎伯·罗宾逊博士宣称，来霍普金斯医院看病的人中，五分之四的人遭的罪部分是由情绪紧张和压力造成的。即使在一些器官障碍的病例中，情况也一样。他说："最终，这些器官障碍导致身体失调等相应问题。"

法国杰出哲学家蒙田将17个词汇奉为他的人生座右铭之一：**"人不是被发生的什么变故伤害，而是因为他对此的看法所伤。"**不错，我们对发生的事情的看法完全取决于我们自己。

---

① 圣赫勒拿岛：拿破仑流放地，位于南大西洋，为英国海外领土。

这是什么意思啊？莫非我这么恣意妄为——在你深陷麻烦时,在你的神经像电线一样凸出眼看着就要垮掉时,却粗鲁无礼地告诉你——就你的情况来看,你可以通过意志力来改变你的心态？是的,千真万确地就是这个意思！而且还没完呢,我还要告诉你**怎么做**。这也许或费点事,但道理却很简单。

在应用心理学知识方面,威廉·詹姆斯并不是最出类拔萃的,但他有过如下观察:"**行为貌似跟随情感,但其实两者是相辅相成的;通过对意志力更直接控制下的行为的调节,我们能间接地控制情感。**"

换句话说,威廉·詹姆斯告诉我们,我们不能立即通过"决心干什么"改变情绪——但我们能因此改变我们的行为;当我们改变我们的行为之后,我们自然就能改变我们的情感。

"这样一来,"威廉·詹姆斯解释道,"**如果你不开心,你就能选择获得快乐的途径——假装你很快乐,做事说话就像快乐真的已经存在了。**"这个雕虫小技管用吗？自己试试吧。把一个大大的、诚心诚意的微笑挂在脸上,向后伸伸肩膀,来一口深呼吸,引吭高歌几曲;如果你不会唱,打口哨也行;口哨打不了,哼几句总行吧。你很快就会发现威廉·詹姆斯的意思——也就是说,当你表现出特别开心的心理状态时,生理的难受是不可能的！

我们的生活中之所以能发生奇迹,其中的一个原因就是基于这样的事实。

我认识一个加州的妇女——她的名字我就不说了。如果她知道这个小秘密,她就能在24小时之内把她所有的痛苦轻轻抹去。她上了年龄,是个寡妇——我得说,挺惨的。然而,她想法子快乐了吧？没有,如果你问她感觉如何？她就说:"哦,我还行。"但她脸上的表情和口气中的悲苦却告诉你:"上帝啊,要是你知道我的麻烦就明白我到底开不开心了。"她似乎在指责你在她面前露出开心的样子。丈夫留给她的保障足够她安度余生,而且孩子成家后也给了她一个家。很多女人比她惨多了,我却很少看见她的笑容。她抱怨说,3个女婿都抠门、自私——尽管她只是在女儿家一次住几个月的客人;她抱怨女儿们从来不给她礼物——自己却把"养老钱"捏得死死的。她就是自己和她不幸家庭的祸根。至于吗?遗憾就在这儿——其实只要她愿意,她完全可以把自己由一个悲悲戚戚的老妇人变成一个德高望重的家庭成员。要完成这个转换,她要做的就是变得开心,变得就像她内心充满爱的奉献,而不是为了那些不开心期期艾艾。

印第安纳州特尔市的H. J. 恩格勒特发现了这个秘密,所以现在他还活得好好的。十年前,恩格勒特先生患上了猩红热,康复后他发现自己又得了肾炎。他告诉我,各种医生都看遍了,"甚至包括江湖郎中",都束手无策。不久,他又有了其他并发症。他的血压噌噌往上窜,就医后得知血压高达214 kPA。因为病情还在发展,医生说这情况是致命的,建议他最好尽快安排后事。

"我回到家,"恩格勒特说,"确信我的保险费都付清了,然后就向上帝忏悔,随后我陷入忧伤的冥思之中。我让所有人都不开心,我的妻子和家人跟着痛苦。我让抑郁把自己淹没了,自怨自艾了一个星期后,我对自己说:'你纯粹一个大傻瓜啊!或许你一年半载死不了呢,为何不趁此开开心心的。'于是,我挺起胸膛,面挂笑容,试着就像一切正常。我承认,刚开始只是试试——只是强迫自己开心愉快,结果不仅救了我的家人,也救了我自己。

"我最先知道的是,放下包袱后,我开始**感觉**好了些——几乎和我假装的一样好,接着情况越来越好。今天——按说我已经进坟墓几个月了,我不仅快乐、健康、活着,连血压也下去了!我知道,有一件事确凿无疑:如果我老是想着'死',医生的预言就会成真。但我给自己的身体一个自疗的机会,不是其他任何办法,而是转变心态。"

允许我问你一个问题吧:如果仅靠装做开心、在健康和勇气方面心态积极就能救了恩格勒特的命,你我凭什么为那些鸡毛蒜皮的事和郁闷再忍受哪怕一分钟呢?在仅凭假装豁达就能让我们产生真切的愉快时,凭什么让我们自己、我们周围的人也不开心呢?

几年前,我读过的一本小册子对我有着持久而深刻的影响。书名叫《当一个人思考时》,作者是詹姆斯·艾伦,书中这样写道:

> 一个人会发现一个事实:当他接人待物的态度发生改变时,事情和人们对他的态度也有所改变……如果一个人迅速改变他的思维方式,他会惊讶地发现,他的物质生活的转换也非常之快。人们对他们所需要的事物并没有吸引力,而是那些事物本身。最终决定我们命运的天意存在我们自己,完全就是自己……一个人的成就是他本人思想观念的直接结果……一个人只有通过提升自己的思想才能进步,披荆斩棘和实现自己的价值;如果拒绝提升思想观念,他的人生只会虚弱、凄惨和痛苦。

按照《创世纪》这本书的说法,造物主赋予人类统治世界的权力。这是一件巨大的礼物,但我对任何诸如此类的超级特权不感兴趣;我只想要我自己的统治权——对我思想的统治权,对我恐惧感的统治权,对我内心和精神的统治权。让我开心的是,我知道我能把这种统治权实现到随心所欲令人震撼的程度。——我的秘诀是仅仅通过控制我的行为——行为再反过来控制我的反应。

所以,让我们记住威廉·詹姆斯这些话:**"被我们称为糟糕透顶的事物,大多能通过受难者心态从恐惧向抗争的简单改变,实现从提心吊胆到赏心悦目的转化。"**

为了我们的幸福,让我们**抗争**吧!

为了我们的幸福而抗争,可以遵循一项快乐和建设性思维方式的日常计划。下面就是这个计划,取名为**"为了今天"**。我发现这个计划太鼓舞人了,就分发了数百份。计划书是已故的塞白尔·F. 帕翠吉[①]写的。如果照章执行,我们就能消除大部分烦恼,将法国人所说的"生命之悦"的比例放大到无限大的地步。

为了今天

1. 为了今天,我会开心。这句话推测亚伯拉罕·林肯说的是正确的:"大多数人几乎和他们想获得的快乐一样快乐。"快乐来自内心,而不是什么外来事物。

2. 为了今天,我会调整心态适应世界,而不试图让世界来适应我。当我面对我的家人、我的事业和我的运气,我会接受并让自己适应他们。

3. 为了今天,我会照顾自己的身体。我会锻炼身体,关注身体,滋养身体,而不是虐待身体,忽略身体;这样,身体就会成为我最大的本钱。

4. 为了今天,我要健全心智。我要学以致用,我不会变成一个

---

① 塞白尔·F. 帕翠吉(Sybil Farish Partridge,1856—1920):英国作家。

没魂的人,我进行一些用心、劳神和专注的阅读。

5. 为了今天,我会以3种方式历练我的心智:我要帮别人做一件好事而不被发现;我至少要做两件不想做的事——就像威廉·詹姆斯建议的那样,仅仅出于历练。

6. 为了今天,我会精神焕发。我会看上去尽量养眼,穿着尽量得体,小声说话,举止有礼,多夸别人,绝不批评人,绝不吹毛求疵,不对人指手画脚,不试图改善别人。

7. 为了今天,我只想过好今天,不把这一辈子的事情堆到眼前。如果我不得不忍受一辈子,我就做12个小时。

8. 为了今天,我会有个计划。我会写下每个小时希望做的事情,也许不会完全遵守,但我总是有个计划。这个计划会解决两个问题:急事和踌躇不决。

9. 为了今天,我会有个半小时独处,放松自己。在这半小时里,我会不时想起上帝,这样就能得到些许的生活启示。

10. 为了今天,我会无所畏惧,尤其不会担心不开心,不担心享受美好,不担心去爱,不担心那些我爱的人也会爱我。

如果我们要改善心态,以获得内心淡定和快乐,记住规则1:

规则 1

快乐地去思考和行动,你就会觉得快乐。

第十三章

"扯平"的昂贵代价

多年前的一个晚上,我旅行路过黄石国家公园。我和其他游客们坐在露天看台上,对面是茂密的松树和云杉。不久,我们守候的动物——森林里的恐怖大王——大灰熊出现了。它大步流星般走进耀眼的灯光,开始狼吞虎咽地吃着一家森林公园厨房里丢弃的残羹冷炙。护林员梅杰·马丁德尔骑在马上对兴奋的游客们谈着大灰熊。他告诉我们,可能除了水牛和科迪亚克棕熊,大灰熊在西半球没有敌手。然而,那个晚上我却留意到,大灰熊被放出来后在强光下吃东西时,有且只有一只动物通行——一只臭鼬鼠。大灰熊知道,只需自己大爪子那么一挥,就能将臭鼬鼠打成肉酱。它为什么没那么做呢?因为经验告诉它,那么做得不偿失。

我也发现了这一点。小时候在密苏里农场时,我曾在灌木篱墙捕获了几只4条腿的臭鼬鼠。成年后,我在纽约人行道上遇到过几只两条腿的臭鼬鼠。从这经历中我认识到,招惹每一方都会得不偿失。

当我们仇恨仇敌时,也赋予了他们战胜我们的力量:战胜我们的睡眠、胃口、血压、健康和快乐。如果我们的仇敌知道他们将我们滋扰、折磨得多厉害,甚至和我们打了个平手,他们肯定开心得载歌载舞。我们的仇恨一点也伤害不了他们,却把我们自己的日子搅得天昏地暗。

猜猜这段话是谁说的:"如果自私的人们试图占你的便宜,只需忘掉他们,但别试图报复。如果你想扯平,你对自己的伤害将甚于对别人的伤害。"这些话听起来就像出自某个不切实际的理想主义者之口,但不是,这些话是威斯康星州密尔沃基市警察局写在公告板上的。

想扯平会怎么损害你呢?按照《生命》杂志的说法,"扯平"甚至会摧毁你的健康。"一个高血压患者的主要人格特征是愤恨,"《生命》认为,"当愤恨成了习惯,慢性高压和心脏问题也就如影随形。"

所以你明白耶稣基督的教诲:"爱你的仇敌。"耶稣宣扬的不仅是良好的道德,还是20世纪的医学。当他说"宽恕70乘以7次"时,他在告诉我们怎么远离高血压、心脏病、胃溃疡和其他很多疾病。

我一个朋友最近得了严重的心脏病。医生把她安置到病床上,警告她无论出了什么事,都不要动怒。医生知道,如果你心脏不好,一动怒气就能要了你的命。是我说了怒气能要你命了吗?几年前,华盛顿州斯坡坎一个餐馆老板就是被活活气死的。我面前有一封信,是当时斯坡坎警察局局长写来的,信中说:"几年前,斯坡坎一餐馆老板、68岁的威廉·佛克伯因为动怒把自己杀死了,原因是他的厨师非要用小托盘喝咖啡。餐馆老板气得抓过左轮手枪去追厨师,因为心脏病发作倒地死亡——死时手里仍然紧握着枪。验尸官报告宣布,他死于愤怒引起的心脏衰竭。"

当耶稣基督宣示"宽恕"时,他也在教诲我们如何让容貌看上去更漂亮。我认识一些人——可能你们也认识一些——他们的脸上因为愤恨长出皱纹并使之加深,因为愤恨面容都变形了。世界上所有外科手术对容貌的改善,也不如充满宽容、温和与爱心时的一半好看。恨甚至毁掉了我们享受美食的口福。《圣经》里是这样描述的:"**一餐充满爱的粗茶淡饭,比满桌充满恨的鲜美牛肉更可口。**"①

如果我们的仇敌知道我们对他们的恨让我们精疲力竭,让我们神经紧绷,毁了我们的容颜,带给我们心脏病,或许会让我们折寿,他们会不会兴奋地摩拳擦掌?即便我们无法爱我们的仇敌,至少爱我们自己吧。让我们爱自己爱得如此深沉,以至我们不会允许仇敌来驾驭我们的快乐,来摧毁我们的健康和的容貌,正如莎士比亚表述的那样:

　　别为你的仇敌添火加薪,
　　那样会烧到自己。

当耶稣基督教导我们应该原谅"70乘以7次"时,他也是为了我们健全的事业。比如,我面前就有一封来自瑞典的阿普萨拉乔治·罗拉的信。乔治·罗拉在维也纳做了多年律师,但在"二战"期间逃到了瑞典。他没有钱,急需找一个工作。由于精通几门语言,他希望能在进出口公司里谋个通讯员的职位。大多数公司回复说,因为战争他们无此需求,不过会保留他的资料……

有一个人却给罗拉写了这样一封信:"你对你事业的想象不现实。你又错又傻。我不需要任何通讯员,即使需要也不会雇你,因为你都写不好瑞典文,你的信里处处是错。"乔治·罗拉读到这封信,气得跟唐老鸭似的。这瑞典佬这么做居心何在啊?为什么!这个瑞典佬自己写的信中倒是谬误满篇。于是,他写了一封回信,铁了心要气死这瑞典佬。

---

① 出自《圣经·旧约全书》。

忽然，他住手了，自言自语道："嗨，等等吧！我怎么就知道这个人错了？我学过瑞典文，可毕竟不是我的母语，也许我错了却不知道呢；如果我错了，我就得加倍努力，才能找到工作。这个人或许是帮了我一个大忙呢——尽管不出于本意。他在自我显摆时措辞令人不悦的事实本身，并不能改变我欠他的人情，所以，我要写信**感谢**他这么做。"

乔治·罗拉把那封写好的尖酸刻薄的信件付之一炬，却另写了一封："感谢您出于好意不怕麻烦给我回信，尤其是当你不需要通讯员的时候。我很遗憾对公司有所误会。我之所以给您写信，是因为经我咨询，您的名字在我看来是一位领导。我不知道我在信中所犯的语法错误，我深表遗憾和羞愧。我现在会更加刻苦地学习瑞典文，尽量纠正我的错误。对于在自我提高中所给予的帮助，我深表谢意。"

没几天，乔治·罗拉收到回信，要求去见他。也去了，并得到一个工作。他以亲身体验发现："一个谦柔的回答让愤怒之火消于无形。"

我们可能不至于高尚到去爱我们的敌人，但为了我们自己的健康和快乐着想，至少应原谅他们，忘掉他们。这是在做一件聪明的事。孔子说过："**被诋毁被剥夺不值一提，除非你难以释怀。**"

我曾问过艾森豪威尔将军的儿子约翰，他的父亲是否放任过仇恨，他回答说："没有，父亲从不浪费一分钟去想他不喜欢的人。"

有一个古训是这样说的：一个不能愤怒的人是傻子，但一个不动怒的人是聪明人。

那也是前纽约市长威廉·J.盖纳的信条。他曾经被媒体辛辣抨击，还被一个疯子枪击，几乎丧命。当他躺在医院为生命挣扎时，他说："每个晚上，我宽恕每一个人、每一件事。"那岂不是太理想主义了？甜蜜和光明太多了？如果是这样，我们再看看《悲观主义研究》的作者、著名德国哲学家叔本华是怎么做的吧。他把生命视做无意义和痛苦的历程。当他散步时,总是阴郁沮丧,但在他的深刻绝望之外,他疾呼:"如果有可能,任何人都不应该感受敌意。"

我曾经问伯纳德·巴努奇,他是否因为政敌攻悍而烦恼,这位深受威尔逊、哈代、柯立芝、罗斯福和杜鲁门等 6 位总统信任的顾问回答说:"没人能羞辱我或者滋扰我,我不给他机会这么做。"

没人能羞辱你和我,也没让能滋扰你和我——**除非我们给他机会。**

> 棍棒和石头可能打碎我的骨头,
> 但话语永远不能伤害我。

千百年来,像耶稣基督那样的对仇敌不怀恶意的巨人们,总是受到人们的敬畏和膜拜。

我时常站在加拿大贾斯柏国家公园①,凝视着西半球最漂亮的山脉之一。这条山脉是为了纪念英国护士伊迪丝·卡维尔而命名的。1915年 10 月 12 日,在德国行刑队面前,她像圣人一样迎接死亡。

她犯了什么罪?原来她在她的家乡比利时隐藏、喂养和照料法国、英国的伤病员,协助他们逃到荷兰。在 10 月的一个上午,当英国牧师进入布鲁塞尔军事监狱她的单人牢房为她做临终祷告时,伊迪丝·卡维尔说了两句话,这两句话被永铭史册:"我意识到,爱国主义还不够;对任何人,我都不应有仇恨和怨毒。"四年后,伊迪丝·卡维尔的遗体被运回伦

---

① 贾斯柏国家公园(Jasper National Park):加拿大著名高山国家公园之一,也是加拿大洛矶山脉最大的国家公园。

敦,在威斯敏斯特大教堂①举行了安葬仪式。我曾经旅居伦敦一年,我经常伫立于国家画像展廊对面伊迪丝·卡维尔的塑像前,回味她那被刻进花岗石的不朽名言:"我意识到,爱国主义还不够;对任何人,我都不应有仇恨和怨毒。"

宽恕和忘掉仇敌一个行之有效的办法,是沉浸于一件远比个人格局更为重大的事业。这样一来,我们遇到的侮辱和敌意就无关紧要了,因为我们会除了**事业**以外,心无旁骛。举个例子吧。那还是1918年的密西西比州的树林里,即将发生一件极富戏剧性的事件——一起私刑事件!黑人教师和牧师劳伦斯·琼斯即将被私刑处死。几年前,我参观了琼斯创立的学校——松林乡村学校,我还对学生发表了演讲。那所学校今天全国闻名,但我要谈的事情发生在此前很久。第一次世界大战如火如荼的时候,密西西比州中部谣言四起,说德国人煽动黑人叛乱。前面说过,即将被处死的劳伦斯·琼斯本就是黑人,被指控协助调唆自己的族裔造反。事情是这样的:一群白人路过教堂时,听到劳伦斯对会众们慷慨陈词:"人生就是一场战斗,为了生存和胜利,每个黑人都必须**武装起来**去**战斗**。"

"战斗"、"武装"这就足够了! 这些激愤的年轻人策马扬鞭,消失在夜幕中。他们很快到四处找来一群人,回到教堂,用绳子将牧师捆起来,在路上拖了1英里远。再把他放到一堆燃烧物上面,划燃火柴,准备将他同时吊死和烧死。

这时有人叫道:"在大英雄就义前,我们也听他慷慨激昂一番啊。说

---

① 威斯敏斯特大教堂(Westminster Abbey):也译作"西敏寺",建于1090年,英国名人墓地。

啊,说啊!"

劳伦斯·琼斯站在燃烧物上,脖子上套着绳子,为他的生命和**事业**辩护。他1907年毕业于爱荷华大学。他优秀的品格、丰富的学识和音乐才华使他不论在学生还是同事中都很受欢迎。快毕业时,他谢绝了一位酒店老板助他经商的好意,还谢绝了一位愿意资助他在音乐方面深造的富人。为什么?因为他沉迷于一项计划。阅读布克·T.华盛顿的故事时他受到鼓舞,决定献身于教育事业——帮助自己族裔中的那些穷人和文盲。于是,他去了他所能找到的南方最落后的地带——密西西比州杰克逊南边25英里的一个地方。他把自己的手表拿到当铺里卖了1.65元钱,在树林中的空地上,以一块树桩为讲台,创建了他的学校。劳伦斯·琼斯告诉这些等着对他行刑的愤怒人群,为了将这些失学孩子教育成优秀的农场主、技工、厨师、管家所做的奋斗。他提起那些在他办学努力奋斗中给予帮助的白人——他们给了他土地,给了他木材,给了他猪、奶牛和钱,以使他的教育事业继续下去。

后来当劳伦斯·琼斯被问及,他是否记恨捆绑他、把他在路上拖、要吊死他、烧死他的那些人,他回答说,**他忙于自己的事业,没时间去记恨——他太沉浸于比个人得失更重要的事业。**

他说:"我没时间去争吵,没时间去后悔;没人能迫使我下作到去记恨他。"

当劳伦斯以真诚感人的言辞娓娓道来时,当他为了他的事业而不是为自己发出请求时,人群开始松动。最后,一个老退伍兵说:"我相信这个年轻人说的,他提到的那些白人我都认识。他是个好人,我们弄错了。我们应该帮助他,而不是吊死他。"这个老兵摘下他的帽子,在原本打算吊死松林乡村学校创始人的人群中搜集了52.40美元,作为礼物送给了劳伦斯——后来旧事重提时，这个人是这样说的：**"我没时间去争吵，没时间去后悔；没人能迫使我下作到去记恨他。"**

早在 19 世纪以前，埃皮克提图就指出，播种什么就收获什么；他还说，命运总会以某种方式让我们为自己的恶行付出代价。

"长远看来，每个人都会为自己的胡作非为接受惩罚。"埃皮克提图说，"能记住这一点的人不会对任何人生气发怒，不会对任何人愤愤不平，不会咒骂任何人，不会指责任何人，不会冒犯任何人，不会仇恨任何人。"

在美国历史上，恐怕没有任何人比林肯受到的诘难、仇恨和出卖更多。然而，根据赫顿关于林肯的经典传记描述，林肯"从不以个人好恶来评价他人。不管出了什么事，林肯都会明白，他敌人的所作所为和别人并无不同。如果有人中伤过他，或者不公正地对待过自己，却最适合某个职位，林肯就会给他那个职位，就像给一个朋友一样不含糊……我不认为他撤换某个人是因为那人与己为敌，或因为自己不喜欢他。"

林肯还被一些自己亲手送上高位的人诘难和侮辱，比如麦克马伦、瑟沃德、斯特顿和切斯。然而，按他的律师合伙人赫顿的说法，林肯相信，"没人应该为他的作为受到赞扬，或为他所做的或没做的受到指责。因为我们所有人都受制于条件、场合、环境、教育、习惯和传承——我们被这些因素塑造成这个样子，永远都是这个样子"。

或许林肯是对的。如果你和我继承的身体、内心、情绪特征和我们的敌人大同小异，如果我们的生活遭遇和敌人也如出一辙，那么，我们的行为和他们的行为就并无二致，不可能做其他任何事情。让我们宽厚地重述印第安人"苏族"①的祷文:"啊,伟大的神灵,在我也穿着他人的软皮平底鞋②走上两个星期前,不要对他人妄加评判。"所以,不要去恨我们的仇敌,让我们怜悯他们并感恩上帝没将我们塑造成他们那样;不要去积累对仇敌的指责和怨恨,而是给予谅解、给予同情、给予帮助、给予宽恕,并为他们祈祷。

我是被一个有着浓厚宗教氛围的家庭抚养长大的。每个晚上,家人都会阅读经文或者复读《圣经》里的一个章节,然后跪着念"家庭祷文"。我现在还依稀听到,在密苏里一个孤零零的房屋里,我父亲复读着那些耶稣的圣谕——只要人们还敬仰他的理念,这些话就会被反反复复读下去:"爱你的仇敌,保佑诅咒你的他们,造福于伤害你的他们,为卑鄙地利用你和迫害你的他们祈祷。"

我父亲努力遵循耶稣的这些圣谕,他因此获得了内心的淡定;世界上的大人物们要得到这份淡定,却往往是白费心机。

要培养带给你淡定和幸福的心态,请记住规则2:

规则2

> 永远不要试图和仇敌"扯平",因为如果那样,
> 我们对自己的伤害会远大于对敌人的伤害。
> 让我们像艾森豪威尔将军那样:
> 绝不浪费一分钟去想那些我们不喜欢的人。

---

① "苏族":印第安人的一族,居住于密歇根湖到落基山脉之间。
② 指北美印第安人穿的无后跟软鹿皮平底鞋。

第十四章

这样做,你会看淡"不感恩"

我最近在得克萨斯州遇到一个商人,他被愤怒之火烧得晕头转向。有人警告我,他和我见面不出 15 分钟,肯定就会对我大倒苦水。果然是这样,而且除了这事,其他的啥也不想说。事情发生在 11 个月前,他现在还余怒未消。他曾经给 34 名员工发了一万美元奖金,——每个人大约 300 元,居然没人感谢他。他唉声叹气:"给他们一分钱都让我后悔!"

孔子说:"君子坦荡荡,小人长戚戚。"这个人就是这样的,我真心怜悯他。他差不多 60 岁了吧。现在,人寿保险公司算出,平均算来,我们只能活得比现在年龄和 80 岁之差的三分之二略长。所以这个人——如果他幸运的话——可能还有 14 年到 15 年活头。然而他呢,因为对一件一去不返的事情忧忿不已,差不多把他所剩不多的年岁中的一年浪费了,我挺怜悯他的。

要不是在愤恨和自怜中不能自拔,他可能已经反问过自己**为什么**好心没好报了。或许工资给低了,或许工作超时了;也许他们觉得那是个圣诞红包不是额外的恩典,而是他们应得;也许自己太严厉、太难以接近了,没人敢于或在乎去感谢他;也许他们觉得收到红包,是因为——反正大多数利润都用去缴税了;另一方面,也许是员工们自私、卑鄙、粗野无礼。

也许是那样,也许是这样。对此我不比你了解得多。但你知道,塞缪尔·约翰逊博士①说过:"感恩是教化的最大果实,你不可能在粗鄙的人群里找到。"

我要表达的是这一点:**这个人犯了一个人类才有的、令人沮丧的错误——期待感恩。**他并不洞悉人性。

如果你对某人有救命之恩,你会期待他感恩吗?你也许会,但先是大牌刑案律师后成了法官的塞缪尔·雷波瓦兹,曾经将78个人从电刑椅上救了下来!你猜猜,这些人中有多少人感激他了,或曾经给他寄过一张圣诞卡?多少?你猜猜……没错——一个没有!

基督耶稣一个下午就救了10个麻风病人——但有几个甚至停下来说声"谢谢"?只有一个。去《路迦福音》里查查吧。当耶稣转向信徒们问:"那九个人在哪儿呢?"他们都跑了,消失了,一个"谢"字也没留下!让我问问你吧:为什么你和我——或者这位得克萨斯的商人——因为我们对别人的小小恩惠就应该期望更多的感谢?难道能比耶稣更有理由吗?

而且,当涉及金钱时,呵呵,那就更别指望了。查尔斯·斯瓦布告诉我,他曾经救过一个银行出纳,那人挪用银行的资金去股市投机。斯瓦布出资让这个人躲过牢狱之灾。这个出纳员感恩了吗?哦,是的,有那

---

① 塞缪尔·约翰逊(Samuel Johnson,1709—1784):常称为约翰逊博士,英国历史上最知名知识分子一,集文评家、诗人、散文家、传记家于一身。

么一阵子,然后就对斯瓦布翻脸不认人了,还辱骂他,责难他——一个将他从牢狱之灾中解救出来的人!

如果你给你一个亲戚100万美元,你期望他感恩吗?安德鲁·卡耐基就有这经历,但是,如果他从墓地里返回来那么一小会儿,他会瞠目结舌的——这个亲戚正将他一痛好骂呢!为什么?因为老安德鲁给公共慈善留下了3.65亿美元,"才给他留了微不足道的100万美元"——他是这么说的。

事情就是这样。人啊,本性难移——你一辈子可能也改不了。所以为什么不接受它呢?为什么对人性就不能像罗马帝国最明智的统治者之一马科斯·奥里略那样现实呢?他在某一天的日记里写道:"我今天要去见一些废话联翩的人——他们自私,以自我为中心,不知感恩。但我不会吃惊或觉得被滋扰,因为我无法想象出一个缺少了这些人的世界。"

有道理吧,是吗?如果你我喋喋不休地抱怨别人不知恩图报,该谴责谁呢?谴责人性呢,还是谴责我们对人性的无知?我们就别指望感恩啦,所以,如果偶尔得到感恩,那将是一个令人开心的意外;如果得不到,也不必受其扰。

我想在本章中表达的第一个观点是:**人们忘记感恩是正常的,所以,如果我们处处期待感恩,我们就在朝痛苦一路狂奔。**

我认识一个纽约的女人,总是抱怨自己太孤独,没有一个亲戚愿意接近她——其实情有可原。如果你拜访她,她会对你絮叨几小时她在侄女小时候对她们如何好;她们得麻疹得流行性腮腺炎得百日咳时,她一直喂养她们;她寄养了她们好几年;她帮助其中一人读完商业学校;一个侄女在出嫁前,她一直让她住自己家里。

这些侄女们来看她了吗？哦,是的,出于义务感,偶尔来一次。但她们害怕来看她。她们知道会坐在那儿挨几个小时遮遮掩掩的指责。她们会领受没完没了的苦涩絮叨和唉声叹气。当这个女人不能再通过威胁、迫使或恐吓手段让侄女们来看她时,她折腾出了心脏病,也算咎由自取吧。

她的心脏病是真的吗？哦,是的。医生说她的心脏是"神经质心脏",由心悸造成的。但医生也说他们无能为力,因为她的麻烦是情绪性的。

这个女人真正需要的是爱和关注,但她管这些叫"感恩"。她永远也得不到感激和爱,因为她通过索要的方式,她认为那是她应得的。

像她这样的人成千上万,他们因为"不被感恩"、孤独、被忽略而生病。他们渴望被爱,但这个世界上他们唯一渴得到爱的方式,是停止索取,奉献自己的爱而不求回报。

但那听起来就像纯粹的、不现实的、臆想的理想主义吗？不是的,这只是常识而已。这是一种寻找内心快乐的康庄大道。我知道,我目睹的这样的事情就发生在我家里——我父母就乐于助人,不求回报。尽管我们当时很穷,债台高筑,父母每年总是想方设法给一家远在爱荷华康塞尔布里富斯的孤儿院寄些钱。他们从来没去过那儿,除了写信,也许没人因为他们的礼物而感谢他们;但我父母得到了丰厚的回报,因为他们享受了帮助小孩的乐趣,而没指望任何感恩回报。

我离家后,总是在圣诞节给父母寄一张支票,催他们大大方方地为自己买几件像样的东西,但他们很少这样做。圣诞节前几天我回家时,父亲会向我提起,他们为一些城里的寡妇买了煤和食物,这些寡妇们带着一大堆孩子,日子过得紧巴巴的。他们从这些礼物中得到了什么快乐——不求任何回报的给予!

我相信,我父亲几乎配得上亚里士多德心目中的"理想的人"。亚里士多德这样描述道:"一个理想的人,把乐善好施作为乐趣。"

所以,我想在本章中表达的第二个观点是:**如果我们要找到快乐,就不再去想感恩与否,而是为了内心的乐善好施感。**

成千上万年以来,父母常因为孩子不知感恩而被气得吹眉毛瞪眼。

即使是莎士比亚笔下的李尔王都大嚷大叫:"一个不知感恩的孩子比毒蛇的牙齿还锋利!"但为什么孩子就应该感恩?——除非我们把他们训练成知恩图报的人?不感恩是天性使然——就像杂草一样;感恩则像玫瑰,必须精心喂养、浇灌、培育、爱和呵护。假如我们的孩子不感恩,该指责谁呢?也许该指责我们自己。如果我们从来不教育子女对别人感恩,我们怎么期望他们对我们恭敬孝顺?

我认识一个芝加哥人,他有理由抱怨他继子的不孝。他在一家工厂拼命干活,一周挣40美元不到。娶了一个寡妇后,听从她的劝说,借钱送她的两个儿子上了大学。要知道,这40美元周薪,除了柴米油盐醋等日常开支,还要分期偿还债务。多年来他都是这么过来的,他就像一个苦力似的工作,无怨无悔。

他被感恩了吗?没有!他妻子觉得那是应该的——她的儿子也如此。他们从来没想过他们欠继父任何东西——甚至一声"谢谢!"

该责怪谁呢?两个儿子?是的,但他们的母亲更应该被责怪。她觉得让儿子承担"义务感"是可耻的,她不愿她的儿子"负债前行"。所以她做梦也没想起说一句:"你们继父让你们完成学业,他多好啊!"相反,她是这样的态度:"噢,那是他最起码的义务。"她觉得她是为了儿子好,但实际上,她给儿子灌输了一种危险的想法——这个世界有义务让他们过上好日子。那**的确**是危险的想法，因为一个儿子想从老板那儿"借"钱，结果进了监狱！

我们必须记住，很大程度上，我们的孩子是我们塑造的结果。举个例子吧。我母亲有个姐姐娃欧拉·亚历山大，住在明尼苏达州明尼阿波利斯市。她的经历就是一个鲜活的例子——女人永远没有理由抱怨子女不孝顺。我还是孩子时，姨妈娃欧拉把她母亲接到她家去照顾，对她公婆也一样。现在我闭上眼睛还能想起那两个老太太坐在姨妈家的壁炉前。她们对姨妈是任何"累赘"吗？哦，我经常想，是的。但你永远无法从她的角度猜想。她**爱**这两个老太太，所以她迁就她们，宠着她们，让她们觉得就像在自己的家。除此之外，姨妈娃欧拉自己还有6个孩子，但对两位老太太的悉心尽孝，并没让她觉得自己在做什么特别高尚或值得炫耀的事情。对她来说，这是很自然的事情，正确的事情，她自己要做的事情。

现在，娃欧拉在哪儿呢？现在，她做了20多年寡妇了。她有5个孩子长大成人，都成家立业了。他们都争着来"抢"她，把她接到他们家去。她的孩子们爱她，总嫌没多给她一些爱。这是出于"感恩"吗？废话！这是爱——**纯粹的爱**。那些孩子们从小就生活在温暖和欢快的天伦之乐中。现在情况反过来了，他们**回报**母爱，难道有什么奇怪吗？

所以，请我们铭记一点：要把孩子培养成知恩图报的人，我们自己必须知恩图报。请我们记住，"人小耳朵灵"——说话留意点。举例说——下次忍不住张家长李家短嚼耳朵时，如果孩子在场，嘴巴看紧点，绝不能说什么："看看侄女苏送的圣诞节礼物、这些洗碗布。这是她自己织的，一分钱没花！"这看法对我们也许微不足道，但孩子支起耳朵听着呢。所以，我们不如这么说："看看这些洗碗布，是侄女苏为了给咱们圣诞礼物花几个小时才织好呢！她多好啊,是吧？我们现在就给她写一张感谢信吧。"在耳濡目染潜移默化下,我们的孩子就可能会养成赞扬和感激的习惯。

为了避免对不感恩的愤恨和烦恼,请记住规则3：

规则3

1. 别为不感恩烦恼,视其为意料之中。请我们记住,耶稣基督一天就治好了10个麻风病人——却只有一个人感谢他。难道我们比耶稣还更期待感恩吗？

2. 请我们记住,找到快乐的唯一途径就是——不要指望别人感恩,而是不求回报的乐善好施。

3. 让我们记住,感恩是一种"培育"出来的品德,所以如果我们要子女们孝顺,我们就必须将他们培养成知恩图报的人。

第十五章

百万美元能收买你吗？

我认识哈罗德·阿伯特多年了。他住在密苏里州的维布市，曾经是我的演说经理。有一天我和他在堪萨斯城见了面，他又开车将我送回我在密苏里州的伯尔顿的农场。一路上，我问他怎么克服烦恼，他给我讲了一个非常有启发性的故事，我终生难忘。

"我曾经是个'烦恼包'。"他话锋一转，"但1934年春的一天，我在维布市西道尔提街上目睹的那一幕让我彻底消除了烦恼。事情过程只有10秒钟，但我在这短短10秒钟学到的人生道理比我10年学到的还多。当时我在维布市经营一家杂货店已经两年了，我不但损失了所有的积蓄，还欠下一笔七年才能还清的债。前一个周六我关了我的杂货店，现在准备去商人与矿工银行借点款，然后去堪萨斯城找个工作。我垂头丧气地走在大街上，活像一个败军之将。后来，我突然发现前面有个人——一个失去双腿的人！他坐在一个滑轮木板上，手里各拿一根木棍，以此撑地沿街滑行。我遇到他时，他刚从街对面过来，准备把自己弄上几时高的人行道。当他把滑轮木板向上倾斜成一个角度时，我们对视了。他给了我一个大大的微笑,兴高采烈地对我打招呼:'先生,早上好!天气不错,是吧?'我站着看他,那一刻,我觉得我很富有。我有两条腿,我能走。我为自己的自怜羞愧。我对自己说,如果他没有双腿都能快乐、开心,充满信心,身体健全的我当然能。我已经能感到胸气舒畅些了。我原打算只向商人与矿工银行申请贷款100**美元**,但现在我决心申请贷款200**美元**;我原准备说我试着去堪萨斯城**找个工作**,现在我说我要去堪萨斯城**上班**。后来,我款也贷了,工作要到手了。现在,我把这些话贴在我浴室里的镜子上,每天早上修面时我都读一读:'我落落寡欢,因为我没有鞋穿,直到——在街上,看见一个没脚的人。'"

埃迪·里肯贝克[1]曾和同伴在救生筏里漂流了21天,最终在太平洋里迷失方向了。我问他从这个经历里得到的最大的人生经验是什么。他说:"如果你有足够的水喝,有足够食物吃,你永远都不应该为任何事情抱怨。"

《时代》杂志发表过一篇文章,讲述了一个在瓜达康纳尔岛[2]战役里负伤中士的故事。这个军士喉部被弹片击伤,输了七次血。在一张写给医生的条子里,他问:"我能活下来吗?"医生回复:"是的。"他又写了一张:"我能说话吗?"答案依然是肯定的。然后他又写了一张:"**那么,我到底还在愁什么呢?**"

你为什么不现在就停下来问问自己:"我到底在愁什么?"你可能会发现,惹你愁的都是些鸡零狗碎的事。

我们生活中大约百分之九十的事情是"正能量",大约百分之十是

---

[1] 埃迪·里肯贝克(Edward Vernon Rickenbacker,1890—1973):美国"一战"中王牌战斗机飞行。

[2] 瓜达康纳尔岛:位于西南太平洋所罗门群岛。

"负能量"。如果我们要快乐,就应该专注于那百分之九十,而忽略那百分之十;如果想要自寻烦恼,想要痛楚不堪和得胃溃疡,就盯着那百分之十吧。

在英国很多克伦威尔教堂里,都雕刻着"思考、谢谢"这类词汇。这些词汇也应该刻在我们心里,想到我们应该感恩的一切,感谢上帝的恩典和馈赠。

《格列佛游记》的作者乔纳森·斯威夫特是英国文学史上最大的悲观主义者。他对出生到这个世界上伤心遗憾到什么地步?每个生日他都身穿黑衣并绝食;然而,尽管如此绝望,他依然赞美了心情舒畅和幸福带给健康的巨大能量。他宣称:"世界上最好的医生,是饮食、宁静和快乐。"

你我都能在每一天每个小时中免费享受"快乐医生"的服务,只需将精力集中于我们拥有的不可思议的财富——这种财富远比寓言中阿里巴巴的财富还丰厚。你愿意为了10亿美元卖掉你的双眼吗?你愿意用什么来换你的双腿?你的双手?你的听力?你的孩子?你的家人?把你所有的财富加起来后你会发现,即使把洛克菲勒、福特和摩根的全部财富加起来,你也不愿意换。

我们对此心存感激吗?呵呵,不!正如叔本华说的:"我们很少想起我们所拥有的,却总是想起我们缺少的。"是的,"我们很少想起我们所拥有的,却总是想起我们缺少的"思维定式是世界上最大的悲剧,它造成的人间悲剧或许比所有战争和疾病加在一起还要多。

它造成了新泽西州帕特松的约翰·帕姆尔"由一个正常人向唠叨鬼"的转化。我知道这件事,因为他亲口告诉我的,他说:

"我从部队复员不久,开始自己创业。我没日没夜地干,事情进展顺利。随后麻烦就来了——我无法获得配件和原料。我担心不得不关门大吉。我焦虑得由一个正常人变成了唠叨鬼,脾气变得很坏,更糟糕的是还不自知——但现在我知道,当时我差点失去了幸福的家。后来有一天,一个为我工作的年轻残疾退伍兵对我说:'约翰,你该为自己感到羞耻。瞧你那样子,就像世界上就你一个人有麻烦。就算你要关一阵店——那又怎么啦?情况正常后,你再开嘛。你有很多值得欣慰的事情,却抱怨个不停。哥们,我多希望是你那个样子!看看我,我只有一只胳膊,半块脸被打没了,可我并没有抱怨。如果你不停止怨天尤人,你失去的不仅是你的生意,还有你的健康,你的家和你的朋友!'那些话阻止了我的沉沦,让我意识到我有多富有。当时我就决心恢复自我——我做到了。"

我有个朋友叫露西尔·布勒克,在她学会知足常乐之前,一度挣扎于崩溃的边缘。我是几年前认识她的,当时我们一起在哥伦比亚大学新闻学院学习短篇小说的创作手法。几年前住在亚利桑那州的图克森时,她遭遇了生活变故。下面就是她的故事:

"我的生活忙得像一阵风似的:在亚利桑那大学学风琴,在城里举办演讲,在我待过的沙柳牧场讲授音乐鉴赏课;晚上,我就参加派对,跳舞和骑马。一天早晨,我摔了一跤,心脏出问题了!医生说:'你必须彻底卧床静养一年。'他没有给我完全康复的信心。

"卧床一年!像一个废人一样!——或许会死掉!我被吓倒了。我怎么就那么倒霉啊?难道我做错了什么非得遭此报应?我不禁以泪洗面失声痛哭。随后愤愤不平,充满叛逆,但还是按医生的建议卧床休息了。我的邻居、艺术家鲁道夫先生对我说:'你现在觉得卧床一年是个悲剧,其实不然。你会有时间思考问题,真正认识你自己。接下来几个月

你在精神上的成长会超过以前半辈子。'

"我平静些了,尝试形成一种全新的价值观。我阅读那些充满灵感和励志精神的书籍。一天,我听到一个电台评论员说:'你只能表达你自己明白的想法。'类似的话我耳熟能详,但现在却真正听明白了,真正扎根到我的内心。我决心只去想那些生活中离不开的:开心、快乐、健康。于是,每天早晨一醒来,我就迫使自己重想一遍所有必须感恩的东西:没有痛苦、一个年轻的女儿、视觉、听觉、收音机里动听的音乐、美好的阅读时光、美味佳肴、亲朋好友……我开心极了。来拜访我的朋友络绎不绝,以至医生不得不挂出一张告示,要求每次只能一位客人进入我的小屋,而且限定了时间。

"自从那件事后,多年来我一直过着丰富进取的生活。我现在深深感恩我在床上度过的那一年,那是我在亚利桑那最有价值、最快乐的一年。我在那时养成的每天早晨重温幸福的习惯一直保留下来,这是我最珍贵的财产之一。我深感羞愧的是,直到畏惧死亡前,我从未真正懂得什么是生活。"

亲爱的布勒克,也许你并不知道,但你学到的人生经验,和200年前塞缪尔·约翰逊学到的如出一辙。约翰逊说过:"凡事朝乐观处着想,比每年赚一千英镑还有价值。"听着,这些话不是一个资深乐观主义者说的,而是出自这么一个人之口,他被烦恼、贫穷和饥饿折磨达20年之久,最后成为他那个时代杰出的作家和有史以来最著名的健谈者。

洛甘·佩索尔·史密斯将众多智慧用几句话概括起来:"人生共有两大目标:第一,得到你想要的;第二,得到后,享受它。只有那些最聪明的人才实现了第二个目标。"

你知道怎么让即使在厨房洗涮这样的事变成一种兴奋的享受?如

果想,就读读波格尔蒂·道尔那本《我要看世界》。这本书是由一名眼睛失明达半个世纪的女性写的,充满了不可思议的激情和勇气。

"我只有一只眼睛,"道尔写道,"而且这只眼睛也被厚厚的伤疤所遮盖,我看东西全靠这只眼睛左边一个小孔。看书时,必须把书拿到脸前,使劲儿挤眯着左眼。"但她拒绝怜悯,拒绝被视为另类。小时候,她和其他孩子玩"跳格子"游戏,因为她看不清地上画的格子,所以当其他孩子回家后,她就爬到地上凑拢了使劲儿看清楚。她和伙伴们玩游戏时的每一寸地形她都烂熟于心。很快,她就成了此类游戏高手。在家阅读时,她手捧一本特大号字体的书,凑到脸上,眉毛都碰到书页了。后来,她获得两个学位:明尼苏达大学文学学士和哥伦比亚大学艺术学硕士。她开始在明尼苏达州双谷一个小乡村教书,直到成为南达科他州苏福尔斯奥古斯特大学新闻和文学教授。她在那儿教了13年书,在女性俱乐部举办讲座,在电台评论图书和作者。她在书中写道:"在我内心的另一面,一直隐藏着对完全失明的恐惧。为了克服这种感觉,我对生活采取一种快乐的、几乎是惊喜的态度。"

1943年她52岁时,一个奇迹发生了。在著名的梅奥门诊医院,她的视力在手术后比以前提高了40倍!

一个全新的、令人激动的爱的世界在她眼前豁然开朗。她发现,现在即使在厨房洗碗都会让她兴奋不已。她在书中写道:"我开始在盘子里玩轻柔的白色泡沫,我把我的手伸进泡沫,打捞起一个细小的清洗剂水泡。我把这些水泡对着灯光端详,在每个气泡里,我能看见微型彩虹上美不胜收的五光十色。"她在厨房洗池眺望窗外时,呈现给她的是"大雪纷飞中麻雀们振动的灰黑翅膀"。她发现,凝视泡沫和眺望麻雀如此令人惊喜,以至她在书中以这样的句子落笔:"'敬爱的上帝,'我喃喃自语,'我们在天堂的父亲,我感激您,我感激您。'"

想象一下吧,这是怎样一付情怀?——感激上帝,因为你能洗盘子,你能在水泡里看见彩虹,因为你能看见大雪中振翅的麻雀!

你我应该为自己羞愧——我们经年累月生活在仙境般美丽的地方,却视而不见,或见惯不惊。

如果我们要克服烦恼,重建生活,请铭记规则4:

规则 4

想着你的幸福,而不是你的不幸。

第十六章

发现自我,保持本色
——铭记:我是世界的唯一

我手头有一封信,是北卡罗来纳州蒙特埃尔瑞的伊迪丝·奥尔雷德太太写来的:

"我小时候极其敏感和羞怯。我一直超重,我的脸颊使我看起来比实际更胖。我母亲是个老古董,她觉得穿得漂亮点是很愚蠢的,她总是说:'衣服大点经穿,小了会撑破。'她就是这样给我穿着打扮的。我从来没参加过派对,我毫无乐趣。上学后,我从来没参加过同学的户外活动,甚至连体育运动也不参加。我害羞到病态的程度,我觉得我和任何人都不一样,完全不合群。

"长大后,我嫁给了一个年长我几岁的人,但还是没有变化。我公公家是一个泰然自若颇为自持的家庭。我应该入"乡"随俗,就是不成;我尽量向他们看齐,终究心有余而力不足。每次他们尝试将我从封闭里拉出来,都让我在自己的盔甲里躲得更深。我变得紧张,情绪暴躁。对所有朋友,我一律退避三舍。情况糟糕到甚至害怕听到门铃声!我算是完蛋了,我明白这一点,却担心丈夫发现这一点,所以每当我们出现在公共场合时,我就装模作样地很开心。我知道我是装的,事后会痛苦好几天。最后,我郁闷到觉得自己没必要苟活于世,我开始考虑自杀。"

什么事情改变了这个抑郁女士的人生?只是一句偶尔的评论!

"一句偶尔的评论彻底改变了我的人生。"伊迪丝·奥尔雷德太太继续说道,"一天,我公婆谈起她如何抚养孩子,她说:'不管什么情况,我始终坚持一点,让孩子们保持本色。''保持本色',就是这句话彻底改变了我的生活!转瞬之间我意识到,我所有的痛苦都是我自找的——我强迫让自己去适应那种内心并不遵从的生活方式。

"我一夜之间就改变了!我开始保持自我。我试着研究自己的性格,试图找出我**是什么样的一个人**。我研究了我的优点,我了解自己喜欢的颜色和款式,然后按自己喜欢的样式穿衣打扮。我开始结交朋友。我参加了一个组织——最先是一个小组织。当他们让我表演节目时,我都吓坏了。但每开一次口,我都获得一点勇气。这花了一阵工夫,但今天我比当年异想天开的都要快乐。我养孩子时,总是以我的苦涩经历现身说法,鼓励他们:**无论发生了什么,都应保持本色。**"

按詹姆斯·戈登·格尔凯博士的说法,"保持本色"的意愿"就像历史一样古老,就像人的生命一样普遍"。不愿保持本色则是掩藏于很多神经官能症、精神病和各种复杂症状后面的涓涓溪流。安吉罗·帕翠[①]在儿童培养方面写了13本专著和数以千计的报刊文章,他说:"没人比那些放弃内心自我,渴望成为其他人的人更痛苦了。"

---

① 安吉罗·帕翠(Angelo Patri,1876—1965):美国作家、教育家。

在好莱坞,这种渴望成为"非我"的成功渴望异常狂热。好莱坞最知名的导演之一山姆·伍德说,他和那些野心勃勃的年轻人相处最令人头疼的正是:让他们保持自我。他们只想成为二流的拉娜·特纳斯或三流的克拉克·盖博。山姆·伍德不停告诉他们:"观众已经熟悉那风格了,现在他们要点新鲜的。"

山姆·伍德执导诸如《万世师表》《战地钟声》这些影片前,他在房地产界发展了好几年,养成了销售员的性格。他认为,生意场上通行的一些规则也适用于电影界。你不能去做一只鹦鹉,拾人牙慧,那样你将一事无成。山姆·伍德说:"经验告诉我,最保险的做法就是不用那些鹦鹉学舌的演员,越早越好。"

我问过一家大型石油公司的人事总监保罗·伯英顿,人们在求职时会犯的最大错误是什么。他对此应该最清楚,因为他面试过六千多个求职者,还写了《求职六大技巧》一书。他回答说:"求职者所犯的最大错误就是不能保持本色。他们不能放松自己,态度坦诚,而只说一些他们觉得你想听到的。"可是这样做一点没用,因为没人想要一件赝品,没人会要一枚假币。

凯丝·达莱是一位公交车售票员的女儿,走了一段弯路之后才学到这个教训。她渴望成为歌手,但不幸的是她长得不好看,一张大嘴,一口龅牙。她第一次在新泽西州一家夜总会登台演出时,一个劲儿地用上唇遮住牙齿,一个劲儿地让自己看起来"光彩四射"。结果呢?她把自己弄得滑稽可笑。这样下去肯定没戏。然而,那晚的现场有个人,听了凯丝·达莱的表演,认为她有天赋,就直言相告:"听着,我一直在看你的演出,我知道你想掩藏什么——你的牙齿令你窘迫!"女孩听后很难堪,但那人继续说,"那又怎么啦?长龅牙难道是犯罪啊?别想着去遮遮掩掩!

张开嘴,只有让观众看到你的率真,他们才会喜欢你。"

"此外,"他聪明老辣地说:"没准你羞于启齿的牙齿还会为你带来财富呢!"

凯丝·达莱接受了他的建议,对龅牙若无其事。**打那以后**,她只想着听众,张开大嘴尽情挥洒,结果成了电影与电台的顶尖明星。有的喜剧演员还对她亦步亦趋呢!

赫赫有名的威廉·詹姆士在宣称常人只开发了自己百分之十的潜能时,提到了那些从来不了解自我的人。"和我们应该达到的高度相比。"他写道,"我们还处于半开发状态。我们只利用了身体和心智资源中一小部分。宽泛点说,人类在个体上完全处于自己的局限内,他们拥有种种力量,只是因为习惯未加利用。"

既然你我都有此能力,我们就一分钟也不要浪费在和他人不同的烦恼上;这个世界上,你是唯一的。开天辟地以来,从未曾有过任何人和你一模一样;从现在到将来,永远也不会有。遗传学告诉我们,你是什么样,完全取决于你父母双方各 23 条染色体的组合。这 46 条染色体构成了决定你遗传的一切因素。阿姆拉姆·谢菲尔德[①]说:"在千百个染色体的任何一处,都可能在存在着一个单一基因——在很多情况下,这足以改变一个人的一生。"千真万确,我们生命的形成是"令人敬畏而又奇妙的"。

即使你父母相遇并结为夫妇,孕育出一个和现在的你一模一样的人的概率也只有 300 万亿分之一。换句话说,即使你有 300 万亿个兄弟姐妹,他们也和你完全不同。这只是一种臆测吗?不,这是科学事实。如

---

① 阿姆拉姆·谢菲尔德(Amram Scheinfeld,1897—1979):美国记者、作家、漫画家。

果你想进一步了解,可以参阅阿姆拉姆·谢菲尔德的书《你与遗传》。

关于坚守自我这个话题,我确信自己有资格谈谈,因为我有切肤之痛。我清楚自己在说什么,事情是这样的:当我离开密苏里的玉米地刚到纽约时,我报考了美国戏剧艺术学院——我立志成为一名演员。我自以为得计,觉得找到了通向成功的捷径。这个捷径如此简单而又万无一失,我都不知道为什么这么多雄心勃勃的人没想到呢。这个捷径就是:研究当时几位名演员——约翰·德鲁、沃特·汉普登、奥蒂斯·斯金纳——是如何成名的。然后我就模仿他们,让自己集他们所有强项于一身,然后——我就光彩照人,功成名就啦。好傻!好天真!为了模仿别人,我白白浪费了好几年时间后,我那密苏里式的榆木脑袋才开窍——我只能做自己,做不了其他任何人。

那段悲摧的经验教训本应让我铭记终生,然而却没有。我实在蠢到家了,不得不多长几次记性。几年后,我打算写一本最棒的书——有关商界人士如何公开演讲的。写的时候,我又重蹈"明星梦"的覆辙;我要**借用**把所有相关作者的主意统统塞到这本书里,写出一本无所不包的书。所以我找来大量关于公开演讲的书,花了一年把他们的观点整合进我的书稿。

但最后,我再次领悟到自己犯天真病了。我将别人的想法写成了大杂烩,太笼统、太乏味,商界人士看都懒得细看一眼。于是,我把这一年的辛苦全扔进了废纸篓,从头再来。这一次我对自己说:"你只能是戴尔·卡耐基,他所有的缺点与局限你都有,你变不成别人。"于是,我放弃了成为什么"集大成者"的想法,卷起袖子,做我当初就该做的事:基于自己的亲身经历、观察以及对自己身为演讲家和演讲老师的自信,写出一本有关公开演讲的课本。我学到了一个教训,这个教训也是沃特·雷利爵士①的教训。(我指的不是那个把自己外套丢在泥浆上以方便女王上马车的沃尔特爵士,而是身为1904年牛津大学英国文学教授的沃特·雷利爵士。)他说过一句话:"我写不了一本可以和莎士比亚比肩的巨著,但我能写一本自己的书。"

坚守自己!正如欧文·柏林②给已故的乔治·格什温③的忠告一样。柏林和格什温初遇时,柏林已大名鼎鼎,格什温还是个在"叮砰巷"④苦苦奋斗的年轻作曲者,一个星期只能挣35美金。柏林欣赏格什温的才华,给他提供了一个工作——做自己的音乐秘书,薪水差不多是他当时收入的三倍。柏林同时却忠告他:"我建议你别接受这份工作,如果你接受了,你可能会变成一个二流的柏林;如果能继续坚守自我,将来你会成为一流的格什温。"

格什温接受了这个忠告,逐渐将自己塑造成他那一代人中的著名作曲家。

查理·卓别林、威尔·罗杰斯⑤、玛格丽特·麦克布雷德⑥、基恩·奥特雷⑦,还有数以百万计的人,都曾上过我在本章里竭力鼓吹的这堂人生课——就像我以前一样,他们都走过弯路。

卓别林刚开始演电影时,导演都坚持他模仿一位当时走红的德国喜

---

① 沃特·雷利(Sir Walter Raleigh,1554—1618):英国贵族、作家、诗人、政治家、间谍。
② 欧文·柏林(Irving Berlin,1888—1989):美国作曲家、词作家。
③ 乔治·格什温(George Gershwin,1898—1937):美国作曲家、钢琴家。
④ "叮砰巷"(Tin Pan Alley):也称"锡盘街",指以纽约市第28街为中心的音乐出版商和作曲家聚集地。
⑤ 威尔·罗杰斯(William Penn Adair,1879—1935):美国牛仔、杂耍艺人、电影演员。
⑥ 玛格丽特·麦克布雷德(Mary Margaret McBride,1899—1976):美国电台主持和作家。
⑦ 基恩·奥特雷(Gene Autry,1907—1998):美国著名牛仔歌手、演员。

剧演员,可他直到"表演自己"后才成名。鲍勃·侯霍①也有类似经历。多年来他出演歌舞片,一直默默无闻,直到他发挥自己的特色插科打诨,才火起来。威尔·罗杰斯在一个杂技团里表演甩绳技术多年,连一句台词也没说过,直到发现自己独特的幽默天赋,于是表演玩绳时,他开始抖机灵、说笑话。

玛格丽特·麦克布蕾刚进入广播界时想成为一名爱尔兰喜剧演员,结果失败了。后来她索性保持密苏里州村姑本色,于是她成了纽约最受欢迎的电台明星之一。

当年基恩·奥特雷试着去掉自己的得克萨斯口音,打扮也跟城里看齐,还自称是纽约人,大家只是在背后一笑了之。但当他开始弹五弦琴唱牛仔歌后,也就开创了自己独特的演艺生涯,最终成为世界最大牌的电影电台双料牛仔明星。

你是这个世界上的独特存在,为此庆幸吧!充分利用上天赋予你的一切。归根结底,所有的艺术都像自传体:你只能唱自己的歌,只能画自己的画,你只能成为自己的经验、环境和传承的创造物。无论好坏,自己的一亩三分地得由自己去开垦耕耘;无论好坏,在人生的交响乐中,你只能摆弄自己的小乐器。

正如爱默生在那篇《靠自己》的著名散文中所说的:"在每个人的教育过程中,他总会认识到,羡慕就是无知,模仿就是自杀;他总会认识到,自己无论情况好坏——好到哪儿,差到什么程度——都是自己的造化;他总会认识到,尽管广阔的宇宙充满了美好,但除非你辛勤耕耘那片属于自己的土地,你就连一株好玉米也收获不了。栖息于每个人体内的能

---

① 鲍勃·侯霍(Bob Hope,1903—2003):美国喜剧演员、作家。

量都是独一无二的,除自己之外,没人知道一个人能做些什么,除非他已经试过。"

这就是爱默生的表述方式,但在已故诗人道格拉斯·马洛奇①的诗中,还有一种表达法:

如果你成不了一棵傲立于山巅的松树,

就做一棵山谷中的灌木吧,

——但要做一棵溪边最好的灌木;

如果你成不了一棵参天大树,

就做一丛灌木吧。

如果你成不了一丛灌木,

何妨做一缕小草,

给道路带来一点生气。

你如果做不了大梭鱼,

就做一条鲈鱼吧——

但要做湖中最快乐的一条鲈鱼。

我们不能人人都去当船长,

总得有人当船员,

每人都各有所长。

不管大事还是小事,

我们总得完成眼下之事。

如果你做不了宽阔大道,

那就做条羊肠小道吧,

---

① 道格拉斯·马洛奇(Douglas Malloch,1877—1938):美国诗人、作家。

不能成为太阳,

何妨当颗星星;

成败不在于你的体积大小——

而在你是否已尽力。

想培养出带给我们淡定和自由的心态,谨记规则5:

规则 5

不要模仿他人。让我们找到自己,保持本色。

第十七章

如果有一只柠檬,就做一杯柠檬汁

写作本书期间,我曾拜访芝加哥大学校长罗伯特·梅拉德·哈特琴,请教他如何克服烦恼。他回答说:"我一直努力遵照朱利斯·罗森瓦尔德给我的小忠告去做,他是已故的西尔斯公司董事长。他说:'如果有个柠檬,就做一杯柠檬水。'"

这是伟大的教育家的做法,但傻瓜的做法会南辕北辙。如果他发现生活给了他一只柠檬,他会放弃,然后说:"我被打败了。这是命!我连一个机会都没有。"然后就拼命地诅咒这个世界,让自己沉溺于怨天尤人中。但当一个聪明人得到一只柠檬时,他会说:"从这些不幸中,我能得到什么经验教训?我怎么改善自己的处境?我怎么才能把这只柠檬做成一杯柠檬水?"

倾其一生研究人类和人类潜能之后,伟大的心理学家艾尔弗里德·阿德勒[①]宣称,人类最奇妙的特性之一,就是"把负变正的能力"。

[①] 艾尔弗里德·阿德勒(Alfred Adler,1870—1937):奥地利精神治疗医生、心理学家。

下面就是这样一个精彩、让人振奋的故事,故事的女主人我认识,叫瑟尔玛·汤普森。她向我讲述了自己的经历:

"战争期间,我丈夫驻守在加州莫哈韦沙漠附近的训练营里。为了与他近一点,我也搬到那儿去了。我恨那个地方,恨得咬牙切齿。我从没遭过那种罪。丈夫奉命去沙漠拉练,我一人住在棚屋里。沙漠里热得难以忍受——即使在巨大的仙人掌阴影下,温度也高达 125 华氏度①。那里整天刮着风,吃的任何东西、呼吸的空气都是沙子,沙子,沙子!此外,我找不到一个说话的人。

"我的生活一团糟。我难受极了,给父母写信,告诉他们我要放弃,我要回家,一分钟也忍受不了,宁愿去监狱里待着。父亲的回信只有两行字——这是将永远回荡在我脑海里的两行字,这是彻底改变了我生活的两行字:

两个人从监狱的铁栏里看外面,
一个看见泥土;另一个看见星星。

"我把这两行字念了一遍又一遍,充满了羞愧。我暗下决心,去发现自己身边美好的地方,我要看星空。

"于是,我和当地人交上了朋友。他们的友善让我惊讶。当我对他们自制的布匹和陶器流露出兴趣时,他们就把这些宝贝送我做礼物——那些东西他们都舍不得卖给游客呢。我细心研究仙人掌、丝兰和约书亚树的神奇形状。我学到了关于土拨鼠的知识。我观赏沙漠落日和晚霞。我搜寻数百万年前留在这儿的贝壳——那时这片沙漠曾经是海洋洋底。

---

① 约 52 摄氏度。

"到底是什么让我发生如此令人惊讶的变化呢？莫哈韦沙漠没有改变,但是我的心态变了。通过这种改变,令人不堪的颓丧变成了我生命中最激动人心的冒险,这个被我发现的全新世界令我怦然心动。——我甚至兴奋得写了一本小说,并以《明亮的城垒》为名出版了……我从自设的监牢向外望,我看到了星星。"

瑟尔玛·汤普森,你找到了耶稣基督诞辰前500年希腊人就在传授的一个真理:"最好的也是最难得到的。"

20世纪,牧师哈利·爱默生·福斯迪克复述了这句话:"快乐主要不在于享受,而在于胜利。"的确如此,胜利来于成就感、胜利感以及把柠檬做成柠檬汁的能力。

我曾拜访过一位佛罗里达的快乐农场主,他甚至将一只"毒柠檬"做成了柠檬汁。原来,他曾买下一片农场,那块地土质恶劣,既不能种水果,也不能养猪,却到处都是白杨树和响尾蛇。起初他非常沮丧,后来他想出了一个主意,将自己的债务变成资产,就是——将那些响尾蛇充分利用起来。让人大跌眼镜的是他将响尾蛇做成罐头食品!几年前我去看他时得知,每年前来参观响尾蛇农场的游客多达两万。他的生意火起来了。我看见蛇毒从响尾蛇毒牙里取出来,运到实验室研制成防治蛇毒的血清;蛇皮高价卖给皮革商,做成女式鞋子和皮包;蛇肉罐头行销世界各地。我买了一张当地明信片去当地村邮局邮寄时才发现,为了纪念这位将"毒柠檬"做成甜柠檬汁的农场主,这个村子已改名为"佛罗里达州响尾蛇村"。

我在全国各地旅行,有幸见到许多能"把负变正的能力"的男男女女。

《12个逆天者》一书作者、已故的威廉·波里索这样表述过:"生命中最重要的,不是充分利用自己的所得,傻子都会这样做;真正重要的是从你的损失里获益。这需要聪明才智,这也正是聪明人和庸人之间的差别。"

波里索是在一次火车事故中失去了一条腿后不久说这番话的。我还认识一个失去两条腿的人呢,他也能化腐朽为神奇,他叫木·福特森。我是在佐治亚州亚特兰大一家酒店电梯里遇到他的。我一进电梯就看到他坐在电梯一角的轮椅上,他两腿全无,却很开心。他要出电梯时,问我能不能让让,他好转动轮椅。

"抱歉,"他说,"给您添麻烦了。"——他说话时,脸上挂着发自肺腑的温暖微笑。

我出了电梯回到房间,脑海里除了这个很开心的残疾人一无所有,于是我找到他,请他把自己故事讲给我。

"那是在1929年,"他微笑着说,"我出门砍了一车胡桃木,准备用来做菜园的豆苗支架。我将树枝装在我的'福特'上往回走。突然,一根树枝滑到车下,卡在转向装置里;当时我正好急转弯,车子一下子撞到路堤上,把我甩向一棵树上。我伤了脊椎,两条腿全麻痹了。当时我才24岁,此后就再也没有走过一步路。"

才24岁,就被宣布在轮椅上度过余生! 我问他是如何勇敢接受现实的,他说:"我没有。"他说开始也是痛苦和抗拒,对命运充满愤懑。但随着时间过去,他发现,怨天怨地除了让自己更痛苦,于事无补。"我终于意识到,"他说,"人们对我那么友好客气,起码,我对他们也应该一样。"

我又问他,经历了这些年,他是否还认为那场事故是一场可怕的不幸。

"不。"他马上说,"现在我甚至有点庆幸呢。"他告诉我,自从克服了当初的震惊和愤懑后,他开始了全新的生活。他开始阅读,培养出对优秀文学作品的热爱。他说,在14年里他至少读了1400多本书,这些书扩宽了他的视野,使他的生活比他所能想象的更丰富多彩。他开始听优秀的音乐作品,以前让他觉得沉闷的交响曲,现在却让他兴奋莫名,但最大改变还是他有时间去思考了。他说:"我能好好打量这个世界,有了真正的价值观。我意识到,以前梦寐以求的很多东西,其实毫无价值。"

因为阅读,他对政治产生了兴趣。他开始研究公众问题,他坐着轮椅到处演讲。他认识了很多人,人们也认识了他。现在,本·福特森虽然还坐着轮椅,却已是佐治亚州州务卿了。

在纽约开办成人教育课时,我发现很多成年人最大的遗憾就是没上过大学。他们似乎认为没受大学教育是人生一大缺陷;我认为这毫无必要,因为我知道成千上万成功人士,就读了个中学。所以我经常给学员们讲一个我认识的人——他甚至连小学都没有毕业呢。他从小家境贫寒,老爸去世都全靠亲友凑钱才得以安葬。父亲死后,全家靠母亲一人在制伞厂做工维持生计。母亲一天工作10个小时,回家还带着活儿,一直干到晚上11点。

就是这么一个在如此困境下长大的男孩,有一次参加他所属教堂举办的业余戏剧演出。演出让他异常亢奋,为此决定去公开演讲,由此步入政界,30岁时就当选为纽约州议员。但他对此重担严重准备不足,他对我坦诚,他根本不知道议员怎么个当法。他研究那些供投票表决的冗长复杂的议案——还不如写成印第安人"乔克托部落"的文字好懂呢!当他当选为森林委员会委员时,只觉惶恐和困惑,因为他从未真正涉足过森林一步;当他当选为金融委员会委员时,他再次诚惶诚恐,因为他连个银行户头都没开过呢。他亲口告诉我,要不是向母亲坦承失败,他当时沮丧到几乎想辞职。绝望之余,他痛下决心,每天花 16 个小时刻苦钻研,把自己那只"无知柠檬"变成一杯"知识的柠檬水"。经过不懈努力,他终于从一名地方政治人物成长为全国闻名的政治家;因为太杰出了,他被《纽约时报》誉为"最受爱戴的纽约市民"。

我说的就是艾尔·史密斯。

在艾尔·史密斯开始政治自修课程 10 年之后,成为纽约政坛在世的最有影响人物之一。他史无前例地四度当选纽约州州长。1928 年,他以民主党候选人身份角逐美国总统。6 所著名大学——包括哥伦比亚大学和哈佛大学——授予这个连中学都没上过的人名誉学位。

艾尔·史密斯亲口告诉我,如果当年他不每天苦读 16 个小时,将"负能量"转化为"正能量",所有这一切都不可能发生。

关于超人,德国著名哲学家尼采是这样揭示:"在必要时不仅要忍受一切,还必须喜爱这一切。"

对成功人士研究得越深,我就越深刻地确信,他们中之所以成功,很大部分是因为刚开始遇到障碍,被激励加倍努力,并获得了巨大回报。正如威廉·詹姆斯说的:"缺陷能出乎意料地有助于我们成功。"

是的,也许正因为密尔顿双目失明,才谱写出了更壮美的诗篇;也许正因为贝多芬两耳失聪,才创作出更伟大的乐曲;海伦·凯勒之所以书写那么辉煌的人生,或许因为她既听不见也看不见。

如果柴可夫斯基不那么沮丧——他灾难性的婚姻差点逼得他自杀;如果他的生活没那么悲摧,他也许永远也写不出那首不朽的《悲怆交响曲》。

如果陀思妥耶夫斯基和托尔斯泰不经历那么多磨难,他们可能永远写不出那些不朽的作品。

"假如我没有严重的残疾,"那位改变了地球生命科学概念的人这样写道,"我永远无法做这么多工作。"这就是查尔斯·达尔文的肺腑之言,他承认残疾对自己有着出乎意料的帮助。

达尔文在英国出生的同一天,在肯塔基州一个密林中的小木屋,另一个孩子也呱呱坠地——他的名字叫亚伯拉罕·林肯。他也受益于他的人生缺陷。如果他出生在贵族家庭,手握哈佛大学法学院学位,拥有幸福美满的婚姻,他可能永远不可能在内心深处找出盖茨堡演说中不朽的句子,也不可能在连任就职演说中说出那句圣诗般的句子——那是一个统治者所能说出的最美丽、最高贵的名言:"对任何人不怀恶意,对所有人满怀慈悲……"

哈利·爱默生·福斯迪克在《洞察一切》一书中说:"有一句斯堪的纳维亚名言,可以被我们用来激励自己:'北风造就了维尔京人。'我们从哪儿听说过,仅靠稳当愉悦的生活、一帆风顺和悠闲舒适,就能成就人,给人幸福?恰恰相反,期期艾艾的人,即使躺在柔软的席梦思上也会不消停。但从历史中可以发现,当人们承担他们的个人责任时,形形色色的因素——好的坏的无关紧要的——都会对人们的性格和幸福造成影响。所以说,源源不断的'北风造就了维尔京人。'"

如果我们心灰意冷,觉得自己无法将柠檬做成柠檬汁,那么我们应该试试以下两个理由——反正我们只赚不赔。

理由1:我们或许能成功。

理由2:即使不成功,仅仅化负为正的欲望就会使我们向前看而不是向后看;将会用积极思维代替消极思维,还能释放人的创造能量,并促使我们忙于事务、没时间也没兴趣感伤怀旧。

有一次,世界著名小提琴演奏家奥利·布尔在巴黎举办音乐会时,小提琴的 A 弦突然断了,但他依然靠另外三根弦拉完了曲子。哈瑞·爱默生·福斯狄克说:"这就是生活,如果你的 A 弦断了,就用其他三根弦将曲子拉完。"

这不仅是生活,还**超越**了生活,这是一次生命的凯歌。

如果我有权力,我一定会将威廉·波里索的几句话刻在万年不朽的铜匾上,挂在世界上每所学校的墙上:

生命中最重要的,不是充分利用自己的所得,傻子都会这样做;真正重要的是从你的损失里获益。这需要聪明才智,这也正是聪明人和庸人之间的区别。

因此,要培养能带来淡定和幸福的心态,谨记规则 6:

规则 6

当命运递给我们一个柠檬时,
我们尽力将它做一杯柠檬汁。

第十八章

如何在14天内治愈抑郁

　　开始写作本书时,我曾悬赏200美金,就"如何战胜烦恼"征集最有用最鼓舞人心的真实故事。

　　此次征文竞赛的三位评委是东方航空公司总裁艾迪·瑞肯贝克、林肯纪念大学校长斯德瓦特·麦克米伦博士以及电台新闻评论家H. V.卡尔滕波恩。然而,我们收到的征文中最好的两篇不分伯仲,以至于三位评委难以取舍,就让两名作者平分了奖金。下面就是一等奖获奖故事之一,作者是C. R.波顿先生(供职于密苏里州春田市维日尔汽车销售公司)。

　　"我9岁时失去了母亲,12岁时父亲也永远离我而去。"波顿先生写道,"我父亲死于车祸,母亲却是在19年前的一天突然一走了之。此后我再没见过她,也没见过她带走的两个妹妹。直到离家七年之后,她才给我写了一封信。父亲死于母亲离家三年后的一次车祸。他和一个生意合伙人在密苏里州一个小镇买下了一间咖啡馆,后来合伙人趁他出差时把咖啡馆卖掉,卷款逃走了。一个朋友给父亲发电报,让他赶快回去处理此事。因为心急匆忙,他在堪萨斯州沙利纳斯出了车祸,撒手而去。

"我两个姑姑上年龄了,贫病交集,将我们5个兄妹中的3个带回家,却没人愿意收留我和弟弟。我们在镇上任人欺凌,被人叫做和当做孤儿的恐惧感笼罩着我们。不久,我们就噩梦成真。我在一户穷人家生活了一段时间,日子很艰难,当男主人失业后,他们也无法继续收养我了。后来,洛福廷夫妇把我带到离镇上11英里远的农庄和他们一起生活。

"洛夫廷先生70岁,因患有疱疹长期卧床。他告诉我,只要不撒谎、手脚干净、听话,我就能一直住下去。这三道命令成了我的'圣经',我严格按要求生活。后来我上学了,可第一个星期我就躲在家里号啕大哭。很多孩子故意找我的茬子,取笑我的大鼻子,骂我是笨蛋,喊我'臭孤儿'。我伤心极了,想和他们打一架,洛夫廷先生却对我说:'永远记住,当忍则忍,才更像个男子汉。'所以我一直忍着,直到有一天,一个孩子在学校院子里抓起一把鸡屎扔我脸上。我将那小子揍了个半死,还交了几个朋友,他们都说那小子活该。

"我非常喜欢洛夫廷太太给我买的一顶新帽子,但一天,一个大块头女生将我的帽子抢过去,在里面装满水,帽子被弄坏了。她还说'把你那笨脑袋弄湿了,你那爆米花似的脑筋就不会犯傻了'。

"我从不在学校里哭,但一回到家里就哭个昏天黑地。直到有一天,洛夫廷太太给我出了个主意,让我所有的麻烦和烦恼一下子都没了,还把我的对头们变成了我的朋友。她对我说:'拉尔夫,如果你能对他们表示出兴趣,如果你留神自己能为他们做点什么,他们就不会来招惹你,喊你'臭孤儿'了。'我采纳了她的建议。我发奋读书,尽管成绩名列前茅,却没人妒忌我,因为我总在尽力帮助他们。

"我辅导几个男生写作文,还替他们写完整的辩论稿。有个男生不愿让父母亲知道我在辅导他,就告诉父母要去抓袋鼠,然后跑到洛夫廷先生的农场。我辅导他时,他将狗关在谷仓里。我帮一个男生写书评,还花了几个晚上给一个女生辅导数学。

"后来,我们这一片地区遭遇瘟疫。两个上了年龄的农场主死了,一个女人被丈夫抛弃。四家人里只剩我这个唯一的男性。我帮助了这些寡妇两年时间。每天上学放学途中,我都会去她们的农庄,帮她们劈柴、挤奶,给家畜添食喂水。现在我被祝福,而不是挨骂,每个人都拿我当朋友。从海军退伍回家的头一天,就有200多人来看我,有的甚至是从80英里外赶过来。他们的热心肠真让我感动。因为我一直帮助别人并乐此不疲,我几乎没什么烦恼。13年来,再也没人叫过我'臭孤儿'了。"

为C. R. 波顿先生喝彩!他知道怎么赢得朋友!他还知道怎么战胜烦恼,享受生活。

华盛顿州西雅图已故的弗兰克·鲁普博士也是如此,他曾因风湿病卧床达23年。《西雅图星报》记者斯图尔特·维特豪斯来信对我说:"我多次采访鲁普博士,我从未见过那么无私、那么珍惜生活的人。"

像他这样久卧病榻的人,怎么过得这么好呢?我有两个猜想:靠整天抱怨和指责他人呢?不是!靠自怨自艾、靠以自我为中心强求别人迎合自己吗?不是!还是错了。他是将威尔斯王子的座右铭"我为人人"作为自己的准则。他将其他患者的姓名和住址收集起来,给他们写一些充满快乐和鼓励的信,既让病友也让自己开心。事实上,他还发起了一个病友通信俱乐部,鼓励大家保持通信联络。最后,他组织起一个名叫"病房里的社会"的全国性组织。他就这样躺在病床上写信,平均一年写出1400封信,促使人们捐赠大量收音机和书籍,为成千上万的残疾人带来了快乐。

鲁普博士与普通人最主要的区别在哪儿呢？就在于他拥有一个男人内在的的激情——目标和使命感。他能从关爱他人远比关心自己更高贵更有价值的观念中获得快乐，而不会成为如萧伯纳所言"一个以自我为中心、愁苦的小傻瓜，整天埋怨时运不济上天不公"。

我看过一个最让我吃惊的说法，出自精神病学专家艾尔弗里德·阿德勒笔下。他曾经对精神抑郁症患者说："如果你遵照处方，你就会在14天之内痊愈。这种处方就是：每天想一想如何才能让别人开心。"

这说法听起来太不可思议了，因而我觉得有必要从阿德勒博士那本巨著《生命对你意味着什么》引用几页，做进一步阐释：

> 抑郁症就像一股挥之不去的怒气和对他人的责怪。尽管抑郁症患者的目的是为了获得照顾、同情和帮助，但却仅仅会因为自己的内疚而沮丧抑郁。抑郁症患者的早期记忆常常是这样："我记得我想躺在长沙发上，但哥哥却已经躺在那儿了，于是我大哭大闹，他不得不让开。"
>
> 抑郁症患者倾向于以自杀作为报复自己的手段，所以医生的第一步就是避免为他们提供任何自杀的借口。我用来解除所有紧张局面的办法——也是本治疗方案中的第一条法则——就是建议他们"绝不勉强自己做任何不喜欢的事情"。这听起来似乎不算什么，我却认为它直接触及病根。如果一个抑郁症患者能随心所欲，他还能怪谁呢？又拿什么来报复自己呢？
>
> "如果你想去看电影，或去度假，就去吧。"我会告诉他，"如果在半路上又不想去了，那就别去了呗。"这是每个人都梦想的最理想生活，可以满足病人们极其热衷的优越感。他就像上帝一样随心所

欲。另一方面，随心所欲可能不太容易和他的生活方式相融合。病人想控制别人，想责怪别人；如果大家都顺着他，他也就没辙了。这种办法大大缓解了病人的病情，在我的病人当中，从来没人自杀。

通常那些病人会这样回应："可是，我没啥想做的啊。"这种说法我听得太多了，答案早准备好了："那就不要做任何自己不想做的事。"然而，有时候他们会说："我想整天躺在床上。"我知道，如果我说可以，他就不会再想整天躺床上；但如果我反对，就会爆发一场战争。所以我总是同意。

这是一个法则，另外一个法则就是直接打击他们的生活方式。我对他们说："**如果你遵照处方，你就会在 14 天之内痊愈。这种处方就是：每天想一想如何才能让别人开心。**"你明白这对他们意味着什么？他们满脑子想的都是"我如何才能给人添乱"。他们的回答很有趣，有的说："对我简直小菜一碟，我都这么做了一辈子啦。"其实他们从未这样做过。我要求他们好好想想，他们却毫不上心。我就对他们说："你尽可以在睡不着的时候去想如何能取悦他人，这对你的健康有很大的好处。"

第二天我问他们："你们都按我的建议好好想过了吗？"有人回答说："昨晚我一上床就睡着了。"当然，这一切都必须做得低调、友善，不能露出半点优越感的痕迹。

其他人会说："我永远做不到这一点，我烦死了。"我就会对他们说："要烦你接着烦，不过也不妨想想其他的嘛。"我要把他们的兴趣始终引向他们的病友。许多人对我说："为什么要讨好别人呢？他们都从来不讨好我。"我就说："你得为你健康着想。"

"别人以后会有他们好受的。"我终于难遇到到一个病人这样说,"我考虑过你的建议。"

我所做的努力就是尽量让他们增加交朋友的兴趣。我明白他们的主要病因是缺乏合作动力,我要他知道这一点。一旦他能与他人平等相待和睦相处,他就痊愈了。

……宗教上最重要的使命一直都是"爱你的邻居"……正是那些对周围亲友不感兴趣的人,在生活中容易遭遇最大麻烦,对他人造成的伤害也最大。人类的所有麻烦正是由这类人引起的。

……我们对一个人的所有要求,以及给予他的最高赞誉,就是这个人应该是其他人的好同事、好朋友以及爱情和婚姻中的真诚伴侣。

阿德勒博士敦促我们每天做一件善事,可是什么事才算善事呢?先知穆罕默德说:"所谓好事,就是能给他人脸上带来开心微笑的事。"

为什么每天一件善事就能给做好事的人带来如此让人惊讶的影响呢?因为当人们取悦别人时,会忘了为自己着想——正是这点引起烦恼、恐惧和抑郁症。

经营纽约市秘书学校的威廉·T.穆恩太太,并没用两个星期去想怎么让别人开心,以驱散自己的抑郁。她比艾尔弗里德·阿德勒技高一筹——不,技高了十三筹。因为她治愈自己的抑郁症没用十四天,仅用了一天!她的办法是想方设法让两个孤儿开心。事情是这样的:

"五年前的12月,我陷入痛苦和自怜之中。"穆恩太太说,"几年幸福婚姻生活后,我失去了丈夫。圣诞一天天来临,我更愁苦了,我这一生还从未独自过圣诞节呢。我惧怕这个圣诞节的到来。朋友们邀请我和他们一块儿过节,我却提不起兴趣。我知道自己无论去哪儿都是个扫帚星,就谢绝了他们的好意。平安夜降临时,我更加顾影自怜。没错,我应该对很多事情感恩，正如人世间有很多事情值得感恩。

"圣诞节前一天下午3点,我离开办公室,漫无目的地走在第五大街,指望能将自怜和忧郁排遣掉。大街上人山人海,到处是欢乐的海洋——让我回想起一去不返的快乐岁月。一想到要回到那个孤零零空荡荡的公寓,我就难以忍受。我茫然失措、泪流满面地在大街上晃悠了差不多一小时,发现自己站在一个公交站前。我想起以前常和丈夫随意跳上一辆不知开往哪儿的公交车,就图个好玩。于是,我上了第一辆车。车子过了哈德逊河,又开了好一阵,我听到司机说：'太太,到终点了。'于是我下了车。

"这是个我没听说过的小镇,是个安详、平静的小地方。等候返程车时,我在一条居民区街道上闲逛。经过一座教堂时,我听到里面传来《宁静的夜晚》的乐曲。我走进去,发现除了一个拉风琴的人外,都空荡荡的。我静静坐在一张椅子上。装饰一新的圣诞树上灯光闪烁,如同繁星在月光下舞蹈。沉静的乐曲声——加上我连早饭都没吃,我有些昏昏欲睡;我本来就虚弱和疲乏,所以很快就睡着了。

"醒来时我不知道自己身在何处,有点怕。我看见面前有俩小孩,显然是来看圣诞树的,看到我突然醒过来,两个孩子也吓坏了。他们衣着寒碜,其中小女孩指着我说,'她是不是被圣诞老人带到这儿来的啊？'我问他们的爸爸、妈妈呢。

"'我们没有爸爸。'他们说。两个小孤儿！他们可比我凄惨多了,让我对自己的愁苦和自怜感到羞愧。我带他们看了圣诞树,又带他们去一家杂货店吃了些点心,我还买了一些糖果和礼物送给他们。他们给我带来了几个月来唯一真实的快乐感和忘我境界,我的孤寂魔幻般消失了。和他们聊天中我发现自己童年时的所有圣诞有多幸福,充满了父母的慈爱和关心。两个孤儿对我的意义远比我带给他们的要多。这次经验再一次昭示,为了让自己快乐,就必须让别人快乐。我还发现快乐是能相互感染的——付出时,也在接受。通过帮助他人,付出我们的爱,我战胜了烦恼、悲伤和自怜,感觉自己脱胎换骨了。我是一个崭新的自我了——不仅当时,这么多年来都如此。"

有关忘掉自我而获得健康和快乐的故事不胜枚举,我都可以写一本书。再举一个有关玛格丽特·泰勒·叶兹的例子吧。叶兹是美国海军中最受欢迎的女性之一,还是一个小说家,但她的那些充满神秘气氛的故事,还没有发生在她自己身上的真实故事一半有趣。故事发生在日本偷袭珍珠港那个致命的早上,当时叶兹太太因为心脏病卧床一年多了,每天24小时中有22小时在床上。她走过的最长的路,是去花园里日光浴,即使如此,还必须让保姆搀扶着。

她亲口告诉我,那段时间她认为自己下半生都是个废人了。她对我说:"要不是日本人轰炸珍珠港,将我从自鸣得意中惊醒,我可能永远无法正常生活。袭击发生时,一片混乱。一颗炸弹就落在我家附近,爆炸的冲击波将我从床上掀了下来。军车匆匆赶来将随军眷属转移到公立学校里。红十字会在学校请那些有空余房间的人打电话,接收人员。红十字会知道我床边有一部电话,就要我做信息中转站。于是,我将所有眷属的安置情况记录下来,红十字会同时通知所有的部队人员给我打电话,询问他们家人的下落。

"我很快就知道,我丈夫、海军中校罗伯特·叶兹安然无恙。我尽力让那些不知道丈夫生死的女人振作点,也试着安慰那些失去了丈夫的女人——伤亡惨重,海军和海军陆战队有2 117名在册军人阵亡,960名失踪。

"刚开始我躺在床上接听电话,渐渐地我坐起来接听。我太忙,太兴奋了,以至于完全忘记了自己身体的虚弱,居然下床坐到桌子旁工作。通过帮助这些比我艰难得多的人,我完全忘记了自己,每天除了正常八小时睡眠,我再也没回床上去了。我现在意识到,如果日本人没偷袭,我的下半生可能都是个半残废。我以前舒坦地躺在床上,被人精心照顾;现在我意识到,在不知不觉中我失去了康复的希望。

"珍珠港袭击是美国历史上最大的悲剧之一,但对我个人来说,却是遇到的最好的事情之一。这场可怕的危机向我植入了我无法想象的新的力量,它使我不再只留意自己,而是关注别人;它给了我生命中至关重要的意义,从此,我没精力去只想着自己、关心自己。"

那些去看心理医生的人,如果有三分之一像玛格丽特·泰勒·叶兹那样——以帮助他人为兴趣——都能不治而愈。我是王婆卖瓜吗?不,这完全是卡尔·荣格[①]的看法。如果有任何一个人知道这一点,肯定就是他。他说:"我的病人中,大约三分之一并不属于门诊确诊的神经病症,而是因为他们的生活的麻木和空虚感。"换一句表述法,他们不过是想搭生活的顺风车——生活却没有为他们停留。于是,没赶上船的他们站在码头上责备这个埋怨那个,还要求全世界都宠着顺着自己,却唯独不从自身找原因。

或许你会这样对自己说:"哼,这些故事一点也没打动我。如果在圣诞夜遇到两个孤儿,我也会对他们感兴趣的;如果我当时也在珍珠港,我一样会乐于像玛格丽特·泰勒·叶兹那样去做的。可我的情形却完全

---

① 卡尔·荣格(Carl Jung,1875—1961):瑞士著名精神分析学家、心理治疗专家、分析心理学奠基人。

不同:我的生活平淡无奇,我每天八小时干着乏味的工作,从没遇到过什么好玩的事。我怎么可能乐于助人呢?我为什么这样做呢?这样做对我又有啥好处呢?"

问得有道理,我尽量回答看看。无论你的生活多么平淡无奇,肯定每天都会碰到**一些**人。你怎么对待他们的呢?你是仅仅瞄他们一眼,还是去了解他们的真实生活?举个邮递员的例子吧。为了把一封封信送到你家门口,他们每年奔走几百英里,你哪怕是费张口之劳问过**他**住哪儿,或者看一眼他太太和孩子的照片了吗?哪怕是问一声他累了吗,烦了吗?

再说说那些在杂货店里工作的孩子、卖报的、街角为你擦鞋的那个家伙怎么样?这些人也是人——都有自己的喜怒哀乐、梦想和雄心。他们极其渴望有机会和人分享,可你给他们机会了吗?你对他们或他们的生活流露出哪怕一丁点儿的兴趣吗?这就是我要说的。你不一定要做南丁格尔①或社会改革家才能使这个世界更美好——你就有拥有自己的世界;明天一早,你就能从遇到的那些人身上做起。

这样做对你有什么益处呢?更大的快乐!更大的满足感和更大的荣誉感!亚里士多德将这种人生态度称为"高尚的自私"。索罗亚斯德②说:"乐善好施并不是一种责任,而是一种快乐,因为它有助于你的健康和幸福。"富兰克林的概括更一目了然:"当你善待他人时,也就是善待自己。"

纽约心理服务中心负责人亨利·C.林克写道:"依我所见,在现代心

---

① 南丁格尔(Florence Nightingale,1820—1910):护理事业的创始人和现代护理教育的奠基人。"5·12"国际护士节设立在她生日这一天。

② 索罗亚斯德(Zoroaster,公元前628—551):古代波斯拜火教的创始人。

理学的发现中,没有一项比如下发现更重要——就是科学证明,人必须自我牺牲和约束,才能达到自我实现与幸福。"

多为他人着想,不仅能使你远离烦恼,还能助你广交朋友,享受更多乐趣。为什么呢?我曾请教耶鲁大学威廉·里昂·菲尔普斯教授的经验,他是这样答复我的:"无论住酒店、理发,还是购物,我从不忘记对遇到的人说开心话。我尽量把他们当成有血有肉的个人——而不像机器里的一个小配件。有时候我会夸接待我的女店员,说她眼睛或头发很美;我会很关切地问为我理发的师傅,整天站着累不累;我问他如何干上这一行的,干了多久,一共理过多少个头,我能帮他算出来。

"我发现,当你对别人显出浓厚兴趣时,他们的情绪就会活络起来。我与那个帮我搬行李的'小红帽'①热烈握手,这给了他新的生命,整个一天都会神清气爽。

"一个酷热的夏天,我走进纽黑文铁路公司餐车吃午餐。餐车里人满为患,热得像供暖房,服务也很慢。终于轮到侍者将菜单给我时,我边点菜边对他说:'后面厨房里的厨师们今天肯定遭罪了。'侍者骂了起来,充满了怨气。最初,我以为他是在生气。'老天啊!'他大声说,'每个人都抱怨菜难吃、动作太慢、空气太热、价钱太贵。我在这儿当受气筒当了19年了,对那些在热得像锅炉房似的厨房里的厨师表示同情,您是第一个也是唯一一个。祈求上帝,我们多有几个您这样的旅客。'

"侍者之所以惊讶,因为我对那些厨师将心比心,而不是把他们当成铁路这个庞大机构里的一颗小零件。"菲尔普斯教授接着说,"普通人所需要的,不过是得到作为人的基本关注。每当我在街上看见一个遛狗的

---

① 机场、车站等地搬运工,因带红帽子而得此名。

人,我总会夸一夸那条狗;我走小一段路再往回看时,常常会看到遛狗人用手亲昵地拍着爱犬的脑袋。显然,我的赞美使他更喜欢自己的狗了。有一次在英国,我遇到一个牧羊人。我很真诚地夸奖他那只又壮又聪明的牧羊犬,还请教他如何训练那只牧羊犬。我离开后,扭头一看,发现那只牧羊犬前腿站立起来,搭在牧羊人肩膀上,牧羊人正温柔地抚摸心爱的伙伴。我不过对牧羊人和他的爱犬表示出一丁点兴趣,就让牧羊人很开心。牧羊人很开心,我自己也开心。"

你能想象一下吗,这样一个人——跟搬运工握手、对在闷热厨房工作的厨师表示同情并夸奖别人的宠物,怎么会怨恨他人,怎么会苦大仇深,怎么需要心理医生呢?不,当然不可能。有句中国谚语说得好:"赠人玫瑰,手留余香。"

如果你是一位男士,可以跳过这一段,可能提不起你的兴趣。这故事讲的是一个愁容满面、闷闷不乐的女孩怎么让好几个男士向她求婚。女主角现在都做祖母了。几年前的一个晚上,我曾到她夫妇家中做客。当时我在她住的小镇演讲,演讲后的次日早晨,她开车送我到50英里以外的火车站,从那里再转车去纽约中央车站。

路上我们谈起如何交友的话题,她对我说:"卡耐基先生,我想告诉你一件事,这事情我从没跟任何人说过——甚至包括我的丈夫。"

她告诉我,她出生于费城一个贫穷家庭,"我儿童时代和少女时代的悲剧在于家里贫穷,我无法像其他孩子那样享受快乐。我从没穿过好衣服,我长得太快,衣服总是不合身,样式也很落伍。我感觉很屈辱,很窘迫,经常在哭泣中入睡。绝望之余,我想到了一个办法:在参加晚餐聚会时,连珠炮似的向男伙伴提问题,让他告诉我他的过去、他的观点以及未来的规划。我问这些问题,并不是因为我对这些问题有多大兴趣,仅仅是为了避免他留意我寒碜的衣着。但是奇怪的事情发生了：当我听这些男伴们海阔天空聊天，对他们有更多了解后，我对他们的交谈忽然产生了兴趣，有时候都忘了自己的衣着问题。可令我震惊的是，因为我是个耐心的倾听者，还鼓励那些男孩谈自己，他们因此很开心。我也渐渐成为我们这拨人中最受欢迎的女孩，还有三个男孩向我求婚呢。"

一些读了此段的人可能会说："这些如何产生对别人的兴趣的说法统统都是废话，纯粹是宗教似的扯淡，对我一点用都没有！我要把钱抢到腰包里，我要把所有能捞的东西都捞到手——现在就要捞，谁还管其他什么蠢蛋啊！"

既然这是你的看法，你有权那么做；但如果你是对的，那么，自有记载历史以来的所有贤哲们——耶稣、孔子、佛陀、柏拉图、亚里士多德、苏格拉底都错了。但鉴于你可能对这些传教领袖的教诲嗤之以鼻，那我们就看看两个无神论者的忠告吧。

首先看看已故剑桥大学教授A. E. 郝斯曼的忠告吧，他是他那一代人中最杰出的学者之一。1936年，他在剑桥大学发表题为"诗歌的名字和本质"演讲。演讲中，他宣称："迄今所表述过的最伟大的真谛和有史以来最深奥的道德发现，就是耶稣基督的这句话：'那些固守生命的人将会失去生命，那些因为我失去生命的人将会再生。'"

这句话我们在传道者们那儿都听了一辈子，但郝斯曼却是个无神论者、悲观主义者、一个考虑过自杀的人；他都认为自利者不会从生活中得到很多，是痛苦的，但一个为了他人而忘了自己的人则会找到生活的乐趣。

如果郝斯曼的话无法打动你，我们再看看20世纪美国最优秀的无神论者西奥多·德莱塞①的忠告吧。西奥多·德莱塞把所有宗教奚落为神话故事,视生活为"一个白痴讲的传奇,合理和荒诞拧在一块,价值归零。"然而,他却倡导耶稣教诲的一个伟大原则——乐于助人。他说:"如果一个人想在一生中获得快乐,就必须想方设法让人生更完美——不但成全自己,也成人之美;因为一个人的快乐取决于他带给别人的快乐,以及别人带给他的快乐。"

如果我们想"成人之美"——如同德莱塞所宣扬的那样,那就赶快行动吧,因为时不我待,"因为我的生命只有一次,所以如果我能做任何善行,能展示我们的任何善意,现在就行动吧,不要拖延,不要敷衍,生命转瞬即逝"。

因此,要培养能带来淡定和幸福的心态,谨记规则7:

规则7

对别人产生兴趣,淡忘自己。

每天都做一件能给他人脸上带来开心微笑的好事。

---

① 西奥多·德莱塞(Theodore Dreiser,1871—1945):美国现代小说的先驱和代表作家,被认为是同海明威、福克纳并列的"美国现代小说的三巨头"之一。

小结
七种技巧,带给你淡定和愉悦

规则 1
让我们用淡定、勇气、健康和希望的想法填充我们的内心,
因为"我们的生活被我们的思想所塑造"。

规则 2
永远不要试图和仇敌"扯平",因为如果那样,
我们对自己的伤害会远大于敌人。
让我们像艾森豪威尔将军那样:
绝不浪费一分钟去想那些我们不喜欢的人。

规则 3
A. 别为不感恩烦恼,视其为意料之中。请我们记住,耶稣基督一天就治好了 10 个麻风病人——却只有一个人感谢他。难道我们比耶稣还更期待感恩吗?

B. 请我们记住,找到快乐的唯一途径就是——不要指望别人感恩,而是不求回报的乐善好施。

C. 让我们记住,感恩是一种"培育"出来的品德,所以如果我们要子女们孝顺,我们就必须将他培养成知恩图报的人。

规则 4
想着你的幸福,而不是你的不幸。

规则 5

不要模仿他人。让我们找回自己,保持本色。

规则 6

当命运递给我们一个柠檬时,

我们尽力将它做一杯柠檬水。

规则 7

试着给别人创造一点快乐,淡忘自己。

"当你善待别人时,更在善待自己。"

第五部分

战胜忧虑的最佳方式

第十九章

我父母是怎么战胜忧虑的

我说过,我是在密苏里州一个农场里出生长大的。就像那个时代的大多数农场主,他们的日子挺不容易的。我母亲曾经是一位乡村小学的校长,我父亲在农场干活,每月挣 12 美元。母亲不仅自己为我缝制衣服,还自制肥皂供我们洗衣服。

除每年卖一次猪,我们几乎没见过现金。我们把我们的黄油和鸡蛋拿到食品店去换面粉、食糖、咖啡……我 12 岁时,一年的零花钱还不到 50 美分。我还记得那一天——7 月 4 日①,我们去看庆祝活动,父亲满足了我的愿望——给了我 10 美分。我觉得我富得就像西印度群岛的财富都归我了。

我要步行 1 英里去那所只有一个教室的乡村学校上学,即使冰雪覆地温度计上显示冷到华氏零下 28 度②,我还要赶去上学。在我 14 岁之

---

① 独立日,美国国庆。
② 相当于摄氏零下 33 度。

前,我没有任何橡皮擦和橡胶鞋,在漫长寒冷的冬天,我的脚几乎是湿的、僵的。我从未梦想过在冬天有人的脚是干的,暖和的。

我父母每天劳作 16 个小时,却一直被债务和坏运气压得喘不过气来。我最久远的记忆之一就是眼看着 102 号河发洪水,洪水从我们的玉米地和牧草地卷过,什么都被毁掉了。七年中有六年我们的作物被洪水摧毁。我们养的猪年复一年地染上霍乱,然后被焚毁。现在一闭上眼睛,我还能想起焚猪时猪肉散发出的刺鼻气味。

有一年没发洪水,我们收成很好,买了肉牛,用我们的玉米饲养催肥。但那年还是发大水的好,因为芝加哥牲畜市场价格大跌,扣除当初购入牲畜和饲养成本,我们只赚了 30 美元。累了整整一年,就挣了 30 美元!

无论干什么,我们都赔钱。我还记得父亲买的骡子。我们养了三年后,雇人屠宰,然后用船运到田纳西州的孟菲斯,卖的价钱居然还收不回这三年的本钱呢。

经过十年极其艰辛繁重的劳作,我们不但一文不名,还欠了一屁股债。农场是贷款买的,我们赚的钱连还利息都不够。给我们贷款的银行责难羞辱我父亲,还威胁我们要收回农场。父亲当时 47 岁。拼了 30 年,除了债务和侮辱,他一无所获。他扛不住了,陷入忧虑,身体也出问题了。他吃不下饭——尽管整日繁重劳作,他不得不吃药才能有点食欲。他日益消瘦。医生告诉我母亲,说我父亲可能活不过半年。我父亲烦透了,说不想活了。我经常听到母亲说,如果父亲去棚屋里喂养牲畜,挤牛奶没按估算的时间内回来,她就会赶过去查看,生怕看到父亲的身体吊在一根绳索套里。一天,父亲从玛丽维尔的银行被羞辱和威胁后回来,在 102 号河的一座桥上停下马车。他在桥上望着桥下滔滔的河水,心里激烈地想着到底要不要跳下去一了百了。

多年后,父亲告诉我他当时唯一没跳河的理由是因为母亲深刻、虔诚和快乐的信念,那就是,如果我们爱上帝并遵从上帝的旨意,一切都会好起来的。母亲是对的,最终一切确实都好起来了。父亲又开心地活了42年,1941年去世,终年89岁。

在那些充满挣扎和苦痛的年月,母亲从来没有忧虑过。她在祈祷时把所有麻烦向上帝倾诉。每晚睡觉前,母亲都会给我们读一段《圣经》。不是母亲就是父亲,总会给我们朗读耶稣基督这些温暖的句子:"我天父有很多住处……我会为你预备一处……我在哪儿,你们也在哪儿。"① 然后我们都跪在密苏里那个孤零零的农场的房间的椅子上,祈求上帝的仁爱和庇护。

威廉·詹姆斯在哈佛大学做哲学教授时说过:"治疗烦恼的最好办法当然是宗教信仰。"

你没必要去哈佛大学找这个方法,我母亲在密苏里的一个农场里就找到了。洪水、债务、灾祸都无法压服她快乐、热忱和必胜的精神。我还记得,她在劳作时唱的那首歌:

> 宁静、宁静、美丽的宁静,
> 这是天父赐下的平安。
> 赐我仁爱无限,
> 温暖我心到永恒。

我母亲曾要我献身宗教工作,我也严肃考虑过去外国传教。后来我

---

① 见《圣经·新约全书》"约翰福音第12节"。

离家上大学,几年后,我的想法逐渐发生了变化。我学习生物、科学、哲学和比较宗教学。我钻研了一些关于《圣经》渊源的书籍,对其中一些表述产生质疑。我开始怀疑那个时代乡村布道者们对《圣经》很多教义的曲解。就像沃尔特·惠特曼①说的那样:"好奇的、突如其来的怀疑在体内翻腾。"我困惑了。我不知道该相信什么,我看不清人生目标。

  我不再祈祷。我变成了一个不可知论者。我相信所有生命都既无来由,也无去处。我相信人类还不如两千万年前在地球上不可一世的恐龙更有天命,因而有一天人类也会像恐龙那样灭绝。我知道科学告诉我们太阳正缓缓地变冷,即使温度降低百分之十,任何生命形态就无法存在于地球。我对所谓"恩典的上帝照自己的样子创造人类"的观点嗤之以鼻。我相信,或许十亿百亿计由神秘力量创造的恒星从黑暗、寒冷、没有生命的空间呼啸而过,或许根本就没有存在过;或许这些恒星曾经永远存在过——就像已经存在的时间和空间一样。

  那我会妄称我知道所有答案吗?不,没有人能解释宇宙的奥秘,也没有人能解释生命的奥秘。我们被奥秘围困着。你身体的运行就是一个奥秘。你家里的电、墙缝里的花、窗外的青草都是奥秘。通用汽车实验室首席顾问查尔斯·F.凯特林每年自掏腰包给安替科大学3万美元,就是为了弄清楚草为什么是绿的。他宣称,如果我们能弄清楚青草是如何将阳光、水和二氧化碳转化为糖分,我们就能转化人类文明。

  即使你汽车里的引擎工作原理,也是一个奥秘。通用汽车实验室耗费好几年时间、数百万美元,就是为了弄清楚气缸里的一个火星如何引

---

① 沃尔特·惠特曼(Walt Whitman,1819—1892):美国著名诗人、人文主义者。他创造了诗歌的自由体(Free Verse),代表作品是诗集《草叶集》。

发燃爆进而让你的汽车运行,以及为什么会这样。

虽然我们搞不懂我们体内、电力和汽油引擎的奥秘,却并不妨碍我们使用它们;虽然我并不完全明白宗教和经文,却并不妨碍我享受它们给我更丰富、更快乐的生活。经过很多苦恼或麻烦之后,我终于意识到桑塔亚纳①这句话中的智慧:"人活着不是为了研究生活,而是乐在其中。"

呵呵,我绕回去了——我想说我**回到了**宗教之中;但也不准确,我应该是**走向了**新概念之下的宗教。我对那些教义之争毫无兴趣,但我对宗教对我有什么益处却极感兴趣,就像我对电力、美食和水感兴趣一样,它们让我生活得更丰富多彩、更快乐幸福。但宗教远比这些有益,宗教带给我精神上的价值,正如威廉·詹姆斯说的那样:"一种新的生命热忱……一种超越了生命的更宏大、更丰富、更愉悦的生命。"宗教带给我信仰、希望和勇气;宗教消除了紧张、焦虑、恐惧和烦恼,赋予我生活的目标和航向;宗教极大地增加了我的幸福感,改善了我的健康;帮助我为自己创造了"生命沙暴中的一片绿洲"。

三百多年前的弗朗西斯·贝肯②说的好:"对哲学的不求甚解会把人的内心引向无神论,对哲学的深钻细研会把人的内心引向宗教。"

我还记得人们谈论科学和宗教冲突的那些日子,但现在人们不再谈论了。最新的科学——精神病学——传授的和耶稣基督一样。为什么?因为精神病学专家意识到,祷告和坚定的宗教信仰可以消除烦恼、焦虑、压力和恐惧——人类一半以上的疾病是由这些情绪引发的。正如

---

① 乔治·桑塔亚那(George Santayana,1863—1952);美国哲学家、作家、诗人。
② 弗朗西斯·贝肯(Francis Bacon,1561—1626);英国文艺复兴时期散文作家、哲学家。

他们中的翘楚 A. A. 布瑞尔①说的:"任何有真正宗教信仰的人不会患病。"

假如宗教信仰不可靠,那么生活就无意义,这是一个悲剧性的荒诞。

亨利·福特去世前几年我采访了他。在见他之前我以为,这样一个领导和管理世界最伟大公司之一的人应该显得僵硬;结果让我惊讶的却是他在 78 岁高龄时表现出的冷静、惬意和淡定。我问他烦恼过吗,他说:"不,我相信上帝自有安排,上帝不需要我的建议;我相信,有上帝在,最终一切都会完美起来。所以,有什么好烦恼的?"

今天,即使众多精神病专家都变成了现代福音传道士。他们敦促我们皈依宗教不是为了免遭来世地狱之火的煎熬,而是为了免遭胃溃疡、心绞痛、神经崩溃和不健康的"地狱之火"。想看心理学家和神经病专家的指导,请参阅亨利·林克博士的《宗教的回归》。

是的,基督教是一种鼓舞人的、有益健康的活动。耶稣基督说:"我来了,他们就获得生命,并且获得的更丰盛。"②

耶稣生前就曾经谴责和批评在宗教活动中的空洞和枯燥,转而传播一种全新的宗教——一种搅动世界的宗教,所以他被钉死在十字架上。耶稣宣扬,宗教应该因为人而存在,而不是人为宗教而存在;安息日是为人存在的,人不是因为安息日而存在的。他对恐惧谈得比罪恶更多。

不应有的恐惧是一种罪——一种对你的健康的罪,一种耶稣倡导的更加丰富多彩、更加幸福愉快、更有勇气的生活的罪。爱默生自称为"快乐科学教授",耶稣基督也是一位"快乐科学"导师。他要求他的信徒

---

① A. A. 布瑞尔(Abraham Arden Brill,1874—1948):出生于奥地利的美国精神病专家,他是美国第一位临床精神分析学家和首位弗洛伊德作品翻译者。
② 见《圣经·新约全书》"约翰福音第 10 节"。

"开心,雀跃般开心"。

耶稣基督宣扬,宗教只有两件事最重要:全心爱上帝,以及像爱我们自己一样爱邻居。任何做到这两点的人都是教内之人,不论他自己是否意识到。我岳父——俄克拉荷马州塔尔萨的亨利·普莱斯就是很好的例子。他一直尽力这样生活,任何卑鄙、自私和不诚实的事情他都做不出来;但他并不参加教会,认为自己是不可知论者。情况不是这样的!什么让人成为一个基督徒?我还是让爱丁堡大学神学院优秀教授约翰·柏利来回答这个问题吧。他说:"让人成为基督徒的,既不是他对某种观念的理性的接受,也不是他对某种规则的遵顺,而是他对某种精神的拥有,以及日常生活中的身体力行。"

如果这才是基督徒的标准,那么我岳父亨利·普莱斯就是一个高贵的基督徒。

现代心理学之父威廉·詹姆斯在写给他朋友托马斯·戴维森教授的信中说,随着时光流逝,他发现自己"越来越不能离开上帝"。

本书前面提到的那场征文大赛中,裁判难以在两名不分伯仲的选手中做出选择,最后两人并列一等奖。这儿是另一个故事——一位女士难以忘怀的经历:她不得不在艰难中找出一条"离开上帝就无法生活下去"的道路。我将这位女士称为玛丽·库西曼,虽然这不是她的真名。她的子女和孙辈们恐怕羞于她的故事写进书里,所以我同意不透露她的真实身份。不管怎样,这位女士是真实的——非常真实。她的故事是这样的:

"在'大萧条'期间,我丈夫的平均薪水是每周18美元。"她说,"他是个老病号——除了有腮腺炎、猩红热,还经常得流感,所以很多时候我们甚至连那点钱也拿不到手。他还出过几次事故,我们失去了自建的小房子,还欠杂货店 50 美元——因为我们有五个孩子要养。我为左邻右舍那里洗衣服熨衣服,我从'救世军'①商店那儿买来旧衣服,改一改就给孩子们穿。我因为焦虑病倒了。有一天,我欠钱的那家杂货店店主指责我 11 岁大的儿子偷了他两支铅笔。我儿子一边对我说一边哭。我知道他是无辜的,很敏感;我也知道他在众人面前丢了脸,受了辱。那是压垮我的最后一根稻草。

"我想到我们所承受的所有苦难,我看不到一点前景。我当时肯定疯了,因为我关掉洗衣机,把五岁大小女孩带到卧室,紧闭窗户,用纸和破布把窗缝塞个严实。小女儿问我:'妈妈,你在干什么啊?'我回答说:'窗户有点漏风。'然后我把卧室里那个煤气炉打开——但不点燃。当我和小女儿躺在床上时,她说:'妈妈,真好玩——我们才起床一会儿呢!'但我说:'不要紧,我们打个盹儿。'然后我闭上眼睛,听到燃气从炉子里咝咝地冒出来。我永远也忘不了那味儿……

"突然我似乎听到了音乐声,我细听了一下,原来是我忘了关厨房里的收音机。现在无关紧要了,但是音乐一直在播放,我能听到有人在唱一首古老的赞美诗:

> 耶稣,为我们承受罪与愁;
>
> 好一位挚友!
>
> 万事祷告上帝,
>
> 何等荣幸!
>
> 多少平安屡失去,

---

① "救世军"(Salvation Army):一个国际性慈善组织,1865 由威廉·布斯(William Booth)创立于伦敦。

多少痛苦白白受；

皆因我们未将——

万事祷告上帝！

"当我听到那首赞美诗,我意识到我犯下大错。我一直孤军奋战,没有把所有事情向上帝倾吐……于是,我跳起来,关掉燃气,打开房门,撑开窗户。

"那天余下的时间我一直在流泪、祈祷,唯一没有祈祷的就是寻求帮助——相反,我将内心的感恩向上帝倾吐,感谢上帝赐予我的恩典:五个活泼可爱身心健全的孩子。我向上帝承诺,自己绝不再如此不知感恩,做傻事。我遵守了那个承诺。

"即使我们失去了家园,不得不搬到一个月租金五美元的乡村小屋,我也感激上帝,感激他让我们至少有个驱寒避雨的屋檐。我诚恳地感激上帝,我们的情况没有恶化——我相信上帝听到了我的话,因为此后不久情况就有所改观——当然不是一夜之间。随着'大萧条'局面减弱,我们也挣了点钱。我在一个大型乡村俱乐部里找了个工作,负责管理衣帽存放间,还兼职推销女长袜。我一个儿子为了完成大学学业,在一个农场找了个每天早晚为13头奶牛挤牛奶的工作。现在我的孩子们都长大成人,安家立业,我已经有三个可爱的孙子、孙女绕膝欢跑了。

"每当我回想起关掉窗户打开燃气炉那可怕的一天,我就一次次感谢上帝让我及时醒悟。如果我那天行动得逞,我将错过多少快乐啊!我将失去多少精彩的人生啊? 现在我听到某人想寻短见,想大叫起来:'别那样!别那样!'黑暗是暂时的,光明即将来临……"

在美国,平均每35分钟就有一个人自杀,每两分钟就有一个人精神崩溃。大部分自杀,或许大量精神崩溃的悲剧,都可以避免——如果这些人能从宗教和祷告中获得哪怕一点点慰藉和宁静。

最杰出的精神分析专家卡尔·荣格博士在其著作《寻求灵魂的现代人》中写道:"在过去30年中,来自所有文明国家的人咨询过我。在我治疗过的数以千计的病人里,所有处于后半生的人——即超过35岁的人——还没有一个人最后不是通过宗教找到生命的出路。可以大胆地说,他们中的每个人之所以得病,是因为失去了所有现存宗教赋予信徒的一切;他们当中也没有一个人能在不重新皈依宗教的前提下真正痊愈。"

这个判断非常重要,我想用**粗体字**予以复述。

卡尔·荣格说:

> **在过去30年中,来自所有文明国家的人咨询过我。在我治疗过的数以千计的病人里,所有处于后半生的人——即35岁以后的人——还没有一个人最后不是通过宗教找到生命的出路。可以大胆地说,他们中的每个人之所以得病,是因为失去了所有现存宗教赋予信徒的一切;他们当中也没有一个人能在不重新皈依宗教的前提下真正痊愈。**

威廉·詹姆斯也说过类似的话,他宣称:**"信仰是我们赖以生存的力量之一,彻底的信仰缺失意味着崩溃。"**

如果没有从祈祷中获得的持续的力量鼓舞,自佛陀之后最伟大的印度精神领袖、已故"圣雄"甘地早就崩溃了。我怎么知道?因为甘地自己这么说的:"要不是,我很早以前就疯了。"

成千上万的人可以拿出相同的证据。我前面说过我父亲,如果不是因为我母亲的祈祷和信仰,他已经溺水自杀了。那些在疯人院里大哭大叫、成千上万、备受折磨的灵魂,他们只需求助于更高一点层次的力量、而不是为了生活单枪匹马地苦撑危局,他们就不会进疯人院。

当我们遇到麻烦,在达到我们自身力量的极限时,很多人对上帝绝望了,所谓"散兵坑里没有无神论者"①。但为什么要等到我们绝望时呢?为什么我们不每天给自己增加点能量呢?甚至,为什么非要等到星期天呢?

多年来我都习惯于在**周一到周五下午**去空荡荡的教堂。当我觉得自己事情太多时间太紧,拿不出几分钟时间去思考精神上的事情,我就对自己说:"等等,戴尔·卡耐基;等等,你这家伙!这么忙又何必呢?你需要停一停,想一想。"这时,我常常会找一家最近的教堂。尽管我是新教徒,却经常在周一到周五下午去第五大道的圣·派翠克天主教堂。

我会提醒自己,我还有35年就会死去,但所有教堂宣扬的是伟大的精神世界是永恒的。我闭上双眼,祈祷着。我发现,祈祷会让我的神经安静,让我的身体放松,让我的观点清晰,有助于我重估我的价值观。我把这个办法推荐给你,好吗?

在写作本书的过去六年里,我收集了几百个关于人们如何通过祈祷战胜烦恼、焦虑的案例和具体的事实,我的文件柜被塞得满满当当的。我们举个典型例子吧,故事主人公约翰·R.安东尼来自得克萨斯州休斯敦,是个沮丧而痛苦的图书销售员,他告诉我:"22年前,我关闭了我的私人法律事务所,成为一家美国法律图书公司的州代理。我的任务是把一

---

① 一句谚语,来源不明,这一格言的确切起源尚不清楚。可能出自威廉·J.克里尔(William J. Clear)中校或威廉·凯西(William Casey)中校,但一般相信出自记者厄尼·派尔(Ernie Pyle)。多用于战争。指人在极端危险的情况下,极易相信超自然的天意、宿命等观念。

套法律图书推销给律师——几乎是一套法律必备书。

"我精明强干,训练有素,对这个工作完全可以胜任。我熟悉所有在直销中需要的交流技巧,以及对所有可能被问到的问题如何做出有说服力的答案。在给客户打电话前,我对客户在律师界的口碑、执业特性以及个人政治倾向和业余爱好摸得一清二楚。在会面中,我充分利用各种技巧向他们推销图书。但是,哪儿不对劲,我签不下订单!

"我感到沮丧。几天过去了,几个星期过去了,我努力再努力,订单赚的钱还不够开销呢。我内心涌起恐惧感和痛苦感。我开始害怕打电话。在进客户办公室前,那种恐惧感陡然加剧,让我紧张得在办公室门外走来走去——或者走出大楼围着街区团团转。然后,在浪费了大量宝贵时间,给自己壮足了胆之后,我重返大楼办公室,哆哆嗦嗦地拧开办公室门——心里居然希望我的客户没在里面!

"我的销售经理威胁说,如果我拿不回更多订单,就停我的薪。在家的妻子催我要钱支付家里一家四口的开销。焦虑攫取了我。我一天天更加绝望,我不知道怎么办。——正如我说过的,我在老家关了法律事务所,客户也丢了。现在我破产了,我连住旅馆的钱都没有了,买票回家的钱都没了——即使有钱买票回家,也没脸见人。

"最后,在又一个悲惨的下午,我拖着疲惫的身子回到旅店——我想那是最后一次住店了。看我这样子,完全被击垮了。我心碎,我郁闷,我茫然。是死是活我都不怎么在乎了。我后悔来到这个世上。那个晚上我的晚餐除了一杯热牛奶外一无所有。即使那杯牛奶我也买不起。那个晚上,我算是明白了——为什么那些绝望的人会从旅店窗户跳下去。如果我有那勇气,我可能也那样了。我开始质疑人生,我不明白,我想不出来。

"走投无路之际,我转向了上帝。我开始祈祷,我恳求全能的造物主赐我光明、理解;我恳求上苍指引我穿过笼罩我的黑暗、绝望而浓密的荒野;我恳求上帝助我拿到订单,赚到钱供养我的妻儿子女。那次祈祷后,我睁开眼,看到一本《基甸圣经》,它就躺在这个孤零零旅馆房间里的抽屉里。我翻开书,读到了耶稣基督这些美丽不朽的诺言;千百年来,这些诺言肯定鼓舞了一代又一代孤寂、焦虑和充满挫败感的人们。——这是一篇耶稣基督对信徒们的谈话,关于怎么克服烦恼的:

不要为你的生命忧虑,担忧吃什么,喝什么;也不要为身体忧虑穿什么。生命不比饮食重要么?身体不比衣裳重要?你们看那天上的飞鸟,既不种,也不收,也不积蓄在仓里,因为你们的天父养活他们。你们不比飞鸟过得好多了么?……但,你们要追寻上帝的国度和他的公义……所以,不要为明天忧虑,因为明天自有明天的忧虑……

"当我祷告时,当我阅读这些文字时,奇迹发生了:我紧绷的神经松弛下来。我的烦恼、焦虑、恐惧转化为内心的温暖、希望和必胜的信念。尽管我没钱付旅店费,却快乐起来。于是,我上床,舒舒服服睡了一个多年来没有过的好觉。

"第二天是个寒气逼人而漂亮的阴雨天。我兴奋地几乎无法自控,直到我的客户开门上班。我迈着英勇和必胜的步伐来到第一个客户的门前,坚定而扎扎实实地拧开了门把。进门后,我快步直奔我的客户,我精神饱满,抬起脸膛,不亢不卑,面露微笑,和客户打招呼:'早上好,史密斯先生!我是全美法律图书公司的约翰·R. 安东尼!'

"'哦,好啊,好啊。'史密斯先生笑着回答,一边从椅子上站起来,向

我伸过手来,'很高兴见到你,请坐!'

"那天我卖的书比前几周都多,那个晚上我回到旅店,活像一个凯旋的英雄!我感觉就像换了个人。我的确换了个人,因为我有了全新的和胜利者的心态。先生,那天晚餐没有牛奶,没有!我吃了一顿牛排大餐。那天起,我的销售火爆起来。

"22年前在得克萨斯州阿梅瑞洛一个小旅馆的那个晚上,我获得了新生。第二天,我的身体和以前失败的几个星期没有任何区别,但我的内心就发生了巨大的变化。我突然明白了我和上帝之间的联系。一个孤苦伶仃的人很容易被击败,但一个与上帝同在的人是不可战胜的。我深知这点,我亲眼看着发生在我身上。

"'祈求吧,你会得到;寻找吧,你会找到;敲门吧,门会为你打开。'"①

当伊利诺伊州海蓝德的L.G.伯德太太面临噩运时,她发现,只要跪下来说:"啊,主啊,你的心愿——而不是我的,会实现的。"她就会得到淡定和镇静。

"一个傍晚,我家的电话响起。"就在我面前的这封信里,她说,"在我有勇气拿起话筒前,电话铃响了14次。我知道肯定是医院打来的,我吓着了。我害怕我们的小宝贝死了。他得的是脑膜炎,打了青霉素,却引起体温起伏不定。医生担心疾病发展到了脑部,那可能引起脑瘤——和死亡。这个电话让我害怕的就是这个。果然是医院打的,医生要我们立即赶过去。也许你能想像出,我和我丈夫坐在等待室承受的巨大痛苦。别人都有自己的宝贝,我们却坐在那儿两手空空,担心还有没有机会抱

---

① 见《圣经·新约全书》"马太福音7"。

回我们的宝贝。当我们最后被叫进医生的办公室时间时,医生脸上的表情让我们害怕极了,而他的话让我们更恐惧,他说我们宝贝存活的几率只有四分之一。他说,如果我们认识别的医生,赶紧请过来会诊。

"回家路上,丈夫受不了了,紧握拳头砸在方向盘上,说:'贝兹,我不能放弃我们的小宝贝。'你见过一个大男人哭鼻子吗?那滋味不好受。我们停下车,反复研究我们的情况,决定在教堂停下来去祷告,看看是不是上帝要带走我们的宝贝,我们会顺从**他的**旨意。我坐在教堂的长椅上,泪流满面地说:'这不是我的意愿,而是**你的**旨意。'

"这样一说,我感觉好多了。一种很久没有体会过的安宁感充盈了我的身心。回家路上,我反复说,'啊,主啊,这是**你的**心愿,不是我的。'那晚,我睡了一周来最安稳的一觉。几天后,医生来电话说,我们的宝贝从鬼门关上逃了回来。感谢上帝给了我们这个四岁大的健壮小男孩。"

我知道,男人们常常把宗教看做属于女人、小孩和传道士的事,让他们自豪的是成为孤胆英雄似的"男子汉"。然而,如果他们知道,世界上一些最如雷贯耳的"硬汉"天天都会祷告,他们或许会惊讶的。比如,"硬汉"杰克·邓普西告诉我,在没有祈祷前他从不上床睡觉;他说每一餐前必先感恩上帝赐予食物,才开始进餐;他告诉我,每天拳击训练前他都会祷告;即使在比赛中,每一个回合摇铃前他总会祷告。他说:"祷告让我带着勇气和信心去战斗。"

"硬汉"康尼·麦克告诉我,如果不祷告,他无法入睡。

"硬汉"埃迪·里肯贝克告诉我,他相信他的命是通过祷告获救的。他天天祷告。

爱德华·R.斯特蒂刘斯曾经是通用汽车公司、美国钢铁公司前高管及美国前国务卿。这位"硬汉"告诉我,每天早晚,他都会为了获得智慧和上帝的指引而祷告。

J. 皮尔庞德·摩根是他那个时代最伟大的金融家,他经常在周六下午一个人去华尔街街口的三一教堂,祈祷时,这位"硬汉"总是采取跪姿。

当"硬汉"艾森豪威尔飞到英国去接受美英联军总司令帅印时,他带的唯一一本书是——《圣经》。

"硬汉"马克·克拉克将军告诉我,战争期间,每天晚上他都要读《圣经》并跪地祈祷。

蒋介石将军也是这样。"阿拉曼战役之神"蒙哥马利[①]将军也是。"特拉法加海战"指挥官洛德·尼尔松[②]也是。乔治·华盛顿、罗伯特·E. 李、斯东沃·杰克逊[③]以及其他大量军事领导人都是这样。

这些"硬汉"发现了威廉·詹姆斯的主张:"我们和上帝互有联系,接纳**他的**影响,我们最深层的命运就圆满了。"

很多"硬汉"正在发现祷告的意义。现在,美国人中的 7 200 万是教徒了——记录一直在被刷新。

正如我前面说过的,即使科学家也转向宗教。举例说吧,《未知的人类》作者阿里克斯·卡瑞尔博士,他赢得了能授予科学家的最荣耀奖项——诺贝尔奖,却在《读者文摘》发表一篇文章称:"祈祷是我们能获得的最强大能量,它和地球引力一样真实。作为一名物理学家,我看到一些人,穷尽一切治疗方法失败后,通过尝试虔心祈祷摆脱疾病和抑郁

---

① 蒙哥马利(Bernard Montgomery, 1887—1976):英国陆军元帅,第二次世界大战中著名军事指挥官。

② 洛德·尼尔松(Lord Nelson):英国海军将领,1805 在西班牙西南特拉法加角沿海击败西班牙和法国联合舰队,自己也阵亡。

③ 斯东沃·杰克逊(Stonewall Jackson, 1824—1863):"美国内战"中最著名的南军将领之一。

……祈祷就像放射性元素镭一样,是明亮的源泉,是自发的能量……在祈祷中,人类寻求通过向所有无限的能量源泉表达诉求,得以强化自身有限的能量;祷告时,我们把自己和让宇宙运转的无限能量链接起来;我们祈祷将此能量中的一部分分配到我们需求中。即使在祈求时,我们人类的缺陷也被弥补了,我们被修复了,我们更强大了……每当我们在热忱的祈祷中对上帝倾诉时,我们的肉身和心灵都在向好的方向改变。任何男女,哪怕只是祈祷一小会儿,也会产生好的结果,否则绝无可能。"

海军上将理查德·伯德深知"把自己和让宇宙运转的无可限量的能量链接起来"这句话意味着什么。他具备的这种能力助他度过了他生命中最严酷的考验。在他的书《孤独》中,他讲述了这个故事:

1934年,他在南极洲深处"罗斯冰障"被掩埋的一处棚屋里度过了5个月。当时,他是南纬78度以内唯一的"活物"。暴风雪在他的窝棚上肆虐,气温降到零下82华氏度①,四周是无穷无尽的黑暗。后来他惊恐地发现,他正被炉子里散发出来的一氧化碳慢慢毒死!他能怎么办?最近的救援队在123英里以外,7个月内不能赶到他那儿。他尽力修理他的炉子和通风系统,但难闻的烟味还是往外冒,让他失去知觉,躺在地上人事不省。他不能吃,不能睡,因为极度虚弱无法离开容身处。他时常恐惧活不到第二天;他确信,他会死在那个木屋里,他的身体会被积雪永久埋藏。

什么救了他的命?

一天,在极度绝望中,他找到他的日记本,想记下他的人生哲学。他写道:"人这个物种,在宇宙中并不孤独。"他想到天空的星星,想到排列有

---

① 相当于零下63.3度。

序的星座和行星,想到恒星会怎么按时返回;即使南极这最偏远最苦寒最荒凉的地方也不会被光亮遗忘。后来他在日记本里写道:"**我并不孤独。**"

自己并不孤独——即使在地球尽头一个冰川下的洞里,正是这个意识和坚定信念救了他。

"我知道我并不孤独,我因此而得救了。"他又补充了一句,"很少有人在他们一生中濒临如此身心极限的绝境,那是从未开发过的能量。"通过转向上帝,理查德·伯德学会了利用这些能量。

在伊利诺伊州的玉米地里,葛伦·A. 阿诺德学到了伯德将军在南极冰盖下学到的教训。阿诺德先生是伊利诺伊州希里克的保险公司经纪人,就如何克服烦恼,他发表了如下的演讲:"八年前,当我最后一次把钥匙插入家门门锁时,我认为那是最后一次回这个家了。然后,我爬进汽车,向河边开去。

"我是个窝囊废。一个月前,我的生活乱成了一团糟。我的电器生意举步维艰;家里,我母亲生命垂危,我妻子怀着我们的第二个孩子;医生的账单纷至沓来,我做生意购置的所有东西都是分期贷款买的,包括我们的汽车和家具,甚至我的保险都是贷款买的。现在,这一切都没啦。我实在受不了,就爬进车向河里开去——这倒霉的日子,我决心一了百了。我在乡村公路上开了几英里,停到路边,下车坐在地上,像个孩子似的大哭起来。后来,我能想问题了——而不是在吓人的烦恼圈子里绕来绕去。我开始建设性地看问题:我的情况有多糟?会不会更糟?完全没有希望了吗?怎么办才能扭转乾坤?

"我当场就决心将所有问题转向上帝,请求**他**来裁决。我祈祷了,我认真祈祷了。仿佛我的生活就靠祈祷了——事实上,的确如此。随后发生了一件奇怪的事,只要我把所有麻烦诉诸比我更强大的力量,我就立即体会到前所未有的安宁感。我肯定在那儿坐了半小时,哭泣、祈祷,然后回家,睡得像个孩子。

"第二天早上,我满怀信心地起床。我什么也不怕了,因为我有上帝的指引。那天上午我昂首挺胸走进一家本地百货商店,应聘家电部售货员时,语气里充满了自信,我知道,我会得到这个工作。我成功了。我干得很顺利,直到战争爆发后整个家电部倒闭为止。随后,我开始卖人寿保险——依然在我的上帝的旨意下。那仅仅是五年前的事情。现在,我所有的账单都付清了。我有一个美满的家庭:3个聪明活泼的孩子,1辆新车,还有价值25 000美元的人身保险。

"回顾以前,我真的很高兴当时失去一切,抑郁得去河边自寻短见——因为那个悲剧教会了我要信赖上帝,我现在的淡定和信心是以前做梦也梦不到的。"

为什么宗教信仰将带给我们如此淡定、安宁和坚毅。我请威廉·詹姆斯来回答这个问题吧。他说:"烦躁不安的惊涛骇浪之下,大洋深处波澜不惊。一个能掌握更宽广、更持久现实的人,他个人短暂的命运沉浮相对无关紧要;一个真正有宗教信仰的人也不可动摇,他充满了沉着,能冷静地担当生活带来的任何责任。"

如果我们焦虑烦躁——为什么不试试求助于上帝?为什么不呢,就像伊曼纽尔·康德①说的:"皈依上帝,因为我们需要这样一个信仰。"为什么现在不"把自己和让宇宙运转的无限能量链接起来"?

即便你本性上不信教,或不愿意受人影响信教,即便你是一个彻底

---

① 伊曼纽尔·康德(Immanuel Kant,1724—1804):德国著名哲学家。

的怀疑论者，有一点很重要：祈祷对你的帮助远比你相信的要多，因为祈祷是一件**很实际的**事情。很实际？什么意思？我的意思是，祈祷能满足所有人的三个基本心理需求——无论他们是否信仰上帝：

1. 祈祷有助于我们准确表达我们的烦恼。从本书第四章我们已经看到，当言辞不当或含义模糊时，要处理问题几乎是不可能的。祷告，某种程度上就很像把我们的问题写到纸上。如果我们寻求帮助——即使从上帝那儿，也必须表达准确。

2. 祷告赋予我们一种责任分担、不孤单的感觉。很少有人能强大到将所有重担、所有痛苦一个人抗。有时候，我们的烦恼如此私密，即使是最亲近的人也无法和他们交流。那么，祈祷就是应急之道。任何精神分析专家都会告诉我们，当我们处于压抑、紧张和精神极度痛苦状况下，向某人倾吐有益于治疗。当不能对每个人吐露时，我们永远可以对上帝倾诉。

3. 祷告将力量施加于积极的**行动**原则。这是**采取行动**的第一步。我怀疑，任何一个人，为了完成某项心愿却不能从祈祷中受益——也就是说，更接近心想事成，还能日复一日地祷告。世界著名科学家阿里克斯·卡瑞尔博士说："祈祷是我们能获得的最强大能量。"所以，为什么不加以利用呢？只要称之为上帝或安拉或玉皇大帝——这些控制我们神秘的自然力量都能为我所用，何必去纠缠于教义之争呢？

为什么不立即合上书，关上门，跪下来，卸掉你内心的负担？如果你失去了信仰，恳求上帝再赐予你；反复默念700年前圣·弗朗西斯[①]写于阿西西城的美丽祷文：

[①] 圣·弗朗西斯(Saint Francis,1182—1226)：意大利天主教传道士。

天主，让我作你和平的工具。

在有仇恨的地方，让我播种仁爱；

在有残害的地方，让我播种宽恕；

在有猜疑的地方，让我播种信任；

在有绝望的地方，让我播种希望；

在有黑暗的地方，让我播种光明；

在有忧苦的地方，让我播种快乐；

我不祈求他人的安慰，只求安慰他人；

我不祈求他人的谅解，只求谅解他人；

我不祈求他人的爱护，只求爱护他人；

因为在施舍他人时，我们接受施予；

因为在宽恕他人时，我们获得宽恕；

因为在失去生命时，我们再生于永恒。

第六部分

如何不为批评所扰

第二十章

铭记:没人去踢一条死去的狗

  1929年芝加哥发生的一件事,在全国教育界引起轰动。各地的学者蜂拥而至来见证这一事件。几年前,一个名叫罗伯特·霍金斯的年轻人,以勤工俭学的方式从耶鲁大学毕业。求学期间他做过餐厅服务员、伐木工人、家庭教师和晾衣绳推销员。现在,仅仅八年之后,他就当上了全美财力排名第四的大学——芝加哥大学的校长。他多大啊?30岁,简直令人不可思议!教育界资深人士纷纷摇头,各种批评如岩崩一样打在这位"神童"头上。说他这也不行那也不行——比如,年龄太小啦,教育观念不成熟啦,资历太浅啦,等等。甚至许多报纸也对其"大打出手"。

  就在罗伯特·霍金斯就任那天,一位朋友对他父亲说:"早上读到报上攻击你儿子的社论,吓了我一跳。"

  "是的,的确够歹毒的。"老霍金斯回答说,"但是请记住,从来没人会去踢一条死去的狗。"

  的确如此,一条狗越重要,踢它的人就越能获得满足感。后来成为英国国王爱德华八世的威尔士亲王,也有过类似的糟心事。当时他在德文郡的达特茅斯学院上学——那学校相当于美国安娜波里斯的海军军官学校。当时他14岁。有一天,一位教官发现他在哭,问他原委。刚开始他不说,最后才吐露实情:他被同学们踢了。这位海军学院的准将将全体学生召集起来,先说王子并没向他告状,但他想知道为什么单单王子受到这待遇。

吞吞吐吐磨磨蹭蹭了好一阵,学生们最终坦白这样做的理由:等将来自己成了皇家海军指挥官和舰长时,他们可以对人炫耀,自己踢过国王的屁股!

所以,如果你被人踢了或被别人诘难,请记住,有人之所以这样做是因为他能从中得到自己是个人物的感觉。很多人在骂那些比他们文化高、比他们有建树的人时,会有一种野蛮的快感。比如,就在我写本章节时,收到一个女人的来信,把著名慈善机构救世军创建人威廉·布斯将军骂了个狗血喷头。我曾在一次广播节目里说过布斯将军好话,这个女人就给我写来这封信。她在来信中对自己夸夸其谈,对布斯将军却谈得很少。她说布斯将军将善款800万美元据为己有。这一指责显然很荒谬。这个女人并不是为了寻求真相,而是通过中伤比她功成名就的人来获得不健康的满足感。许多年前,哲学家叔本华曾这样说过:"粗鄙者喜欢从杰出者的失误和愚行中得到极大的快感。"我将这封歹毒的信扔进了废纸篓,并且谢天谢地——我没娶这样的女人为妻。

人们很难想象耶鲁大学校长是个等闲之辈,然而耶鲁前校长蒂莫西·德威特却以责骂美国总统候选人为乐。德威特耸人听闻地说,如果此人当选,"我们可能就会看到这样一幅景象:我们的妻女成为合法卖淫的牺牲品,蒙羞受辱,遭受损害;我们的美好德行就会消失殆尽,上帝和人类成为憎恶的对象"。

这些话听起来就像是痛斥希特勒,是吧?却不是,这是在抨击托马斯·杰斐逊。**哪位**托马斯·杰斐逊?肯定不是《独立宣言》的起草者、民主政体的先贤、**彪炳史册的**杰斐逊吧?是的,一点没错,骂的就是他。

作者不妨想象一下,哪个美国人曾被人贬为"伪君子"、"大骗子"、"比杀人犯略好一点"?当时报上的一幅漫画,一个人身处断头台下,大铡刀在他头上摇摇欲坠。当他骑马从街头走过时,人们奚落他,冲他打口哨。他是谁?——乔治·华盛顿。

这都是陈年旧事了。也许那以后,人性有所改进。我想想看——就拿海军上将佩瑞来说吧,这位探险家于1909年4月6日乘狗拉雪橇抵达北极点,震惊世界。几百年来,为了实现这个目标,无数勇士受苦挨饿,甚至丧命。佩瑞也因为饥寒交迫差点丢了性命,他的八个脚趾冻伤严重,不得不被切掉。他遭遇的艰难险阻简直要把他逼疯了。然而,因为佩瑞名声大振,广受喝彩,他在华盛顿的那些上司们妒火中烧,于是指控佩瑞借科考探险的名义敛财,然后"躺在北极优哉乐哉"。这些人可能真信了自己的谎言,因为一个人对自己想相信的事难以不相信。他们羞辱和阻挠佩瑞的决心强烈到什么程度?最后不得不在麦金莱总统①亲自过问和支持下,佩瑞在北极的活动才得以继续。

如果佩瑞是华盛顿海军总部的一个普通职员,他会不会遭此诘难?不会,因为他不重要,也就不会引人嫉妒了。

格兰特将军的遭遇比佩瑞上将更糟糕。1862年,他率领北军赢来第一次决定性的胜利——那个下午取得的胜利一夜之间让他成为全国的

---

① 麦金莱总统(William McKinley,1843—1901):美国第25任总统,1901年9月被刺身亡。

偶像,巨大的影响力甚至波及遥远的欧洲。因为那次胜利,从缅因州一直到密西西比河岸,教堂的钟声此伏彼起,到处篝火闪烁。然而,在这次巨大胜利后不到六星期,这位北军英雄却被逮捕,并被剥夺了兵权。屈辱和绝望让他潸然泪下。

格兰特将军怎么会在他声望如日中天时被捕呢?很大一部分原因,就在于他招惹了那些嫉贤妒能的傲慢上司。

如果我们易于因遭受不公批评而烦恼时,谨记规则1:

规则1

不公正的批评通常是一种隐形的赞美。

请铭记,没人会踢一条死去的狗。

第二十一章

这么做,批评就于你无妨

我曾经拜访过斯密德利·巴特勒少将,他有两个绰号:"老锥子眼"和"阎罗王"。还记得他吗?在所有统帅过美国海军陆战队的将军中,他是最有趣、最神气活现的。

他告诉我,他年轻时特别渴望出人头地,渴望给每个人都留下好印象。那时候,一点儿批评都会让他刺痛难忍,但他坦言,海军陆战队的30年从军经历磨砺了他的人格。

"我被责骂和羞辱过。"他说,"有人骂我是黄狗、是毒蛇、是臭鼬……尽是骂人专家的骂法,那些能说出口却难以付印的脏话我统统领教过。我难受吗?哈!现在要是听到有人骂我,我都懒得回头看是谁在骂。"

也许"老锥子眼"巴特勒对批评太不在乎了,但有一点确凿无疑:大多数人对这些小滋扰看得太重了。我记得,多年前,纽约《太阳报》一位记者参加了我举办的成人教育课示范会,对我和我的工作冷嘲热讽。我发火了吗?我认为这是对我人身攻击。我给《太阳报》的执行主编基尔·赫吉斯打电话,要求他刊文章要有事实依据,而不是胡闹。我铁了心要求他惩罚那个作者。

现在,我对自己当时的行为深感羞愧。现在我才了解到,买那份报的人有一半不会看到那篇文章;看到的人中,有一半会将它当做小花絮付之一笑;真正幸灾乐祸的人中,又有一半会在几个星期后把这事抛之脑后。现在我才明白,一般人根本就不会想起你我,或者关心别人对我们的看法。他们只会想自己——从早餐前后一直到午夜都如此。他们对自己轻微头疼的关心程度远,比对你我去世的新闻要大一千倍。

即使你我被人背后嚼舌头,被当做笑柄和谈资,被人坑了,被人从后面捅了一刀,被我们最信赖的 6 个朋友之一出卖了——也不要陷入哀怨和自怜不能自拔。相反,我们应提醒自己想想耶稣基督的真实遭遇。他 12 个最亲近的门徒中竟然有一人出卖了他,他所贪图的赏金——按现在货币价值算区区 19 美元。他最亲近门徒中的另一个,在耶稣遇到麻烦时公开抛弃了他,三次声称自己压根儿就不认识耶稣——说的时候还赌咒发誓呢。六分之一! 这就是耶稣的遭遇。为什么你我指望比他幸运呢?

多年前我就发现,尽管我无法阻止别人对我说三道四,我却可以做一件重要无比的事:是否让那些不公困扰我,决定权还是在我这里。让我说得更直白些:我不是蛊惑对所有批评置若罔闻,我鼓吹的远比那重要;我说的是,只对那些不公正的评价置之不理。

有一次,我问埃利诺·罗斯福①怎么应付那些飞短流长的——真主知道,这样的事情她少不了。她所拥有的热情朋友与凶猛的敌人,可能比任何一位入主白宫的女主人都多。她对我说,她小时候害羞到近乎病态,对别人的评头品足很害怕。她对受批评的恐惧太大,以致求助于她的姨妈:"姨妈,我想做某件事,却怕受到指责。"

她姨妈看着她的眼睛,说:"不管别人怎么看,自己心中有数就行了。"

埃利诺·罗斯福告诉我,这点小忠告在她进入白宫后成了她的座右铭。她告诉我,我们避免被批评的唯一方法,就是成为"德雷斯顿瓷器"上铸印的一个动物,束之高阁。"做自己认为正确的事——反正你无论怎么做都会被评头品足的。'做,是挨骂;不做,也是挨骂。'"这是她对我的忠告。

已故的马修·C.布拉希当年担任美国国际公司总裁时,我曾问他是否对批评很敏感?他回答说:"是的,早年是这样。我急于让公司每个人都认为我很完美。如果他们不这么看,我就会充满忧虑。我会想方设法去取悦第一个对我大不敬的人,这个人开心了,又会得罪另外一个人;等我搞定了这个人,那边又捅了个马蜂窝。最后我发现,我越是想安抚讨好那些得罪了的人,我的敌人就越是有增无减。所以,我最终对自己说:'只要你出类拔萃,肯定会被说长道短,还是习以为常吧。'这一观点对我帮助极大。从此以后,我给自己立下一个规矩:尽好自己的本分,避免为闲言碎语所伤。"

---

① 埃利诺·罗斯福(Eleanor Roosevelt,1884—1962):富兰克林·罗斯福总统的夫人,在白宫时间最长的第一夫人。

迪姆斯·泰勒更进一步,他被闲言碎语骚扰时,当众一笑了之。他曾在纽约爱乐交响乐团的周日下午空中音乐会中做音乐评论,有一次他收到一女听众来信,骂他是"骗子、叛徒、毒蛇和白痴"。后来,泰勒先生在他名为《人与音乐》的书中提到这件事,说:"我怀疑她真的不在乎我的那番评论。"在收到信的下一次节目中,泰勒先生将这封信读给了几百万听众。

几天后,他再次收到那位女士的来信。泰勒先生说:"她的看法**丝毫没有改变**,坚持说我**依然**是一个骗子、叛徒、毒蛇和白痴。"

能以此态度来接受批评的人想不佩服都不行,我们佩服泰勒先生的沉着、不可撼动的镇定和幽默感。

查尔斯·斯瓦布在普林斯顿大学对学生发表演讲时坦率地讲到,他最重要的人生一课,是一个在自己钢铁厂工作的德国老人教给他的。这位德国老人因为战争问题与其他工人发生争执,结果被丢进河里。

"当他走到我的办公室时,满身泥水。"斯瓦布先生说,"我问他对那些人说了些什么,他回答说:'我就是笑笑罢了。'"

斯瓦布宣称,他把这个德国老人的话当成自己的座右铭:"一笑置之。"

当你沦为不公正批评的牺牲品时,这个座右铭尤其有效。你可以和那些骂你的人死磕,但对那些"笑笑罢了"的人,你又能奈何呢?

如果林肯不知道锱铢必较的愚蠢,恐怕早在内战的压力下崩溃了。他关于如何应付飞短流长的描述,已经成为文学经典。第二次世界大战期间,麦克阿瑟将军将这段文字抄下来,挂在总部办公室的墙上;丘吉尔也将其镶在框子里,挂在位于卡特维尔他的书房墙上。这段话就是:

"那些对我的攻讦,别说一一回应,只是试着读完,我就啥事也干不了。我尽好自己的本分,而且善始善终。如果结果证明我是对的,飞短流长也就无关紧要了;如果结果证明我错了,那么即使诅咒发誓自己是对的,也无济于事。"

当你我受到不公正批评时,请谨记规则2:

规则2

尽好自己的本分,避免为闲言碎语所伤。

第二十二章

我做过的蠢事

在我的私人档案柜里,有一个卷宗夹上面标记着 TFD——简称为"我做过的傻事"。我将所有让自己内疚的蠢事都记录在案。有时候我口述,让秘书记录备忘;但有些事情过于私人性,或者蠢到不好意思口述,我就自己动手写下来。

我现在还能记得 15 年前我记入"蠢事卷"的一些内容——戴尔·卡耐基批评。如果我能始终坦荡荡的话,现在我的"傻事卷"恐怕会把档案柜撑爆了。我千真万确是在重复 1 300 年前所罗门王索尔所说的:"我做过蠢事,做过许多许多傻事。"每当我拿出"蠢事卷"重温我写下的那些批评,那些批评都能帮我解决将要面对的最棘手的难题:戴尔·卡耐基的自我管理。

过去我常把我的麻烦怪罪于别人。随着年龄和心智的增长,我希望——而且我也认识到,我几乎所有的不幸,归根结底都归咎于自己。很多人上年龄了才醒悟过来。拿破仑被放逐于圣赫勒拿岛后说:"除了自己,没有人该为我的失败受到指责。我一直是自己的最大敌人,以及自己悲剧性命运的根源。"

说到自我评估和自我管理,我给读者讲一个我认识的人的故事,他的名字叫 H. P. 豪威尔。1944 年 7 月 31 日,他在纽约大使酒店突然去世的消息瞬间传遍了全国,华尔街极为震动,因为他是美国金融界的领袖人物——美国商业商业国家银行及信托公司董事会主席以及几家大型公司的首脑。豪威尔小时候没怎么上学,最初在乡下小商店当店员,后来成为美国钢铁公司信用部经理——从此步入位高权重之途。

"很多年来,我每天的工作都记在日记簿上。"当我请教他的成功之道时,豪威尔先生告诉我,"家人从不在星期天晚上为我安排事情。大家都知道,星期天晚上我总要花时间自我检查,对前一周的工作进行回顾和评估。晚餐后,我就独自离开,打开工作笔记簿,仔细重温上周所有会见、讨论和会议。我反问自己:'那次我哪儿做错了?''那次我对在哪里——我怎么才能做得更到位一点?''从那次事情中我能学到什么教训?'有时候,我会因为对前一周的回顾不开心;有时候,我对自己的失误感到震惊。当然,随着时间流逝,这些失误越来越少了。这种自我评析系统,年复一年延续下来,对我大有裨益,比我试过的任何其他办法都管用。"

豪威尔的办法或许是从本杰明·富兰克林那里借鉴的,只不过富兰克林不会等到星期天晚上,而是**每天晚上**就将当天的工作严格地重温一遍。他曾经发现自己有 13 个严重错误,其中 3 个是:浪费时间、为鸡毛蒜皮之事烦恼、爱与人作对。睿智的富兰克林明白,如果不克服这些毛病,他的前途就好不哪儿去。于是,他每周选出一个毛病并与它较量,并将当天的输赢记录下来。下一周,他又挑出第二个毛病,准备充分,时间一到,他就出来应战。他将这种每周干掉一个坏习惯的战斗坚持了两年多。他成为美国有史以来最受人爱戴也最具有影响力的人物之一,也就不足为奇了。

埃尔伯特·哈伯德①说:"每个人每天至少有5分钟是个蠢货,这5分钟之内,智慧缺席了。"

平庸狭隘的人受一点批评就暴跳如雷,聪明大度的人却急切地从那些指责他们、反对他们、"给自己设置障碍"的人那里学到更多的经验教训。美国著名诗人沃尔特·惠特曼这样说:"难道只能从那些喜欢你、对你友善、支持你的人那儿学到东西吗?从那些反对你、指责你、给你使绊儿的人那里学到的东西岂不是更多?"

不要等我们的对头来批评我们或我们的工作,我们敦促他们来批评。让我们严格要求自己,在对手非议诘难之前找出并纠正自己的问题。达尔文就是这样做的,当他完成他那不朽巨著《物种起源》时,他很清楚,这本离经叛道的书一经出版,将大大震撼知识界和宗教界。因而,**他成为自己的批判者,又花了15年之久小心翼翼核查资料,自我质疑其推理,并批判自己的结论。**

设想一下,假如有人骂你是"蠢货",你怎么办?火冒三丈?屈辱难忍?看看林肯的反应吧。因为插手战争部长爱德华·M.斯坦顿的事务,林肯被他骂做"蠢货"。当时林肯为了取悦一个自私政客,签发命令,将部分军团重新驻扎。斯坦顿不仅拒绝执行命令,还大骂他。结果呢?林肯听到责骂后,平静地回答:"如果斯坦顿说我是个蠢货,那我肯定就是蠢货,因为他几乎没出过错。我得亲自走一趟。"林肯果然躬身去见斯坦顿。斯坦顿说服了林肯,于是林肯收回命令。只要出于诚意,有理有

---

① 埃尔伯特·哈伯德(Elbert Hubbard,1856—1915):美国作家、出版家、艺术家和哲学家。

据,并且具有建设性,什么批评林肯都乐意接受。

你我也应该乐于接受这类批评,因为我们甚至无法指望每4件事情里面做对3件。至少,西奥多·罗斯福入主白宫时就说过他只求自己能做到这个比例。这个时代最有深度的思想家爱因斯坦也承认,自己的结论百分之九十九都是错误的!

拉罗什富科①说:"敌人的意见,要比我们自己的意见更接近于真实。"

我知道,很多情况下这句判断是对的,可每当有人批评我时,如果不克制点,还是会当即本能地为自己辩护——甚至还不知道别人要说些什么。每当如此,我总是对自己充满恶心。人们总倾向于抵触批评,对赞扬则照单全收,全然不顾这些批评或赞扬是否公正。人类不是逻辑动物,而是情感动物。我们的逻辑如同一叶桦皮舟,漂浮于深邃、黑暗、暴风骤雨般的情感之海。

如果听到别人指指戳戳,不要为自己辩护,那是傻瓜的格局。我们要保持本色,保持低调,保持明智!这样告诫自己:"如果批评者知道我的**其他错误**,他一定比现在更严厉。"只有这样,我们才能挫败对手,为自己赢得喝彩。

前面几章里,我谈了遭遇不公批评时的应对方式。还有另一种办法,当你因为被责难而闷闷不乐时,何不停下来,对自己说:"等我想想……我离完美的程度还差得很远。如果爱因斯坦承认百分之九十九次他都错了,我或许至少有百分之八十次是错的。也许这样的批评并不冤枉我;如果情况如此,我应该感谢批评并从中受益才是。"

---

① 拉罗什富科(La Rochefoucauld,1613—1680):法国作家,善写箴言。

培普索登公司前总裁查尔斯·拉克曼，每年要花费百万美金制作"鲍勃·赫普"广播节目。他从不看那些表扬这个节目的信件，而坚持阅读批评意见。他知道自己可能从中学到什么。

福特公司急于找到自己在管理和业务方面的缺陷，就在员工中进行调查，请他们批评公司。

我认识一个做过肥皂推销员的人，他甚至经常**请人**批评自己。刚开始为高露洁公司推销肥皂时，订单很少，他担心工作不保。每次推销失败后，他总是围绕街区走来走去，要弄清楚问题到底在哪儿。因为他明白肥皂质量和价钱都没问题，所以他认为问题肯定出在自己身上。是不是表达不清？是不是态度不够热情？有时候，为了弄清楚症结，他回到客户那里对他们说："我回来不是想再推销肥皂，而是希望得到建议和批评。能不能告诉我，刚才我哪儿做得不对？你们经验比我多，也比我成功，请批评指正，千万别客气！"这种态度让他赢得了很多朋友和宝贵的建议。你猜他后来怎么样了？他成长为全世界最大的肥皂公司——高露洁-棕榄-皮特公司的总裁，他的名字叫 E. H. 里特。

只有胸怀大志的人才能向 H. P. 豪威尔、本杰明·富兰克林和 E. H. 里特看齐。那么，现在既然没人盯着你，何不走到镜子前镜鉴一下，你是不是属于那类人？

要想不因为他人的批评而忧虑，谨记规则 3：

规则 3

记下自己干过的蠢事，自我批评。

既然我们不可能完美，就向 E. H. 里特学习：

请别人给我们坦率的、有益的、建设性的批评。

小结
如何不为批评所扰

规则1

不公正的批评通常是一种隐性赞美,常常意味着你引起了妒忌。

谨记:没人会踢一条死去的狗。

规则2

尽好自己的本分,避免为闲言碎语所伤。

规则3

记下自己干过的蠢事,自我批评。我们不可能做到完美,就向E.H.里特学习:请别人给我们坦率的、有益的、建设性的批评。

第七部分

六招防止疲忧、神清气爽

第二十三章

如何每天赚回一个小时

在一本关于防止烦恼的书里,我为什么要单独写一章如何防止疲劳的内容呢?道理很简单:因为疲劳常常导致烦恼,或者说,疲劳使你更易于烦恼。任何一个医科学生都会告诉你,疲劳会降低身体对感冒和其他疾病的抵抗力;任何一位精神治疗专家也会告诉你,疲劳同样会降低对烦恼和恐惧的抵抗力。所以,防止疲劳有望防止烦恼。

我说的是"**有望**治疗烦恼"吧?那已经是很谦逊的表述了。埃德蒙德·杰克布森博士比这高调多了,他写过两本关于放松情绪的书:《渐近放松》和《你必须放松》。作为芝加哥大学临床生理实验室主任,他还主持研究情绪放松在临床实践上的用途。他认为,任何精神和情绪上的紧张"在完全放松之后就不复存在了"。换句话说就是:**如果你放松紧张情绪,就不可能继续忧虑下去。**

所以,要防止疲劳和烦恼,第一条规则就是:经常休息——在你感到疲倦以前就休息。

这一点为什么重要?因为疲劳发展的速度快得惊人。美国陆军的多次实验表明,即使是经过多年军事训练磨砺出来的年轻人,如果扔掉背包,每小时休息十分钟,行军速度就会明显加快,坚持时间也更持久。所以军方强迫他们休息。你的心脏也和美国军队一样聪明。每天,你心脏挤压出来流过全身的血液,足够装满一节火车油罐车;它每 24 小时释放出的能量,足够用铲子把 20 吨煤铲到一个 3 英尺高的平台。这么难以置信的工作量,心脏能持续 50 年、70 年甚至 90 年。人的心脏怎么承受得了呢?

哈佛大学医学院的沃特·B. 坎龙博士做出了解释:"绝大多数人认为心脏不停地跳动。事实上,在每次收缩之后,心脏有一段静止时间。**当心脏以正常速度每分钟搏动 70 下时,一天的工作时间实际上只有 9 小时;累积起来,心脏每天有整整 15 小时处于休息状态。**"

第二次世界大战时,温斯顿·丘吉尔已近古稀之年了,却能年复一年、日复一日地每天工作 16 个小时指挥英国军队作战。这是一个惊人的记录。他有什么秘诀?原来他每天上午在床上工作到 11 点,看报告,下达命令,打电话,召开重要会议。午餐后他上床睡一小时。傍晚,他再到床上睡两小时,直到 8 点吃晚餐。他并不是为了消除疲劳,因为他不用去消除——他提前预防了。由于休息频繁,他能精神良好地持续工作,直到后半夜很久。

约翰·洛克菲勒也创造了两项不同凡响的纪录:他积累了当时世界上最多的财富,寿命也达到 98 岁。是怎么做到的呢? 当然,主要原因是家族基因遗传;另一个原因,他每天午后小睡半小时。他就躺在办公室沙发上睡——哪怕是美国总统打电话找他,他也不接。

丹尼尔·W. 乔斯林在其大作《为什么会疲劳》一书中洞悉道:"休息并不是绝对什么都不做,**休息就是修补。**"

小憩一会儿就有很强的恢复能力,哪怕打五分钟的盹,都能防止疲劳!棒球宿将马克告诉我,每次参赛前如果不睡午觉,他到第五局就撑不住了;但假如睡午觉,哪怕五分钟,都能连打两场比赛。

我拜访过埃莉诺·罗斯福,问她身为白宫第一夫人12年,怎么应付那么多的纷繁事务。她说,每次会见或讲话前,她常常坐在椅子上或长沙发上闭目养神20分钟。

在麦迪逊广场花园休息室里,我曾经采访了世界牛仔骑术竞技大赛明星人物吉恩·奥翠。我发现,在他的休息室里放了一张军用折叠床。

"每天下午我都要在那里躺一躺,表演间隙睡一个小时。"吉恩·奥翠继续说,"我在好莱坞拍电影时,经常在一张大软椅上放松。每天打两三次盹,每次10分钟,大大地补充了我的体力。"

爱迪生把自己巨大的精力和耐力归功于随时可以睡觉的习惯。

我曾在亨利·福特八十大寿前去访问他。我很惊讶他那容光焕发的样子,请教他的养生之道。他说:"能坐着的时候,我绝不站着;能躺着的时候,我绝不坐着。"

"现代教育之父"赫瑞斯·曼在他年老之后也是这样。他担任安提奥克大学校长的时候,经常躺在一张长沙发上和学生谈话。

我曾劝说好莱坞一位导演这样试试。他承认,这方法产生了奇迹——我说的是好莱坞顶尖导演之一杰克·奇托克。几年前他还是米高梅电影公司短片部经理时,来看过我。当时显得心憔力悴,精疲力竭。什么法子都试遍了:滋补品、维生素、药物,没什么用。我建议他每天度一次假。怎么度呢?就是在办公室里躺着,一边放松一边和作家、编剧们讨论。两年后我再见到他时,他说:"奇迹发生了,这是我私人医生说的。以前,每次和同事讨论短片问题时,我总是端端正正坐在椅子上,人紧绷绷的;现在开会时,我就舒舒服服躺在办公室沙发上。每天加班两小时,却不怎么疲劳,感觉比 20 年来任何时间都好多了。"

你怎么使用这些方法呢?如果你是一位速记员,你不可能像爱迪生或山姆·戈尔德温那样每天在办公室里睡觉;如果你是会计,你不可能躺在长沙发上和老板讨论账目;但——如果你住小城,每天回家吃午饭的话,你就可以睡 10 分钟午觉。

乔治·C.马歇尔将军就这么做的。在第二次世界大战期间,他觉得指挥美军部队太劳碌,中午**必须休息**。

如果你年逾 50 岁,觉得太忙,那就立即把所有能买到的保险买齐了。这种日子,葬礼没准就来了;你的配偶或许可以拿着你的大笔保险金找个年轻的新人。

如果你没机会睡午觉,至少在晚饭前躺卧一小时。这比一杯鸡尾酒便宜多了,而且长期算下来效果好 5 467 倍。**如果你能在下午五六点或 7 点左右睡上一小时,那就相当于在你疲惫的生活中每天赚了 1 个小时。**为什么呢?因为晚餐前睡的那一小时加上夜里睡的 6 个小时——共 7 个小时——比你连续睡 8 个小时更有益健康。

干体力活的人,如果休息充分,就能干更多的活。弗里德里克·泰勒在伯利恒钢铁公司担任科学管理工程师的时候,就证明过这一事实。他观察到,工人们每人每天可以往货车上搬运差不多 12 吨半生铁,中午就筋疲力尽了。他对所有产生的疲劳原因做了一次科学研究,宣布这些工人不该每天只装载 12 吨半生铁,而是**47 吨**!按他的测算,工人的工作量应该达到目前的 4 倍,而且不累。泰勒选了一个工人施密特,掐着秒表让他干活。就这样,施密特由旁边专人拿着表指挥:"现在搬起一块生铁,走……现在坐下休息……现在走……"结果呢?施密特每天能搬 47

吨，其他人每天只能搬 12 吨半。此后长达三年的时间里，他一直以此节奏工作，从未出问题。他能做到这点，是因为他在疲劳之前就休息了。每小时他工作 26 分钟左右，休息时间却有 34 分钟。**他休息的时间比工作时间多，他的工作绩效却差不多是别人的 4 倍！**

这纯属信口开河吗？不，你自己可以查阅弗里德里克·泰勒的书《科学管理原则》。

让我重复一遍，照美国陆军的办法去做——经常休息；照你心脏工作的办法去做——**在疲劳之前先休息，那就相当于在你疲惫不堪的生活中每天赚了一个小时。**

第二十四章

什么使你疲劳,怎么应付

有一个事实,既让人惊诧,又让人称奇:仅仅用脑不会使你疲劳。

这话听起来荒谬可笑,但几年前,科学家们试图找出人类大脑能工作多长时间而不达到"工作能力衰减"——这是科学对疲劳的定义。让科学家们惊喜的是,他们发现:经过大脑的血液,处于活性状态,完全没有疲劳的迹象!如果从一个正在干活的体力工作者血管里抽一滴血,你会发现血液里充满了"疲劳毒素"和疲劳衍生物。但如果你在半夜从类似于爱因斯坦那样的脑力工作者的大脑里提取一滴血,就不会发现"疲劳毒素"什么的。

就大脑而言,它"在连续认真七八个小时工作后,还像刚开始工作时一样运行良好和迅捷"。大脑完全就是不知疲劳……所以,是什么让你疲劳呢?精神治疗专家认为,我们的疲劳多半是由心理和情感态度引起的。英国最优秀的精神分析学家J.A.哈德菲尔德在他的《力量心理》里说:"我们遭受的大部分疲劳都源于心理。事实上,纯粹由生理引起的疲劳很少。"

美国最杰出的精神分析学家之一 A. A. 布里尔博士说得更过分,他宣称:"一个健康状况良好的坐姿工作者,他的疲劳百分之百归咎于心理因素,也就是我们所说的情绪因素。"

哪些因素会引起坐着工作的人疲劳呢?快乐?满足?不,绝不是!而是愤恨、不被感恩、空虚感、匆忙、烦恼——这些情绪使坐姿工作者筋疲力尽,使他们易患感冒,工作效率下降,带着神经性头痛回家。我们之所以疲劳,是因为我们的情绪在体内产生神经性紧张。

关于疲劳,伟大的大都会人寿保险公司在其宣传册子上指出:"艰苦工作本身很少造成疲劳——这种疲劳是睡觉或休息或别的方式都不能治愈的;忧虑、紧张和情绪不安是导致疲劳的三大因素。但体力或脑力工作貌似祸根时,该怪罪的恰恰是这些情绪性因素……记住,紧张的肌肉是工作中的肌肉。放松吧,为更重要的任务节省能量!"

所以,不管你在干什么,该停一停,给自己检查一下了。当你读到这些字行时,对本文怒目以视了吗?你觉得双眼之间肌肉拉紧了吗?你正坐在椅子里放松吗?或收紧你的肩膀了吗?你的面部肌肉紧张吗?除非你整个身体像一个旧布娃娃一样松软放松,你此时此刻正在制造神经紧张和肌肉紧张,**你正在制造神经性紧张和神经性疲劳。**

为什么事脑力劳动时会产生这些不必要的紧张呢?丹尼尔·W. 乔斯林说:"我发现,首要障碍……就是全世界都相信,艰难的工作需要一种努力感,否则就做不好。"所以我们一集中精力,就皱起了眉头,就收紧肩膀,将所有肌肉都调动起来做出**"努力状"**,其实这对大脑工作毫无帮助。

怎么应对这种神经上的疲劳?**放松!放松!再放松!学会在你工作时放松!**

放松容易吗？不。你恐怕必须把一辈子的习惯扭转过来，但值得，因为这是你生活的革命性变化。威廉·詹姆斯在他那篇名为《情绪放松信条》的文章里说："美国人的过度压力、焦虑不安、呼吸紧张、情绪激烈、表情痛苦……是不折不扣的坏习惯。"**紧张是一种习惯，放松是一种习惯；坏习惯能被打破，好习惯能够培养。**

怎么才能放松呢？先从心理上，还是先从神经上开始？都不是，**始终应从肌肉放松开始！**

我们来试一试吧。比如，首先我们先放松眼部肌肉。读完本段，向后靠，闭上双眼，**静静地对自己的眼睛说**："放松，放松，别紧张，别皱眉。放松，放松……"慢慢反复默念一分钟。

你没注意吧，几秒钟后，眼部肌肉开始**服从命令了**。你不觉得好像有一只手揉走了紧张？呵呵，似乎不可思议。短短一分钟，你就体验了放松艺术的钥匙和密码。你还可以用同样的方法放松下巴、颈部、面部肌肉、肩部和整个身体。但最重要的器官是眼睛。芝加哥大学的埃德蒙德·杰克布森博士甚至说，如果你能完全放松你的眼部肌肉，你就能忘却你的所有烦恼！眼睛对舒缓神经紧张之所以如此重要，是因为它们消耗了全身能量的四分之一。这也是为什么很多视力很好的人，依然感到"眼部紧张"。他们自己使眼部感到紧张。

著名小说家薇琪·鲍姆[①]曾说，她儿时遇过的一位老人——一个马戏团的小丑——给她上了人生最重要的一课。当时她摔了一跤，碰破了膝盖，还扭伤了手腕。这位老人把他搀扶起来。老人在帮她抖尽身上灰尘时对她说："你摔伤自己是因为你不知道怎么放松自己。你得装得像

[①] 薇琪·鲍姆（Vickie Buam,1888—1960）：奥地利女作家，代表作《住旅馆的人》。

一双软袜子,一双穿得皱巴巴的袜子。来,我来教你。"

老头就教薇琪·鲍姆和其他孩子怎么跑,怎么后滚翻,怎么翻筋斗。他还始终一个劲儿地说:"把自己想象成一双皱巴巴的旧袜子,你就肯定放松了。"

你能在任何时候、如何地点放松自己,只是不要费劲去放松。总之,**放松,就是消除所有的紧张和费劲**。想轻松的事情,放松的事情。开始时,想着怎么放松眼部肌肉和面部肌肉,不停地说:"放松……放松……放松……"体会能量从你的面部肌肉向身体中心流动,把自己想象成远离紧张的婴儿。

这就是伟大的女高音嘉丽-库契用过的办法。海伦·杰普森告诉我,她曾看见嘉丽-库契演出前坐在一张椅子上,全身放松,下颚松懈得垂垮在脸上。由此一来,她在粉墨登场前不至于太紧张,还可以防止疲劳。这是非常好的做法。

下面是怎样放松的4项建议:

1. 随时放松。让你的身体软得像一双旧袜子。

我工作时在桌上放一双酱色旧袜子——提醒自己该放松到什么程度。如果你没有旧袜子,一只猫也行。你抱过在太阳下酣睡的猫吗?如果抱过,就知道当你抱起它对,它的头和尾巴都像湿漉漉软塌塌的报纸。印度的瑜伽修炼者甚至说,如果你想掌握放松艺术,就去研究猫。我从没见过疲倦的猫,没见过患有精神衰弱症的猫,或忍受失眠症的猫,或忍受焦虑症、胃溃疡的猫。如果你能学猫那样放松自己,你大约就能避免这些痛苦了。

2. 工作时,尽量采取舒服的姿势。

记住,身体紧张会导致肩膀疼痛和精神疲劳。

3. 每天自查4次或5次。

问问自己:"我是不是把工作弄得比实际需要的更繁重?我是不是使用了一些和工作毫不相关的肌肉?"这有助于你养成放松的习惯,正如戴维·哈罗德·芬克博士说的那样:"在那些精通心理学的人当中,会有两个习惯。"

4. 每天晚上再检查一次。

问问自己:"我究竟有多疲倦?如果我感觉疲倦,不是因为我干的脑力工作本身,而是因为我工作方法不对。"

丹尼尔·W.乔斯林说:"我衡量自己的成绩,不是看一天工作后多疲倦,而是多么不疲倦。"他还说,"当我在一天结束后特别疲倦,或者急躁感证明了我神经紧张时,我会毫无疑问地确认,那是质和量都很糟糕的一天。"

如果美国每个商界人士能学会这一点,我们因"神经压力"引起的死亡率比例就会一夜之间大大降低。而且,我们再也不用把那些因疲劳和忧虑精神崩溃的人,源源不断地送进疗养院和疯人院。

第二十五章

如何避免疲惫,永葆青春

去年秋天的一天,我的同事乘飞机去波士顿,此行是参加一次极不寻常的医学课。医学的?嗯,是的。这样的课程每周在波士顿诊疗所举办一期。参加的病人在入院前将得到常规和彻底的医疗检查。尽管正式名称叫"应用心理学"(之前被叫做"思维控制课程",取自第一个学员的建议),其实是一项心理门诊临床授课项目,真正目的是诊治一些**因忧虑而生病的人**,其中很多是情绪被困扰的家庭主妇。

这门关于忧虑的课程怎么发起的?

是这样的。1930年,约瑟夫·H.普拉特医生——顺便说说,他曾是威廉·奥斯勒的弟子——发现了一个现象:来波士顿诊疗所求诊的患者中,有很多人生理上没任何问题,却显示出和身体相关的所有症状。一个女病人,双手因为"关节炎"失去使用功能,另一个患者因"胃癌"饱受折磨,其他人有背部疼痛的、头疼的、腰疼的,都有慢性疲劳,要么有原因不明的疼痛,**他们也能感受到这些疼痛。**

然而,经过最彻底的医学检查后证明,在生理意义上这些病人完全正常。很多老派的医生们说,这些病都出于想象——"完全是心病。"但普拉特博士却意识到,光叫他们"回家去,忘了这事"没用。他知道,绝大多数人不想生病,如果那么容易忘掉自己的病,他们自己就解决了。那么,该怎么办呢?

于是,他开了这门应用心理学课。对他这种做法,医学界同仁大多表示质疑,冷眼旁观。但课程效果好得出乎意料!开课后的那些年,成千上万的病人"痊愈"了。有些病人参加项目好几年,其虔诚程度如同上教堂。我那个同事曾和一位连续九年几乎一期不错过的妇女讨论过。她说,她刚去时深信自己得了一种叫"游走肾"的肾病和一种心脏病,她因此忧虑、紧张得有时视力衰弱,甚至一度失明。但现在的她,信心十足,开心快乐,健康良好,虽然已抱上孙子,看上去却只有40岁。她说:"我曾经对我家的麻烦忧虑得想一死了之,可后来在课上懂得了忧虑的徒劳无益,学会了怎么克服忧虑。真心说,我现在的生活宁静而安详。"

这个项目的医学顾问罗丝·希尔芬丁博士认为,舒缓忧虑的最好疗方之一就是"向你信任的人倾诉,我们称做宣泄或净化作用"。她说,"病人来这儿的时候,可以尽情倾诉,直到将淤积在心中的问题驱逐出去。一个人闷闷不乐会让加剧神经紧张。我们必须共同分担我们的麻烦,我们的忧虑。我们必须感觉到,这世界上还有人愿意听我们倾诉,能理解我们。"

我的同事亲眼看到,一个妇女在说出心里的忧虑后,心理压力获得巨大缓解。她因为家事烦恼不堪。她一开口就像一个压紧的弹簧滔滔不绝,然后说着说着就渐渐平静下来了,在面谈结束时,她居然笑了。这些问题解决了吗?没有,不会那么容易。正是和**别人交流促成了**这样的改变,病人得到了点滴忠告,和同为人类的同情。真正促成这种变化的,是存在于交流的强大治疗价值——**开口说话**。

在某种程度上说,心理分析就是建立在语言的治疗功能基础之上。从弗洛伊德时代开始,心理分析专家就已经了解到,只要病人能开口说话,仅仅说出来,就可以缓解他心中的忧虑。为什么会这样呢?也许是因为,通过倾吐我们对自己的问题看得更深一点,从而找到更好的解决方法。没人有包治百病的灵丹妙药,但我们都知道"宣泄"或"一解胸中闷气",能立刻让人感觉畅快。

所以,以后再碰到情绪上的困扰时,为何不找人唠叨一会儿?当然我并不是说,随便抓个人就把心里郁闷倾倒给他。我们应该找一个值得信任的人——也许是一个亲属、一个医生、一位律师、一位牧师、一位神父……先做预约,对他说:"我遇到麻烦了,希望你能听听,你也许可以给我点建议,你看问题和我角度不同嘛。当然,即使你做不到这一点,能坐下来听我倒倒苦水,也会对我帮助很大。"

后来,**"倒苦水"**成了波士顿诊疗所应用课最主要的治疗方法之一。下面是从课程里获得的另一些办法——你在家里就可以做到。

1. 准备一本"灵感"阅读笔记本或剪贴簿。

你可以将吸引你、鼓舞你的诗歌、简短精悍的祷文、摘录粘贴进去。然后,如果某个雨濛濛的下午让你情绪沮丧,也许你能在本子里找到一个"小配方",一扫心头愁云惨雾。波士顿诊疗所很多病人都把这种本子保存多年,他们说这是替你在精神上"打了一针疫苗"。

2. 不要对别人的缺点念念不忘。

课上一位妇女,发现自己变成了一个爱责怪人、爱唠叨、爱给人眼色的妻子,当被问到"假如你丈夫死了,你怎么办"时,她吓坏了,马上坐下来把她丈夫所有的优点列举出来,那单子可够长的。所以,下次如果你觉得自己嫁给了一位暴君或娶了一个母夜叉,何不试试这种方法呢? 在看了你配偶所有优点之后,你或许会觉得他或她正是你想要的那一半呢。

3. 对他人发生兴趣。

对那些和你生活有关的人培育出一种友好、健康的兴趣。一个女病人,觉得自己太"例外",所以一个朋友也没有。有人建议她试着以遇到的人为原型,编一个故事。于是在公共汽车上,她开始为看到的人编故事。她设想那些人的背景、生活场景以及他们的生活是怎么回事。你知道,首先,她必须在任何地方和陌生人聊天。现在,她快乐,聪明,是很有魅力的女人,"痛苦"也不治而愈了。

4. 晚上睡觉之前,安排好次日工作日程。

在课上很多人发现,没完没了却又不得不应付的工作让他们疲于奔命,倍感困扰。他们老被时间驱赶追逐,从来没有工作做完的时候。为了治好这种匆忙感和忧虑,他们得到的建议是,头一天就把次日工作安排好。结果呢? 工作量增加了,却不觉得那么疲劳,还有成就感,还有结余的时间来休息和享受生活。

5. 最后——避免紧张和疲劳。放松! 放松!

再没有比紧张和疲劳更催老、对你的容颜更具破坏性的了。我的同事在波士顿思想控制课上听了一个小时,当时课程负责人保罗·E.约翰逊教授重温了大量我们已讨论过的规则——放松的规则。在我同事参加的那堂课中,十分钟放松练习后,她几乎坐在椅子上睡着了! 为什么要强调生理上的放松呢? 因为门诊经验知道,如果你要消除病人的忧虑,就必须让他们放松。

是的,你不得不放松自己! 奇怪的是,硬板床比弹簧床更有助于放松,因为硬板对脊背的抵抗力更大,对脊椎骨很有好处。

那么,下面就是一些你可以做的运动。先试一个星期——看看对你的容貌和性情有多大好处!

a. 每当疲倦时就平躺在地板上,尽量伸直身体。如果想翻身就翻,每天做两次。

b. 像约翰逊教授建议的那样,闭上双眼,说类似于这样的话:"旭日当空,天蓝星耀,自然宁静,主宰万物。我——自然之子,融入宇宙。"或者——更好的——直接祈祷!

c. 如果你没时间躺下来,坐在椅子上可以得到相同效果。硬而直的椅子最适合放松,像古埃及雕塑那样坐着,双手手掌向下平放在大腿上,手掌朝下。

d. 现在,慢慢收紧脚趾——然后放松。收紧腿部肌肉——然后放松。慢慢朝上,运动全身肌肉,一直到你的颈部。然后,让自己的头扎扎实实地四周转动,好像你的头是个足球。同时,不断地对你的肌肉说(如前章节所述):"放松——放——松——"

e. 从丹田部位提气,用舒缓平稳的深呼吸来镇静你的神经。印度的瑜伽技师说的对:有节奏的均匀呼吸,是迄今所发现的舒缓神经的最佳方法之一。

f. 想想你脸上的皱纹和皱眉头吧,将它们统统抹去。放松你能感觉到的眉毛之间和嘴角的愁纹,每天两次,这样你可能就不必去健身美容场所接受按摩理疗;或许这些皱纹会从内部瓦解,消失。

第二十六章

四个好习惯,助你防止疲劳和忧虑

良好的工作习惯1:
将桌上所有纸张全部清理,除了急用的之外。

芝加哥和西北铁路公司总裁董事长罗兰德·威廉姆斯曾经说过:"一个办公桌文山纸海的人,如果把桌子清理一下,只留下急需处理的,就会发现他的工作更容易,也更精确。我把这种清理称为清理家务,是提高效率的第一步。"

如果你去华盛顿特区的国会图书馆,就会看到天花板上漆着五个字,出自著名诗人波普:

秩序,是天国的首要法则。

秩序也是生意场上的首要法则。怎么会呢?不。我们的办公桌上通常堆满了好几周都没看过的资料。事实上,新奥尔良一家报纸的出版人告诉我,他的秘书帮他清理了一下桌子,结果两年来一直找不着的那架打字机浮出纸面。

仅仅是看到桌子堆满了没回复的邮件、工作报告和备忘录,也足以让你产生混乱,紧张和焦虑。更糟的是,它会不断让你产生日理万机没完没了的无力感。这会使你愁得患上高血压、心脏病和胃溃疡。

宾夕法尼亚大学医学院教授约翰·H.斯托克斯博士,在美国医疗学会全国大会上宣读过一篇论文《器官疾病并发症面目下的功能性神经官能症》。在这篇论文中,他在"病人心理状况研究"题目下列出11种情况,第一种是:

一种必须感或责任感,必做事务没个尽头。

但类似于清理办公桌、做出决定这样的基本工作程序,怎么能帮你避免紧张、"必须感"和"必做事务没完没了感"呢?著名的精神治疗专家威廉 L.萨德勒博士说,他曾用这种简单方法将一位濒临神经崩溃的病人挽救回来。此人是芝加哥一家大公司的高管。当他到萨德勒的诊所时,显得手足失措、神经质和焦虑。萨德勒明白,这人正在一步步走向崩溃,但他不能辞职,他要养家糊口。

"他对我讲述他的故事时,我的电话响了。"萨德勒博士说,"电话是医院打来的,我没有拖延,而是当场做出决定。如果可能,我总是当场处理问题。我刚挂上电话,铃声又响了,又是一件急事,我花了点时间讨论。接下来是第三次中断——因为一个重病人的事情,同事到我办公室来征求意见。这件事处理完毕,我回到拜访者面前,对让他久等表示歉意。但他却开心起来,他的面色看上去完全不同了。"

"大夫,别道歉了!"这个病人对萨德勒说,"刚才最后十分钟,我有个直觉,我的问题出在哪儿了。我现在就回办公室纠正我的工作习惯……但走之前,我能不能看一眼你的办公桌?"

萨德勒博士打开办公桌抽屉,除了几件简单必备物品,空空如也。

"请告诉我。"病人说,"那些未完成的工作你放哪儿?"

"完成了!"萨德勒说。

"那些没回复的信件你放哪儿呢?"

"都回复了!"萨德勒告诉他,"我的原则是,从不保存一封未回复信件,直到我答复了。我及时向秘书口授回复。"

六周以后,这位高管邀请萨德勒博士去他的办公室看看。他被改变了——他的办公桌也被改变了。他打开办公桌抽屉,里面看不到未完成的工作。这位高管说:"六周以前,我的两个办公室里共有三张办公桌,被我的工作资料盖得严严实实的。我的工作简直没完没了。和你谈话后,我回来清理办公室,报告和旧文件弄走了一马车。现在我只用一张办公桌工作,事情一到马上处理,所以,再没有堆积如山的事务让我紧张焦虑。最让我惊讶的是,我的工作驾轻就熟,身体也完全康复,而且再也没出过问题。"前美国最高法院大法官查尔斯·伊文斯·休斯说过:"人不会死于工作过度,却会死于挥霍和忧虑。"

良好的工作习惯 2:
轻重缓急,循序渐进

全国性大公司城市服务公司创始人亨利·L.多尔蒂说过,他发现,不管他付多高薪水,很难找到某个人同时具备以下两个才能:

这两种无法用价钱衡量的才能是:第一,思维才能;第二,按轻重缓急办事的才能。

查尔斯·拉克曼用了 12 年时间,从零开始奋斗为培普索登公司总裁,年薪达 10 万美元,另外还赚了百万美元。他把自己成功的原因,归功于自己兼备亨利·多尔蒂所说的万金难求的那两种能力。拉克曼说:

"就我能记起的,我每天早上5点就起床了,因为那时我的脑子要比其他任何时间都清醒——这样我就能更周全地计划一天的工作,按事情的轻重缓急来处理。"

富兰克·白特吉是美国最成功的保险推销专家一,他不会在早晨5点安排当天的工作,他在头一天晚上就计划好了。他替自己定下一个目标——一天推销多少保单;假如没完成,差额就加到第二天——依此类推。我的长期经验告诉我,一个人很难总能按照事情的轻重缓急做事情;但我也知道,一个循序渐进的计划肯定比临时抱佛脚好得多。

如果萧伯纳没严格执行这个原则,那他一辈子可能就是个银行出纳员,而成不了作家。他计划每天必须写5页以上。这个计划鼓舞他坚持了痛苦的9年岁月,即使这9年中他只挣到了30美元——每天大约1分钱。就连漂流到荒岛上的鲁滨孙·克鲁索都制定了一个计划,精确到小时。

良好的工作习惯3:
碰到问题时,如果条件允许,就当场解决,绝不拖泥带水。

我以前的一个学生H. P.豪威尔曾担任美国钢铁公司董事会成员,不久前去世了。他告诉我,董事会的会议总是拖沓冗长——问题讨论的多,做决定的却很少。结果就是:每位董事都带着一大包资料回家看。最后,豪威尔先生说服董事会,每次开会只讨论一个问题,并做出决定。不耽搁,不拖延。这样做也许需要补一些功课,也许和某事有关,也许没有;但在下一议题前,这个问题一定能形成决议。豪威尔先生对我说,会风改革的结果惊人地显著:陈年老账都清理了。日历上一干二净,董事们也大可不必大包小包回家加班了,大家不再有那种必做事务没完没了的痛苦感。

这是个很好的原则,不仅适用于美国钢铁公司董事会,也适用于你和我。

良好的工作习惯 4:
学会组织、分层负责和监督实施。

很多职场人士都在自掘坟墓,因为他们不懂把责任分摊给他人,坚持事无巨细事必亲躬。结果就是:被细枝末节和不清楚的事情弄得晕头转向。他们总被一种匆忙、焦虑、烦恼和紧张所驾驭。

我知道,要学会把责任分摊给其他人不容易,对我自己就难上加难。我也从我的经验里知道,错误的放权会导致灾难性后果;尽管如此,作为上级主管,如果想避免忧虑、紧张和疲劳,必须这样做。

一个干大事的人,如果不学会怎样组织、分层负责和监督实施,常常在 50 多、60 出头的时候因心脏病玩完。众所周知,心脏病通常由紧张和焦虑引起。要找一个例子吗?请看看当地报纸上的讣告吧。

第二十七章

疲、忧和恨源自厌倦,如何祛除

疲劳的主要成因之一是烦闷。为了说明这一点,我们拿艾丽丝为例吧。比如,艾丽丝是住在你街上的一位公司白领。一天晚上,艾丽丝下班回家,筋疲力尽。她的**一举一动都显得疲劳**,**的确也是**疲劳了。她头疼,腰酸背痛。她累得连饭都不想吃就想上床睡觉。在母亲的央求下,她才坐到餐桌前。正在这时,电话响了,男朋友邀她去跳舞!她顿时眼睛发亮,容光焕发。她冲上楼,换上漂亮的衣服……她一直跳到凌晨3点才回家,一点也不疲倦;事实上,她兴奋得觉都睡不着了。那么,八小时之前,当艾丽丝看上去很疲劳是真的吗?当然是真的。她疲劳因为她对工作厌倦,或许对生活也产生了厌倦。世界上的"艾丽丝"不计其数,也许你就是其中之一。

众所周知,在疲劳的形成中,你情绪状态所起的作用远大于体力上的支出。几年前,约瑟夫·E.巴马克博士在《心理学档案》发表一篇实验报告,实验显示了厌倦导致疲劳的成因。

巴马克博士安排一组大学生参加这一系列实验,他知道,这些实验内容他都不感兴趣。结果呢？学生们觉得疲倦,他们抱怨头疼、眼睛疼,想发脾气,甚至胃不舒服。这些都是"幻觉"吗？通过给他们做代谢试验得知,某人厌倦时,他体内的血压和氧气消耗都有所下降;而一旦他觉得工作有趣时,新陈代谢马上就会加速！

当我们做很有趣、令人兴奋的工作时,很少感到疲倦。比如,我最近在加拿大落基山脉的路易斯湖畔度假,好几天沿着小河钓鳟鱼。我在比我还高的乔木丛中探出一条路来,我被地上的原木绊倒,我必须从散落的木料里穿行;如此折腾了八小时,我却一点也不累。为什么呢？因为我兴奋,还有一种成就感：我钓了六条切喉鳟。但假设我对钓鱼毫无兴趣,那你觉得我会怎么样呢？

即使登山这类消耗体力的活动,可能也不如厌倦让你那么疲劳。比如,明尼阿波利斯农工储蓄银行总裁 S. H. 金曼先生给我讲过的一件事故,是这个论断的绝佳阐释。

1953 年 7 月,加拿大政府要求加拿大阿尔卑斯登山俱乐部为威尔士王子骑兵团爬山训练提供指导。金曼就是入选训练那些士兵的教练之一。他告诉我,他怎么和其他年龄介于 42 岁到 59 岁之间的教练带着那些年轻士兵,越过冰川、雪地,然后抵达 40 呎高的悬崖。在那儿,他们不得不用绳索以及极小、极不稳固的手脚支点往上爬。在加拿大落基山脉深处的小月河山谷里,他们爬过了迈克尔峰、副总统峰和一些未命名的山峰。经过 15 小时的爬山训练,那些年轻力壮的士兵们（他们刚接受六个星期残酷的突击队训练）全都累趴下了。他们的疲劳是不是因为他们的肌肉在军训中炼得不够结实呢？任何一个受过突击队军训的人都会对这荒谬的问题大声呵斥。他们疲劳,是因为对登山感到厌烦。许多士兵累得等不到吃饭就睡着了。可是,那些比士兵年长两三倍的教练们又怎样呢？他们也很累，却不至于累趴下。他们还熬了几小时夜，讨论白天的事情。他们没有疲倦到精疲力竭的地步，是因为他们热爱登山运动。

哥伦比亚大学爱德华·桑代克博士进行疲劳试验时，通过让年轻人保持兴趣而几乎一个星期不睡觉。据说，桑代克经过大量调研得出了如下结论："工作量降低的唯一真正原因是厌倦。"

如果你是一位脑力工作者，让你疲劳的原因很少是因为你的工作量。**你可能因为那些没有完成的工作而疲劳。**举例说，回忆一下前一个星期的某天，你的工作不断被打断，邮件没有回复，会见爽约，麻烦此伏彼起。一切都乱了套。你啥事也没干成，然而，你回家后却累垮了——还有偏头痛。第二天，你的工作如行云流水般顺利，工作量是前一天的40倍！但你回家时，神清气爽得就像一株洁白的栀子花。

从中学到了什么？那就是：我们的疲劳往往不是工作，而是烦恼、沮丧和忧愤引起的。

行笔至此，恰逢杰罗姆·科恩①欢快的音乐喜剧《画舫璇宫》重新演出，我就去看了。安迪船长在他最有哲理性的幕间穿插表演中说："能做自己喜欢做的事情的人，是最幸运的人。"

是的，因为他们体力更充沛，乐趣更多，烦恼较小，疲劳较少。

你兴趣所在的地方，也是你能量所在的地方。和一位爱唠叨的妻子散10个街区的步，比和一位让你心仪的人走10英里还累。

那又怎么了？你能怎么办呢？现在说说一位速记员小姐的故事。

---

① 杰罗姆·科恩（Jerome Kern, 1885—1945）：美国音乐剧史上最伟大的作曲家之一，被称为"现代美国音乐剧之父"和"美国剧场音乐先驱"。

这位女子在俄克拉荷马州塔尔萨城一家石油公司工作。每个月她都得花几天做一件所能想象得出的、这世界最无聊之一的工作:填写石油销售报表。这工作无聊到她出于自卫的本能、下决心让工作变得有趣。怎么办呢?她每天跟自己竞赛。她把上午填写的表格数量记下来,在下午争取打破纪录;再统计当天工作量,争取第二天超越。结果如何?她的速度比她部门任何人快得多。这样做她又得到什么了?表扬?没有;感谢?没有;升职?没有;加薪?没有……但确实有助于她防止疲劳——由厌倦带来的疲劳;还给了她心理上的"兴奋剂",因为她成功地将最无聊的工作变得有趣;她因此更有精力,更有热情,也从更多的闲暇时间里获得了快乐。

我恰好知道这个故事的真实性——因为我娶了那个女孩子。

下面是另一位速记小姐的故事。她曾经因为工作的事情大伤脑筋,后来就不是这样了。她发现,如果假装工作很趣,也会使人受益。她就是伊利诺伊州爱姆霍斯特城的维莉·G.戈顿小姐。她在给我的信中讲述了她的故事:"我们办公室共有四位速记员,分别为几个人服务。我们时不时把工作弄得一团糟。一天,一个部门主管非要我把一封长信重打一遍,我开始抗命了。我告诉他这信件只需改一改,没必要全部返工,他却撂下一句话——如果我不愿意他就找一个愿意的人!返工时,我突然意识到,如果我不愿意干,有的是哭着喊着抢这个职位的人呢。而且,别人花钱雇我干的就是这。我没那么难受了。我决定假装喜欢这个工作——尽管我恨得咬牙切齿。

"后来,我有个重要发现:如果**假装**喜欢这个工作,我**真的**会或多或少地喜欢上它。我还发现,如果我喜欢我的工作,效率就会提高,所以现在我很少加班了。我全新的工作态度为我赢得了优秀员工的声誉。当一位高级主管需要私人秘书时,他找到了我——他说我愿意做一些额外的工作而不抱怨!对我来说,心态转变带来的巨大力量是一个发现,真的创造了奇迹!"

汉斯·威辛格教授教导我们要**"假装"**快乐,等等。戈顿小姐正是运用了这奇迹般的**"假装"**哲学。如果你**"假装"**对工作有兴趣,这一点点假装会使你真的产生兴趣。还可能减少你的疲劳、紧张和烦恼。

几年前,哈兰·A.霍华德做了一个决定,他的人生因此被彻底改变。——他决心把一个乏味的工作变得有趣。他的工作是在中学食堂洗盘子、擦柜台、分发冰淇淋,确实乏味透顶;其他男孩却怎么去打球,要么跟女孩玩闹。霍华德厌烦这个工作,却无可奈何,于是他决定研究冰淇淋——冰淇淋是怎样做成的,里面有什么成分,为什么有的冰淇淋更好吃。因为研究这些,他成为高中化学成绩佼佼者。后来,他对食物化学产生兴趣浓厚,考进了马塞诸塞州立大学,主修食物技术。一次,纽约可可交易所提供100美元奖金,征集有关可可和巧克力应用的最佳论文——奖项面向所有大学生。你猜谁拿走了大奖?一点不错,正是哈兰·霍华德。后来他发现就业形势严峻,就在马塞诸塞州安姆荷斯特城自己家的地下室创办了私人化验室。不久,通过了一条新法律——牛奶所含细菌数量必须严格计数。哈兰·霍华德很快开始为本城14家牛奶公司计量细菌——生意太好,他不得不雇两个助手。

25年后他的情况如何呢?现在正经营食物化学业务的人大都将会退休,或去世;他们的事业会被有创造精神和热忱的青年人继承。25年后,哈兰·霍华德很可能成为这一行业里的翘楚之一;当年从他柜台买过冰淇淋的一些同学,可能过着苦日子,失业在家,咒骂政府,抱怨自己一直没机会。哈兰·霍华德如果不努力把一件无聊的工作变得好玩,恐怕他同样抓不住成功的机会。

几年前,另外一个年轻人也因为无聊的工作烦透了。他叫山姆,工作是站在一家工厂的机床前生产螺栓。他想辞职,又担心找不到工作。既来之则安之吧,山姆决心让工作变得有趣,于是和工友展开劳动竞赛。其中一名工友在自己车床削切粗糙的金属表面,其他人将螺栓修切到合适的口径。工人们会经常交换机床看谁能做出最多的螺栓。监工很喜欢山姆的这个高效而精确的工作法,给他换了个更好的工作——这只是一系列升职的开始。30年后,山姆——萨缪尔·沃克兰当上了鲍德温机车公司总裁。然而,如果不是他当初决心将一件枯燥乏味的工作变得有趣,他可能一辈子就是一个小技工。

著名电台新闻分析专家H.V.卡顿波恩曾告诉我,他是怎么把乏味的工作变得有趣的。他22岁时,搭乘一艘运牲畜的船横跨大西洋去欧洲。在船上他照料那些阉公牛,给它们添料加水。在骑自行车环游英国后,他去了巴黎,饥寒交迫,身无分文。他把照相机在典当行典当了5美元,然后在巴黎版《纽约先驱报》发了一个求职广告,找了个销售立体幻灯机的工作。我还记得当时那种仪器,支放在眼前,本来两幅图片看上去一模一样,但看的时候会出现奇幻效果,立体感幻灯机里面的两个晶状镜把两幅图片转化为一幅,呈现出三维空间。我们可以看到一个空间,有令人震惊的视觉感。

现在,言归正传。卡顿波恩开始在巴黎挨家挨户推销这种仪器。他连法语都不会说,却在第一年就赚了5 000美元业务费,成为当年法国收入最高的推销员。卡顿波恩告诉我,在他获取成功素质的塑造方面,那段经历和他在哈佛大学求学时每一年的收益一样大。这就是自信吗?卡顿波恩亲口告诉我,巴黎那段经历让他觉得他能把《美国国会备忘录》

卖给法国的家庭主妇。

那段经历还让他对法国社会非常内行,在此后的广播生涯里,那段经历成为他解读欧洲事务的无价之宝。

一个不会讲法语的人,是怎么在法国成为王牌推销员的呢?起初,他请老板用地道的法语把他要说的写下来,倒背如流。然后,他就去按人家的门铃,通常是家庭主妇开门。这时他就开始"背书",他带口音的法语显得糟糕而又好玩。他就拿出产品图片,主妇们咨询产品时,他就耸耸肩,念念有词:"我是一个美国佬……"然后他摘下帽子,把黏贴在帽子顶上的地道的推销术语指给主妇看。家庭主妇就会大笑起来,他也跟着大笑——趁机把更多的产品照片递上去。

卡顿波恩给我讲他的经历时坦承,这工作可一点也不容易,他之所以坚持下去,全靠一个能力:**变无趣为有趣**。他说,每天早上出门前,都要对着镜子里的自己打气:"卡顿波恩,**如果你要吃饭,就必须去干这事。既然非做不可——何不做得开心点儿?何不把自己想象成个演员,每次当你去敲门时,聚光灯打在你的身上,旁边就是大片观众正注视着你。反正,你现在做的事跟演戏没什么两样,为什么不投入点热忱和激情呢?**"

卡顿波恩先生告诉我,每天给自己打气,有助于他把以前既恨又怕的工作变成他喜欢的事业,而且得到了丰厚的回报。

我问卡顿波恩先生,能不能给那些迫切希望成功的美国青年一些忠告,他说:"当然。每天早晨跟自己打个气。我们老是强调身体锻炼在让自己从半睡半醒状态里醒过来的重要性,其实很多人还是浑浑噩噩的;其实我们更需要每天早晨做一些精神和心理上的磨炼,以使我们精神抖擞地投入行动。所以,每天早上给自己打打气吧。"

每天早晨给自己打气,是不是很傻帽、很肤浅、很孩子气呢?不是的,相反,这正是促成健康心理的精华。

"我们的生活,由我们的思想使然。"这句话在今天的意义,和被马克·奥勒留首次写于《沉思录》的 1800 年前同样掷地有声。每小时和自己谈谈,你能把自己引入勇气和快乐的思考、力量和淡定的思考;和自己谈谈那些必须感恩的人和事,你的内心会心潮澎湃,思绪飞扬。

积极思维能让你的工作不至于那么无趣。你的老板要你热爱工作,所以他能赚更多的钱。没错,但我们先不说老板要什么,只去想想对工作充满兴趣能给我们带来什么好处。提醒自己,那么做可能让你在生活中的快乐翻一倍,因为你除了睡觉,一半时间是花在工作上的;假如你无法在工作中获取乐趣,在别的地方也难以找到。不断给自己提个醒,对工作产生兴趣会带走你的烦恼;长远来看,还能让你升职、加薪;即使没这些利益,至少能将你的疲劳降低到最低程度,有助于你享受自己的闲暇时光。

第二十八章

防止因失眠而焦虑

如果你睡不好觉时,你会烦恼吗?如果会,那你可能会对世界知名大律师萨缪尔·安特梅尔的故事感兴趣——他一辈子没睡过一晚上安稳觉。他上大学时,为两个病痛而烦恼——哮喘病和失眠症。这两种病似乎治不好,于是他决定退而求其次——变不利为有利。他不再辗转反侧把自己给愁崩溃了,而是下床读书。结果呢?他在班级里门门功课拔尖,成了纽约市立大学的奇才。即便他做了律师后,失眠症仍如影随形,但他一点也不忧虑,他说:"吉人自有天相。"果真如此。尽管每天睡眠很少,他的健康却一直良好,体力能和纽约律师界的任何年轻同仁比拼,甚至更好,因为别人睡觉的时候,他还在工作。他在 21 岁时年薪已达 75 000 美元,其他年轻律师蜂拥到他出庭的法院实地向他取经。1931 年,他在一桩诉讼案中得到的酬金很可能是创造了最高纪录——100 万美元——立即现金付清。但他的失眠症仍未痊愈。他阅读到半夜,清晨 5 点起床,开始口授信函。大多数人刚开始工作时,他一天的工作差不多完成一半了。他几乎没睡一个安稳觉,却活到 81 岁;但如果他为此烦躁焦虑的话，他可能早就垮掉了。

我们一生有三分之一用于睡眠上——却没多少人明白什么是真正的睡眠。我们知道睡觉是一种习惯，是一种休息状态，我们被磨损的身体部件被缝合修复；但我们不清楚每个人需要睡几小时，我们甚至不清楚是不是**非睡不可**。难以置信吧？那听我讲吧，在第一次世界大战期间，一个名叫保罗·科恩的匈牙利士兵，大脑脑前叶被子弹击穿。他痊愈了，结果却够蹊跷的——他再也无法入眠。不管医生怎么折腾——用尽了各种镇静剂和安眠药，甚至催眠术，他就是睡不着，甚至一点睡意都没有。医生都说他活不了多久，他却"耍弄"了他们。他找到工作，生龙活虎地生活了很多年。他会躺下闭目养神，却怎么也睡不着。保罗·科恩的病例是一个医学之谜，颠覆了人们对睡眠的很多定论。

有些人比其他人需要多得多的睡眠。托斯卡尼尼①每晚只睡5个小时，柯立芝总统每天却要比他多睡一倍以上时间——每24小时就要睡11小时。也就是说，托斯卡尼尼睡去了他人生的五分之一，而柯立芝总统却几乎睡去了他人生的一半。

因为失眠而忧虑对你产生的损害，远远超过失眠本身。比如，我的一个学生——新泽西州里奇菲尔德公园的艾拉·桑德勒，因为长期失眠，差点被逼得自杀。他对我说："我都认为我肯定会疯了。麻烦在于，最初我**太能睡了**，非得闹钟响了才醒，结果常常上班迟到。我很烦恼——事实上，老板已经警告我，我必须准点上班。我明白，如果再睡过头，肯定饭碗不保。我对朋友们倾诉，其中一位向我建议，在睡觉前尽量把注意力集中到闹钟上，我的失眠症就这么来啦！那'滴答滴答'声和我

---

① 托斯卡尼尼（Arturo Toscanini，1867—1957）：著名意大利指挥家。

掐上了,弄得我翻来覆去睡不着,彻夜难眠!到天亮时,我差不多都病了——因为疲劳和焦虑。整整八个星期,我都找不到词汇来形容我遭的罪。有时我会在地板上走来走去几个小时,老实说,我甚至想从窗口跳出去彻底解脱算了!我坚信我会神经错乱。最后我找了一位老熟人医生,他说:'艾拉,我帮不了你。没人帮得了你,因为这完全是你自找的。每天晚上还是上床,如果不能入睡,就忘了睡觉这回事,就对自己说,我才不在乎呢,就算醒到天亮又怎么着。反正这样我也能休息。我照他说的去做,两星期后就能入睡了;不到一个月,我的睡眠就恢复到八小时,神经上也恢复正常了。"

要艾拉·桑德勒命的不是失眠症,而是因为失眠引起的焦虑。

芝加哥大学教授纳撒尼尔·克莱特曼博士在睡眠方面所做的研究,比任何世人都多得多。这位睡眠专家认为,他还没听说过任何人死于失眠。当然,一个失眠者可能一直到体质下降、甚至因病毒去世都处于焦虑状态,但元凶是焦虑,失眠症本身是无辜的。他还说,那些为失眠焦虑的人通常睡得比自己想象的要多。那些诅咒发誓说自己"昨晚眼皮都没合一下"的人,实际上可能睡了几个钟头,自己却不知情。举个例子吧。19世纪最有深度的思想家赫伯特·斯宾塞,终身未婚,住在寄宿在宿舍。他整天都喋喋不休地对别人说自己失眠,把别人烦得够呛。为了神经安宁,他甚至用耳塞来对付身外的喧闹,有时他甚至吃鸦片来催眠。一天晚上,他和牛津大学教授塞斯在旅馆同住一个房间。次日早晨斯宾塞说他整夜没合眼,其实塞斯才一宿没合眼呢——斯宾塞一夜鼾声如雷,吵得他没法睡。

睡安稳觉的第一个前提条件就是安全感。我们需要感觉到某种比我们强大的力量会庇护我们,直到天亮。托马斯·希斯洛普博士供职于大西区精神病院,在英国医学会的一次发言中,他强调了这一点。他说:"就我多年的从业经验而言,催眠的最佳媒介之一是——祷告。我这么说,纯粹是出于一个医疗研究者的身份和角度。在习惯性祈祷者心目中,祈祷活动被看成是所有心理抚慰和神经镇静中最丰富和标准的事物。"

"上帝保佑——随他去吧!"珍妮特·麦克唐纳告诉我,她郁闷、焦虑和失眠时,她总能通过反复吟"诵赞美诗第23"找到"一种安全感"。

> 上帝是我的牧者,
> 我别无所需,
> 他使我躺卧于青草地,
> 领我到安静的水边,
> 他使我的灵魂甦醒,
> 为自己的名引导我走义路。

但如果你不信教,就更费事些——那就学会通过生理方式来放松吧。对此,著有《从神经紧张中释放》的戴维·哈罗德·芬克博士说,最好的方式是和自己身体**交谈**。在他看来,语言是一切催眠法的关键。如果你持续失眠,那是因为你把自己**谈进了**失眠状态。解决办法是把自己"解除催眠"——你可以这样对自己身上的肌肉说:"来吧,放松——彻——底——放——松——"我们已经知道,肌肉紧张时,心理和神经就不可能放松。所以,如果我们想入睡的话,就必须从放松肌肉着手。芬克博士推荐过的——也经实践验证过的方法是——在膝部下面放一个枕头舒缓腿部紧张;同样道理,还可以把几个小枕头垫在手臂下;然后,对自己的下颚说"放——松——",再对眼睛、手臂和双腿说"放——

松——";最终,我们就会在不知不觉中安然入梦了。

这种方法我试过,我知道能行。另一种治疗失眠的最好方法就是让自己身体疲劳。你可以打理花园菜园、游泳、打网球、打高尔夫球、滑雪,或者简单却费神的体力劳动。著名作家西奥多·德莱塞就是这么做的。当他还是一个为生活挣扎的年轻作家时,也为失眠烦恼过。于是,他去纽约中央铁路公司找了个路段道工工作。在干了一天铆钉、铲石活后,累得几乎饭没吃完就睡着了。

如果我们累得够呛,即使走路时,我们的身体系统也会强迫我们入睡。举例说明。13岁时,我老爸用船运了一卡车量的肥猪去密苏里的圣乔伊。由于他搞到了两张免费火车票,就带上了我。在那以前,我从来没去过一个人口超过4 000人的城市,所以当我们到了有6万人的圣乔伊时——可见我那个兴奋劲啊!我看见了6层高的摩天大厦——还有稀罕中的稀罕——我看见了一辆有轨电车!度过了我最精彩刺激的一天后,老爸和我坐火车返回密苏里州的拉文伍德。我们是凌晨两点到那儿的,不得不走4英里路才回到农场。这个故事想说的是:我累得走路时都在打瞌睡做梦,骑马时也经常打瞌睡。现在,我还能活着给大家讲我的光辉岁月。

当一个人精疲力竭时,即使闪电雷鸣、即使处于战争的恐怖和危险之下也能安然就寝。神经学专家福斯特·肯尼迪博士告诉我,1918年英国第五军团撤退时他就目睹过,士兵们累得倒下就睡得昏过去似的;即使他用手掰开他们的眼皮,他们也醒不来。"从那以后,每当我睡不着时就把眼珠翻成那个样子。我发现,不出几秒钟就哈欠连天。这是一种自动反应,我控制不了。"

从来没人以不睡觉的方式来自杀,也不会有人这么做。不论他有多强的意志力,自然法则都会迫使他入睡。自然法则允许我们不进食不喝水的耐力,远远大于不睡觉。说起自杀,让我想起亨利·C.林克博士在他的专著《人的再发现》一书中描述过的一件事情。林克博士是心理诊所副所长,会见过很多有忧虑和抑郁问题的人士。在"论消除恐惧和忧虑"一章里,他谈到一个想自杀的病人。他知道,争论只会使情况恶化,就这样对他说:"如果你非自杀不可,你至少也要死得像个爷们。你就绕着这街区跑,直到累死为止吧。"那人果然"做爷们"去了。不只一次,每一次都使他觉得好受一些——如果不是肌肉好受了点,就是心理上好受了点。到了第三天晚上,那"爷们"终于达到了林克博士最先就想要的目的——他累趴下了(其实也彻底放松了),睡得像一根木头似的。后来,这位病人加入一个体育俱乐部,参加各种竞技比赛,不久他觉得生活真美好,无论如何也要活下去了!

所以,为了不因失眠而焦虑,谨记如下 5 个方面:

1. 如果你无法入睡,就像萨缪尔·安特梅尔那样起来工作或看书,直到到你睡意来了为止。

2. 记住,从来没人因睡眠不足而死亡。对失眠的焦虑对你的损害,远比失眠本身对你的损害更严重。

3. 试着祷告——或反复吟诵赞美诗第 23 篇,就像詹妮特·麦克唐纳那样。

4. 让你的身体彻底放松。

5. 多运动,让你身体累到无法保持清醒。

小结
六招防止疲忧、神清气爽

规则 1

在疲劳之前休息。

规则 2

学会在工作时放松情绪。

规则 3

学会在家放松情绪。

规则 4

运用 4 个良好的工作习惯：

a. 将桌上所有纸张全部清理，除非急用之外。

b. 办事要讲究轻重缓急，循序渐进。

c. 碰到问题时，如果条件允许，就当场解决，绝不拖泥带水。

d. 学会组织、分层负责和监督实施。

规则 5

对你的工作倾注热情。

规则 6

记住，从来没人因睡眠不足而死亡。对你造成危害的——是对失眠的焦虑，而不是失眠本身。

第八部分

"我是如何战胜忧虑的"

——31个真实故事

洛克菲勒靠什么多活了45年

约翰·D. 洛克菲勒（世界石油大王、前世界首富）

33 岁时，约翰·D. 洛克菲勒赚到了他的第一个 100 万美元；43 岁时，他建立了世界上最大的石油公司标准石油公司。那么，53 岁时他情况又如何呢？焦虑找到了他。焦虑和高度紧张的生活拖垮了他的健康。53 岁的他"看起来像一具木乃伊"——他的传记作家之一约翰·K. 温克勒这样描述他。

53 岁时，洛克菲勒患上了一种神秘的消化系统疾病，头发全部掉光，连眼睫毛也脱光，只一小缕眉毛依稀犹存。

温克勒说："他情况十分严重。有段时间，他被迫依靠人奶存活。"

医生诊断他患上了"脱发症"——一种纯粹的神经性疾病。顶着个亮光脑袋有点雷人，他不得不戴上一顶无帽檐便帽。后来，他又订制了一些假发——每个出价 500 美元，直到去世，他都戴着这些银灰色的假发套。

洛克菲勒本来壮如铁打钢铸。他在农场长大，虎背熊腰，身材挺拔，健步如飞。然而在 53 岁——绝大多数男人的壮年巅峰期的这一年，洛克菲勒的双肩开始下垂，走起路来开始摇晃。

"照镜子时，洛克菲勒见到的是一位老人。"另一位传记作家约翰·弗林这样描摹他，"无休止的工作、没完没了的烦恼、长期不良的生活习惯、失眠的夜晚,以及运动和休息的缺乏,已夺去了他的健康,拖垮了他。他是世界上最富有的人,却不得不只能吃些连穷人也会撇嘴皱眉的食物。当时他的收入高达每周 100 万美元——但每周他吃掉的所有食物恐怕只值两美元！医生只允许他吃酸牛奶和几片饼干。他的皮肤失去光泽——看上去像是老羊皮紧紧裹在他的骨头上。金钱对 53 岁的他来说,除了能买到最好的医疗保命,毫无意义。"

洛克菲勒究竟怎么了？烦恼、担惊受怕和高压的生活。事实上,是他亲手将自己"推"到了墓地边缘。

据那些了解他的人说,洛克菲勒早在 23 岁时就认定了自己的目标并紧追不舍。他的朋友说:"除了生意上的好消息,任何事情都无法令他眉开眼笑。"每大赚一笔,他都会兴奋得先跳一阵"战舞"①,然后——他会将帽子扔到地上,跳起"吉格舞"②;可一旦亏钱了,他就会病倒！有一次,洛克菲勒通过大湖区船运价值 4 万美元的粮食,没买保险——因为太贵:150 美元！那个晚上,伊利湖突遇一场大暴风雨。洛克菲勒怕极了他的货船出事,以致他的生意伙伴乔治·加德纳早上去他办公室时,看到他正急得团团转。

"赶快！"他声音都在发颤,"看看现在还能不能投保……也许还来得及。"

加德纳赶到城里,买到了保险,但当他回到办公室时,发现洛克菲勒情绪更糟糕。原来船主发来电报,说货物已卸,未受暴风雨袭击。因为白白"浪费"了 150 美元,他伤心到不得不回家卧床休息。想想吧,当时他

---

① "战舞":一种军队舞蹈,常在战前或胜利后跳。
② "吉格舞":一种轻快舞蹈。

公司每年的营业额达到50万美元,却为了区区150美元如丧考妣,甚至要卧床休息!

洛克菲勒没时间游玩,没时间休闲,除了赚钱和去"主日学校"①授课,他没时间干任何事。

当乔治·加德纳和其他3位朋友以2 000美元的价格买下一艘二手游艇时,洛克菲勒吓得目瞪口呆,连船都不上。

那是一个星期六下午,加德纳发现他还在办公室工作,就恳求他:"走吧,约翰,我们乘船去转转吧,生意放一放,稍微轻松一下吧。"

"乔治·加德纳,你是我见过的最奢侈的人。"洛克菲勒瞪着他,警告说,"你在破坏自己的银行信用——也是我的信用。第一件事就是毁了我们的生意。不,我才不坐你的游艇呢——我甚至看都不想看一眼。"

那个下午,洛克菲勒始终没离开他的办公室一步。

缺乏幽默感,缺乏通融是贯穿洛克菲勒商业生涯的特点。多年后,他说:"每晚就寝前,我没有一次没告诫自己,我的成功随时可能转瞬即逝。"

坐拥数百万美元,他却忧虑得睡不了个安稳觉。他没时间游玩和娱乐,从未进过戏院,从未玩过纸牌,从未参加过聚会。正如马克·汉纳说的那样,这个人为金钱而疯狂,"在别的事上他都正常,独独对金钱走火入魔"。难怪他的健康会垮掉。

洛克菲勒曾在俄亥俄州克利夫兰对一位邻居袒露心声,说他"需要被人爱"。然而,他太冷漠、太多疑,人们大多对他敬而远之。大银行家摩根就曾拒绝和他做任何生意,他轻蔑地说:"我不喜欢那人,我不愿和

---

① "主日学校"(Sunday School):指基督教教会在星期天开办的少儿宗教学习班。

他有任何关系。"

即使洛克菲勒的亲哥哥也恨透了他,甚至将自己孩子的遗体从家族墓园里移走。他说:"我不会让我的亲骨肉在约翰·洛克菲勒的土地上安息。"

洛克菲勒的职员和同事对他只有敬畏。可笑的是,他也怕他们——怕他们一出办公室就乱说乱讲,"泄露商业秘密"。他对人性毫无信心,以至于有一次和一位独立炼油商签订一个十年期合同时,他要求那位商人向他保证不对任何人说起这事,甚至包括他的妻子!洛克菲勒的座右铭是:"闷声发大财。"

在他的事业如日中天之时,财富如维苏威火山金黄岩浆一样流入他的金库,他的私人世界却土崩瓦解了。公开谴责标准石油公司强盗式敛财行为的书籍和文章铺天盖地而来,比如,洛克菲勒和铁路公司之间的秘密回扣,以及对所有竞争者的无情排斥。

在宾夕法尼亚州产油地区,洛克菲勒是世界上最遭人痛恨的人。那些被不当竞争手段打败的对手,对他的模拟像施行绞刑;很多人恨不得将绳子套在他那萎缩了的脖子上,把他吊死在一棵酸苹果树上。充满硝烟味的信件潮水般涌进他的办公室——威胁要他的老命。洛克菲勒不得不雇用保镖。他试图对这些飓风般的敌意视而不见,曾经不以为然地说:"如果你们以为这样能让我改变自己的行事方式,就尽管对我破口大骂吧。"

然而,洛克菲勒发现自己毕竟是一个凡人,他无法忍受人们的仇视以及自己的忧虑。他的身体出问题了。他被新的敌人——从他体内向他发起攻击的疾病——弄得错愕不已,措手不及。

最初,"他对自己偶尔的不适秘而不宣",试图对自己的病置之不理,但是,失眠、消化不良、掉头发——所有焦虑和崩溃的身体症状,瞒是瞒不了的。最终,他的严重病情被医生实言相告,他只有两个选择:要么要他的金钱、他的焦虑,要么保命。医生们警告他:他要么退休,要么等死。这一次,洛克菲勒选择了退休。但在退休前,烦恼、贪婪、恐惧已拖垮了他的健康。美国著名女传记作家艾达·塔贝尔第一次见到洛克菲勒时非常震惊,她写道:"那是一张苍老得可怕的脸,如此苍老的人,我是头一遭见到。"

苍老?怎么会呢?当时洛克菲勒比重新夺回菲律宾的麦克阿瑟将军还年轻几岁呢!但他的身体竟衰老到令塔贝尔深感同情。当时她正在写一本批判标准石油公司及其代表的利益集团的大作,她绝对没任何理由去喜欢这个一手打造出标准石油公司这个"巨型大章鱼"的人。然而,当她目睹洛克菲勒在"主日学校"教书时,用焦急的眼神在四周孩子们脸上寻找什么,她说:"我有一种出乎意料的感觉,这种感觉与日俱增。**我为他悲哀!**我不知道还有什么比恐惧更可怕的伴侣。"

为了挽救洛克菲勒的生命,医生们为他订立了三条规则。这三条规则,他严格执行并终生不渝:

1. **避免烦恼。在任何情况下,绝不因为任何事而烦恼。**
2. **放松心情,适当进行不剧烈的户外活动。**
3. **注意饮食。始终只吃个半饱。**

洛克菲勒严格遵守了这三条规则,可能因此救了自己的命。他退了休,学会了打高尔夫球,爱上了园艺,经常和邻居们聊天;他还玩游戏,唱歌。但他还做了别的事。温克勒说:"在那段痛苦煎熬的日子和不眠之夜里,洛克菲勒终于有时间自我反省了。"他开始为他人着想,他头一次不去想自己能**赚**到多少钱,而是反思金钱究竟能买来多少人间的幸福。

总之，现在的洛克菲勒开始把数百万美元**捐赠**出去。不过，有时候送钱也不容易。当他提出向一个教会捐款时，全国各地的神职人员报以雷鸣般的怒吼："不要赃钱！"但他毫不气馁，坚持捐款。当他得知密歇根湖畔一所小学院因财务紧张无法还贷被迫关闭时，立刻施以援手，注入数百万美元，将其建成今天举世闻名的大学——芝加哥大学。

他开始帮助黑人。比如塔斯克基大学急需资金完成黑人教育家乔治·华盛顿·卡尔文的志愿，洛克菲勒就捐款给他们。

洛克菲勒还出资抵御钩虫病。当他听到著名肠道病权威查尔斯·W.斯泰尔斯博士说："只需5角钱的药就能为一个人治好这种在南方肆虐的病——但谁出这5角钱呢？"洛克菲勒站了出来，他捐了数百万美元扑灭了这个陷南方于困境的灾难。

后来他采取了进一步的行动。他筹建了庞大的国际基金会——洛克菲勒基金会，在世界范围内消除各种疾病和愚昧。

说到这儿，我谨向这项伟大事业致敬，因为我的命可能都是从洛克菲勒基金会那儿捡回来的。1932年我在中国时北京流行霍乱的景象历历在目。我记得，那些中国农民像蚊蝇一样死去。在一片恐怖中，我们得以来到洛克菲勒医学院①注射疫苗，以免受感染。在哪儿，无论外国人还是中国人，都一视同仁。那是我第一次懂得了洛克菲勒的金钱对于世界的正面意义。

在洛克菲勒基金会之前的漫长历史上，这种丰功伟业前所未见，甚至有点类似的都没有。洛克菲勒知道，世界各地的有识之士正在进行大

---

① 洛克菲勒医学院：即现在北京协和医院的前身，于1917年由洛克菲勒基金会出资创立。

量有意义的活动。各项科学研究在进行着,一所所学校建立起来了,医生为战胜疾病而努力——但是,这类高脑力工作常因经费匮乏而夭折。洛克菲勒决定对这些人类文明的开路先锋们给予一些帮助——不是"将他们接管过来",而是资助他们完成自己的工作。

今天,所有人都应该对洛克菲勒致敬。在他的资助下,有了青霉素的奇迹。我们应该感谢他使我们的孩子不再因脊骨脑膜炎而死亡——过去,每5个脊骨脑膜炎感染者中就有4个死去;我们应该感谢他,在他的资助下,我们在对付疟疾、肺结核、流行性感冒、白喉和其他疾病中取得了大量进展。在洛克菲勒的资助下,还有大量其他科学上的发现。

洛克菲勒自己呢?他把钱捐出去后是否获得了心灵的宁静?是的,他终于感觉到满足了。艾伦·尼文斯说:"如果公众认为1900年后的洛克菲勒还在因社会对标准石油公司的攻击而耿耿于怀的话,那就大错特错了。"

洛克菲勒很开心。他完全变成了另一个人,没有丝毫忧虑。事实上,当他被迫承受事业中最大一次打击时,他甚至不愿因此而失去一个晚上的睡眠。

事情是这样的:根据美国政府的裁决,洛克菲勒一手创立、发展壮大的标准石油公司是垄断性公司,直接违反了反垄断法律,被处以"史上最重罚款"。这场官司热热闹闹打了五年,全国最优秀的律师都投入到这场无休无止的官司之中,但标准石油公司最终败诉。

法官凯纳索·南迪斯做出判决后,辩方律师担心年迈的洛克菲勒承受不了,但是他们不了解此一时彼一时了。

那天晚上,一位律师打电话给洛克菲勒,尽量委婉地和他讨论判决书,还安慰他说:"洛克菲勒先生,希望你不要因为这项判决而烦恼,希望你睡个好觉。"

洛克菲勒怎么回答的？他在电话那边很洒脱地说："别担心，约翰逊先生，我**本来就打算**好好睡一觉的。你也别为了这事烦恼。晚安！"

此话竟出自一个因 150 美元损失而心痛到卧床不起的人口中？是的，约翰·洛克菲勒用很长时间才战胜了烦恼。他在 53 岁时"等死"——最终却活到了 98 岁！

本杰明·富兰克林怎么战胜忧郁

以下是富兰克林写给约瑟夫·普里斯特莱的一封信。当时乔瑟夫·普里斯特莱应邀出任谢尔本伯爵图书馆馆长,特地向富兰克林请教。在这封信中,富兰克林讲述了自己如何在没有烦恼的情况下解决问题。

亲爱的先生:

你向我咨询的那些问题对于你如此重要,如果没有充分验证,我无法仓促地建议你**做出什么决定**;但如果你不介意,我会告诉你**怎么做决定**。

有些情况之所以棘手,主要是因为我们在考虑对策时,支持和反对的理由并没同时出现在我们的脑子里。有时候支持的理由出现了,另一方却缺失了;有时又顾此失彼。由于各种目的和态度倾向交替出现,我们也就茫然失措了。

为了克服这种情况,我的方法是:拿一张纸在中间画一条线将其分成两栏,一栏写上"正",另一栏写上"反"。在三四天斟酌期间内,我把不同时间内所能想到的问题,以正反因素简略写在不同栏目下。在全部写完后,先看一遍,然后我对各方面的轻重分量认真评估,反复权衡。如果我发现两边分量相等,我就把它们都画掉。

如果发现一个"正"的分量等于两个"反"分量,就将3个一起画掉。如果我断定两个"反"分量可以和3个"正"相当,我就将5个全都除掉。按照这种办法,我最终一定能找到差异所在。如果经过一两天进一步的衡量没有发现新的情况,我就下宰子了。

尽管每个因素的分量不可能像数学那么精确,但每个因素都是在单独斟酌和比较分析后呈现在我的面前,我认为我能做出更好的判断,而不太可能草率行事。事实上,我已经从这种姑且可以叫做"道德代数"或"慎重代数"的方程式里发现了巨大的优势,获益匪浅。

衷心希望你能做出最明智的决断。

你永远最真挚的朋友:

本杰明·富兰克林

1772年9月19日于伦敦

六件麻烦事同时击中了我

C. I. 布拉克伍德(俄克拉荷马城黑木商学院创建人)

1943年夏天,似乎世界上一半的糟心事都落到了我的头上。

四十多年来,我一直过着正常的、无忧无虑的生活,平时遇到的不过是做丈夫、父亲、商人经常碰到的小问题。这些问题通常可以轻而易举地予以化解,但是突然间——六大难题同时将我击中。因为不得不面对这六大麻烦,我通宵辗转反侧,非常惧怕白天的来临。

1. 我创办的商学院处于财务破产边缘,原因有二:所有的男生都从军去了;大多数未受商业教育的女生在军工企业赚的钱,比在商学院毕业后就职于商业公司的女生高。

2. 我的大儿子正在部队服役,和天下所有军人的父母一样,我为他的安危牵肠挂肚。

3. 俄克拉何马市政府开始征用大片土地修建机场,父亲留给我的房子正在这片地的中央。我了解到我或许只能获得房屋价值十分之一的补偿金,而且,更糟的是,我可能失去家园。由于住屋短缺,我担心不能为一家六口人另找一处容身之地。我担心我们可能不得不去住帐篷,我甚至担心能不能买到一顶帐篷。

4. 因为附近开挖了一条大排水渠,我的水井干涸了。挖个新井要花500美元,但因为这块土地已被征用,无异于把钱白白扔了。两个月时间内,我不得不每天一大早就去很远的地方提水回来喂牲口。我担心战争结束前,我会天天如此劳顿。

5. 我家离学校有10英里远,而我使用的是B级汽油卡,这意味着我不能购买任何新轮胎,为此,我很担心——我那辆破"福特"的旧轮胎报废后,我怎么去上班。

6. 大女儿提前一年中学毕业,一心想上大学,可我没钱供她。我想她会伤透了心。

一天下午,我枯坐办公室为这些麻烦发愁。似乎没人比我的麻烦更多,于是我决定将这些麻烦全写下来。我并不在意有机会和艰难险阻搏斗以激发我的斗志,但现在这些困难似乎完全超出了我的控制力。所以,我把这些麻烦事打印下来,仅供存档。

几个月后,我都忘了这件事了。一年半后的一天整理文件时,我又看到这张罗列了差点令我崩溃的六大难题的单子。我饶有兴趣地重温了一遍,受益匪浅。现在我知道,这些"噩梦"没有一个真正发生。

情况是这样的:

1. 担心商学院关门毫无必要。政府开始委托商学院为训练退伍军人并拨出专款,我的学院很快满员。

2. 担心儿子的安危也无必要。直到战争结束,他连一点皮外伤也没受。

3. 担心土地被征收兴建机场是多余的,因为在我农场1英里内打出了石油,征用土地的费用使建机场的计划停摆。

4. 担心没水井打水喂牲口也没必要。当我知道土地不再被征收后,立刻投钱挖了一口深井,水源充足。

5. 担心轮胎破裂也没必要。我将旧轮胎翻新,小心开车,结果轮胎一直没坏。

6. 担心女儿的教育问题也是多余的。在开学前 60 天，我奇迹般地得到一个兼职审计工作——赚的钱使我能从容地将她送进大学。

我常听人说，我们所担心、所忧虑、所烦恼的事情百分之九十九都不会发生。对这个老生常谈我一直不以为然，直到我碰巧找出一年半前那个凄惨下午打出来的"闹心单"时，才信以为真。

尽管我曾经杞人忧天白白折腾，现在的我却对此经历心存感激，因为它给了我终生难忘的教训：为了那些尚未发生——在你的控制之外、也可能永远不会发生的事情备受煎熬，很傻，很悲摧。

请记住，今天就是你昨天所担心的明天。扪心自问：我怎么知道自己担心的事明天必然会发生呢？

我能在一小时内变成"乐和族"

罗杰·W.巴布森(著名经济学家)

每当我发现自己对眼前的境况感到沮丧时,我能在一个小时内将沮丧全部消除,使自己成为一名兴高采烈的"乐和族"。

下面就是我的做法。

走进书房,闭上眼睛,走到历史书架前。在睁眼前伸手随意抽出一本书,不管拿到的是普雷斯科特的《征服墨西哥》,还是苏维托尼亚斯的《12位恺撒生平》。趁眼睛还闭着时信手翻开一页,然后睁开眼睛,认真阅读一个小时。读的越多,就越能深刻地认识到这个世界始终笼罩在巨大苦难中,认识到人类文明一直处于摇摇欲坠的边缘,认识到在历史的页面里,总是回荡着战争、饥荒、穷困、瘟疫和人我互残的惨烈声音。

经过一个小时阅读之后,我常有醍醐灌顶之感:即使现在情况不佳,也比以前好多了。这种顿悟使我客观看待自己的困境,同时明白这个世界就整体而言,还是在朝着更好的方向发展。

这个方法值得用一整章来介绍。阅读历史吧!试着将自己的眼光定格于1 000年之远——从永恒的角度来看,你会发现自己那点烦恼是多么微不足道。

我怎么摆脱自卑感

艾默·托马斯（俄克拉荷马州前参议员）

15岁时，我常被烦恼、恐惧和自卑所侵扰。我长成与年龄极不相符的大傻个，却瘦得一根竹竿似的。我身高6.2英尺，体重只有118磅。①我身体很虚，完全无法和其他男生在棒球场或田径场上同场竞技。同学们常拿我开涮，叫我"马脸"。我烦恼和自卑得不敢见人——其实也很难见到人，因为我在农场的家离公路很远，四周被浓密的原始森林包围着；我家离高速公路有半英里远，除了父母、哥哥、姐姐，有时整个星期都难见一个生人。

我的窘迫和恐惧强烈到难以描述。每天，每个小时我都在为自己的大傻个和弱不禁风的身体担惊受怕，脑子里几乎空无他物。如果我任凭烦恼和恐惧煎熬，这一辈子早就毁了。母亲当过教师，知道我的感受，对我说："儿子，你应该好好读书，你应该靠脑子吃饭，因为你的身体以后肯定会碍事。"

由于父母却没能力供我上大学，我知道只能自力更生了。于是，冬天我就捕猎负鼠、臭鼬、貂和浣熊，春天我把兽皮拿去卖4美元，然后我用这4美元买回两只小猪。我先用剩菜剩饭再用玉米饲养这两只小猪，在

---

① 身高体重分别为183.5米、53.64公斤。

第二年秋天将它们卖掉,赚 40 美元。

带着这笔从两只猪身上赚来的钱,我前往印第安纳州丹维尔市的中部师范学院。读书期间,我每周的伙食费只有 1.4 元,房租只有 5 角。身上穿着母亲为我缝制的棕色衬衫(显然,她选用棕色布是为了耐脏)。我穿的西服是父亲的,很不合身。那双高帮鞋也是父亲的,同样不合脚。鞋帮有松紧带,穿的时候就会变大。自从松紧带坏了,走路时一不小心鞋子就会掉下来,丢死人了。我不敢和其他同学交往,常常闭门看书、学习。当时我最大的愿望,就是能够在商店里买几件合身的、不让我感到丢脸的衣服。

不久后发生的四件事,让我克服了忧虑和自卑感。其中一件事给了我勇气、希望和信心,并完全改变了我的人生。

第一件事:进师范学院仅仅八周,我参加了一项考试,获得一张"三级证书"——使我有资质在乡下公立学校教书。尽管这张证书的有效期只有短短六个月,但它意味着当时有人对我的信心——这是除母亲之外,我第一次获得别人的肯定。

第二件事:位于快乐谷的乡村学校董事会聘我去兼职,日薪 2 元或月薪 40 元。这是别人对我有信心的更大证据。

第三件事:领到第一份薪水后,我立马去商店买了几件穿上后不再让我窘迫的衣服。现在即使给我 100 万,也没当初几块钱从商店里买来的第一套衣服让我兴奋。

第 4 件事:这是我生命中真正的转折点,是我与忧虑和自卑的搏斗中取得的第一次最大胜利。那是在印第安纳州贝恩桥举办的年度普特南县博览会上,母亲极力鼓励我参加一项由博览会主办的公开演说比赛。对我来说,这想法简直是痴人说梦。我连对一个人说话的勇气都没有,何况面对一大群观众。但母亲对我的信心几乎让人产生同情,她对我的前途充满了巨大的梦想——她是为自己的儿子而活的。

母亲的信心终于鼓舞了我,我参加了比赛。我选择了唯一适合我的演讲题目:"美国美术和人文艺术"。坦率地说,准备讲稿时我甚至不知道"人文艺术"是怎么回事;不过不要紧,因为听众们也不懂。我记得,我将那篇文采飞扬的演讲稿背得滚瓜烂熟,对着树木和奶牛练习了100遍。因为母亲的缘故,我极想好好表现一番,演说时肯定情感非常投入。观众中传来喝彩声。不管怎样,我得了一等奖,我被眼前的一切吓傻了。那些曾讥笑我、嘲弄我、叫我"马脸"的男生们,现在拍着我的背说:"艾摩,我就知道你行。"母亲抱着我哭了。

当我回顾过去,我认为赢得这场比赛是我人生的转折点。当地报纸在头版对我做了报道,并对我的前途做了一些预测。我在当地一下成了名人。当然,更重要的是,它让我的自信骤增百倍。现在我明白,如果没在那次比赛中获胜,我恐怕永远也当不了美国参议员。这件事提升了我的眼界,拓宽了我的视野,还让我意识到自己具备从未想象过的潜力。而且,对我更重要的是,演讲大赛的奖品是中部师范学院一年的奖学金。

当时我渴望多学点知识,所以从1896年到1900年,我把教学和学习时间分为几部分。为了支付德堡大学的学费,我在餐馆当招待,我照料锅炉房,我修剪草坪,我还当记账员;暑假,我就去麦地和玉米地干活,还在一处公路工程中搬运石头。

1896年,我才19岁时,却发表了28场演讲呼吁人们投票选威廉·詹尼斯·布莱恩当总统。为布莱恩助选给我带来的兴奋激发了我步入政界的兴趣。因此在进入德堡大学后,我选修了法律和公开演说课程。1899年,我代表学校参加了对阵巴特勒学院的辩论赛。比赛在印第安纳波利斯市举行,题目是"美国参议员是否应由普选产生",在这场比赛中我再次获胜,并成为1900级级刊《幻境》和校报《智慧女神帕拉斯》的总编辑。

从德堡大学获得学士学位后,我接受赫瑞思·格里利的建议——只是没去西部,而是来到西南的俄克拉荷马。当印第安人的基奥瓦部族、科曼奇部族和阿帕奇部族的保留地开放后,我申请了一块地,还在俄克拉荷马的罗顿市开设了法律事务所。

我在州参议院服务了13年,在州下议院服务了4年。在50岁那年,我终于实现了自己一生的夙愿——从俄克拉荷马入选美国参议院。从1927年3月4日起,我担任参议员至今。自俄克拉荷马和印第安领地合并组成俄克拉荷马州后,我一直荣幸地获得本州民主党提名——先是州参议院,后是州议会,最后是美国参议院。

我讲这些陈年往事,并不是炫耀自己早成烟云的成就,可能也引不起任何人的兴趣。我衷心希望为那些正为烦恼、羞怯和自卑困扰的可怜年轻人们提供一些勇气和自信——想当初,当我穿着父亲的旧衣服和那双走路时几乎要脱落的高帮鞋时,那种烦恼、羞怯和自卑差点毁了我的生活。

(编者注:一件有趣的事是,艾摩·托马斯年轻时曾因衣服不合身而羞窘,后来被选为美国参议院最佳着装男士。)

我驱赶烦恼的五个办法

威廉·莱顿·菲尔普斯教授

> 我有幸在耶鲁大学菲尔普斯教授去世前不久和他共度一个下午,这是他消除烦恼的五个办法——根据我们谈话整理出来的。
>
> ——戴尔·卡耐基

办法之一

我在 24 岁时,视力突然出了问题。看书不到三四分钟,眼睛就像扎满了针头一样刺痛;即使不看书,对光线也敏感到不敢面对窗口。我遍访纽黑文市和纽约市最好的眼科大夫,却都丝毫没有起色。每天下午 4 点以后,我就坐在最阴暗的角落,一直到上床睡觉。我很恐惧,担心不得不丢掉教职,而去西部当一名伐木工人。随后发生了一件怪事,显示出人类心理对生理疾病奇迹般的影响。

那是一个让人颓丧的冬天,我的眼疾到了最严重的时候,我应邀对一群大学生做一次演讲。演讲厅的天花板上悬挂着一圈气化灯,我坐在台上,炙热的灯光刺得我双眼疼痛难忍,以至于不得不盯着地板。奇怪的是,在 30 分钟的演讲中,我眼睛一点不觉疼痛,居然能直视屋顶的灯,还不眨眼;但演讲一结束,我的眼睛又开始发疼了。

随后我认识到,如果我不是短短的 30 分钟而是一个星期全神贯注于一件事,我的眼疾或许可以痊愈。显然,这次经历证明,心理上的兴奋可以战胜身体上的病痛。

后来一次跨洋旅行时,我又有一次相同的经历。当时我腰部剧痛,没法走路。尤其是当我想直起腰时,疼痛得很厉害。这时,我却得到一个邀请——在甲板上发表演说。演讲一开始,所有的疼痛都烟消云散了。我站得笔直,一连讲了一个小时。演讲结束后,我轻松自如地走回自己的特等客舱。我以为自己痊愈了,但只是暂时的,不久腰痛又发作了。

这些经验向我展示了心态的极端重要性,让我明白了尽可能享受生活的重要性;所以,现在的我将每一天当做自己生命的第一天,也是最后一天。我对每一个新奇的一天兴奋不已,任何处于情绪高昂状态的人,永远不会不合时宜地被烦恼骚扰。我热爱教学工作,曾写过《教学的激情》一书。在我看来,教学的含义远不止一种艺术或职业,而是一种激情。我热爱教学,犹如画家热爱绘画、歌手热爱唱歌。每天清晨起床前,想到今天要见到的第一批学生,我就充满了炙热的喜悦感。我始终觉得,人生成功的最大因素之一就是热忱。

办法之二

我发现,阅读一本引人入胜的书,可以将烦恼赶出心海。59岁那年,我有过一段不算短的神经崩溃。我就阅读戴维·阿莱克·威尔逊的巨著《喀莱尔传》,它对我的精神愈合起了很大作用,因为阅读时我完全沉浸进去了,忘却了精神上的颓丧。

办法之三

还有一次,我情绪极其低落时,就强迫自己进行体力活动,几乎每个小时都做。早晨打五六场激烈的网球,然后洗澡、吃饭,下午再打18洞的高尔夫球;周末,我跳舞一直跳到凌晨1点。我坚信多出汗的好处,我发现随着大量出汗,沮丧和忧愁也跟着被排出体外了。

办法之四

老早以前我就学会了避免在匆忙、急躁和压力下工作的愚蠢做法。我一直努力贯彻威尔伯·克洛斯的生活哲学。他在担任康涅狄格州州长时曾告诉我:"有时候事务繁杂时,我会坐下来松弛一下,抽抽烟斗,整整一小时啥也不做。"

办法之五

我还明白,耐心和时间是解决我们麻烦的办法。当我因某事而烦恼时,我就试着从客观角度来看待。我会对自己说:"既然两个月后我不会为这一段不愉快而烦恼,现在又何必为之烦恼呢?何不现在就采取两个月之后的那种态度呢?"

小结

威廉·莱顿·菲尔普斯教授消除烦恼的5个办法如下:

1. **活得充满乐趣和热情**:"我将每一天当做自己生命的第一天,也是最后一天。"

2. **读有趣的书**:"我曾经有过一次不算短的神经崩溃——我开始阅读《卡莱尔传》……我完全沉浸进去了,从而忘却了精神上的颓丧。"

3. **从事运动**:"我情绪极其低落时,就强迫自己进行体力活动,几乎每个小时都做。"

4. **工作时放松**:"老早以前我就学会了避免在匆忙、急躁和压力下工作的愚蠢做法。"

5. **试着从客观角度来看待麻烦**:"我因某事而烦恼时,试着从客观角度来看待。我对自己说:'既然两个月后我不会为这一段不愉快而烦恼,现在又何必为之烦恼呢?何不现在就采取两个月之后的那种态度呢?'"

过得了昨天,就过得了今天

多萝西·迪克斯(著名女专栏作家)

我遭受过赤贫和重病的磨难,每当人们问我是怎么挺过来的,我的回答一以贯之:"过得了昨天,我就过得了今天;明天嘛,我不去想明天**可能**发生什么。"

我深深懂得需求、奋斗、焦虑和绝望的含义,我始终以超出我极限的力量去拼搏。回顾我的人生,我深感生活如战场,遍布死去的梦想、破灭的希望和支离破碎的幻想。——在这个战场中,我始终带着渺茫的机会去搏杀;每一场战斗下来,我都遍体鳞伤、饱经沧桑。

但我从不因此顾影自怜,从不为过去的创伤垂泪。对那些养尊处优的女人们也毫不嫉妒,因为我是实打实地**生活**,她们不过是**活着**而已;我已饱尝生活的酸甜苦辣,她们不过是呷了呷生活表层的泡沫。我洞悉人生世态,她们一辈子也不明就里;我阅历的东西,她们一问三不知。我觉得,只有双眼被泪水浸泡和洗刷过的女人,才能成为生活的主人。

我在伟大的哈德·诺克斯大学里懂得了一条哲理,那是生活优越的女人们所学不到的。我学会了珍爱每一个已经到来的今天,从不为明天而自寻烦恼。让我们成为懦夫的,正是黑暗前景的恐怖。所以我努力消除体内的恐惧,因为经验告诉我,到了让我恐惧的那一刻,我就会获得战胜恐惧的力量和智慧。细小的烦忧不再影响我。当你有过自己的幸福大厦倾覆倒塌化为残片的惨痛经历后,面对一个餐厅招待把装饰餐巾误放到洗指碗下面,或是厨子没把汤做好这类事,你都会一笑了之。

我学会了对他人无需寄望过高,这样一来,无论是朋友对我不诚,还是熟人背后对我闲言碎语,我依然能从他们那儿获得快乐。除了这些,我还学会了幽默,这世界上让你哭笑不得的事情太多。如果一个女人能拿自己的麻烦逗乐子,而不是歇斯底里,任何事情再也伤害不到她了。对于我经历过的种种磨难,我从不觉得遗憾;因为透过那些苦难,我对生活的本质有了深刻理解,我付出的代价是值得的。

小结

多萝西·迪克斯通过"活在日密舱"规则战胜了忧虑。

我去体育馆打沙袋或徒步旅行

艾迪·伊根上校（纽约律师、"罗兹奖"学者、纽约州运动员委员会前主席、前世界轻重量级拳击冠军、退役上校）

如果我发现自己陷入忧郁，或内心如埃及骆驼围着水轮转圈那样不能自拔时，激烈的体力运动让我将这些郁闷一扫而空。

这些活动可以是跑步，可以是野外远足，还可以是打半小时沙袋，或在体育场打打网球。不管是什么，体育活动总能驱散我心中的阴霾。周末，我会进行多项体力运动，比如绕高尔夫球场跑一圈，打一场乒乓球，或周末去阿迪朗达克山滑雪。等我身体疲劳时，精神也从法律工作事务中获得休息，所以重返工作时，我就精神焕发，充满了活力。

在我工作的纽约市，我常常有机会去耶鲁俱乐部健身房锻炼个把钟头。没人在打网球或滑雪时对闹心的事念念不忘，因为忙得没工夫去念叨了。在运动时，大山般的心理压力也变成微不足道的小鼹鼠丘了，任何胡思乱想轻举妄动都能停下来了。

我发现，烦恼的最佳"解药"就是运动。烦恼时，多用肌肉少动脑筋，效果会好得让你吃惊。运动开始时，烦恼就逃跑了，反正这种法子对我非常有效。

我曾经是"弗州理工忧郁王子"

基姆·伯德索(穆勒公司车间主任)

17年前,我在弗吉尼亚布莱克斯堡军事学院上学时,因多愁善感赢得了一个绰号"弗州理工忧郁王子"。我烦透了,常因此生病。事实上,因为三天两头生病,校医院一直为我保留一张病床。护士们一见我来了,跑过来就给我打一针。

因为担心成绩不好,我担心被勒令退学。我知道我必须将平均分数保持在75到84分,我的物理和其他几门课功课却没及格。我因为自己的健康而烦恼,因为痛苦的急性消化不良烦恼,因为失眠烦恼。我还为自己的财务状况烦恼;我担心自己没钱经常给女朋友买糖果,或带她去跳舞,我还害怕她会嫁给其他同学……

我夜以继日地为莫名其妙的事情而烦恼。我烦透了天下事,有时候甚至忘记自己究竟烦的哪门子事儿。绝望之余,我将自己的烦恼向杜克·巴尔德教授倾诉,他是弗吉尼亚理工学院企业管理学教授。

对我健康和幸福的意义而言,与巴尔德教授会谈的那15分钟,比我在大学余下的几年中得到的多得多。他对我说:"吉姆,你应该坐下来面对现实。如果你能把用于烦恼的一半时间用来解决这些烦恼,你就不会再有烦恼了。烦恼只是一种学来的坏习惯。"

他为我制定三项规则,以打破烦恼的习惯:

规则一:准确找出自己的烦恼所在。

规则二:找出这些烦恼的根源。

规则三:立即采取建设性的行动予以解决。

谈话后,我拟定了一些积极的计划。我现在不再为物理考试不及格而烦恼,而是反问自己为什么会不及格。我知道并不是因为自己脑子笨,因为我是校刊《弗州理工工程师》的总编辑。

我认为,物理考试没过是因为我对这门课没兴趣;之所以下功夫,是因为我看不出它对自己将从事的工业工程师有啥帮助。但现在我改变了态度,我对自己说:"如果校方要求必须通过物理考试才能拿学位,我算老几啊,能去质疑他们的智商?"

于是,我重修物理课,这次我过关了。因为我不再浪费时间去咬牙切齿,去畏惧退缩,而是刻苦钻研。

财务问题也迎刃而解。一是去勤工俭学——比如在校园舞会上卖饮料;我还向父亲借钱,毕业后不久我就把借款还清了。

爱情难题也解决了。我大胆向那位曾担心会移情别恋的女孩求婚。现在,她已是吉姆·伯德索太太了。

现在回想起来才发现,我的问题不过是一种困惑,——一种不愿刨根问底并理性面对的慵懒而已。

小结

吉姆·伯德索学会了不再烦恼,因为他分析了他的问题。
事实上,他采用的是本书"如何分析和解决忧虑问题"
章节描述过的原则。

触底之后,就是反弹

泰德·埃里克森(国家搪瓷与打印机公司南加州代表)

我曾经是一个糟糕透顶的"烦恼虫",但后来就不是了。1942年夏天发生的一件事情,将我的烦恼赶得无影无踪——但愿是一劳永逸。任何别的烦恼和那次经历相比,都相形见绌了。

多年来,我一直渴望能在阿拉斯加的商业渔船上待一个夏季,所以1942年夏天,我如愿登上阿拉斯加科地亚克一艘32英尺的三文鱼拖网渔船。在这种规模的船上,只有3名船员:船长掌管全局,大副协助船长,另外一个"老黄牛"——包揽一切活儿;此人通常是斯堪的纳维亚人,正好我也是。

由于捕三文鱼必须紧随潮汐,我常常一天要工作20小时——我这样干了一个星期。在船上,其他人不愿干的活儿统统归我。我洗甲板;我照料设备;我在一个促狭的小屋里的小炉上做饭,炉子用木材做燃料;屋里,由马达散发的高温和油烟差点把我熏病了;我洗漱餐具;我修理船只;我将三文鱼从这条船丢到另一艘小船,再转去罐头厂。我穿着长筒胶靴,双脚永远是湿的。靴子里经常灌进水去,我忙得将水倒出来的时间都没有。

但这些与我的主要工作——"拉网"——一比又是小儿科了。这活儿听起来很轻松,就是站在船尾将渔网的浮标和边线拉上来。反正,这就是你的职责。可实际上,渔网太沉了,往上拉时,它却岿然不动,相反还把船拉过去了。由于渔网沉在原处不动,我不得不使出吃奶的劲儿拉着不放。一连几个星期都是如此,我简直快要累死了。我浑身疼痛,几个月都恢复不了。

好不容易有个休息机会,我就睡到杂物柜上那张潮湿而凹凸不平的垫子上。我把垫子上的一块硬物压在背下最疼的地方——这样我就像被麻醉了一样。是的,我被极度疲劳麻醉了。

现在,我非常高兴自己经受过这些严酷的磨砺,因为这有助于我不再烦恼。现在,每当我遭遇困境时,我不是烦恼,而是反问自己:"埃利克森,难道这会比拖网还糟糕吗?"埃里克森就会一成不变地回答说:"不,没有比拉网更糟糕了。"于是我振作起来,勇敢地应付它。

我相信,偶尔经受一次巨大的磨难是件好事。我很高兴自己经受住了世界上最严酷的考验,这使得我们平时遇到的麻烦显得微不足道。

我曾是世界最大的蠢货之一

佩西·H. 威庭（纽约卡耐基公司总经理，《五大销售原则》作者）

我比世界上任何人——活着的、死去的、半死不活的——得过更多病，死过更多次。

我并不是普通意义上的"疑病症"患者。我父亲开过一家药店，我就在这种环境中长大。我每天都和医生及护士说话，因而我远比一般人知道更多疾病的名称和症状。我并不是大家所说的"疑病症"——我有症状！我能因为担忧患上某种疾病忧虑一两个钟头，随后我竟然就有了那种疾病患者的全部病症。

有一次，我所在的马萨诸塞州大巴林顿镇遇到非常严重的传染性白喉病。每天，我在父亲的药店里将药卖给那些染上病的人。渐渐地，我恐惧的那种恶魔降临到我身上：我也得了白喉病。我肯定我染上了。我躺在床上，担惊受怕，结果白喉病的典型症状统统出来了。

我被送去就医，医生仔细检查后说："是的，佩西。你的确染上了。"他的话让我大为轻松。因为当我真患了病时，不管什么病我从来不害怕——所以我翻过身子，安然睡着了。第二天早晨，我又一切正常了。

多年来，我因为精通各种疑难杂症让自己与众不同，在备受关注的同时也深受同情——我得过许多稀奇古怪的病，多次"死"于破伤风和狂犬病；后来我只得那些不足挂齿的"小儿科"病——比如，癌症啊、肺结核啊。

现在,对这些往事我可以引为笑料,当时却悲惨十足。多年来我确确实实处于担惊受怕之中,生怕自己在坟墓边缘晃悠。春天购置衣服时,我会这样问自己:"既然知道即使买了也穿不了几次,何必还浪费钱呢?"

不管怎样,我高兴地向您汇报我的进步:过去十年里,我一次也没"死"成。

我是怎么没死成的呢?就是拿自己这些荒唐想象开玩笑。每当我感到那些吓人的病症向我袭来时,我就拿自己开心:"呵呵,威庭,20年来,那些要命的病让你死了一次又一次,你现在的健康却是顶呱呱的——最近一家保险公司还同意你买更多的寿险呢。威庭,难道现在差不多是站在一边,大笑自己是个自寻烦恼的大蠢货吗?"

后来我发现,我不可能在同一时间既为自己担心又拿自己开心。所以从此我一直寻自己开心。

小结

这篇故事的意义在于——不要太拿自己当回事。

对那些比较傻的庸人自扰,不妨开怀一笑,

看看自己能不能将它们笑到不复存在。

我始终保持自己的补给线畅通

杰恩·奥特里（世界著名牛仔歌手、电影演员）

我发现,大部分烦恼都和家庭烦恼及金钱有关。我很幸运娶了一位俄克拉荷马小镇女子为妻,她的成长背景和我一样,性情相投。我俩尽量遵守这条金科玉律,得以将家庭烦恼降低到最低点。

我还通过其他两种方式将我在财务上的烦恼降低到最低限度。

首先,我始终遵循一个原则——任何事情都保证百分之百善始善终。我借钱后还钱时,一分钱也不拖欠。不诚实会招致最大烦恼。

其次,每当我开创新事业时,总是给自己留一手。军事专家说,作战的首要原则是保证补给线顺通。我发现这原则同样适用于个人奋斗。比如说,我童年在得克萨斯和俄克拉荷马时,亲身体会到干旱带来的贫穷。为了糊口,人们拼命劳作。我家穷得可怕,父亲不得不驾着四轮马车,载着马匹到处卖马谋生。

我渴望更稳定的生活,于是我在一个铁路代理商那儿谋到一份差事,还利用空闲时间掌握了电报收发技术。后来,我又找到一个工作,在弗里斯科铁路公司当一名轮班员。我被派到各处协助或接替那些或生病或休假或忙不过来的铁路代理商。这份差事月薪为150美元。后来我境况好转后,始终觉得那个铁路上的工作意味着经济上最起码的保障,所以那个工作我一直没丢。那是我的补给线,我从来没把自己和它切断,直到后来牢牢占据了一个更好的职位。

1928年,我在位于俄克拉荷马切尔西的弗里斯科铁路公司做轮班员。一天晚上,一个陌生人大大咧咧走进来要发电报。我弹吉他唱牛仔歌曲被他听到了,他直夸弹得好,唱得也不错——他说我应该去纽约,在演艺界找个工作。自然,我觉得他不过客套而已,但当我看到他在电报上的签字时,我惊得喘不过气来,他是罗杰斯[①]。

我并没有匆匆忙忙去纽约,而是思前想后掂量了九个月。最终,我得出一个结论——如果去纽约碰碰运气,自己没有所失而只有所得。我有铁路通行证,可以免费乘车。我可以在火车上睡觉,吃饭问题可以带些三明治和水果解决。

我到纽约后,找了一间每周5美元、带家具的房间住下。饿了就在自动食品售货机上买吃的。我在街头晃荡了十个星期,却一筹莫展。要不是还有个工作做退路,我肯定都急出病来了。我已在铁路公司工作五年,那意味着我能享受老职工的福利,但要想保住这些权利,就不能离职超过90天。可我在纽约已待了70天,为了保证补给线不至于断裂,我赶紧重返工作岗位。

上了几个月班,攒了一些钱,我又到了纽约,想再试一次。这次我时来运转了。一天,我在一间录音棚等面试时,对女接待员唱起了《珍妮,我梦到紫丁香》。恰巧歌曲作者——纳特·希尔德克劳特——信步走进办公室。听到有人唱自己的歌曲,他当然很高兴,于是写了一封推荐信,让我去维克多唱片公司试试。公司录了我的歌,但因为我太僵硬,不自信,效果不好。我接受他们的劝告:哪来哪去,白天在铁路公司上班,

---

[①] 威尔·罗杰斯(Will Rogers,1879—1935):美国喜剧、电影演员,幽默作家。

晚上去当地电台非商业节目中演唱。我很喜欢这种安排，说明我保证了我的补给线畅通无阻——所以我没有后顾之忧。

我在塔尔萨 KVOO 电台唱了九个月，其间，我与吉米·朗合写了《我那白发苍苍的老爸》，大为流行。美国唱片公司老总亚瑟·沙得利邀请我灌制了一张唱片，也获得成功。我又录了许多歌曲，每首歌曲获得 50 美元酬劳，最后在芝加哥 WLS 电台找到工作，演唱牛仔歌曲，周薪 40 美元。4 年后，我的薪水涨到每周 90 元；与此同时，我每晚还在戏院走穴，赚外快 300 美元。

到 1934 年时，我走红运了。当时，道德操守联盟发起了电影净化运动。好莱坞的制片商决定制作牛仔影片，他们需要一位面目一新的牛仔——会唱歌的牛仔。美国唱片公司老板是共和影片公司股东之一，他对合伙人说："如果你想找一个会唱歌的牛仔，我手头正好有一个，给我录过歌。"

我就这样进了电影圈。刚拍片时每周挣 100 美元。我曾怀疑自己的影片能否成功，但我并不担忧，因为我知道自己随时可以重操旧业。我在电影上的成就远远超越了自己最大的期望，现在我的年薪已达 10 万美元，另外，凡我拍的影片，利润的一半归我。然而，我明白这种好日子并不会永远保持下去，但我并不忧虑，因为我知道无论如何——哪怕是每一块钱都没有了，我随时可以回到俄克拉荷马，在弗里斯科铁路公司重返岗位。

我的补给线永远是有保障的。

当警察敲响我的家门

赫姆尔·克洛伊(小说家)

我一生中最悲惨的时刻,是1933年的一天。那天警察找上了门,我从后门溜走。从此,我失去了纽约长岛弗洛里斯特岗斯坦迪西路10号——那是我的家——一个看着我的孩子们呱呱坠地的家,一个全家人生活了18年的家。

我做梦也想不到这种事落到自己身上。12年前,我以为自己端坐于世界顶端俯瞰众生。当时我将小说《水塔西面》的影片版权以好莱坞最高价卖掉。我和家人在国外生活了两年,我们夏天到瑞士避暑,冬天则住在法国南海岸——活像有钱有闲阶层的舒坦日子。

我在巴黎住了六个月,写完一部小说《他们必须来巴黎看看》。这部小说后来改编成电影,由威尔·罗杰斯主演,这是他的首部有声影片。我接到好几个有诱惑力的邀请:留在好莱坞,再为罗杰斯写几个剧本,但我不为所动。我回到了纽约,麻烦也接踵而至。

很长时间我才醒悟过来,自己的巨大潜能还没开发出来。有人告诉我,约翰·雅各布·阿斯特在纽约投资空地皮,赚了几百万美元。阿斯特是谁?一个带着古怪口音的移民小贩,他能成功,难道我就不行?我开始想入非非,我把自己幻想成精明的商人——马上要发大财了!我开始浏览游艇杂志。

我是无知者无畏——我对房地产买卖的了解还不如爱斯基摩人对燃油炉的了解多呢。如何筹到资金来实现我这了不起的发财大计呢?很简单,我把自己的房子抵押了,再到弗洛里斯特岗购入几块优质建筑用地。我捂住这些地块,只等涨到可观的价位就抛售掉,从此就可以尽享荣华富贵啦。——这就是我——连一块洋娃娃手绢那么大的地产都没卖过的人的想法。我对写字楼里那些为了一点可怜巴巴的薪水、累得跟农奴似的小职员充满了怜悯。我自鸣得意地对自己说,上帝可没赋予每个人投资理财的天赋。

岂料转眼之间,"大萧条"就像堪萨斯的飓风一样将我席卷而去,那阵势活像龙卷风摇撼鸡笼一样。

我不得不为那块怪兽般血口洞开的"黄金地皮"每月支付220美元。还贷的日子快得要命!另外,我还不得不为被抵押掉的房子付款,还要养活一家人。我愁死了。我试着为杂志写幽默小说,但在此情此景下"挤"出来的幽默作品,活像一曲曲悲歌。我什么稿子都卖不掉,写的长篇小说也告失败。钱快花光了。除了打字机和口里镶的金牙外,我没任何东西可以拿来抵押借款。牛奶公司停奶,煤气公司断气。我们不得不去买一个户外野营用的那种小炉子,你看过这种炉子的广告——炉子有一个燃油缸,你用手给燃油缸加压,炉子就喷出火苗,咝咝的,活像一只发怒的天鹅。

煤炭也用完了,煤炭公司还起诉我们。我们唯一的供暖设备是壁炉,于是我晚上就到建筑工地捡一些废弃的木板木屑。这房子是为有钱人建的——不久前,我还梦想挤进这些有钱人堆中呢。

我愁得夜不能寐,常常半夜起床四处暴走几个钟头,直到筋疲力尽了才能入睡。我不但丢掉了购买的那块空地,倾注其中的全部心血也打了水漂。银行终止了我的房贷,将我和家人全部轰到街头。

最终,我们东拼西凑地搞到点钱,租了一间小公寓。在1933年最后一天,我们搬了进去。我坐在行李箱上,环顾四周,母亲常说的一句老话突然浮现:"不要为撒掉的牛奶哭泣。"

可是,这并不是牛奶,这是我的心血!

我坐在那里枯坐一阵,自言自语:"好吧,我已经惨到姥姥家了,可居然挺过来了。今后的日子不可能再坏了,只可能好起来。"

我开始想那些没有被房贷弄走的美好事情。我身体还健康,还有朋友,我会东山再起。我不再感物伤怀。我每天都重复母亲常说的那句关于牛奶撒掉的话。我把顾影自怜的精力全部倾注于工作中。不知不觉,我的境况有了好转。现在,对于那段不得不经历的苦难,我几乎心存感激;因为它给了我力量、坚毅和信心。现在,我明白了最底层的生活究竟是什么样子;也明白那不会要了你的命;我体会到,我们的承受力远比我们想象的大。所以,每当小滋扰、小烦恼、小迷茫袭来时,我就重温当年坐在行李箱上对自己所说的那句话:"我已经惨到姥姥家了,居然熬过来了。今后的日子不可能再坏,只可能好起来。"

小结

这个故事有什么启示呢?无力回天,就坦然接受!

如果你倒霉到头了,那么好运也就开始了!

我最大的敌人是忧虑

杰克·邓普西(世界著名摔跤手)

我发现,在我的拳击生涯中,那种惯常的忧虑比我较量过的任何重量级拳手更难对付。我意识到自己必须学会消除烦恼,否则烦恼就会掏空我的活力,破坏我的胜利。为此,我一点一点地摸索出自己的一套办法,下面就是其中一部分。

1. 为了在拳击台上保持斗志,我总是在比赛中对自己打气。

比如,在和费坡比赛时,我就不断地对自己说:"什么也挡不住我——他拿我没辙,他打不中我……我不会受伤……不管咋样,我势不可挡。"类似这样积极进取的话对我很有帮助,让我全神贯注,甚至感觉不到对方的拳头。

在我的拳击生涯中,嘴唇曾被打破,眼睛曾挂彩,肋骨骨折——费坡还曾将我打出过场外,摔在一位记者的打字机上,将打字机砸坏了。但我居然没感觉到费坡拳头的存在,唯一一次我感觉到了拳头,是一个晚上莱斯特·约翰逊一拳打断了我三根肋骨。击打从来对我没什么大碍,只是影响了我的呼吸。坦率地说,除此之外,在拳击场上我从未对任何一拳有过感觉。

2. 我做的另外一件事就是不断地提醒自己,烦恼是徒劳无益的。

我大部分的烦恼都出现在大赛之前的训练期间。我常在半夜醒来,心烦意乱辗转反侧几个小时。我担心自己在第一个回合就折断手臂,扭伤脚踝,或打破眼睛,那样我就无法调动全身攻击对方。每当陷入这种紧张状态,我就下床对着镜子中的自己说:"你真是个大笨蛋,啥事都没发生,没准永远都不会发生,你烦个什么呢?人生短暂,我就几年可活了,你得尽情享受才是。"

我接着对自己说:"健康才是最重要的,啥也没健康更重要。"我不断警告自己失眠和忧虑是健康的大敌。我发现,我反复不停对自己这么说——日复一日,年复一年,这种想法就逐渐渗透到内心深处了,我就能像抹去水珠一样轻易将烦恼抹去。

3. 消除忧虑——*最好的方法就是祈祷!*

大赛备训时,我总是一天祈祷几次。在比赛中,每一回合铃声响起前我都会祈祷。祈祷让我增添了勇气和信心。我还从来没在上床睡觉前忘了祷告,我从来没在进餐前不首先感恩上帝——我的祷告有回应吗,当然,千万次!

我的肠胃就像"堪萨斯旋风"

卡麦隆·希普(作家)

我曾在加州华纳兄弟电影公司市场推广部工作过几年,那一段经历令人愉快。我是一名特稿作家,在报纸和杂志撰写文章,推广"华纳"旗下明星。

我突然被晋升为公关部副主任。事实上,由于行政管理政策的变化,我的新头衔很吸引人:行政助理。我升职后拥有一间大办公室、一台专供我使用的冰箱、两名秘书,还全权管理75名撰稿人员、开发人员和电台人员。我大喜过望,昂首走出公司去添置了一套新西服。我建立起档案制度。开始装腔作势地训话,做决定时说一不二,却草草应付工作午餐。

我觉得"华纳"的整个公共关系政策全落到我肩上,甚至认为公司的大明星如贝特·戴维斯、奥丽薇娅·德哈维兰、詹姆斯·卡格尼、爱德华·G.鲁滨逊,等等,不管公事私事,都由我掌控。

但不到一个月,我就觉得自己患了胃溃疡,甚至得了癌症。

当时处于战争期间,我最大的贡献就是担任战时电影推广者指导委员会主席。我喜欢这项工作,很高兴能在指导会议上见到老朋友。但后来这些会议却变成最让我头疼的事情,每次开完会,我都难受极了。在回家的路上常常不得不停车休息一阵。工作太多,都是要务,但时间太紧,我疲于应付。坦率地说,这是我一生中最难熬的日子。总觉得身体里紧蹦蹦的,我体重减轻,睡眠变差,疼痛经久不息。

所以我去看一个著名的内科专家,是一位广告商推荐的,据说这位专家的很多病人都是广告人。这位医生沉默寡言,只容我告诉他我哪儿疼,干什么工作,他对我的工作似乎比对我的病更有兴趣。但很快我就踏实了:一连两个星期,每天他都为我检查,凡能用上的手段都用上了:探查、照X光、荧光透视。最后,他让我改日来看诊断结果。

"希普先生,所有手段我们都用了。"他靠在椅背上,说,"这样做是必要的,虽然初查后我就**完全明白你并没有患胃溃疡**。但我知道,依你的个性和你的职业,你不会信任我,除非我把检查结果给你看。现在来看看吧。"于是,他举出各项检查图表和X光检测结果,并给我解释;他显示给我看,我没有胃溃疡。

"听着,你得破费了,但值得。"医生说,"我给你的药方是:**不要烦恼**。"

我正想反驳,却被他制止了:"听着,我知道你没法马上用这个药方,所以我会给你一些替代物。这是一些药丸,有颠茄成分。想服多少就服多少,用完了回来找我再开。这药对你没害,却能始终使你放松。——但要记住,你并不需要这些药,你必须要做的就是消除烦恼。如果你又烦恼了,一定回来,我就可以再敲你一笔了。怎么样?"

我倒想说那天医生给我上的那一课起了作用,我立马就好了似的,但我并没有立刻康复。我连续服药几个星期,每当我觉得烦恼袭来时,就吞下几粒药丸,立即感觉好些了。但我觉得吃这些药丸挺傻的。我是个体格强健的人,我身高几乎和林肯总统相当——体重也差不多有200磅,却服用小药丸让自己放松。当朋友们问我为什么吃那些药丸时,我都羞于开口。渐渐地,我开始自嘲:"嗨,希普,你活像个傻帽,你把自己和那点事业看得太重了。贝蒂·戴维斯、詹姆斯·卡格尼和爱德华·G.鲁滨逊早在你推广他们之前就已经名满天下了,即使你今天晚上突然死了,'华纳'和那些明星也毫发无损。你看,艾森豪威尔总统、马歇尔将军、麦克阿瑟将军、吉米·杜立德将军和金将军——他们指挥千军万马作战,都用不着服避免那些药丸,而你——只有靠这些药物才能平息胃里的翻江倒海的'堪萨斯旋风'。"

我开始以停用那些药为荣。很快,我就将那些药扔进了下水道。我每天傍晚准点回家,打个盹后吃晚饭。渐渐地,我的生活趋于正常,再也没去看过那位医生。

但我觉得,与那次的昂贵医疗费相比,我还欠这位医生很多。他教我学会了自嘲,但我觉得他真正高明之处在于开始时并没有嘲笑我,也没有告诉我没啥可烦恼的,而是严肃地对待我的病情,保全了我的面子,给钻进牛角尖的我一个逃生口。他当时就知道——现在我也知道了,能治我病的并不是那些小药丸,而是我的心态转化。

小结

本故事的道理在于:很多服药丸的人会比阅读本书第七部分的人康复得快,所以——请放松吧!

看太太洗盘子，我治好了忧虑

威廉·伍德（牧师）

几年前，严重的胃痛折磨着我。每天晚上，可怕的疼痛都要让我醒来两三次。我目睹父亲死于胃癌，我担心自己也得胃癌——或者，至少染上胃溃疡。

于是我去一家医院检查。一位著名胃病专家给我做了荧光镜和X光透视。他给我开了一些助眠药，并让我确信我没有胃癌或胃溃疡。他说，我的病因是精神紧张。由于我是牧师，他首先问的问题之一是："是不是你们教堂执事里有什么难缠的人啊？"他要告诉我的我早就知道了：我想干的事情太多了。除了每个星期天的讲道和各种事务，我还担任红十字会主席、同济会①会长，每周还主持两三次葬礼以及大量其他活动。

我长期在压力下工作，一点闲暇时间也没有。我总是处于紧张、忙碌和极度兴奋之中。我到了烦透一切的地步。我生活在持续不断的慌乱之中。由于疼痛难忍，我就接受了医生的忠告。我每个星期一什么也不干，并开始削减各类责任和活动。

有一次清理办公桌时，我忽然想到一个主意——后来证明效果立

---

① 同济会：全称为 Kiwanis International，是一个国际性、男女同校服务俱乐部，于1915年成立于印第安纳州印第纳波利斯。

竿见影。在检查抽屉里积压的讲道笔记和一些早已过时的备忘录时,我将它们一一揉成团,扔进废纸篓里。我突然停了下来,自言自语:"比尔,对自己关于过去的那些烦恼,为什么不能像对这些笔记和备忘录一样,将它们扔进废纸篓呢?"这个念头瞬间给了我启发——给了我一种如释重负的感觉。从那时起,我就把它当成一项规则——所有无能为力的问题,一概扔进废纸篓里。

后来有一次妻子洗盘子、我在一旁将盘子抹干,我忽然又悟出一个道理。当时,她一边洗一边唱。我心想:"比尔,瞧瞧,你太太多开心啊!我们结婚18年了,她也洗了18年盘子。想想吧,如果刚结婚时她能看到这一幕——18年她必须要洗的脏盘子堆起来比一个谷仓还大,这样想一想都会把任何女人吓跑的。"我又对自己说:"太太之所以不怕,因为她一次只洗一天的盘子。"我终于发现自己烦恼的症结所在:我总是想着洗今天的昨天的盘子,甚至连未用过的盘子也想去洗。

我发现自己好傻。每个星期天早晨,我都站在讲台上谆谆教诲他人如何过有意义的生活,结果自己却过着紧张、烦恼和狼狈不堪的生活。我深感惭愧!

我将今天和昨天的烦恼揉碎了扔进废纸篓,今天不想去洗明天的脏盘子。胃不痛了,也不失眠了。烦恼不再困扰我了。

小结

明天的包袱,加上昨天的包袱,再加上今天的包袱,
引起最大的不稳定。

我找到了答案

戴尔·休斯（会计师）

1943年，我因为三根肋骨断裂、肺部被刺穿在新墨西哥州阿尔伯克基一家军医院接受治疗。事故发生在夏威夷岛一次海军陆战队两栖登陆演习中。当时我准备从驳船跳到沙滩上，突然一个巨浪袭来，将驳船高高抛起，我失去平衡，摔在沙滩上。我摔得太重，一根断了的肋骨刺进了我的右肺。

在医院里治疗三个月后，我得到了这辈子最恐怖的消息——医生说我的伤势毫无改善。深思熟虑之后，我认为是焦虑影响了我的康复。事故发生前，我的生活积极向上，而在这3个月中，我每天24小时躺在病床上，除了胡思乱想，无所事事。

我想得越多，忧虑就越多：我忧虑自己在社会上何以立足，忧虑自己会不会终生残废，还能不能结婚，过上正常人的生活。

我强烈要求医生将我转到一个叫"乡村俱乐部"的病区，因为那儿的病人几乎可以自由活动。

在乡村俱乐部，我对桥牌产生了兴趣。我花了六个星期的时间和别人学习桥牌,还和牌友们一起玩;我还研读了埃利·克勃森①的桥牌书籍。六个星期后到出院那段时间,我几乎每天傍晚玩桥牌。

我还迷上了油画绘画。每天下午3点到5点,我都在老师的指导下学习绘画。我的有些作品看上去棒极了,你都能认出来我画的是什么!我还尝试在肥皂和木头上雕刻,我读了相关书籍,发现里面大有学问。

我让自己忙碌起来,根本没时间为伤病焦虑,但我却挤出时间看红十字会送我的心理学书籍。快满三个月时,全体医护人员前来向我道贺,因为"创造了令人惊喜的进步"。那是有生以来我听到的最甜蜜一句话,我高兴得想大叫。

我想表达的意思是:当我无所事事地躺在床上为自己未来焦虑时,我的病情毫无好转——我在用忧愁来毒化自己的身体,即使是断了的肋骨都好不了;但当我沉醉于打桥牌、绘油画、雕木而毫不理睬自己的病情时,医生却宣布我创造了"令人惊喜的进步"。

现在,我过着正常而健康的生活,我的肺和你的一样好。

小结

还记得乔治·萧伯纳说过的那句话吗?"痛苦的秘密,
是把闲暇时间用来为自己是否快乐而烦恼。"
所以,活跃起来,忙碌起来!

---

① 埃利·克勃森(Ely Culbertson, 1891—1955):19世纪美国桥牌大王,被成为"桥牌之父"。

时间能改变很多事情

路易斯·T.蒙坦特（市场销售分析专家）

忧虑使我失去了生命中的10年光阴。那10年——18岁到28岁，是任何年轻人最有收获、最多姿多彩的岁月。

现在我认识到，失去那10年，完全是我咎由自取。

我烦透了——我的工作、我的健康、我的家人以及我的自卑感。我胆小到什么程度？在大街上为了躲避自己认识的人，我不惜提前横穿马路绕开；假如和一位朋友狭路相逢，我就装做没看见，我害怕被取笑。

我极怕见生人，这使我在两个星期内一连失去了三次工作机会，仅仅因为我没胆量对三位雇主说我懂什么，我能做什么。

八年前的一个下去，我战胜了这些烦恼——并且从此几乎没有复发过。当时我在一个人的办公室里，这人的麻烦比我的多了去了，但却是我所认识的最开心的人。1929年他大赚一笔，又赔得一文不剩；1933年他又赚了一笔，又赔个精光；1939年，他东山再起，却又重蹈覆辙。他破产了，被仇人和债主四处追逼。那些足以把人逼疯或自杀的大麻烦，落在他身上，却像鸭子抖落背上的水珠一样，拿他一点办法没有。

八年前我坐在他办公室里的那天，我对他充满了羡慕之情，唯愿上帝能将我塑造得像他一样。

我们谈话时，他把当天早晨收到的一封信扔给我，说："看看吧。"

那是一封愤怒的信,还提到了几个令人尴尬的问题。如果我收到这样一封信,肯定会气急败坏。我问:"比尔,你怎么回复这封信呢?"

"这个嘛,告诉你一个小诀窍。"比尔说,"下次你遇到闹心事时,拿出一支铅笔和一张纸,把你的烦恼详详细细写下来,再把那张纸放进你右手低层抽屉里。一两个星期后取出来看看,如果那时你还在为那些事情闹心,就它再放回抽屉中,再放两个星期。放那儿绝对安全,不会有什么差错。同时,这一段时间内,你的糟心事可能会发生许多变化。我发现,只要我足够耐心,那些骚扰我的烦恼常常会像被刺破的气球一样不复存在。"

比尔的这句忠告给我留下了深刻印象。多年来我都使用他的办法,结果,我很少为任何事而烦恼了。

小结

时间解决了很多问题,时间也能解决许多烦恼。

我动一下手指头就会死去

约瑟夫·L. 莱恩(罗闻尔打字机公司海外部经理)

几年前,我曾在一桩诉讼案中出庭作证,这件事使我遭受极大的心理压力。诉讼结束后我乘火车回家,途中突然病倒了,心脏出了问题,几乎喘不过气来。

回到老家后,医生为我打了一针。我没到床上去,因为我已经没力气走到床边,而是挣扎着上了客厅沙发。我神志清醒后,发现教区牧师已在面前——准备为我做临终祷告!

看到家人满脸悲恸,我知道自己气数已尽。随后,我还发现,医生让我太太做好心理准备:我可能在30分钟之内死去。我的心脏已经衰弱到被医生警告不得说话,甚至连手指头都别动一下。

我并非什么圣徒,但我明白一件事——不要和上帝讨价还价。于是,我闭上眼睛,对自己说:"该来的总会来——如果现在就来,那就来吧。"

这样一想,我似乎彻底放松了。我的恐惧感消失了,我静静地问自己,还能糟到哪儿去吗?大不了再来一阵心脏痉挛、一阵剧痛——然后一了百了,我就会去见上帝,永远安息了。

我躺在那张沙发上等了一个小时,疼痛却没有再来。最后,我开始问自己,如果这次死不了,我该怎么过自己的生活。我决心努力恢复健康,不再用紧张和焦虑来摧毁自己,我要重建我的能量。

这是四年前的事了。现在我康复很快,连医生看了我的心电图后都对我的改善感到惊喜。我不再焦虑,对生命也有了新的热忱。但坦率说,如果我不曾面对最坏的局面——迫在眉睫的死亡——并因此而改变了生活态度,我相信我早已不在人世了。如果我不坦然接受最糟糕的情况,我早被自己活活吓死了。

小结

莱恩先生今天还活着,
因为他运用了"魔方"中描述过的原则——
淡定面对可能发生的最坏局面。

我是个拿得起放得下的人

奥德威·蒂德(纽约高等教育委员会主席)

忧虑是一种习惯——但在很久以前我就打破了这种习惯。我相信,我之所以能消除忧虑,很大程度上应归功于以下三个原因:

第一,我太忙了,没时间沉溺于自我毁灭的烦忧中。

我主要从事三件事情——每一件其实都是全职性工作的量。我在哥伦比亚大学授课,同时是纽约市高等教育委员会主席,我还主管哈伯兄弟出版公司经济及社会编辑部。三个工作占据了我所有时间,使我根本没工夫去烦恼,去感物伤怀,去徒劳地原地打转。

第二,我是个拿得起放得下的人。

当我放下一件工作去干另一件工作时,我能彻底抛开以前所有问题。我发现,转换工作让我振奋,神清气爽。

第三,我教会自己一点——一旦离开办公桌,就把所有工作中的烦恼从脑子里驱逐出去。

许多问题都是连贯的,每个问题都有一连串未解决的问题需要我去关注。如果每天晚上都将这些问题带回家,为它们心烦意乱,那我的健康就毁了;而且,还会毁掉解决这些问题的能力。

我若不停止忧虑，早进坟墓了

康尼·麦克(棒球老将)

我拥有63年之久的职业棒球生涯。刚入这一行时，我是没有薪水的。我们在空地上打球，常踩到被丢弃的易拉罐和马颈轭。比赛结束之后，我们将帽子递给观众。这样赚的钱实在太少了，特别是对我这个家里的顶梁柱——我上有守寡的母亲，下有弟弟妹妹们。即使这样，有时候球队还必须搞一些类似"草莓晚餐"和"室外野餐"之类的筹款活动，才能使球赛继续下去。

让我烦恼的理由可就太多了。我是唯一连续7年成绩垫底的棒球俱乐部经理，我是唯一在8年时间内输了800场球的棒球经理。一连串的败仗曾经烦得我寝食难安。然而，25年前我不再烦恼了。老实说，要是我不停止忧虑，早就进坟墓了。

回顾我漫长的一生(我出生于林肯当总统时)，我相信，我是通过以下几种方法战胜烦恼的：

1. 我明白，烦恼没任何好处。除了对我的棒球事业造成损害以外，烦恼对我毫无益处。

2. 我明白，忧虑会毁了我的健康。

3. 我让自己整天忙于如何赢取下一场比赛，根本就没时间为已经输掉的比赛而追悔和懊恼。

4. 最终我为自己定下一个规则,不向球员提起他所犯的错误,直到球赛结束后 24 小时以后。在我职业早期,我常和球员们一起更衣。输球后,我发现自己很难不批评他们,很难不与他们争得面红耳赤。我留意到,这样做只会徒增烦恼。因为当着球员们的面批评某一个球员只会让他怀恨在心,他更不合作。所以,在无法确保输球后能保管住自己嘴巴的情况下,我定了个规矩——比赛失败之后不与球员见面,直到第二天才和他们讨论失败之处。到这个时候,我已经冷静下来,能理智地讨论,球员也不会为了自辩而闹情绪。

5. 我经常赞扬球员,激发他们的斗志,而不是吹毛求疵,让他们泄气。我尽量对每个人和颜悦色。

6. 我发现,当自己累的时候会觉得更烦,因此我每天都睡 10 小时;下午小也睡一会儿,哪怕是打 5 分钟盹,也很管用。

7. 我相信,通过忙于事务,我避免了种种烦恼,并且延长了自己的寿命。现在我已经 85 岁了,但我还不想退休,直到哪一天当我对同样的故事唠唠叨叨喋喋不休时,我就知道,自己的确老了。

小结

康尼·麦克并未读过任何类似
《停止忧虑,重建生活》(《淡定》)的书籍,
所以这规则是他自己摸索出来的。

我摆脱了胃溃疡和忧郁

阿登·W. 夏普（威斯康星州绿湾市）

五年前，我忧虑、抑郁而沮丧。医生说我得了胃溃疡，让我控制饮食，只能喝牛奶吃鸡蛋，直到一看到它们就恶心。我遵照医嘱去做了，病情却没好转。后来有一天我读到一篇关于癌症的文章，想象每种症状我都有。我不忧虑了，因为我**被吓坏**了。自然，这让我的胃溃疡就像火苗一样燃烧起来。随后是最后的一击：军队以我体质太弱为由拒绝我入伍——我才24岁呢！我在本应是最强壮的年龄生活，却显然成了一个废物！

我已到了穷途末路的地步，看不到一线光明。绝望之余，我试着分析我怎么把自己弄到这等境地的。渐渐地，一幕幕事实浮现在我的脑海里。

两年前我是一名售货员，快乐而健康，但战争时期的物资缺乏迫使我放弃这份工作，去工厂当了一名工人。我讨厌工厂的工作，而且更糟的是，我简直倒了八辈子的霉——周围的人都是一些货真价实的消极思维者。他们对任何事情都极其刻薄。他们不停指责自己的工作，咒骂自己的工资、工时、老板以及一切。反正没一件事情让他们如意。我意识到，不知不觉中，我也深受这种怨毒心态的影响。

我很久才意识到，我的胃溃疡或许就是自己的消极思维和怨毒情绪引起的。于是我决定回去从事自己喜爱工作——销售,与那些具有心态积极和建设性思想的人打交道。

这个决定可能拯救了我的生命。我刻意寻找这样的人交朋友或做生意——他们是积极思维者,乐观、上进、没有烦恼——和胃溃疡。一旦情绪得到改变,我的胃也随之改变了,我甚至一度忘了自己有胃溃疡。我很快发现,你要从别人身上获得健康、快乐和成功,就如同得到烦恼、痛苦和失败一样容易。

这是我得到的最重要的人生教训——本应该早就学会了。我多次听说过和读到过,却不得不付出艰难代价才学会。现在,我终于明白耶稣基督这句话的真正含意了:"一个人心里想什么,他就是什么。"

医生说我在慢性自杀

保罗·桑普森

最多六个月以前,我过着疲于奔命的生活。我总是十分紧张,从来没轻松过。每天晚上下班到家里时,总是烦恼和精疲力竭。为什么会这样呢?因为从来没人对我说:"保罗,你在慢性自杀呢。为什么不慢下来一点?为什么不让自己轻松轻松?"

我每天清晨总是急匆匆起床,急匆匆吃早餐,急匆匆刮脸,急匆匆穿衣,急匆匆出门。开车时,我死死抓住方向盘,好像一不留神方向盘就会飞出窗外似的。我急匆匆上班,又急匆匆赶回家,到了晚上,我甚至急匆匆地去睡觉。

我的生活状态就这么狼狈不堪,于是我到底特律去看一位著名精神科专家。他要我放松,告诉我始终想着放松——在工作、开车、吃饭和入睡前都要想到放松。他说,因为我不知道怎么放松,我正在慢性自杀。

从那时候起,我就开始练习放松。每日就寝时,在自己感觉到身体松弛呼吸平稳前,我不急于入睡。现在,我早上醒来时,觉得休息很不错——这是一大改善,因为以往醒来时总觉得累和紧张。现在,我开车、吃饭也轻松多了。当然,出于安全我驾车时在心里保持警觉,但不像以前那样神经紧绷。我放松的最重要的地点是工作场所。一天当中,我总要把手头一切暂停一下,检视自己是不是彻底放松了。现在当电话铃响时,我也不像以前那样急着抓过话筒,好像有人和我抢似的。当有人和我讲话时,我轻松得像一位熟睡中的孩子。

  结果呢?我彻底摆脱了神经紧张和焦虑,生活更加轻松愉快了。

发生在我身上的奇迹

约翰·伯格夫人

我曾经被焦虑彻底击垮。我心中一片迷茫和混沌,看不到一丝生活的乐趣。我的神经绷得紧紧的,晚上睡不着觉,白天也松懈不下来。

我三个孩子都住在亲戚家里,离我很远。我丈夫刚从军队退役,现在外地筹备一家法律事务所。战后恢复时期那种不安全和不确定我全都体会到了。

我的情况威胁到丈夫的事业,威胁到孩子们的快乐天性,威胁到正常的家庭生活,同时也危及我自己的生活。我丈夫找不到住房,唯一能解决的办法就是自己建。万事俱备,只等我身体康复。我越意识到这点,越努力康复,对失败的恐惧感也就越大。后来我发展到对做出任何计划都害怕。我觉得再也无法信任自己,觉得自己是个彻头彻尾的失败者。

在最黯淡最孤立无援的时候,母亲帮助了我,这使我难以忘怀,感激终生。她严厉地批评我对生活的妥协软弱,批评我在心智上的自暴自弃,她敦促我下床,走出阴影,重拾生活的勇气。她说我对生活不是面对,而是恐惧和消极退让。

于是,从那天起我就振奋起来,开始抗争。就在那个周末,我对父母说他们可以回家了,因为我能接替他们了。在当时我做了些似乎不可能的事情。我独自照顾两个年幼的孩子。我睡眠不错,食欲好转,精神状态也好了些。一星期后当父母再来看我时,看见我一边熨衣服还一边哼着歌。我状态感很好,因为我已开始一场战役,而且我正在获得胜利。

我永远不会忘了这个教训……如果局势看上去难以逾越,面对它!挑战它!不要放弃!

从那时起,我强迫自己去工作并沉醉其中。最后,我把孩子们全接了回来,丈夫也和我们团聚。我下定决心,我会康复到让这个可爱的家庭有一位健康、快乐的母亲。我把全部身心倾注于家、孩子、丈夫,操持所有的事情——除了我自己。我太忙了,忙得根本无暇去想自己。正是在这个时候,真正的奇迹发生了。

我的身体状况越来越好。每天早晨醒来,心中充满一种富足的喜悦、一种为新的一天操持的喜悦以及生活本身的喜悦。尽管偶尔沮丧几天,特别是疲倦之时,我就对自己说,别在那些日子想得计较得太多——于是渐渐地,这种日子越来越少,终于完全消失了。

一年之后的现在,我有快乐而成功的丈夫、一个我能每天为之操劳16个小时的美丽的家和3个健康快乐的孩子。——至于我自己呢,则淡定而安详!

我曾忧虑得14天颗粒未进

凯斯恩·霍尔库姆(阿拉巴马州莫比市副警长)

3个月以前,我愁得连续4天4夜无法成眠,连续18天没吃一口固体食物,甚至食物的气味都让我大病一场。遭的那个罪,简直无法用语言来形容。我纳闷地狱里的折磨会不会比这更糟糕。我觉得自己快疯了快死了。我知道这样下去我可能活不了几天。

转折点出现在我收到《人性的优点》新书的那个时刻。在过去三个月里,我简直是靠这本书支撑的。我苦读书中的每一页,拼命试图为自己找到一个新的活法。我心态和情绪控制力发生的变化简直难以置信。现在的我能够经受每天的考验。我现在意识到,过去的我之所以濒临崩溃,并不是因为当天的问题而烦恼,而是为以前所发生的事情或未来还未发生的事情而痛苦、而焦虑。

但现在呢,当我发现自己又要为某事烦恼时,我就会立刻制止自己,并将书中的一些原则活学活用。如果我可能会对当天必做的事情而紧张,那我就马上去完成,然后抛到脑后。

当我再遇到曾经几乎令我发狂的难题时,我就沉住气,用本书第一部分第二章的三个步骤来应付。首先,我会问自己,最糟糕的情况可能是什么;第二,试着从心里接受这些结果;第三,认真研究问题,如果不得不接受,那就看看怎么死马当活马医。

如果我发现自己为一件无能为力又不愿接受的难题烦恼时,索性停下来,对自己反复念诵这段简短的祷文:

> 愿主赐我安宁,
> 使我接受我所不能;
> 愿主赐我勇气,
> 使我改变我之所能;
> 愿主赐我智慧,
> 使我能明察秋毫。

从开始阅读本书起,我就真切过上了一种全新和明亮的生活。我不再让焦虑损害自己的健康和幸福。现在我每晚可以睡九个小时,胃口也好起来。生活的面纱为我敞开,生活的大门为我开放,我能看到我周围美好的世界并尽情去享受。

我能否向你建议:将这本书放在枕边,细细品读,圈画出将那些对解决自己的问题有用的内容,仔细研究,付诸实施?因为,这可不是一本普通意义上的"闲书",而是一本"指南"——一本引领你获得幸福生活的指南!

下册
人性的弱点

下册
写作的过程与动机

20世纪前35年期间，美国出版商出版了不下25万种形形色色的图书，大部分枯燥乏味，许多是赔本赚吆喝。"许多?"——我在信口开河吗？世界一流出版公司总裁对我坦陈，他的公司拥有75年的出版经验，却依然每出8本书就有7本赔钱。

那么，我还敢斗胆再写一本书？在写完后，你又何必劳神去读呢？

这两个问题都有道理，我尽量回应。

从1912年开始，我就在纽约开设针对商界和各类专业人士的教育课程。最初，我只开演讲课——课程为成年人设计，以实际经验为基础，从他们的角度出发，如何在商业洽谈和众人前更清晰、更有效、更自如地表达他们的想法。

然而，几个学期后我逐渐发现，正如这些成年人需要有效讲话这方面的培训一样，在日常商务和社会交际中如何与人相处，他们也迫切需要一些技巧训练。

我自己也渐渐意识到，我本人也绝对需要这种训练。当我回首往事时，我不禁大吃一惊：原来自己的沟通技巧是如此欠缺。要是20年前我手里有这样一本书该多好啊！那一定是一件无价之宝。

如何与人打交道，可能是你所面临的最大问题，尤其——如果你是生意人的话。而且,即使你是家庭主妇、建筑师,或工程师,也一样。几年前,在卡耐基基金会资助下进行了一项研究,揭示出一项重要发现——这项发现后来又被卡耐基技术研究院另外的研究所证实。研究显示,即使在诸如工程这样的技术领域,一个人财务上的成功,15%得益于本人的技术,85%得益于人力工程——即个人性格和领导能力。

多年来,我每学季在费城工程师协会以及美国电机工程协会纽约分会开设课程。总计约有1 500多名工程师学完了我的课程。他们之所以上我的课,是因为经多年的观察和经验最后发现,在工程界获得最高酬劳的人,往往并不是最专业的人士。举个例子,一个雇主以极低的薪酬,就能雇到那些工程、会计、建筑或其他任何专业技能的人士;但一个人如果除了有专业技能,还具备良好自我表达能力、组织领导和激发他人的能力,他就进入了职业晋升的快车道。

约翰·D. 洛克菲勒[①]在他事业鼎盛的时候,曾经这样说过:"人的交际能力,就像糖和咖啡一样,是一种可以购买的商品。这种能力比世界上任何东西都值钱,我愿意出高价。"

你不觉得世界上的每所大学都该开设一门课程,来培养这种世界上最宝贵的才能?然而,世界上哪怕只有一所大学,哪怕它仅仅对成年人开设类似实用而简单的课程,也一定在我写本书前逃过了我的"法眼"。

芝加哥大学和美国青年基督教联合会曾举行过一次调查,以判定成年人究竟需要学些什么。

那项调查耗资2.5万美元,耗时两年;调查的最后部分选择在康涅

---

① 约翰·D. 洛克菲勒(John D. Rockefeller,1839—1937):美国慈善家、资本家,1870年创立标准石油,也是20世纪第一个亿万富翁和世界首富。

狄格州的梅瑞顿镇进行。这儿被认为是典型的美国市镇。梅瑞顿的每个成年人都是调查对象,他们对156个问题做了回答,诸如:"你的职业或专业是什么?""你的教育程度如何?""你业余时间干什么?""你的收入是多少?""你的业余爱好是什么?""你的抱负是什么?""你有什么困难?""你最喜欢的学科是什么?"等等。

调查结果显示,健康是成年人最关注的;其次是"人":如何了解别人,如何与人相处,如何使人喜欢你,如何让人同意你的想法和观点。

于是,举行这项调查的委员会决定为梅瑞顿的成年人开设这样一种课程。他们尽力寻找一本契合本课题的实用教材,却一无所获。最后,他们找到世界最权威的成人教育家之一,问他是否有满足这些成年人需要的任何书籍。那位教育家回答:"没有。我虽然知道那些成人需要些什么,但这种书还没写出来呢。"

依我的经验判断,他所言不虚,因为多年来我也一直在搜寻一本实用、有效的人际关系图书。

由于没有这样一本书,我就尝试着自己写了一本,以供我上课时使用。内容就是本书,但愿你喜欢。

为了筹备写作这本书,我竭尽所能,不放过相关题材的任何信息——包括报纸专栏、杂志文章、家事法庭记录、古典哲学家著作和当代心理学家专著。此外,我还聘请了一位训练有素的研究员。他耗时一年半,在各类图书馆阅读我遗漏了的任何资料;他在浩瀚的心理学巨著里辛勤耕耘,在数以百计的期刊里钻研,遍寻无数人物传记,试图弄清楚各时代中的杰出人物究竟是如何处理人际关系的。

我们读了这些人物传记,读了各时代的所有伟人的生平事迹,自尤利乌斯·恺撒①到托马斯·爱迪生。我记得,仅仅西奥多·罗斯福②的传记,我们就读了不下100本。我们决定不惜时间和金钱代价,也要找出自古以来任何人采用过的关于人际关系方面的实用观点。

我亲自访问过很多成功人士,有些是世界名人——比如发明家马可尼③和爱迪生、政治家富兰克林·D. 罗斯福和詹姆斯·法雷④、商界领袖欧文·D. 扬⑤、电影明星克拉克·盖博⑥和玛丽·皮克福德⑦,以及探险家如马丁·约翰逊⑧。我竭尽所能从他们身上找出他们在人际关系上所运用的技巧。

以这些资料为基础,我准备了一篇简短讲稿,取名为"如何赢得朋友和影响他人"。我之所以称其为"短讲稿",是因为初稿很简短,但很快篇幅扩充到需要一个半小时才能完成的演讲稿。这些年来,在纽约每一学季卡耐基学院课程中,我都以此为脚本,讲给成年学员们。

除了给他们上课,我还督促他们在课外的商务和社交活动中加以实

---

① 尤利乌斯·恺撒(Gaius Julius Caesar,前100—前44):即恺撒大帝,罗马共和国末期杰出的军事统帅、政治家。

② 西奥多·罗斯福(Theodore Roosevelt,1858—1919):人称"老罗斯福",昵称泰迪(Teddy)。美国第26任总统(1901—1909年在任)。

③ 马可尼,即伽利尔摩·马可尼(Guglielmo Marconi,1874—1937):意大利无线电企业家、实用无线电报通讯创始人,被称为"无线电之父"。1909年与布劳恩同获诺贝尔物理学奖。

④ 詹姆斯·法雷(James Farley,1888—1976):美国政治家,曾任富兰克林内阁邮政总局局长。

⑤ 欧文·D. 扬(Owen D. Young,1874—1962):美国工业家、商人、律师和外交家。

⑥ 克拉克·盖博(William Clark Gable,1901—1960):20世纪美国最伟大的巨星之一,被冠以"电影皇帝"称号。代表作品《乱世佳人》《红尘》《一夜风流》。

⑦ 玛丽·皮克福德(Mary Pickford,1893—1975):美国早期电影巨星,代表作品《俏姑娘》《冷落的别墅》《灰姑娘》。

⑧ 马丁·约翰逊(Martin Johnson,1894—1953):美国著名探险家和纪录片制片人。

验,然后回到课堂谈成效和心得。这是一项多么有趣的课外作业！这些急于自我提升的男女学员们,对在这样一个全新实验室工作的想法非常着迷——因为这是迄今为止为成年人所设的第一个,也是唯一的人际关系实验室。

这本书不是通常意义上的写作,而是像孩子那样一步步成长起来的。它在实验室中生长、发育,由数以千计成年人的经验抚育而成。

多年前刚开始实验时,我们把一套规则印在比明信片还小的一张卡片上。到了下一学季,我们把规则印在一张更大的卡片上;然后是印成散页,再后是一套小册子;每一次加印,尺寸、范围都扩大、充实。历经15年试验和研究,这本书终于厚积薄发。

我们确定下来的规则,不是纯粹的理论或臆测,而有神奇的效力。听起来似乎不可思议,我却目睹很多人采用后,生活发生了翻天覆地的变化。

举例说明吧。

来上我们这个课的,有一位拥有314名员工的老板。多年来,他随心所欲地驱使、批评、呵斥他的员工。对他来说,什么善意啊、赞赏啊、鼓励啊,这些词压根就像外星人的语言,从没在他嘴里出现过。在学习了本书中所讨论的规则后,这位老板的人生观发生了巨变。现在,他的公司中涌现出忠诚、热忱和合作的精神。以前的314个仇人,现在则变成了314个朋友。

他在培训班的一次演讲中,骄傲地说:"从前我在公司里巡视时,没人搭理我,那些员工们看到我走近,马上把脸转了过去。但现在他们都成了我的朋友,甚至门卫都对我直呼其名了!"

这位老板现在赚钱更多,闲暇也更多——更确切和重要的是,在事业和家庭中,他获得了更多的愉悦。

无数推销员在运用了这些规则后,销售业绩暴增。许多过去哭着喊着无法获得的客户,现在尽入彀下。公司高管们因此而晋升、加薪。据说一位上季来培训的高管,采纳这些规则后被大幅加薪。还有一位费城煤气公司的职员,由于性格乖张,缺乏领导技巧,在65岁时本来已经内定降职,但经过这项培训后,不但挽救了降职危机,还升了职加了薪。

培训课结束后的聚餐会,很多学员的配偶也出席了。无数次在聚餐会结束后,他们对我说,自从她们的丈夫或他们的妻子参加这项培训后,她们的家庭更美满了。

人们不断被他们的收获所震惊。这一切简直就像魔术。有时候,他们会兴奋地在星期天把电话打到我家里,告诉他们的心得和收获,因为他们无法等待48小时后正常开课时再告诉我。

有一位先生,被一次交谈深深震撼,和一些学员探讨到深夜。深夜3点,其他人都回家了,他却因为意识到自己的错误懊悔不已,同时被眼前明亮的世界所鼓舞,彻夜难眠。此后两夜也如此。

这人是谁?一个幼稚的、未受过正规教育却能对任何新理论信手拈来滔滔不绝的人?不,根本不是。他是一个世故的、冷漠的艺术商人,和经常出入各种社交场合的城里人没什么两样;他操3种流利语言,是两所欧洲大学的毕业生。

写到这里,我收到一封信,来自一个老派的德国人。他是个贵族,好几代先辈在霍亨索伦王朝①时期为军队服役。他的信是在一艘跨大西洋气垫船上写成的,信中说,活学活用本书的精髓,几乎引起一场宗教般的狂热。

还有一位"老纽约",集哈佛毕业生、阔佬和地毯厂老板于一身,他宣称:就如何影响他人这一点来说,他在本培训系统里学到的知识,比在大学四年里学到的多得多。荒唐?可笑?惊讶?当然,你尽可能用任何形容词反驳这一论断。我只是阐述一个事实,而不做评判。这个事实就是——这个结论是一位保守的、功成名就的哈佛毕业生当众宣布的。那是1933年2月23日星期四晚上,他在纽约耶鲁俱乐部对着600多人发表演说。

"和我们本应达到的那个状态相比,"哈佛大学著名教授威廉·詹姆斯②说,"我们还处于半开发状态,我们只有很小一部分体能和智能得以利用。恕我直言,人类的个体被局限于极限之内,每个人都有更多的潜能,对它们却习惯性地疏于利用。"

正是那些潜伏在你身心"却习惯性地疏于利用"的智能!本书的唯一目的,就是帮你将那些休眠于你身心、尚未利用的财富发掘出来,加以开发和利用。

普林斯顿大学前校长约翰·G.荷本说:"所谓教育,就是适应生活的能力。"

如果你看完这本书的前三章后,应付生活的能力没有些许提高,那

---

① 霍亨索伦王朝(Hohenzollerns):是欧洲的一个王室,也是欧洲历史上的著名王朝。为勃兰登堡–普鲁士(1415—1918)及德意志帝国的主要统治家族。

② 威廉·詹姆斯(William James, 1842—1910):美国哲学家与美国最早的实验心理学家之一。书中被提及和引用最多的学者之一。

么我觉得就你而言,本书是一大失败。因为赫伯特·斯宾塞①说过:"教育的伟大目标,不是知识本身,而是付诸行动。"

　　本书就是一本关于行动的书!

---

① 赫伯特·斯宾塞(Herbert Spencer,1820—1903):英国社会学家,被誉为"社会达尔文主义之父"。

第一部分

交际的基本技巧

第一章

"如欲采蜜，别毁蜂窝。"

  1931 年 5 月 7 日，一起有史以来最骇人听闻的凶犯围捕在纽约达到高潮。经过几星期搜捕，绰号为"双枪"、烟酒不沾的凶手克劳利陷入绝境，被围困于西区大道他情人的公寓里。
  150 名警察和侦探，将克劳利包围在公寓顶层的藏身处。他们在屋顶凿了几个洞，试图用催泪弹把"杀警者"熏出来。然后警方把机枪部署在四周的建筑物上，"滴滴答答"的机关枪声和"呼呼"的手枪声在这个纽约高尚社区回荡了一个半小时之久。克劳利藏在一张笨重的椅子后接连向警察射击。成千上万的市民，激动不安地观看这幕枪战。在纽约的大街上，这样壮观的情景还从未发生过。
  当克劳利被捕后，警察局局长 E. P. 马路尼宣布他是纽约历史上最危险的罪犯，他还说："他会杀人的，他会在任何时候大开杀戒。"
  可是，"双枪"克劳利又是怎么看自己的呢？我们知道，当警方杀进他的藏身之所时，他写了一封信给"相关人士"；他写信的时候，伤口中流出的血染红了信纸。他在信中这样写道："在我外套下面，是一颗疲惫却仁慈的心——一颗不愿伤害任何人的心。"

此前不久,克劳利驾车在长岛一条公路上跟女友寻欢作乐。这时,一个警察突然来到车旁,说:"请出示驾照。"

克劳利二话不说,拔枪就朝那警察连开数枪,那警察倒地后,他从车里跳出来,捡起警察的左轮手枪又朝地上的尸体开了一枪。而他却是这样描述自己的:"在我外套下面,是一颗疲惫却仁慈的心——一颗不愿伤害任何人的心。"

克劳利被判电椅处死,当他到达辛辛监狱行刑室时,他说了"这是杀人的下场"? 不,他是这样说的:"这就是我自卫的下场。"

这个故事的关键点是:"双枪"克劳利对自己所作所为毫无悔意。

这是罪犯中与众不同的态度吗? 如果你这样想,听听这句话:

"我将一生中最好的岁月给了人们,带给他们轻松愉快,回报我的却尽是辱骂和亡命天涯的日子。"

这话出自艾尔·卡彭之口。卡彭是美国最臭名昭著的社会公敌、最凶恶的黑帮头子,在芝加哥一带为非作歹。事实上,卡彭自视为大善人——一个做好事却不被领情、被误会的大善人。

纽约最恶名昭著的歹徒之一达奇·舒尔茨,死于纽瓦克黑帮枪战前也这样说过。他接受报纸记者采访时说,他是一位对社会有益的人,他对此深信不疑。

关于这个话题,我和长期担任纽约臭名远扬的辛辛监狱典狱长的里维斯·劳韦斯有过一些有趣的通信,他说:"在监狱中,很少有罪犯自认是坏人,他们的人性跟你我一样。所以他们会为自己理论,为自己辩解。他们会告诉你,他为什么要撬开保险箱,或为什么一时冲动扣动扳机。大多数罪犯试图以一套似是而非的理由,证明自己的反社会行为合情合理,因此,他们顽固地认为,把他们关起来完全是不应该的。如果艾尔·卡彭,"双枪"克劳利、达奇·舒尔茨和在监狱中的危险的男女罪犯,完全不自责……那么,你我所接触的人又如何呢?"

约翰·华纳梅克尔是华纳梅克尔百货店的创始人,他坦陈:"30年前我就明白,责备人是愚蠢的。即使不埋怨上帝没将智慧平均赋予每个人,我对克服自己的缺陷也深感吃力。"

华纳梅克尔很早就得到了这一教训,可是我呢,在这世界上跌跌撞撞活了30多年才弄明白,100人中有99个人不会因为任何事情自我批评的,无论错到哪种程度。

批评是没用的,因为通常它会使人处于防御的位置,竭力替自己辩护;批评也是危险的,它会伤害一个人宝贵的自尊心和自重感,并引起怨恨。

世界著名心理学家B.F.斯肯纳通过他的实验证明,一只因行为得当获得奖赏的动物,比一只因行为失当而受处罚的动物学习知识更快,记得更牢。后来的研究表明,人类也一样。批评他人,你的改变并不持久,并会招来怨恨。

另一位伟大的心理学家汉斯·瑟尔说:"我们渴望的赞许,其实和我们担心的责难等量齐观。"

批评招来的怨恨会让雇员、家人和朋友变得沮丧,对批评过的情况也于事无补。

俄克拉何马州埃里德的乔治·B.乔斯顿是一家工程公司的安监员,他的职责之一就是确保在工地上的员工无论何时都必须带安全帽。他说,每当他经过那些没戴安全帽的员工面前,他都会对他们宣布一大筐安全法规的权威性,告诉他们必须遵守。结果呢,员工往往当面闷闷不乐地接受他的警告,他一转身,安全帽就被扔得远远的。

于是乔斯顿决定换一种法子。再遇到有人不带安全帽时,他就关切地问,是不是带帽子不舒服,或者帽子型号不对。然后和颜悦色地提醒这些员工,安全帽是为了员工人身安全专门设计的,建议他们工作时最好戴上。这次效果就不一样了,员工们听从了他的意见,没有抱怨,没有不舒服。

关于批评徒劳无益的事例在史书上不胜枚举。比如,西奥多·罗斯福和塔夫特总统①那场广为人知的争论。争论让共和党陷入分裂,把伍德罗·威尔逊拱手送进白宫,使他在第一次世界大战中光炳史册,还改变了历史的进程。

让我们简单说说当时的情形。

1908年西奥多·罗斯福离任时,支持塔夫特,他也当选为总统。西奥多·罗斯福随后去非洲狩猎,回来后却大发雷霆,指责塔夫特守旧。西奥多·罗斯福自己想第三次当总统,为此成立了布尔姆斯党,却几乎毁了共和党。在随后的那次选举中,塔夫特和共和党仅赢得佛蒙特和犹他两州,这是共和党有史以来最大的惨败。

罗斯福责备塔夫特,可是塔夫特责备他自己了吗?当然没有,他热泪盈眶地说:"我真不知道我哪儿做得不妥。"

究竟该批评谁?罗斯福还是塔夫特,坦率地说,我不知道,也不介意。我要说的是,罗斯福所有的批评并没使塔夫特觉得自己不对,只是使塔夫特尽力替自己辩护,眼含泪水反复说:"我真不知道我哪儿做得

---

① 塔夫特:全名William Howard Taft(1857—1930),美国第27任总统(1909—1913在任)。

不妥。"

再举个例子,20年代早期的"提帕托窦姆石油丑闻",引起舆论愤怒,震惊全国。当时任何在世的人都不曾记得,在美国公共事物中,还有什么事件比这丑闻更悚人。

"提帕托窦姆石油丑闻"的来龙去脉是这样的:哈代总统的内政部长阿尔伯特·B.福尔,被委派负责政府将艾尔克山和提帕托窦姆油田储备租赁出去。那些油田,是政府预留给未来海军使用的。

福尔公开招投标了吗?没有,先生,没那回事。他把这份丰厚的合约直接给了他的哥们爱德华·L.多尼。多尼又是怎么干的呢?他送给了福尔10万元美金——美其名曰"借款"。随后,这位福尔部长利用职权命令美国海军陆战队进入那地区,把那些竞争者驱逐,因为他们靠近艾尔克山的油井会吸走艾尔克山的石油。那些被枪支和刺刀赶走的竞标者们,一怒之下跑进法庭,将这桩丑闻揭了个底朝天。丑闻曝光后,影响之恶劣,以致全国群情激愤,哈丁内阁倒台,共和党差点解体,而福尔也锒铛入狱。

福尔被强烈谴责——在公共事务中,很少有人被这样谴责过。他悔恨了?不,根本没有!数年后,赫伯特·胡佛在一次公开演讲中暗示,哈代总统的死因,是被一个朋友出卖后引起的焦虑和抑郁。

福尔的妻子听到这话,从座椅上蹦了起来,她号啕大哭,紧握拳头叫嚷道:"什么!福尔出卖了哈代?不,我丈夫从未辜负过任何人。即使这屋子金山银山,我丈夫也不为所动。他是被别人出卖了,才落得个替罪羊的下场。"

你明白了吧?这就是人性的弱点,做了错事只会责备别人,绝不会从自身找原因。人人如此。所以,当你我明天准备批评别人的时候,就想想艾尔·卡彭,"双枪"克劳利和阿尔伯特·福尔这些人吧。我们应该明白,批评就像家鸽,总会原路回家的。我们应该明白,我们要纠错或谴责的人,他会为自己辩护,反过来谴责我们;或像温和的塔夫特那样,说:"我真不知道我哪儿做得不妥。"

1865年4月15日早晨,亚伯拉罕·林肯躺在一家简陋公寓的卧室中,生命垂危。这家公寓就在福特戏院对面——林肯在那个戏院包厢里被约翰·维尔克斯·布斯暗杀。林肯修长的身体呈对角线一样躺在松垮凹沉的床上,那床对他来说显得太短促了。靠床的墙壁上,挂着一幅罗莎·博纳尔《马市》的仿制品,一盏阴郁的煤气灯散发出幽暗、淡黄的光亮。

林肯即将离世的时候,作战部长斯坦顿说:"躺在这里的,是世界上前所未有的最完美的统治者。"

林肯成功的待人秘诀是什么?我用十年左右的时间研究林肯的一生,其中整整三年的时间全身心投入写作和修订一本书《林肯不为人知的故事》。我相信,我对林肯人格和他家庭生活的研究,其深度和广度已达到任何人所能达到的极致。

我特地研究了林肯待人处事的方法。林肯是否喜欢责备人?是的,他在印第安纳州鸽溪谷时,年少轻狂,他不但指责人,还写信作诗对人家冷嘲热讽,甚至把写好的信扔到对方必经之路。其中一封信,让人对他记恨了一辈子。

即使林肯在伊利诺伊州春田市做了执业律师后,他还在报纸上公开抨击对手,而且还不止一次地这样。

1942年秋,林肯招惹了一个詹姆斯·谢尔兹的政客,这人自大好斗。当时林肯在春田的报上发表了一封匿名信,对其大加奚落,为全镇的人提供了一回笑料。这事惹得敏感而自负的谢尔兹暴跳如雷,当他查出"元凶"后,立即策马扬鞭去找林肯,向他发出决斗挑战。

林肯不愿打架,也反对决斗,但如果不接受挑战,又无法摆脱麻烦,也无法保全荣誉,就接受了。对手让林肯自选武器,由于两条手臂特别长,他就选用了马队用的腰刀,还特地从西点军校一位毕业生那儿学习剑术。到了约定的日子,他和谢尔兹在密西西比河的河滩上见面,准备一决生死。但就在最后一分钟,他们的助手阻止了决斗。

"决斗"是林肯个人生活中最惊心动魄的事件,却教会了他宝贵的接人待物的艺术。从此以后,他再也没写过讽刺信,再也没讥笑过他人。从那时起,他几乎没因为任何事责备任何人。

"美国内战"期间,林肯不停地调兵遣将统率波托马克军队。麦克米伦、坡普、伯塞德、胡克、米德先后被他派遣,却一错再错,让林肯绝望得在房间里团团转。几乎半数国人都严厉指责这些无能之将,林肯却"宽容所有人,不怨恨任何人",保持淡定。他最喜欢的一句引言是:"不要妄议别人,免得为人妄议。"

当林肯的妻子和一些人刻薄地谈论南方人时,他这样回答:"不要指责他们,换位思考,我们也会和他们一样。"

然而,如果有人有机会批评的话,那肯定就是林肯了。我们看下面这个例证:

"葛底斯堡战役"[①]于 1863 年 7 月的前 3 天进行。7 月 4 日晚,罗伯

---

① 葛底斯堡战役(Battle of Gettysburg):1863 年 7 月 1 日至 7 月 3 日所发生的一场决定性战役,于宾夕法尼亚葛底斯堡及其附近地区进行,是"美国内战"的转折点。

特·李将军①向南溃退。当时乌云翻滚,大雨磅礴,前有滔滔大河阻挡,后有连番胜仗的联盟军队追击。李将军和他的军队进退维谷,插翅难逃。

林肯意识到,这是个宝贵的、天赐的机会——打败李的军队,就可以立即结束战争。林肯满怀希望,命令米德,不必召开军事会议,火速进攻。林肯先发出电令,再派特使要求米德立即行动。

可是这位米德将军,又是怎么做的呢?正好反其道而行之!他直接违抗了林肯的命令,召开军事会议。他犹豫了,他磨磨蹭蹭。在回复电文中找尽了借口,索性按兵不动。最后,洪水消退,李将军和他的军队绝路逢生,逃出绝境。

林肯愤怒已极。"米德为什么这么做?上帝啊,这究竟是为什么?"他向儿子罗伯特哭诉,"李已在我们手心里了,只需一伸手,他们就束手就擒了;他们却拿我的话,我的命令当耳边风!在那种情况下,几乎任何将领都能击败李将军。就算我在那儿,都能把他拿下。"

林肯怀着沉痛失望之情,坐下来给米德写了这封信。请记住,这个时期的林肯,在遣词造句时是极其克制和保守的。所以林肯写于1863年的这封信,相当于是最严厉的斥责了。内容如下:

亲爱的将军:

我相信,对"李"脱逃灾难的意义,你不会开心。他已在我们的手掌里,他一就范,再加上我们之前的其他胜利,这场战争都已告停了。按现在的情形推断,战事势必无限期拖下去。如果上周一你都

---

① 罗伯特·爱德华·李(Robert Edward Lee,1807—1870):又常简称为李将军,美国将领、教育家,为南北战争期间联盟国最出色的将军。

不能顺利进攻"李"军,你又如何能在河岸南边向他进攻?那时你手里的兵力不到现在的三分之二。现在再期望你亡羊补牢是不明智的。宝贵机会已溜走了,我无比痛心。

你猜猜,当米德读完这封信后,他又是什么反应呢?

米德从没看到那封信,因为林肯根本就没把这封信寄出去。这封信是在林肯去世后,从他文件中发现的。

我猜是这样——仅仅是我的猜想呵——林肯写完这封信后,望着窗外喃喃自语:"且慢,也许我不该这么草率。坐在这宁静的白宫里命令米德进攻,对我来说轻而易举,可是假使我在葛底斯堡,像米德一样目睹上星期战事中的那么多血,耳朵里也充满了死伤者的哀嚎和呻吟,也许我也不会急于发起进攻;如果我的性格也和米德一样懦弱,或许我所做的跟他并无不同。无论如何,现在木已成舟,无可挽回了。如果发出这封信,我的情绪倒宣泄了,米德却会替自己辩护,反过来谴责我。这样一来,就会引起他对我的恶感,损害他在军队中的前程,说不定还会逼得他挂帅而去。"

所以,正如我说过的那样,林肯把信放一边去了。因为林肯从惨重的经验中得知,尖锐的批评、斥责永远不会有任何效果。

西奥多·罗斯福总统曾说,他当总统时,如遇到棘手的问题,他习惯于在座椅上往后一靠,仰望办公桌上方墙上悬挂的大幅林肯画像,这样问自己:"如果林肯处于我目前的状况,他会怎么办?他会怎么去解决这个问题?"

下次我们准备批评别人时,先从口袋里拿出一张5美元的钞票来,看着钞票上林肯的像,扪心自问:"如果林肯遇到这件事,他会怎么处理呢?"

马克·吐温有时候会情绪失控,写信时毫不客气。比如,有一次他给一个招惹他的人写信,里面有这样一句:"你的事情就是等着进棺材吧,你横竖挣不脱,而我会目送你进去。"还有一次,他因为一名校对员试图"改一改我的拼读和标点符号"给一位编辑写信,口气咄咄逼人:"就用我的版本,那个校对员的劳什子版本还是留在他坏掉了的脑子里吧。"

写这些尖酸刻薄的信让马克·吐温感觉好了些,让他宣泄了怒气,对他也没什么实际害处——因为他的妻子私下把信件截流了,根本就没有寄出去。

你所认识的人中,有没有谁你想改变他、调整他,想让他情况更好?有,太好了!我也想这么做。可是为什么不正人先正己呢?——仅从自私的角度来说,正己比正人实惠多了——而且危险少多了。中国有句老话:"各人自扫门前雪,休管他人瓦上霜。"

我年轻时就想给人家留下印象。有一次,我给一家杂志撰写一篇有关作家的文章,就给美国文坛新星理查德·哈丁·戴维斯①写信,请他谈谈他的创作方法。数星期之前,我接到某个人的信,信尾附上一句:"信系口述,未经检查。"当时,这句话给我留下了很深的印象。

我觉得这位作家一定是个事务繁忙的大人物。尽管我一点也不忙,因为急于引起这位大作家的注意,于是我在一封短信后也来了这么一句:"信系口述,未经检查。"

戴维斯懒得搭理我,只是把我那封信退了回来,并在下面信笔涂鸦

---

① 理查德·哈丁·戴维斯(Richard Harding Davis, 1864—1916):美国新闻记者、小说作家。代表作《命运战士》《加拉格尔及其他故事》《凡比博》。

几个字:"只有你这种无礼之人才能比这更无礼。"

没错,我的确无礼,被他指责也许是我咎由自取。可是,出于人性的弱点,我很生气,并对此怀恨在心,甚至十年后得知戴维斯去世的消息时,一个想法还在我心里坚如磐石——只是我羞于承认——他曾经对我的伤害。

如果你我明天就激起可能持续十年甚至到死方休的愤恨,只需发表一点稍微尖刻的批评即可——不管我们批评得多么正当合理。

当我们和人打交道时,请记住——我们不是在和逻辑动物打交道,而是在和情绪动物、偏见动物和被傲慢、虚荣支配的动物打交道。

尖刻的批评,促使对英语文学做出巨大贡献的小说家之一、敏感的托马斯·哈代①永远放弃了文学创作;批评甚至把英格兰诗人托马斯·查特顿②逼得自杀!

本杰明·富兰克林年轻时毫无城府,后来却极有外交手腕,极会接人待物,因此成为首任美国驻法国大使。他成功的秘密是什么?他说:"我不说任何人坏话,对我认识的每一人,我都赞不绝口。"

任何一个蠢人都能喜欢去批评、斥责和抱怨他人——绝大多数的傻瓜确实也是这么做的。

但若要理解和宽容他人,就需要在个性和自我控制方面下功夫了。

托马斯·卡莱尔③曾这样说过:"一个伟大人物的伟大之处,在于如

---

① 托马斯·哈代(Thomas Hardy, 1840—1928):著名英国诗人、小说家。代表作《韦塞克斯诗集》《早期与晚期抒情诗》《德伯家的苔丝》。

② 托马斯·查特顿(Thomas Chatterton, 1752—1770):英国诗人。代表作《布里斯托尔悲剧》《歌手之歌》《叛教者威廉》等。

③ 托马斯·卡莱尔(Thomas Carlyle, 1795—1881):英国作家。代表作《法国革命》《论英雄》《过去与现在》。

何对待卑微的人。"

鲍勃·胡佛是著名的飞机试飞员和飞行表演家,在飞行表演场上屡展英姿。根据《航务》杂志一篇文章的描述,他在圣迭戈完成飞行表演返回位于洛杉矶的家时,在300英尺低空两个引擎突然失灵。胡佛靠着高超的技术,成功着陆,没人受伤,只是飞机严重受损。

胡佛在紧急着陆后的第一个动作,是检查飞机的燃料,就像怀疑"二战"中他曾驾驶过的螺旋桨飞机有问题一样;那种飞机使用航空燃油,而不是普通汽油。回到机场后,他要求见见为他服务的机械师。那个年轻人呢,因为自己的失误痛苦不堪,当胡佛见到他时,他正泪流满面。他的失误导致一架昂贵飞机的损失,还差点丢了三条人命。

胡佛的愤怒你尽可以想象。你也可以预料到,面对麻痹大意的机械师,这位骄傲而技艺高超的飞行员会劈头盖脸一阵暴风骤雨,然而胡佛却没有呵斥那个机械师;甚至一句批评也没有,而是用宽大的胳膊拥抱那个机械师,一边说:"为了让我相信这事不会再发生了,我要你明天就检修我的F-51。"

通常,为人父母者最容易批评子女。也许你会指望我说"别那样",但我不会,我只想说一句:"在你们责备孩子前,请读读美国经典文章之一《父亲的遗忘》,这篇文章最先是以'观点'形式出现在《百姓之家杂志》上。"

《父亲的遗忘》是那种"豆腐块"文章之一——点点滴滴的真情实感一蹴而就。因为在广大读者中引起强烈共鸣而变成了一个最受欢迎的常设栏目。作者W.利文斯顿·拉尼德写道,自从第一篇《父亲的遗忘》起,这篇文章"在全国范围内被数以百计的杂志、内部期刊和报纸重印,在世界范围内被翻译成多种文本广为流传;数以千计的学校、教堂和讲座平台经我授权使用这篇文章;还出现在无数广播电台的各种节目中;奇怪的是,这篇文章还被大学和中学期刊刊载。有时候,一篇小文章也可能引起巨大轰动,《父亲的遗忘》就是如此"。

经作者同意,我们按《读者文摘》上的缩略版在此重印出来:

父亲的遗忘

W. 利文斯顿·拉尼德

听着,儿子,我是在你睡梦中给你说这些话的。此刻,一只小手压在你的脸颊下,几缕金色的卷发湿漉漉地黏在你汗蒸蒸的额头。

我是一个人偷偷溜进你的房间的。几分钟前,我在图书馆读我的论文时,一股令我窒息的懊悔感袭击了我,令我满怀内疚地来到你的床前。

儿子,我在反思这些事情:我对你的态度太粗暴了。你换衣服上学前,因为你用湿毛巾在脸上随便一抹了事,我呵斥你;你不把鞋擦干净,我大发雷霆;你把东西乱扔到地上,我暴跳如雷。

吃早饭时我也逮住你了:你吃饭时是个漏嘴,你吃饭狼吞虎咽,你把肘部放到桌子上,你在面包抹了太多黄油。你出门玩耍时,我正准备去赶火车;你转身对我挥手说:"再见,爸爸!"我却眉头一紧,回答:"你把背给我挺直了!"

下午晚些时候我又没放过你,我偷偷跑去"监视"你。我看见你跪在地上弹玻璃球,你的长袜子上有几个破洞。我押着你回家,当着你的伙伴们让你难堪;我对你大吼,长袜子很贵——如果你非买不可,你就应该珍惜一点!儿子,想想吧,这话居然出自一个爸爸之口!

你记得吗,后来,我在书房阅读,你蹑手蹑脚地走进来,满眼受伤的神情。当时我对你的打扰极不耐烦,我从报端望过去,看见你站在门口,怯生生的。

"你干嘛呢你?"我粗暴地问。

你没有回答,而是一个快步跑过来冲进我怀里,抱着我的脖子亲吻我。你那娇小的胳膊是那么有力,仿佛带着上帝赋予你内心中的情感,即使父亲的粗枝大叶也无法让这份爱枯萎。然后——你就上楼了,楼梯上一路洒下你的脚步声。

儿子,很快,报纸从我手边滑落,一阵可怕的恶心感袭上心头。我的习惯都为我带来了什么?那种吹毛求疵的习惯,那种随意责难人的习惯——这就是我对你的回报,只因为你是个小孩。问题不是我不爱你,而是我对你的期望太高。我是在用自己的年龄尺度去衡量现在的你。

在你的天性里,有那么多的真实、善良和美好,你幼小的心灵和山坳上的晨曦一样恢弘明亮。这表现在你自发地冲过来,亲吻我,向我道晚安。儿子,今晚任何别的事情都不重要了。我趁黑摸进你的房间,跪在你的面前,满怀羞愧!

此刻的赎罪是软弱无力的。我知道,在你醒着时对你说这些你还不明白。但从明天起,我将是一个真正的好爸爸!我会和你完全在一起,你痛苦时我来分担;你开心时,我来分享。如果不耐烦了,我会狠狠咬住我的舌头;我会像仪式般不断地说:"他不过是个小孩——一个小男孩。"

我一定是把你看成了一个成年男子了。然而,此刻我看到的你,蜷缩在小床上,完全还是个孩子。昨天,你还在你妈妈的怀里,把头放在她的肩膀上。

我期望得太多,实在太多了。

让我们不要指责别人,而是尽量理解他们,好好想想他们为什么那么做,这比纯粹的指责更有价值,也更有趣。理解他人还会产生同情、宽容和善意,就像那句法国谚语:"理解即宽容。"

正如约翰逊博士所说:"在一个人的末日之前,上帝不会对他做出审判。"

你我又为什么要批评他人呢?

原则 1

不要批评、指责或抱怨。

第二章

与人相处的诀窍

　　天下只有一种办法使任何一个人去干任何一件事。你是否认真想过这回事？是的，只有这样一个办法，那是让别人愿意去做那一件事。

　　请记住，除此之外别无他法。

　　当然，你可以用一支左轮手枪顶着一个人的腰部，让那人乖乖把手表给你；你可以用威胁炒鱿鱼的办法迫使你的雇员和你合作——在你尚未转过身前；你也可以用鞭子或恫吓，让一个孩子照你的意思去做。但是这些粗暴的办法，都有非常可怕的后遗症。

　　我能让你去做任何事情的唯一办法，就是满足你的需要。

　　你需要什么？

　　20世纪最杰出的心理学家西格蒙德·弗洛伊德博士曾这样说，任何一个人，干任何事情的都源于两种动机：性的冲动和变得重要。

美国最深刻的哲学家之一约翰·杜威①对人类动机的阐释,和上面这句略有不同。他认为人类最深层的冲动,是"成为重要人物的欲望"。请记住"成为重要人物的欲望"这句表述意义非凡,在本书中你将看到大量相关内容。

你需要什么?你需要的其实并不多,真正希望得到就几样并对此孜孜不倦地追求着。绝大多数人都想要的东西包括以下几个:

1. 健康和生命。
2. 食物。
3. 睡眠。
4. 金钱,以及金钱能买到的事物。
5. 去世后灵魂所在。
6. 性满足。
7. 子女的幸福。
8. 被人重视的感觉。

通常,这些欲望差不多都能获得满足——除了一样。但是有一种渴望——同食物、睡眠一样深层而又强烈的渴望,却很难满足。——这就是弗洛伊德所说的"变得重要",也是杜威所说的"成为重要人物的欲望"。

林肯曾在一封信中这样说:"每个人都喜欢被恭维。"威廉·詹姆斯也说:"人类天性最深处,就是渴望受到赞赏。"提醒你一句,他并不是说

---

① 约翰·杜威(John Dewey, 1859—1952):美国著名哲学家,实用主义的集大成者。代表作《哲学之改造》《民主与教育》。

"希望",或"欲望",或是"盼望",而是说了"渴望"被人赞赏。

这是一种让人烦恼却又无法摆脱的人类饥渴,只有少数真正满足了这种内心渴求的人,才能成为生活的强者,这样的人去世时,"即使是见惯了死亡的入殓师,也会为他难过的。"

追求自重感的欲望是人类和动物之间主要的重要差别之一,举例说明吧。当我还是密苏里州一个农家的孩子时,我父亲饲养良种猪杜洛克-泽西和纯种白脸牲畜。我们常在中西部的乡村集市和牲畜展上展示我家的良种猪和白脸牲畜,并多次获奖。

我父亲把他的蓝绶带用针别在一条白布上,有亲朋好友等客人来我家时,他就拿出来,他握着布条一端,我握着另一端,让人观赏。

良种猪并不在乎它们赢得的蓝绶带,父亲却十分看重,因为这些荣誉,为他带来了一种"重要"的感觉。

假如我们的祖先没有这种"重要感"的炽烈冲动,文明就不复存在;没有"重要感",我们就跟动物差不多了。

正是这种"重要感"欲望,引导着一个没受过教育、为穷困所迫的杂货店员工刻苦钻研法律书籍——这些书是他在满堆杂货的大木桶底翻出来并花了5分钱买下的。你或许听说过这杂货店店员的名字——他叫亚伯拉罕·林肯。

正是这种"重要感"欲望,激发了查尔斯·狄更斯①写出他不朽的巨著;正是这种"重要感"欲望,激发了克里斯托弗·瑞恩爵士②完成了他的

---

① 查尔斯·狄更斯(Charles John Huffam Dickens,1812—1870):英国著名作家,代表作《双城记》《远大前程》《雾都孤儿》等。

② 克里斯托弗·瑞恩(Christopher Michael Wren,1632—1723):英国历史上最有成就的建筑师之一。代表作为伦敦圣保罗天主教堂。

杰作;正是"重要感"欲望,约翰·D.洛克菲勒累积起了亿万财富,自己却舍不得花!正是同样的欲望,让你镇上的有钱人家修出远超实际需要的大房子。

这种欲望,使你穿最新潮的衣服,开最新款的车,炫耀你的子女。

同样是这种欲望,使不少青年男女加入黑帮,作恶多端。按照纽约警察局前任局长E.P.马尔鲁尼的话说,现在的年轻罪犯,通常充满自我中心主义,在被捕后的第一个要求,居然是看看那些能把他们写成英雄的耸人听闻的小报。当他看到自己的相片和那些体育明星、影视明星和政治家出现在同一个版面,他便沾沾自喜得好像自己的牢狱之灾是一件遥远的事情。

如果你告诉我,你如何得到你的"重要感",我就能看出你是怎样的人;"重要感"决定了你的性格,这是你最重要的人格。举个例子吧。约翰·D.洛克菲勒捐钱在中国北京创建现代化医院,用以治疗数百万没见过面也永远不会见面的贫民,他从中获得了"重要感"。

另一方面,迪林杰①做土匪,杀人越货,也是为了满足"重要感"。当FBI(联邦调查局)警员搜捕他时,他逃进明尼苏达的一家农舍里,对那家人说:"我是迪林杰……我不会杀你,但我是迪林杰!"他非常拿自己是"公众头号敌人"为荣。

是的,迪林杰和洛克菲勒重要差别,就在于他们如何实现自己的"重要感"。

历史长河中闪耀着大量名人们为了"重要感"而奋斗的逸闻趣事。

---

① 约翰·迪林杰(John Herbert Dillinger, 1903—1934):美国大萧条时期的大劫匪、杀人犯。

即使乔治·华盛顿都想被为"至高无上的美国总统阁下",哥伦布向朝廷请求册封为"海洋大将和印度总督",叶卡特琳拉二世拒绝拆阅没称她"女皇陛下"的信件,林肯夫人在白宫像雌老虎似的朝格兰特夫人吼道:"当着我的面,我还没让你入座,你怎么就敢坐下!"

1928年资助伯德将军去南极探险的百万富翁们明白,许多冰山都会以他们名字命名。维克多·雨果渴望把巴黎以他的名字重新命名。即使莎士比亚这样的"巨人中的巨人",也试图为家人获得盾形纹章来为自己增光添彩。

有时候,人们会为了取得同情、关注和一种"重要感"甚至故意装病。例如麦金利夫人,强迫她身为美国总统的丈夫[①]放下重要国务活动,依偎在她床边,搂抱着她哄她入睡,每次需要几小时时间。麦金利夫人就是这样获得她的"重要感"。

麦金利夫人为了满足她烦人的被关注欲,即使在她补牙时也非让麦金利陪着。有一次麦金利和国务卿约翰·赫有一次重要约谈,不得不把夫人留在牙医诊所,因此在第一家庭引起一场"暴风雨"。

作家玛丽·罗伯茨·莱因哈特曾告诉我,有个聪明活泼的年轻女士,为了得到"重要感"装成一个病人。莱因哈特夫人说:"这女人不得不面对一个事实——或许由于年龄的关系,她的后半生将孤苦伶仃,没什么盼头了。"她还说:"于是,她卧床不起了。十年来,她年老的母亲每天在三层楼之间爬上爬下,端着饭菜去喂她。一天,这位年迈母亲因为伺候她儿女操劳过度倒地死去。床上的这个病人,烦恼了几个星期,终于穿

---

① 威廉·麦金利(William McKinley, 1843—1901):美国第25任总统(1897—1901在任),1901年9月14日子布法罗遇刺身亡。

衣起床,重新生活了。"

有些权威专家认为,为了在疯狂的幻觉中寻找残酷现实世界中得不到的"重要感",有的人真的发了疯。在美国医院中,由精神因素生病的病人,比其他所有病人的总和还多。如果你年龄在 15 岁以上,又住在纽约州,在你的一生中可能有二十分之一的机会要住七年以上的精神病院。

精神错乱的根源在哪儿?

没有人能回答这个笼统的问题,但我们知道有些疾病——比如梅毒,会损伤脑细胞,导致癫狂。事实上,约有半数以上的精神疾病,归咎于脑损伤、酒醉和其他损伤。而另外一半精神病人——最吓人的那部分——他们的脑细胞中并没有任何病态。通过最先进的显微镜对精神病人的尸检,发现他的脑细胞,完全和我们的一样健全。

这些人为什么会精神错乱?

我向一家重要的安康医院的主治医师请教。这位专家因其专业知识获得行业最高奖项,在行业内享有至高无上的荣誉。他坦诚地告诉我,他也不知道人们为什么会精神错乱。没有人确切地知道。但他又说,许多精神错乱的人,在疯癫中找到了真实世界中所无法实现的"重要感"。这位专家对我讲述了一个真实故事:

"我现在就有个女病人,婚姻很失败。她需要爱情、性满足、孩子和社会认同,却在现实生活中化为泡影。她丈夫不爱她,甚至拒绝跟她一起用餐,强迫她把饭菜送到阁楼上供他独享。她没有孩子,没有社会地位,终于疯了。她在虚幻中跟她丈夫离了婚,恢复了少女时的姓。现在,她对自己嫁给了英国贵族深信不疑,还非让我们称她为'史密斯夫人'。至于她想要的孩子,在她的幻想中也实现了——她幻想每个夜晚都生个小宝贝。每次我去看她时,她说都说:'医生,我昨晚生了一个孩子。'"

残酷的现实生活让她的梦想之舟搁浅了,但在她阳光明媚、美妙无比的幻觉小岛上,她的梦幻之舟扬帆起航,带着桅杆间帆布的轻拂和柔风的吟诵,驶进了美丽的港湾。

这故事够悲催吗?唉,我不知道。那位医师对我说:"即便我能让她痊愈,我也不愿意那么做,因为她现在更快乐。"

假如很多人为了得到"重要感",不惜变疯;不妨想象一下,如果我们对他们给予真诚的赞赏,将会发生什么奇迹呢?

在美国商界中,最先百万年薪者之一的是查尔斯·施瓦布。(那时,没有个人所得税,一个人周薪能达到50美元就被视为富裕了。)施瓦布年仅38岁时,被安德鲁·卡耐基[①]选为1921年才成立的美国钢铁公司首任老总。(后来施瓦布离开美国钢铁公司接手陷入危机的伯利恒钢铁公司,将其改造为美国最赢利的公司之一。)

安德鲁·卡耐基为什么要以百万年薪——周薪超过3 000美元,聘请查尔斯·施瓦布?为什么?莫非施瓦布是个天才?——不是;因为他是钢铁专家?——废话;施瓦布亲口告诉我,他手下员工中比他懂行的大有人在。

施瓦布说,他能拿到这么高的报酬,很大原因是他为人处世的能力。我问他是怎么做的。这就是他的奥秘——从他的原话里得到的——这些话应该铸进永久保存的青铜里,悬挂在世界上每一所学校、每一个商店和每一间办公室里;这些话应该让学生们烂熟于心,而不是把时间浪

---

① 安德鲁·卡内基(Andrew Carnegie,1835—1919):20世纪初世界"钢铁大王"、"20世纪首富"。

费在死记硬背拉丁文动词的词形变化,或巴西每年的降雨量是多少;如果恪守践行这些忠告,我们的生活和命运没准就会被彻底改观:

"我认为我的最大财富是唤起人们热情的能力。"施瓦布说,"开发一个人最佳状态的方式,就是赞美和鼓励。没有什么比长辈和上司的责备更挫伤一个人的志气。我从不批评人,我坚信激励在让人工作上的意义,所以我热衷赞扬而讨厌吹毛求疵。**如果我真的有所爱,那就是,对别人真心诚意的认可和毫不吝啬的溢美之词。**"

施瓦布就是这么身体力行的。一般的人又是怎么做的呢?完全是南辕北辙了。如果他们不喜欢什么,就对下属大嚷大叫;如果他们喜欢某件事,却一声不吭。正如一句对联说的那样:"好事无人晓,坏事千里传。"

"我生活中关系广泛,在世界各地会见很多杰出人物。"施瓦布宣称,"我发现任何一个人——无论他多了不起、多优秀,都是在被赞美下工作更努力,工作做得更好,而不是在被批评的情况下。"

实事求是地说,施瓦布所说的,正是安德鲁·卡耐基传奇般成功的主要原因之一。不论在公开场合还是私下,卡耐基都喜欢表扬同事和下属。卡耐基甚至把对同事们的赞美刻上了自己的墓碑,他亲自为自己拟定了一句墓志铭:"长眠在这里的,是一个知道怎么和比自己聪明的人相处的人。"

真诚的赞美是约翰·D. 洛克菲勒成功的为人之道之一。举个例子吧。有一次,他的生意伙伴之一、爱德华 T. 贝德福特在南美并购失误,造成 100 万美元损失;洛克菲勒完全可以批评他,但他知道贝德福特已经尽力——再说事情已经过去了。所以洛克菲勒就专拣值得表扬的说,他祝贺贝德福特挽回了百分之六十投资损失,他说:"太了不起啦,我们不可能永远做得那么完美。"

在我的剪报中,有一个并未发生的故事,因为反映了一个事实,所以在此复述一下:

这个挺傻的故事说的是,一个农妇劳累一天后,在一帮男人面前码了一大堆牧草。当这些男人们气势汹汹地质问她是不是疯了,她回答说:"怎么啦?我哪知道你们会在意呢?我给你们这帮人做了20年饭了,这么长时间,从没听人说过这干草不能吃啊。"

几年前针对离家出走的妻子曾做了一项研究,你以为妻子出走的主要原因是什么?正是"不被领情"。我相信,如果做一项离家丈夫的原因研究,结果是一模一样的。我们常常认为配偶所做的一切理所当然,没必要让对方知道我们会领情。

我培训班里的一个学员说起过他妻子的一个要求。原来,她和教堂里一群女教友进行一项自我提升项目,她要求丈夫帮助她——列举出他认为有助于她成为好妻子的6件事情。这位学员在课堂上说:"我对这个要求感到惊讶。老实说,我很容易列举出我希望她改变的6个问题,但我并没有这么做。——天地良心,她倒可以列举1 000个希望我变好的事情。我对她说:'让我想想,明天早晨再告诉你。'次日早晨,我起了个大早,让花店送了6束玫瑰花给我太太,同时附上一张条子:'我想不出来想要你改变的6件事情,我就爱你现在这个样子。'傍晚等我回家后,你猜猜谁在门口接我?你猜对了,我太太!她都热泪盈眶啦。毫无疑问,我非常高兴我没按她的要求批评她。接下来的那个礼拜天,她在教堂说了事情经过,几个女教友过来对我说,'那是我听过的最暖心窝的事情。'就是那时,我意识到了赞美的力量。"

弗洛伦茨·齐格菲尔德是"百老汇"响当当的优秀戏剧制作人,具有

"让美国女孩红得发紫"的绝妙才能。他一次又一次地把那些毫不出众、人们懒得看第二眼的"柴火妞",打造成舞台上魅惑四溢、神秘诱人的尤物。

弗洛伦茨·齐格菲尔德深知赞美和信心的价值,常常以献殷勤和细心关怀让这些女子自我感觉魅力十足。他也很实惠,给歌舞团的女团员们加薪,每星期30美元猛增到175美元;他很解风情,在系列时事讽刺剧《福利斯》开幕之夜,他给剧中所有明星发出贺电,并且给每个女演员送上一枝"美国丽人"玫瑰花。

曾经有一次,我禁不住"斋戒"时尚的诱惑,六个昼夜没进食。绝食并不艰难,六天结束时似乎还不如第二天结束时饥饿。可是我知道——你也知道,如果有人让家人或雇员六天不吃东西,那一定会产生犯罪感;然而他们却会六天、六星期,甚至60年不给家人或雇员送上一句由衷的赞美——要知道,他们对赞美的渴望像对食物一样强烈。

阿尔弗雷德·朗特是他那个时代最伟大的演员之一,在《重聚维也纳》中担纲主角时,曾这样说过:"我需要的东西中,没有什么比自尊对我的滋养更重要。"

我们体贴孩子、朋友和员工们的身体,可我们对他们自尊上的滋养却又何其吝啬;我们为他们提供牛排、马铃薯等食物增强他们的体力,却疏于给他们和颜悦色的溢美之词,这些话语能在他们的记忆中经年不息,犹如优美的晨星乐曲。

著名电台主持人保罗·哈维在他一次广播节目《故事尾声》中,告诉我们真心诚意的赞美是如何改变人们的生活。他说,多年前底特律的一位教师要斯蒂维·莫里斯帮她找一只丢失在教室里的老鼠。看到了吧,老师欣赏莫里斯独有的天赋——上天给了他一对灵敏的耳朵,以弥补他的失明。这还是莫里斯第一次有机会显示自己的天赋呢。多年后的莫里斯说,被人赞美是他新生命的开始。明白了吧,从找老鼠那次起,他把听力方面的天赋开发出来,最终成为70年代最有名的流行歌手和歌曲作者,他的艺名叫斯蒂夫·王德尔。

有些读者看到这几行时会迫不及待地说:"啊,呸!这是阿谀奉承!拍马屁!我也试过,屁用没有——对明白人,这一套根本不管用。"

对明眼人,拍马屁那一套当然不管用,那是肤浅、自私、虚伪的;那一套应该失灵,而且通常情况下是这样。然而,还有些人对于被赞赏的饥渴程度,几乎来者不拒——就像一个饿极了的人连草和蚯蚓都要一股脑吞下去一样。

即便是维多利亚女王都喜欢阿谀奉承,首相本杰明·迪斯雷利坦诚自己和女王打交道时,尤其夸张,用他自己的话说就是:"简直是在用泥铲子敷。"但在辽阔的大英帝国中,迪斯雷利是最为优雅、机巧和长袖善舞的统治者之一。他是言辞方面的天才,阿谀奉承对他有用,未必就对你我有用。长远看来,谄媚对你弊大于利;谄媚是赝品,就像假钞一样,如果你随意送人,最终会使你陷入麻烦。

赞赏和谄媚有区别吗?很简单,赞赏是真心诚意,谄媚是言不由衷;一个出自心底,一个是嘴巴功夫;一个是无私的,一个是自私的;一个是放之四海被人钦佩,一个则处处令人不齿。

最近,我在墨西哥城查普特佩克宫看到墨西哥英雄阿尔瓦罗·奥布雷根将军[①]的半身像。半身像下面,刻着奥布雷根将军的人生格言:"别

---

① 阿尔瓦罗·奥布雷根(Alvaro Obregon,1880—1928):墨西哥军事家和政治家。1920—1924担任墨西哥总统;1928年再次当选总统,在就任之前遇刺身亡。

担心攻击你的敌人,提防奉承你的朋友。"

不!不!不!我不是叫人去溜须拍马,根本不是;我在倡导一种新的生活方式,让我重复一遍:**我在倡导一种新的生活方式。**

英皇乔治五世有一套格言,共有六条,悬挂在白金汉宫他的书房墙上。其中有一条是说:"教会我既不去献媚,也不接受廉价的赞美。"所谓献媚,正是"廉价的赞美"。我曾经看到一句关于谄媚的定义,也许值得在此复述一遍:"谄媚就是准确地告诉别人,他就是那么想他自己的。"

"你使用哪一种语言。"拉尔夫·沃尔多·爱默生①说,"除了表明自己是哪种人,什么也说明不了。"

如果所有人都不得不奉承谄媚,那么任何人都会学会这点,我们人人都是人际关系学专家了。

当我们不想某个具体问题时,百分之九十的时间是在想自己;那么,如果我们暂时不去想自己,而开始想别人的长处,我们就不必非得把奉承用得那么廉价、那么伪善,以至于话未出口,就被人识破了。

我们日常生活中最被忽略的品德之一就是赞美。对儿子或女儿从学校带回家的优良通报,我们可能忽略了;当孩子们烤出第一个漂亮的糕点,或建起第一个鸟屋时,我们也没给予夸奖。对于孩子而言,没有什么比父母的关注和赞扬更开心的了。

下次当你享用烤牛排时,你别忘了对厨师的手艺夸奖几句;当疲倦的售货员对你显示出不同寻常的热情时,你也可以夸他几句。

---

① 拉尔夫·沃尔多·爱默生(Ralph Waldo Emerson,1803—1882):美国伟大的思想家、散文家和诗人。代表作《论文集》《代表人物》《诗集》。

所有的牧师、教师和演讲者都深有体会,如果自己对听众一番激情挥洒后激不起一朵赞赏的涟漪,将令人何等沮丧。对专业人士是这样,对办公室、商场、工厂和亲朋好友更是这样。所以,在我们的人际交往中不应忘记,我们接触的人都是渴望被赞美的普罗大众,被欣赏是人见人爱的"硬通货"。

在每一天的奔忙中,试着留下几个友善温馨的感恩火星,你会惊讶小小张口之劳如何点燃友谊之火,为你的前程竖起座座明亮的灯塔。

康涅狄格州新菲尔菲德的帕米拉·邓汉姆的职责之一是监管一个门卫。这个门卫工作马马虎虎,其他雇员就拿他开心,在过道里扔垃圾,以示他的工作做得多差。这种内讧让商场蒙受了不少损失。帕米拉几次尝试激起门卫的工作热情徒劳无功,她注意到,这个门卫在某一时刻某一工作做得特别出色,她就特地在众人面前表扬他。从此,门卫每一天工作都有所改进,很快就能把工作做得非常高效。现在,他的工作无可挑剔,员工们对此赞不绝口。真诚的赞扬起到了批评和冷嘲热讽无法起到的作用。

伤害人不仅无法改变他们,也不得体。有一个老说法,我剪切下来黏贴在我的镜子上,每天都不容错过地看几遍:

> 生命之路只经历一次,所以,我能对任何人行任何善事,能对任何人表现善意,现在就做吧;不要忽略,不要拖延,因为此路一去不复返。

爱默生说:"我遇到的每个人都有强于我的地方,所以,我向他们求教。"如果这情况对爱默生都真实可信吗,对你我而言,难道不是千百倍的真实可信?请暂停沾沾自喜于自己的成绩,也别老想着自己的需求,去发现别人的长处吧;忘掉阿谀奉承,对他们报以由衷的诚挚的赞赏。人们会珍视你由衷的赞美——即使你早把这件事忘了,他们还珍藏于心。

原则 2

献出你真心诚意、发自肺腑的赞赏。

第三章

"这样做的人包打天下,否则孤家寡人。"

夏天我常去缅因州钓鱼。我喜欢吃草莓和奶油,但我发现,出于奇怪的原因,鱼爱吃虫子;所以当我去钓鱼时,我不去考虑自己想要什么,而考虑鱼需要什么。我不以草莓或奶油做鱼饵,而是在鱼群面前悬一条小虫或一只蚱蜢,问鱼儿:"尝尝这个怎么样?"

当你和人打交道时,为什么不用同样的常识呢?

第一次世界大战中的英国首相罗伊德·乔治就是这么做的。当有人问他,如何能在别的战时领袖们——比如威尔逊[①]、奥兰多[②]和克里门梭[③]都被人淡忘了,他还能身居要津? 他这样回答,如果他官居高位应该

[①] 威尔逊:即托马斯·伍德罗·威尔逊(Thomas Woodrow Wilson,1856—1924),美国第 28 任总统(1913—1921 在任)。

[②] 奥兰多:即维托里奥·埃曼努尔·奥兰多(Vittorio Orlando,1917—1919),"一战"后期意大利首相。

[③] 克里门梭:即乔治·克列孟梭(Georges Clemenceau,1841—1929)法国第三共和国总理。

归功于一件事的话,那就是他知道钓什么鱼必须用什么饵。

为什么只对自己的需要喋喋不休呢?太孩子气了,太荒唐了。当然,你关注你的需要,你永远关注,但没人对你的需求那么上心。因为我们都和你一样:我们只关心自己。

所以,世界上唯一能影响对方的办法,就是"谈"其所好,而且告诉他们,如何才能梦想成真。

以后你想要别人替你做什么时,一定牢记那句话。比如说,如果你不想让你的孩子吸烟,你不需要说教,不要告诉他你想要什么,只需告诉他吸烟可能让他进不了棒球队,或赢不了百码赛跑。

不论应付孩子,应付小牛或大猩猩,你都要牢记这点。例如,有一次,拉尔夫·沃尔多·爱默生和他的儿子要把一头牛犊赶进牛棚,但他们犯了最常见的错误——只想自己需要的:爱默生在推,他儿子在拉。小牛跟他们正好一样,也只考虑自己,所以双腿挺得直直的,顽固地拒绝离开那块草地。

旁边一个爱尔兰女佣看到这个僵局,她虽然不会著书立说,但至少这次比爱默生更懂常识。她想到了小牛的需求,于是她把自己充满母性的拇指放进小牛嘴里,一边让小牛吮吸她的手指,一边温柔地把牛犊引进牛棚。

从你来到人世第一天起,你的一举一动都是为了你自己的某种需求。那向红十字会做出一大笔捐赠时呢?是的,那也不会例外。你向红十字会捐赠,是因为你要伸出援手,要做一件美好的、无私的、天使般的事情。正如"不管你对我任何一个兄弟做了任何一件事,也等于做在我的身上了"①。如果你对这种施予感的需求不如对金钱的需求强,你可能就不会捐赠了。当然,你也可能因为羞于拒绝募捐或因为某个客户要求你这么做;但有一件事确凿无疑:你捐赠是出于某种需要。

哈里·A.奥弗斯特里特②在他极具教益的巨著《影响人类行为》中说:"行为源于我们的基本欲望……对于想说服他人的人,我能提供的最好建议——无论在商务活动中、家庭事务中、学校生活中、政治活动中,首先要激起他人的欲望,若能做到这点就能包打天下,否则就是孤家寡人。"

安德鲁·卡耐基幼时家境贫寒,当时他打工每小时只能挣两分钱,后来捐赠出去的金钱却高达3.65亿美元!他只受过4年学校教育,却学会了怎么和人打交道。他很早就洞悉一点,影响他人的唯一方法,就是摸准对方的需要。

举个例子吧。卡耐基的嫂子因为两个儿子忧虑成病。原来,她的两个孩子在耶鲁大学读书,学业太忙,顾不上写家信;母亲写来提心吊胆的来信,也没引起他们的重视。

卡耐基提出自己以100美元打个赌,说他甚至不提回信的事情,都能让两个侄子回信。有人接受赌局,于是卡耐基就给侄儿们写了封闲聊的信,在附言中随意提到他给每个人寄了5美元。

然而,他并没有把钱装入信封。

很快回信了,两个侄儿"谢谢亲爱的叔叔"的亲切来信,还有——后面那句话你可以帮着完成了。

---

① 引自《圣经·新约全书》"马太福音25"。
② 哈里·A.奥弗斯特里特(Harry Allen Overstreet,1875—1970):美国作家、演说家和心理学家。

再讲个怎么说服人的故事。来自俄亥俄州克里夫兰的斯坦·诺瓦克是我们培训课的学员。一次,他下班后回到家里,看见幼子蒂姆在客厅地板上又踢又闹。次日是他上幼儿园的日子,他却哭闹着不愿意去。斯坦的自然反应是把儿子揪到他的房间里,告诉他最好别有侥幸心理,因为他别无选择。

但这个晚上,斯坦意识到,强迫对儿子在心理上接受去幼儿园起不到实质作用,所以斯坦坐下来琢磨:"如果我是蒂姆,什么能吸引我去幼儿园呢?"于是,斯坦和太太列出了一张单子,把蒂姆最喜欢的事情罗列出来:比如手指绘画、唱歌、结识新朋友等等。然后他们采取行动了。

"我太太丽尔、另一个儿子鲍勃和我就在厨房桌子上用手指绘画。我们玩得很开心。不久,蒂姆就在屋角偷看,然后恳求加入。'噢,不行!你得先去幼儿园学会了才能和我们一起玩。'我摇头。我尽我所能把单子上的好玩的事情用他能听懂的语言说了一遍——告诉他这些好玩的幼儿园里都有。结果呢?次日一早,我以为我是最先起床的,一下楼,看见蒂姆坐在客厅里的椅子上睡得甜甜的。'你坐在这儿干嘛啊?'我问他,他说:'我等你送我去幼儿园,别迟到了。'我们全家的热情激发了蒂姆的需求,无论多少苦口婆心、讨价还价或威胁恐吓都做不到这一点。"

所以,如果明天你要劝说某人去做某件事,尚未开口前,不妨斟酌一下:"我如何才能让他想做这件事?"

这样反问一下,可以避免匆忙行事,避免对牛弹琴。

有一次,为了举办系列讲座,我租用了纽约一家酒店的大舞厅,每一学季需要20个晚上。有一季刚开始,我突然接到那家酒店的通知,要我付比过去高三倍的租金。可是,我接到通知时,入场券已经印发,通告也发出去了。

我当然不愿多付租金,但和饭店谈我的需求又有什么用呢?他们关注的只是他们的需要。所以过了两天,我去见那家酒店的经理。

"我接到你们的通知时,有点吃惊。"我对那位经理说,"当然我一点也不会怪你,如果我们换个位置,我恐怕也会这么做。你做经理的职责,就是尽可能让酒店盈利。若不这样做,你就会被撤职,也应该被撤职。但如果你坚持要涨价的话,现在,我们拿一张纸来,把将对你产生的利弊写下来看看。"

然后我拿了一张信签纸,从中间画出一条竖线,一边上端写上"利",另一端上方写上"弊"。

我在"利"的那一栏写着"舞厅空置"几个字,接着说:"你可以把空舞厅出租出去举办舞会或会议,那是一大好处;因为那样你的收入显然要比租给我做系列讲座更多。如果我在这一学季中租用舞厅20个晚上,你肯定会蒙受损失。"我又说:"现在我们来考虑一下不利方面。首先,你不但无法从我这赚更多的钱,反而会减少。事实上,在我这你一分钱也赚不到了,因为我无法接受你的要价,我将被迫另找地方举办讲座。你还有一个不利。这系列讲座会把很多精英人士吸引到你这家酒店来,对你做了一次极成功的广告,是吧?就算你付出 5 000 美元做报纸广告,也不会招来讲座会那么多人。这对酒店来说非常值得的,是不是啊?"

我说这话时,把这两种情况写在相应的位置,把那张纸交给了经理,又说:"希望你通盘考虑一下,有了最后决定通知我一声。"

第二天,我接到那家酒店一封信,告诉我租金只增加百分之五十,而不是百分之三百。

提请注意,我一个关于自己需求的词也没说,就达到了自己的需求;我所说的,都是对方的需求以及怎么实现。

再想想,如果照一般人的做法,我就会本能地闯进这位经理办公室,义正词严:"明明知道我入场券已经印了,通知也发出去了,你突然涨我三倍租金,你什么意思啊?百分之三百!太可笑了,这钱我是不付的!"

这样一来,情况又会如何呢?一场争论随即爆发——你知道争吵通常会以什么结束。即便我让这位经理承认了自己是错误的,但他的自尊很难让他立场松动和妥协。

关于人际关系艺术,亨利·福特有最好的忠告之一,他曾这样说过:"如果存在一个成功秘诀的话,那就是洞悉对方立场的能力,在从自己角度看问题的同时,也换位思考。"

这话太精辟了,我重复一遍:"**如果存在一个成功秘诀的话,那就是洞悉对方立场的能力,在从自己角度看问题的同时,也换位思考。**"

这句话简单明了、显而易见,任何人都能一眼看出其中的道理;然而,世界上百分之九十的人,在百分之九十的时候,都把这句话给疏忽了。

能举个例子吗?明天早上看看你桌上的来信吧,你会看出有很多人违背了这种常识性的重要准则。就拿下面这封信来说吧,写信者是一家全国性广告机构的广播部主任,收信者是全国各地广播电台电台经理们。括号中是我对每一段落的反应。

约翰·布兰科先生,

布兰科维尔,

印第安纳州

亲爱的布兰科先生:

本公司意欲保持广播电台领域内广告业务的领袖地位。

373

（谁在乎你公司的意欲——意欲何为？我自己的问题还烦不过来呢：银行要停止我的房贷并收走房子，害虫正在祸害我的花园，昨天股市暴跌，今天早晨我误了8点一刻的火车，昨晚琼斯的舞会没请我，医生说我有高血压、神经炎和头皮屑呢……接下来发生了什么呢？我充满焦虑地来到公司，打开我的邮箱，里面是一封纽约来的信：一个自以为是的家伙在那儿叽叽歪歪地他公司劳什子"意欲"如何。啊呸！如果他知道他的信件给我带来了什么印象时，他应该离开广告界，该行生产绵羊消毒液算了。）

鄙公司遍布全国的广告客户，是我们强大营业网络的有力后盾。我们随后所需要的电台时间，使本公司多年来在各公司中傲视群雄。

（你高端，你大气，你上档次，行了吧？那又咋啦？即使你像"通用汽车""通用电气""美国陆军总部"合起来那么大，我也不尿你那壶；如果你自己的智商和眼界和一只蜂鸟差不离，你也会明白，我只关心我算老几，——而不是你多牛逼。你的夸夸其谈和炫耀只会显出我的渺小和猥琐。）

我们志在倾电台所能，竭诚服务我们的客户。

（你"志在"！你"志在必得"得了吧！你这十足的呆瓜！我才不关心你的什么幺蛾子"志在"，也不关心美国总统劳什子"志在"。我干脆说白了吧，我只关心我的"志在"——你这封莫名其妙的信里，压根儿都没提我有什么"志在"。）

所以，请将鄙公司列入贵台每周节目优先名单——每一个细节都会对电台合理编排时间有用。

("优先名单"，你也真敢王婆卖瓜啊！你吹得我都觉得自己像只可怜虫——然后你又要我将你列入"优先"名单，哦，你需要了，甚至连个"请"字也不说，哦呸！)

即予函覆，告知你台最近的"动态"，将有益于"双赢"局面。

(你这脑残！你给我寄来一封低劣的格式信函——就像秋天树叶那样满天飞的格式信——你居然胆子大到敢在我为丢掉房子、花园虫害、血压太高焦头烂额的时候，要求我坐下来写一封信，回复你那封格式信函——而且要求我"即予函覆"。"即予"，你啥意思啊？难道你不知道我也跟你一样忙？——或者，至少我认为是这样。既然说到这儿，我问你，谁给了你这么傲慢的权力对我发号施令？……你说合作将会"双赢"，最后，你终于开始提到我的立场，可是我能赢在哪儿，你又语焉不详。)

你的真诚的，
约翰·多依
电台部经理

再附：随信附上《布兰科维尔报》复印件，你可能对此有兴趣；你也许愿意在电台重播。

(终于，在你附言中提到了可以帮我解决一个问题，为什么开头不说？——但这又有什么用？任何一个广告人，犯了你这封信中那些低级错误，他的脑子肯定短了路。你没必要在给我们的信中告诉我们的最新

"动态",你所需要的是从你的甲状腺里去掉1夸脱[①]碘。)

如果那些致力于广告业和假装懂得如何让他人买账的人,写的信都是这个样子,我们如何期待那些屠夫、糕点师和汽车修理师呢?

这里还有一封信,是一位大货运站主管写给我培训班一个学员爱德华·维密伦先生的,他是日雷格桑斯公司销售部主任。这封信对收信人会有什么影响呢?先看这封信,我再告诉你。

雷格桑斯公司,
前街28号,
布鲁克林,纽约市,11201(邮编)
爱德华·维密伦先生敬启

先生:

因大部分交运货物在傍晚才送达本装运站,致使鄙站运营陷入困境。这种情况将导致拥堵,部分员工加班,卡车推迟送货,有些情况下会延误货运。11月10日,我们收到贵公司510件货物,送达鄙站时间为下午4点20分。

为了克服货物延迟发生的不良后果,我们请求贵公司给予合作。可否冒昧请求:在上述交货期间,是否可以尽量提前将货用卡车送抵本站,或在上午送一部分来?

该项措施对于贵公司业务的益处在于,你们载货卡车更有效率,并保证贵公司货物一经收讫即刻起运。

你的真诚的
主管 J-B-,Supt 谨启

[①] 夸脱(quart):英、美制容量单位,美制1夸脱等于0.946升,即0.000946立方米。

爱德华·维密伦先生看了这封信后,交给了我,附上他的评论:

  此信所产生的效果,正好与对方的意愿适得其反。信的开端描述货运站的困难,通常来说这不是我们感兴趣的。接着对方要求我方合作,可是并没考虑我们是否不便。然后,最后一段提到如果我们合作,我们载货卡车更有效率,这将保证贵公司货物一经收讫即刻发出。

  换句话说,我们最注意的事在最后才被提及,整个效果更像是挑起一场对抗而不是合作。

现在我们看看,这封情是否通过重写加以改善,我们别浪费时间谈我们的问题,就像亨利·福特曾经说过的让我们:"**……洞悉对方立场,在从自己角度看问题的同时,也换位思考。**"

这里是一种修改方法,也许不是最好的,但是不是有所改善呢?

维密伦先生敬启

雷格桑斯公司,

前街28号,

布鲁克林,纽约市,11201(邮编)

亲爱的维密伦先生:

  14年来,贵公司一直是我们的优秀客户。对你们这么多年的惠顾,我们心怀感念,并渴望为贵公司提供相匹配的更迅捷高效的服务。然而,我们非常抱歉地说一件事:如果贵公司卡车像11月10日那样在傍晚时候才将大部分货物送达,我们便难以实现这种服务了!

什么原因？因为很多其他客户也在傍晚时候交货,自然会发生拥塞现象。同时,贵公司运货卡车也难免在码头受阻,有时候,这会导致贵公司货运延迟。

这种情况不好,但可避免。如果方便,请贵公司在上午把货物交送到码头,贵公司运货卡车不被拥堵；你们交运的货物可立即处理,我处员工也可以每晚早点回家吃晚饭——品尝贵公司生产的鲜美的通心粉或面条。

贵公司货物无论何时送达,我们将一如既往地竭力迅速为你们服务。

贵公司业务繁忙,故请不必回复。

你的真诚的

主管 J-B-,Supt 谨启

供职于纽约一家银行的芭芭拉·安德森因为她儿子的健康问题,极想移居亚利桑那州的凤凰城。她将在课堂上学到的原则运用到写给凤凰城的12家银行的求职信中:

亲爱的先生:

鄙人拥有十年银行工作经验,像贵行这样高速发展的银行或许会感兴趣。

我在纽约银行家信托公司担任多种职位,这使得我现在担任分行经理职务,我熟悉银行所有方面的技能,包括储户关系、信用、贷款和管理。

我相信本人能对贵行的发展和赢利能力有所贡献。我将于4

月 3 日那周到达凤凰城,我将感激贵行提供机会以展示本人如何帮助贵行实现目标。

真诚的
芭芭拉·安德森

你认为安德森太太收到任何回复了吗?12 家银行中的 11 家邀请她去面谈。现在是她在各银行提供的条件中精挑细选。为什么呢?安德森太太在信中没有说**她**需要什么,而是说她能帮他们,集中在**他们的**需求上,而不是自己。

每天,成千上万的推销员奔波在路上,劳累、沮丧而报酬过低。这是什么原因?因为他们永远想着他们的需求,而不明白你或我都不需要买任何东西;如果我们需要,就会自己出门去买。但你我永远都会对怎么解决自己的问题感兴趣。假如推销员的服务或货物确实能帮助我们解决问题,他没必要向我们推销,我们自己就会买;顾客喜欢自己主动购物的感觉——而不喜欢被授予的。

但有很多推销人员做了一辈子销售工作,却从不从买主的角度看问题。现在就有这样一个例子。

多年来,我住在大纽约中心的一个小型私人社区林岗。有一天,我正赶着去车站,碰巧遇到一个房地产经纪人,他在那一带做房地产买卖很多年了。他对我住的林岗住宅区很熟悉,所以匆忙间我问他,我住的那种粉饰灰泥房子是用金属条板还是空心砖建造的。他回答他不知道,却告诉我已经知道的——他让我给我住的社区协会打电话咨询一下。

第二天早晨,我接到他一封信。他把我想知道的信息告诉我了吗?他只需提前花 60 秒钟时间挂个电话问问,但他没这么做,他还是叫我打电话去问那个协会,最后却要求代理我的保险。

他并没有兴趣帮助我,他只是关心帮助他自己。

来自阿拉巴马州伯明翰的 J.霍华德·卢卡斯讲述了两个同一家公司的推销员如何处理同一种情况。他说:

"七年前,我是一家小公司的管理人员,我们附近是一家大保险公司的总部。他们的经纪人按片区分配,分到我们公司的是两位经纪人,我就称他们为卡尔和约翰吧。一天早上,卡尔拜访了我们办公室,随意提到他的公司刚好引进一个新的人寿险种,该险种专为管理人员量身定做,他想我们以后可能有兴趣,如果他有新的信息就再和我们联系。同一天,约翰从一个咖啡店回来,正好在人行道上见到我们,他大声叫我:'嗨,卢卡,等等,我有好消息告诉你们。'他急匆匆跑过来,兴奋地告诉我们他公司当天刚引进的一种管理人员人寿险(和卡尔随意提到的险种一回事),他希望我们买下第一单;随后介绍了一些保险范围,最后他说:'这是新业务,我回公司后找人明天过来给你们详细解释。现在我们就把申请表签下来吧,他也好根据情况提供更多信息。'尽管他还没有保单的具体信息,但他的热情激发了我们参保的需求;当保单拿过来时,证明约翰对保单最初的理解是准确的。他不但卖给了我们每人一份,后来还把我们的参保范围扩大了一倍。卡尔本可以卖掉这些保单,他却没尽力激发起我们的任何参保的欲望。"

这个世界上充满了以攫取和自我利益为目的的人,所以少数无私服务他人的人,反而占尽了先机,鲜有竞争对手。著名律师和美国最伟大的商业领袖之一欧文·D.扬曾经这样说过:"设身处地替他人着想的人,能了解他人心思的人,永远不必为自己的未来担忧。"

如果从这本书,你只得到一个收获——开始设身处地地换位思考。——如果你读了本书真的有此收获,无疑将为你的事业添砖加瓦。

设身处地地换位思考以及激起他人的需求不应被解读为忽悠操纵他人,使他做损己利人的事情,而应该是双赢、互利。在给维密伦先生的那封信中,收信人和发信人都从建议的落实中受益。安德森太太和银行都从那封信中获利,银行获得了一位高价值雇员,安德森太太获得了一个合适的职位。在约翰卖给卢卡斯保单的例子中,双方都从这笔交易中获益。

另外一个互惠互利的例子来自罗德艾兰州沃瑞克的麦克·E.威登,他是壳牌石油公司的区域销售代表。麦克想成为区域内销售冠军,但一个加油站成了他的拦路虎。这家加油站的老板是个老人,他不想整顿他的加油站。加油站破破烂烂的,销售额直线下降。

麦克建议加油站升级换代,老人死活不听;大量推心置腹的交流和苦口婆心的劝说,完全是对牛弹琴,于是麦克决定邀请老人参观他片区内最新的壳牌加油站。

新加油站的设施和环境让老人大为开眼,当麦克再次拜访他时,他的加油站"鸟枪换炮",耳目一新了,销售额蒸蒸日上,麦克也一举成为片区内王牌销售员。他的苦口婆心推心置腹没起作用,但通过让加油站老板实地考察现代化加油站从而激起了他的需求,他实现了他的目标,加油站老板也获益匪浅。

许多人进大学,研读维吉尔[①],掌握了微积分的奥秘,却没发现自己的心是怎么运行的。譬如,有一次,我为一些大学毕业生上一堂"有效发言"课,这些毕业生刚入职一家大型空调制造商卡瑞尔公司。其中一名

---

① 维吉尔(Virgil,公元前70—前19):古罗马诗人。

听课者要劝其他人在闲暇时间打篮球,他是这么劝说人家的:"我要你们出来打篮球。我喜欢打篮球,但最近几次我去体育馆时,人数凑不够一场球赛。另一个晚上,我们两三个人只好扔球玩。——我眼睛都被打污肿了。我希望你们明天晚上都来打球,我要打篮球。"

他谈到过任何你的需求吗?你不会去一个没有人去的体育馆,对吧?你不会在意他要什么,你也不想把自己的眼睛给弄得跟大熊猫眼睛似的吧?

那么,他能不能告诉你,去体育馆能获得你想要的东西呢?当然行,好处有:激发精神、增强食欲、清晰头脑、乐趣、竞技精神、篮球技术。

请复述哈里·奥弗斯特里特教授的睿智忠告:**首先要激发他人的欲望,能做到这点的人包打天下,否则孤家寡人。**

笔者培训课里还有一个学员,他因为幼子体重偏轻、不肯乖乖进餐而焦虑。开始,父母使用的是常规办法,连呵带斥:"妈妈要你吃这吃那。""爸爸要你长大后是个男子汉。"

孩子对他们的诉求重视了吗?是的,不过就像你在沙滩上对一粒沙子的重视度一样。

有一点常识的人,不会指望一个3岁小孩对30岁父亲的见解做出什么反应,可这位父亲就是这么指望的。太荒唐了。最终,这位父亲觉察出这点来,所以他问自己:"孩子需要什么?我这么才能将我所需要的和他所需要的结合起来?"

当他开始这么想问题时,问题也就容易解决了。他孩子有一辆三轮脚踏车,孩子喜欢在他位于布鲁克林的家门前人行道上蹬车玩耍。几幢房子开外一个邻居有个"坏小子"——他仗着大块头,常把小孩子拉下三轮车,自己骑上去。

自然,那个身小体弱的小孩哭着跑回来向妈妈告状,妈妈只好出来把那个恃强凌弱的小子推下三轮车,再让自己的孩子坐上去。这样的情况几乎每天都发生。

这小孩需要的是什么?没必要搬出谢洛克·福尔摩斯来回答。他的自尊、他的愤怒、他的"自重感"欲望——都是他人格构造中最强烈的情绪——驱使他想报复,打烂那个浑蛋的鼻子。

当他爸爸向他解释,只有吃妈妈要他吃的东西,他将来才能教训那个大孩子。——爸爸还承诺帮他复仇,孩子的饮食问题便不复存在了。为了长成大块头,痛揍那个经常欺负自己的坏蛋,现在这孩子什么都爱吃,菠菜、酸泡菜、咸鲭鱼——和任何其他食物。

吃饭问题解决后,这对父母又面临着另一个麻烦——这小孩有个颇为"高雅"的习惯:尿床。

小男孩跟奶奶睡。早晨,祖母醒来后就会摸摸床单,对小男孩说:"你看,约翰,瞧瞧昨夜你又干什么好事啦?"

约翰这么回答:"不,我才没呢,那是你干的!"

爸爸、妈妈斥责他,打屁股,羞他,重申爸爸、妈妈不允许他那么干——这一切都没有让约翰改掉这个"雅好"。约翰和太太纳闷了:"我们到底怎样才能让约翰把这习惯给改掉?"

什么是约翰的需要?第一,他要穿爸爸穿的那种睡衣,而不是奶奶穿的那种睡袍。奶奶已受够了他夜晚"挥毫泼墨",所以乐意为他买套睡衣;第二,他要单独睡一张床,奶奶也不反对。

妈妈带约翰去布鲁克林一家百货商店买床时,先给女售货员使了个眼色:"这位小绅士要买东西。"

女售货员为了使他感到自己是个"人物",就问道:"年轻人,乐于为您效劳,请问想看看什么?"

约翰踮起脚跟显得高了两英寸,他说:"我要给自己买张床。"

当售货员出示一款约翰妈妈喜欢的床时,约翰妈妈又给了她一个眼色,女售货员就劝约翰买那张床。

第二天床就被送上门了。父亲回家时,约翰跑到门口大叫:"爹地,爹地,快上楼来看我给自己买的床!"

爸爸看到那张床时,完全遵循了查尔斯·施瓦布的训诫"**对别人的赞美要发自肺腑,毫不吝啬溢美之词**",对那张床和儿子的眼力大加赞赏。随后又随意地问儿子:"约翰,这下你不会再弄湿这张床了吧?"

"噢,不,不!我不会再弄湿这张床的。"这孩子一诺千金,因为这涉及他的骄傲——那是他的床,他亲自给自己买的。现在的约翰,穿着睡衣,像个小大人似的;他要做个大人,他做到了。

另外有个爸爸叫K.T.达奇曼,是一位电话工程师,也是我培训班的学员。他遭遇到的麻烦,是3岁的女儿不肯吃早餐。常用的呵斥、请求或哄骗都不奏效,爸爸、妈妈一筹莫展:"怎么才能让她乖乖吃早饭呢?"

小女孩喜欢模仿妈妈,似乎觉得自己也长成个大人了。于是一天早晨,他们把她放在一张椅子上让她做早餐。就在孩子的兴头上,爸爸信步走进厨房,看见她正在搅拌麦片粥。小女孩对爸爸说:"嗨,爹地!今天早晨我做早餐呢!"

那次小女孩没有任何哄诱乖乖地吃了两份麦片粥,因为她对做早餐有兴趣;通过自己做早餐,她满足了自己的"自重感",找到了表现自己的途径。

威廉·温特尔①曾经评论说:"自我表现是人性支配性的需要。"我们何不将这个同样的心理运用于我们的事务中呢?当我们有了一个很棒的主意,不要据为己有,而是拱手让人,让别人去斟酌、酝酿和实施。他们会认为那是他们的主意,因而会喜欢那个主意,说不定会让他们的成就感翻倍呢。

请记住:"首先要激发他人的欲望,能做到这点的人包打天下,做不到的则是孤家寡人。"

原则 3

激发他人的欲望。

---

① 威廉·温特尔(Willian Winter,1836—1917):美国戏剧批评家、作家。

小结
交际的基本技巧

原则 1
不要批评、指责或抱怨。

原则 2
献出你真心诚意、发自肺腑的赞美。

原则 3
激发他人的欲望。

第二部分

让人喜欢你的六种方式

第四章

怎样成为"万人迷"

  为什么要看这本书了解怎么赢得朋友？为什么不向公认的"社交之王"学习技巧呢？"他"是谁？你明天走到街上就能见到。当你还在10英尺外时会对你摇尾巴；如果你停下来轻轻拍一拍，就会受宠若惊地对你表示有多么喜欢你。而且你也知道，在这种亲昵背后并没隐藏什么动机；他不会向你兜售房子，也不打算跟你结婚。

  你可曾想过，狗是唯一不需要为谋生而工作的动物？母鸡必须生蛋，母牛必须挤出奶水，金丝雀要唱歌；可是一条狗除了对你付出爱，什么也不做，就可以维持生活。

  在我5岁时，我父亲花5角钱替我买了一条小黄毛狗——"蒂皮"是我童年的光明和快乐。每天下午4点半左右，它坐在我家庭院前，用它那对美丽的眼睛牢牢望着前面那条小路；当听到我的声音，或看到我端着饭盒经过那灌木林时，它就像一支离弦之箭一口气窜上小山，开心地又跳又叫，以此欢迎我。

  "蒂皮"做了我五年好伙伴。后来在一个难忘的悲惨之夜，它在离我仅10英尺处被雷电霹死了。它的死是我童年时的噩梦。

"蒂皮",你从来没学过心理学,你也不需要去学;凭借上天赋予你的禀赋,你在两个月内所交的朋友,要比你用两年时间让别人关注你交的朋友还多。让我再说一遍。如果你真诚关心别人,你在两个月内所交的朋友,要比你花两年时间让别人关注你交的朋友还多。

然而,你我都知道,有的人一辈子都在重蹈覆辙:就是变着法绕着弯地只想别人对他们产生兴趣。当然,这些都是白费工夫。人们不但对你不感兴趣,对我也不感兴趣;他们只对自己感兴趣——无论早晨、中午还是晚上。

纽约电话公司曾经做过一项调查——在电话交谈中,最常用到的是什么字。答案你已经猜到了,那就是人称代词"我""我""我"……在500次电话谈话中,"我"字被用了3 900次!"我""我""我"……

当你看到一摞有你在内的照片时,你先找哪一张看?

当你看一张有你在内的合影时,你先找哪一张脸?

如果我们仅仅试图给人们留下印象,让人们对我们感兴趣,我们将永远不会有真正的知心的朋友。朋友——尤其是知心朋友,不是这么交来的。

拿破仑曾经这样尝试过。在和约瑟芬[①]最后一次相聚时,他说:"约瑟芬,我曾经是世界上最幸运的人,然而此时此刻,你是这世界上唯一让我信赖的人。"而约瑟芬究竟是不是真的值得拿破仑那么信赖,历史学家对此表示质疑。

---

① 约瑟芬(Joséphine de Beauharnais,1763—1814):拿破仑的妻子、法兰西第一帝国皇后。

著名心理学家阿德勒写过一本名叫《生活对你的意义》的书。他说："一个对别人不感兴趣的人，在生活中必然遭遇重大困境，同时会给别人带来极大伤害；正是这类人的存在，才导致了人类所有的灾难。"你读过的深奥的心理学书籍可能汗牛充栋，却尚未发现对于你我如此重要的一句话。阿德勒的这句话太鞭辟入里、意味深长，因而我在此以斜体字复述一遍：

一个对别人不感兴趣的人，在生活中必然遭遇重大困境，同时会给别人带来极大伤害；正是这类人的存在，才导致了人类所有的灾难。

我曾在纽约大学选修短篇小说创作的课程。这期间，有一位著名杂志的编辑对我们说，他说他每天随意拿起桌上数十篇小说中的任何一篇，只要看上几段就可以看出作者是否喜欢别人。

"如果作者不喜欢别人，那么别人也不会喜欢他的作品。"他断言。

这位饱经世态的编辑在讲小说创作的过程中，停顿了两次，为下面的布道而道歉。他说："现在我要告诉你们，如同牧师给你们讲的一样，但是别忘记，如果要做一个成功的小说家，你必须对别人产生兴趣。"如果那是小说创作的真谛，那么你更应该相信，在人和人面对面的处世上更是如此。

霍华德·瑟斯顿是魔术界的泰斗，他最后一次在"百老汇"表演时我曾去他的化妆室拜访过他，并共度了一个晚上。40年来瑟斯顿走遍全世界，他一次次凭着高超的魔术绝技，让无数观众在目瞪口呆之余获得了极大的满足；约有6 000万以上观众看过他的表演，他因此赚了差不多200万美元。

我请瑟斯顿先生谈谈他的成功秘诀。他的教育背景跟他眼前的成功没一点点关系。他幼时就离家出走,成了一个不折不扣的流浪儿。他偷乘货运火车,在草堆上过夜,挨家去讨口饭吃;他通过从车窗看铁路沿途广告的方式,才识了几个字。

他精通魔术知识?不!关于魔术伎俩的书有数百本之多,他对魔术的了解不比其他人多。可是,他有两件本领是别人所没有的:第一,他具备把自己的性格充分表现在舞台上的能力。他是一位表演大师。他洞悉人性。他做的一切,每一个姿势,每一句话的声调,每一个眼色都提前严格练习;他动作准确、到位,时间控制得精确到秒。然而,除此以外,瑟斯顿还对人有纯厚的兴趣。他告诉我,很多魔术家表演时会看着观众却自言自语:"呵呵,这儿一大把傻瓜,一大把乡巴佬,你看我怎么耍弄他们一下。"瑟斯顿就完全不是那样,他告诉我,每次当他上台前先对自己说:"感谢这些捧场的观众,我能过上舒坦生活,全靠这些衣食父母,我要尽最大的力量为他们演好这一场。"他说,每当他走向台前时,他没有一次忘掉反复对自己这样说:"我爱我的观众,我爱我的观众。"搞笑吗?荒唐吗?你怎么想都是你的权利,我只是把有史以来最著名魔术家之一的处世之道不加置评地转送给你。

宾夕法尼亚州北沃伦的乔治·戴克在经营了30年加油站生意后被迫退休,因为他的加油站位置会修建一条高速公路。悠闲的退休生活没享受多久,戴克开始感到无聊,于是他试着拉那把老旧的小提琴打发时间。不久他开始在本地区走动,听音乐,和很多技术熟练的小提琴手交谈。对每一个他遇到的琴师,他都谦虚友好地关心他们的背景和兴趣。尽管他自己不是一个好的小提琴手,却结识了大量朋友。

戴克参加各种比赛,很快在美国东部的"乡村音乐迷"中出了名,他被称为"肯萨县来的小提琴刮片乔治大叔"。当我们听到他的大名时,他已经72岁了,他尽情享受生活中的每一分每一秒。乔治通过因为始终关心他人,在大多数同龄人认为行将就木的时候,开创了自己多姿多彩的新生活。

西奥多·罗斯福受欢迎程度让人惊讶,关心他人就是秘诀之一。即使他的佣人都热爱他。他的贴身男仆詹姆斯·E.阿莫斯还写了一本关于他的书《西奥多·罗斯福——他男仆心中的英雄》。在书中,阿莫斯描述了极富启发性的故事:

> 我妻子从来没见过美洲鹑,有一次就问总统先生,美洲鹑什么样子。总统先生非常详细地给她描述了这种鸟。不一会儿,我们小屋里的电话铃响了。(阿莫斯和太太住在罗斯福总统位于"牡蛎湾"的房子里。)我太太接的电话,是总统先生亲自打来的。他告诉我太太,她窗外就有一只美洲鹑,如果她现在看或许能看到。那这就是总统,这样的琐细之事都放在心上。无论啥时他路过我们的小屋,即使我们没看见,也能听见总统先生在叫:"喔——喔——喔,安妮?"或"喔——喔——喔,詹姆斯!"这就是他路过时的友好问候。

雇员怎么可能不喜欢这样的雇主呢?任何人怎么会不可能喜欢这么一个人呢?

罗斯福真心喜欢那些谦卑的人。有一天,他短暂拜访白宫时,塔夫特总统和夫人正好不在白宫。他问候以前自己在白宫时所有的佣人,甚至做杂务的女仆,他都叫出名字。阿奇·巴特曾经有这样一段记述:

> 他看到厨房女佣爱丽丝时,问她是不是还在做玉米面包。爱

丽丝告诉他,有时候做那种面包,给佣人们吃的,楼上那些人都不吃了。

罗斯福听了大声说:"那是他们没口福,我见到总统时,会把这件事告诉他。"

爱丽丝端着盘子拿了一块玉米面包,罗斯福拿着就吃了起来,还向经过的园丁、工友一一打招呼,然后边走边吃……

罗斯福和他们每一位打招呼,就像以前一样。在白宫做了40年首席迎宾员的艾克·胡佛热泪盈眶地说:"这是我们这两年来最开心的一天,就是有人拿100块钱来换,也没有一个人会换的。"

对那些看上去无关紧要人士的关注,帮助新泽西州恰特汉的销售代表爱德华·M.塞克斯留住了一位客户。他讲述说:"很多年前,我在马萨诸塞地区拜访约翰逊和约翰逊公司的客户。一个客户是位于亨汉镇的一家药店。我每次进这个店都要和冷饮部的店员、售货员聊几分钟,再去和老板谈订单的事情。一天,我找到店主,他直接叫我开路,说他没兴趣再买我们公司的产品了,因为我们公司只关注食品,只关注折扣店,从而损害了小零售店的利益。我夹着尾巴狼狈地离开了。我开着车绕城开了几个小时,最终决定杀个回马枪,至少试着对那位店主解释一下我们的情况。"当我走入药店时,我照例先和冷饮部店员、售货员说了几句;当我走向店主时,他面露微笑,欢迎我回来,随后比平常加倍下了订单。我惊讶地看着他,问他出什么事了,我才离开几个小时呢。他指着冷饮柜旁的年轻人说,在拜访本店的销售人员中,我是唯一不嫌劳神和他及其他人打招呼的人。他对店主说,如果任何推销员配得上他的生意,那就是我。店主同意了。我因此保留了一个忠诚的客户。我永远忘不了这一点:真心诚意地关注他人是销售人员必须拥有的最重要素质——对任何人来说,都一样。"

我从自己的经历中发现,一个人可以通过对他人真正变得感兴趣,甚至可以赢得那些大红大紫的人物关注。我举例说明吧。

数年前,我曾在布鲁克林艺术和科学学院开设了一门小说创作课程,我们希望当时的大作家凯思琳·诺里斯、芬妮·赫斯特、艾达·塔贝尔、阿尔伯特·特休恩和鲁佩特·休斯等在百忙之中光临,讲述他们的写作经验。于是我们给他们写信,说我们非常钦佩他们的作品,非常渴望得到他们的点化,学习他们的成功秘诀。每封信上,有150名学生的签名。我们还说我们知道他们很忙——忙得没时间来演讲,所以我们在每封信里附上一张请求解答的问题表,请他们谈谈自己和创作方法。他们都大老远地从家中赶来布鲁克林,这给了我们很大的帮助。他们很喜欢我们的做法——谁会无动于衷呢?

通过同样的办法,我还请到西奥多·罗斯福总统内阁的财政部长莱斯利·M. 肖、塔夫特总统内阁的司法部长乔治·W. 威克沙姆及威廉·J. 布莱恩、富兰克林·D. 罗斯福和其他很多名人,来我开办的演讲班中给学生演讲。

我们所有人,不管是工厂工人、办公室职员,或者他那个行业的执牛耳者——我们所有人都喜欢钦佩自己的人。德国皇帝①就是个例子。第一次世界大战临近结束时,他是全世界最遭痛恨的人,千百万人恨不得将他撕成碎片或活活烧死。为了保命他逃亡荷兰后,连德国人也不理他了。

在怒火燎原群情激奋中,一个小男孩给他写了一封信,简单而真挚,

---

① 即威廉二世(1859—1941):末代德意志皇帝和普鲁士国王(1888—1918 在位)。

充满了善意和仰慕之情。小孩说,不管其他人怎么想,他会一如既往地视其为皇帝而爱戴他。德皇看了这封信后深受感动,就邀请这小男孩去见他。这小男孩真的去了,他母亲也去了。——后来德皇和孩子的母亲结了婚。这小孩不需要读什么关于如何交友、如何影响他人这类书,他知道如何做,完全出于天性。

假如我们想交朋友,首先应该替别人做些什么——不惜时间、精力、无私和殷勤周到。当英国温莎公爵还是威尔士亲王时,他计划周游南美洲。出发之前,他费了些精力去钻研西班牙语,这样就可以在当事国公开演讲时使用。南美洲的人们因此非常喜欢他。

很多年来,我刻意弄清楚朋友们的生日。怎么弄清楚?尽管我对星相学一点也不信,可是我见了朋友就问他们是否相信人的生日跟性格、情趣有关?然后我请他告诉我他或她的生日。比如,如果他或她说是11月24日,我就不断默念"11月24,11月24",待对方一转身,我立即把他或她的姓名、生日记下,以后再转记在一本生日簿上。

每年年初,我把这些生日写在我的台历上,这样就会自动提醒我。那一天来临时,我就给对方发一封贺信或贺电。这将是多大的一个惊喜!我经常是世界上唯一记得对方生日的朋友。

如果我们要交朋友,就用我们最活泼最热诚的态度去问候他们。有人给你打电话时,你也应该有这样的心情,说"你好"时口气应该显得你非常高兴接到对方的电话。很多公司培训前台接线员,怎么以一种散发出兴趣和热忱的语气应答所有电话。这样一来,打电话的人会觉得这家公司挺在意自己。以后我们接电话时,也应该记住这一点。

对他人表现出兴趣不仅仅能赢来朋友,还可能培养客户对你公司的忠诚度。在纽约北美国家银行的一期出版物《雄鹰》里,发表了一封来自储户马德琳·罗斯达拉的信：

我想让你们知道我多喜欢你们的职员,每个人都殷勤得体,彬彬有礼和乐于助人。在排了很久的队之后,得到柜员和蔼的问候,这是多开心的事情!

去年我母亲因病住院五个月,我经常见到的柜员玛丽·佩翠瑟洛很关心我母亲,询问她的病情。

罗斯达拉会不会继续用这家银行,难道还有什么疑问吗?

查尔斯·R.沃特尔斯供职于纽约市最大的银行之一,被分配了一项工作:准备一份针对某公司的秘密报告。沃特尔斯只知道一个人手头握有他急需的资料。当他被领进这位老总的办公室时,一个年轻女子由门外探头进来对老总说,今天她没任何邮票给他。

老总对沃特尔斯解释说:"我在帮我那12岁的儿子收集邮票。"

沃特尔斯表明来意,随后提出问题。那位老总却含糊其辞,泛泛而谈且云山雾罩地应付他。他不愿意说,而且很显然没什么办法让他开口。这次谈话转瞬即逝,沃特尔斯铩羽而归。

"说实在的,我真不知怎么办才好。"沃特尔斯在我的课堂上讲述道,"后来,我想起他的秘书对他说的话——邮票,还有他本人说的12岁的儿子……同时我又想到,我们银行的国际部收集了不少邮票——从来自世界各地源源不断的信函上。第二天下午,我再去拜访那位老总,同时捎话进去,我为他儿子找了一些邮票。我受到热情接待了吗?是的。他满脸堆笑充满善意,和我握手的那个热乎劲头啊,即便他竞选国会议员也不过如此。他一边爱抚着邮票,一边反复说:'我的乔治会喜欢这一张,看这一张,珍品啊!'我们谈了半个小时邮票,还看了他儿子的照片。

随后,甚至我还没开口了,他就给我谈了一个多钟头他所知道每一点每一滴;说完自己所知道一切后,他又把公司里的职员叫来问,还亲自打了几个电话问他同事。他向我提供了事实、数据、报表和通讯录。用一句新闻界的行话——我挖到了第一手猛料。"

这儿还有一个例子:费城的推销员C.M.纳菲尔多年来想方设法把燃煤卖给一家大型连锁商店,可那家公司始终从市外一家供应商处购买,而且每次运货时偏偏从纳菲尔办公室门前经过。一天晚上,纳菲尔在课上谈起这件事时,痛骂那家连锁公司,斥其为"国家社会的祸害"。嘴里虽然骂得痛苦,心里却还在纳闷自己怎么就搞不定那家公司。

我劝他另辟蹊径。简单说是情况这样的:我在学员里组织了一次辩论会,主题是"连锁公司发展对国家是不是弊大于利"。纳菲尔按我的建议,参加了反对那一方,他同意为那家公司辩护;随后,他直接去见那家被他痛恨的公司负责人。他见到那人后,这样说:"我不是来卖煤炭的,有一事想请你帮个忙。"然后他说了即将举行的辩论会,又接着说,"因为除了你以外,我找不到其他人能提供我需要的资料。我很想在辩论会中获胜,我将非常感激你提供的任何帮助。"余下的故事,由纳菲尔自己叙述:

> 我请求那头儿只给我一分钟谈话时间,他才答应见我。当我说明来意后,他让我坐下,对我谈了整整1小时47分钟。他给另外一家连锁机构的管理人员打电话——那人写过一本有关连锁商店的书;他写信给全国连锁百货协会,替我找来一份相关话题的辩论文本。他认为,他的公司正在为社会提供真实的服务。他的工作能服务数以百计的社区,他对此而自豪。他说话的时候,两眼闪烁着光芒。我必须承认,让我看到了做梦都想象不到的景象,并彻底我

改变了我的整个心态。

我离开的时候,他亲自把我送到门口;搂着我的肩膀,预祝我在辩论会上获得胜利。他还对我说有空就去他办公室坐坐,并告诉他辩论会的情况。他最后对我说的话是:"到春天的时候再来找我,我愿意订购你的燃煤。"

这简直是奇迹。我提都没提,他却要给我订单了。因为我对他和他的问题产生了真正的兴趣,我在这两个小时内的进展,比这10年中想让他对我及我的产品产生兴趣的进展大多了。

纳菲尔先生,你并没有发现一个新的真相。远在耶稣基督降生前100年,一位著名古罗马诗人普布里乌斯·西鲁斯就发表过这样的见解:"我们对别人发生兴趣时,别人也开始对我们发生兴趣。"

对他人兴趣的流露,正如其他人际关系原则一样,必须是出于真心;必须是不仅流露兴趣的人获益,被关注的人也必须获益。这是一条双行道——双赢局面。

在纽约长岛听我讲课的马丁·金斯堡,曾谈起一个护士对他的特别关注怎么不可思议地改变了他的生活:

"那是一个感恩节,我当时10岁。在住在一家城市医院的福利病区,安排第二天做骨科手术。我知道,我将面临后几个月的严厉的管制、缓慢的康复和夜以继日的痛苦。我父亲去世了,母亲和我孤儿寡母地住在一个狭窄的公寓里,靠救济金生活。那天,我母亲也不能来看我。那一天,我越来越被一种孤寂、绝望和恐惧感所攫取。我知道母亲一人在家为我忧心如焚,没一个人陪她,没一个人和她一起吃顿饭,她甚至买不起一顿感恩节晚餐。我眼里泪崩了,我把脑袋深埋在枕头下,再拉过被子盖住。我低声啜泣,但哭得撕心裂肺,我的身体也痛得要命。一个年轻的实习护士听到了我的啜泣声,走了过来。她拉开了我脸上的被子,擦净我的眼泪。她说她有多孤独,因为工作不能和家人在一起,她问我是否愿意和她一起吃晚饭。她端来两盘饭菜:切片火鸡、土豆泥、小红莓酱和冰淇淋甜点。她和我说话,尽量减轻我的恐惧感。尽管她下午 4 点下班,却陪我到晚上 11 点,直到我完全入睡了才离开。10 岁以后,感恩节来了去,去了来,但没有一个感恩节不让我想起那个特殊的感恩节——那个让我摆脱了沮丧、恐惧和孤独的感恩节,那个陌生的女天使带来的温馨和亲切,让我忘却了痛苦的感恩节。"

所以你要别人喜欢你,如果你想发展真情实谊,如果你想在帮助自己的同时也帮助别人,谨记本项原则:

原则 1

真心对别人产生兴趣。

第五章

留下第一印象如此简单

纽约一次聚会上有一位刚继承了一笔遗产的女士,急于给每个人都留下好印象。她花了不小的一笔钱购置了貂皮外衣、钻石和珍珠,却丝毫没在自己脸上留点心思,尽显刻薄和自私。别人都知道的她却不明白——那就是,一个挂在脸上的表情远比穿戴在身上的皮囊更重要。

美国最早的百万年薪职业经理人之一查尔斯·施瓦布曾告诉我,他的微笑价值百万美元。他可能还低估了自己微笑的价值。因为他今天的巨大成就,应该归功于他的人格、他的魅力和他那种善结人缘的能力;而他人格中最让人喜欢的,就是他有感染力的微笑。

行动胜于言语,而一个微笑相当于说了一句:"我喜欢你,你让我开心,我很高兴见到你。"

狗为什么广受欢迎?它们见到人们时如此高兴,几乎是惊喜若狂;所以,我们自然也就高兴见到它们。

婴儿的微笑具备同样的"杀伤力"。

你曾经见过这样的场景吧:在医生诊断室门外的候诊室里,尽是郁闷而焦急等着看病的人。密苏里州瑞顿市的兽医斯蒂芬·K.斯普罗说，他的一个典型的春天是这样的：候诊室里挤满了等待给宠物打疫苗的人，人们互不搭话。所有人恐怕都在想一大把想做的事情，而不愿把时间"浪费"在候诊室里。斯普罗在我的一堂课上说："当一个年轻女士带着一个九月大的婴儿和一只猫进来时，候诊室里有六七个客人在等着。女士很幸运地坐在一位先生旁边，他已经等得心神不宁了。随后他看到婴儿正仰视着他，露出非常可爱的微笑——完全是婴儿那种特有的微笑。这位先生是什么反应？当然，就像你我都会做的那样，他也对婴儿报以微笑，并很快就和孩子妈妈说起她的小宝宝来，也说起自己的孙辈。很快，整个候诊室里的人都你一言我一语起来，枯燥和紧张变成了轻松愉快。"

只需要咧个嘴露个齿？不，那糊弄不了任何人。我们知道那是一个机械动作，所以憎恶。我说的是真正的微笑，暖心窝的微笑，发自内心的微笑，那种能在生意场上换回真金白银的微笑。

关于微笑，执教于密歇根大学的心理学家詹姆斯·V.麦克内尔这样表达过他的看法："那些爱微笑的人，在管理、教学和销售方面效率更高，养的孩子也更开心。一个微笑里面所蕴含的信息远远多于皱一下眉头。所以，鼓励是远比惩罚更有效的教育工具。"

纽约一家大型百货商店的人事经理告诉我，她说她宁愿雇用一个小学没读完却面露微笑的女孩，也不愿意雇用一个满脸苦大仇深的哲学博士。

微笑的效果是很强大的——即使是隐性的。美国各地的电话公司都有一个名叫"电话力量"的项目，项目就是让雇员通过电话推销他们的服务和产品。在这个项目中，雇员们被建议当他们对着话筒说话时要微笑,"微笑"就会通过声音传染给销售对象。

罗伯特·克莱尔是俄亥俄州辛辛那提一家公司的电脑部经理,他说他部门有个非常重要的职位,却很难招聘到满意的人;他谈起他是怎么成功地把一名最合适的求职者挖过来的:

"我急需聘一位拥有计算机博士学位的员工到我的部门,最终瞄上了一位即将从普渡大学毕业的博士生。经过几次电话交流,我得知还有几个公司向他伸出了橄榄枝,很多都比本公司大而且有名。我很高兴他接受了我的邀请。他上班后,我问他为什么厚此薄彼。他停顿了一下,说:'其他公司的经理们和我电话交谈时,是一种冷冷的、事务性的口气,让我觉得就像公事公办似的。你的声音让我觉得你很高兴听我说话……觉得你真心诚意地希望我融入你们公司。'尽管放心,我在电话里一如既往地保持微笑。"

美国最大橡胶公司之一的董事会主席告诉我,依他的观察,一个人无论干什么,除非他真的热爱这项事业,否则很少能成功。这位工业界领袖对一句老格言不太赞同——唯有勤奋是打开梦想之门的魔幻钥匙。

"我认识的一些人,他们功成名就,因为他们怀着浓厚的兴趣创业。"他说,"后来,我又看到,随着兴趣变成工作,这些人也跟着变了。他们的事业愈发沉闷乏味,他们对此失去了兴趣,最终,他们失败了。"

如果你期望别人见到你很开心,那么你自己必须带着愉快的心情去见他们。

我曾经给数以千计的商界学员布置过一项作业:每天每一个小时对某个人微笑,连续一周,然后回培训班谈谈情况如何。情况如何呢?让我想想……这儿是一封信,是纽约的一位叫威廉·B.斯坦哈特的证券经纪人写来的。他的情况绝非孤例,事实上,这是数以百计的案例中的一个典型。

"我结婚18年多了。"斯坦哈特先生这样写道,"这些年来,从起床到离家上班这段时间内,我几乎没给过太太笑脸,也很少说几句话。在百老汇大街上走过的人中,我是脾气最乖张的之一。当你要求我从谈谈微笑的经历和效果,我觉得我该试一个星期。第二天早晨我梳头时,看着镜子里自己那张苦瓜脸,对自己说:'比尔,你今天要把你那张苦瓜脸抹去。你得开始笑,现在就开始。'我坐下来吃早餐时,我向太太说了一句:'亲爱的,早上好!'说的时候,脸上挂着微笑。你警告过我,她可能会惊奇。呵呵,你低估了她的反应。当时她迷惑了,愣住了。我告诉,她可以期望从此以后这将是个常态。我们每天早晨都持之以恒。自从我态度改变以来,短短两个月给家里带来的快乐,比去年一年加在一起的快乐还多。现在我去办公室时,会对公寓里的电梯员打招呼:'你早!'外加微微一笑;我对门卫也报以微笑;在地铁售货亭换零钱时,我对售货员微笑;在交易所里,对那些从没见过我笑容的人,我笑脸相迎。我很快发现,每个人都对我回之以笑。对那些来向我抱怨或诉苦的人,我一律和颜悦色。我微笑着听他们诉苦时,发现自己的调整容易得多。我发现,微笑每天为我带来了金钱,滚滚财源。我和另外一个经纪人合用一间办公室,他手下的一个职员是个可爱的年轻人。我对自己的心得和成绩如此开心,就在最近对他谈起了我的新的处世哲学。随后,这个年轻人坦陈,我刚来和他们合用办公室时,他认为我是个可怕的怪物——只是最近才改变了对我的看法。他说,我笑的时候,很有人情味。我还自动去除了责难别人的毛病,而是欣赏和鼓励。我再也不提自己需要什么,而是尽量去理解别人的观点。我的生活因此彻底改变,现在我完全是另一个了,一个更快乐的人,一个更富足的人——在友谊和快乐上更富足。

这才是人生中最要紧的。"

请你记住,这封信是一位饱经世态历练、聪明绝顶的股票经纪人所写的。他在风云变幻的纽约证券交易所以经纪证券讨生活,如果不智力超常,100个人去尝试,99个都可能失败。

觉得自己笑不出来怎么办呢?不妨试一试两件事:第一,强迫自己微笑。第二,如果你独处时,就吹吹口哨,哼哼曲子唱唱歌,好像你真的很快乐一样——那真能使你快乐。

哈佛大学已故教授威廉·詹姆斯这样表述道:"行为貌似追随情感,但事实上,两者是互为你我的。通过调节被意愿控制的更直接的行为,我们就能间接控制情感,此情感并不直接受控于意愿。因而,如果我们的快乐遗失了,获取快乐的最好途径,就是在言谈举止中表现出开心,就像快乐已经存在……"

世界上所有人都在寻求快乐——这里就有一条切实可行的途径。那就是控制自己的意念,快乐不取决于外部条件,而源于自己的内心。

让你快乐与否的因素,不是你拥有什么,你是谁,你在哪儿,或者你是干什么的,而取决于你的所思所想。举例说明吧。有两个人,他们住同一个地方,干同样的工作,收入和社会地位不分伯仲——可是一个可能过得很糟糕,另一个却很幸福。为什么呢?因为他们心态不一样。我去过条件恶劣的热带地区,目睹那些贫穷的农民靠最原始的工具在贫瘠的地里刨口饭吃,但他们的幸福笑脸,和我在纽约、芝加哥、洛杉矶那些装着空调或暖气的写字楼里见过的笑脸一样多。

莎士比亚这样说过:"好与坏并无二致,你的想法使然。"

林肯也曾经断言:"大多数人的快乐程度,跟他心里所想要得到的差不多。"

他们说的都不错,我就找到了一个生动的佐证。当时我正在纽约长岛车站的阶梯上往上爬,我看到有30到40个残障孩子走在我前面;他们用手杖或拐杖艰难地一级一级爬着,一个孩子还要被人抱着。他们的快乐和开心使我惊讶。我和一个领队说起我的疑惑,他说:"哦,是的,当一个孩子意识到将要终生残废时,刚开始打击很大;可是打击之后,他们通常会听天由命,然后和正常儿童一样快乐。"

我真想对那些残疾孩子们脱帽致敬,他们给我上了永生难忘的一课。

一个人在一间封闭的房间里工作,不仅孤独寂寞,而且失去了结识公司里其他人的机会。墨西哥瓜瓜达拉哈拉的玛丽·冈萨雷斯太太就干着这样一份差事。当她听到同事们欢声笑语时,她非常羡慕他们的同事情谊。她工作的第一周从大厅里和他们擦肩而过时,她窘迫地看着其他地方。

几周后,她对自己说:"玛丽,你不能指望这些女士来找你,你得走出去找她们。"后来当她去冷饮机时,她满脸笑容地和每个遇到的人打招呼:"嗨,你今天还好吧?"微笑和招呼立即得到了回报,走廊也显得更明亮了,工作也更容易了。朋友关系建立起来了,有些还发展成为友谊。她的工作和她的生活变得更开心和有趣了。

请细读下面散文家和出版家艾尔伯特·哈伯德的充满睿智的忠告——但请记住,仅仅细读对你并无实际益处,你应该付诸实施。

每当你出门时,请收紧下巴,挺起头颅,享受每一次深呼吸。对朋友们笑脸相迎,对每一次握手充满真情。不要担心被人误解,不要浪费一分钟去琢磨你的仇敌。对你的梦想坚定信念,然后,瞄准目标朝那个方向挺进,你就会值抵你的目标。对你的美好宏大的梦想心无旁骛,然后,随着时间流逝,你会发现,在不知不觉中,梦想成真的机会已经触手可及,就像珊瑚虫从涌动的海潮中攫取它们需要的物质。你梦想成为有能力、热忱和对社会有益的那副景象,以及你保持的意念,正时时刻刻将你转换成那种想要的人……意念具有超级力量。保持正确的心态——一种富于勇气、坦诚和乐观的心态。正确思维具有创造性。所有事情都源于意念,所有真诚的祷告都会被回应。我们最终变成我们内心锁定的那个样子。收紧下巴,挺起头颅,我们将破茧而出。

古代中国人极富智慧——特别精于处世之道。他们有一句谚语,你我都应该记下来黏在我们的帽子里面,谚语是这样的:"和气生财。"

你的微笑是你善意的信使,你的微笑点亮了所有看见它的人的生活。对那些见惯了冷脸冷眼的人而言,你的微笑无异于驱散乌云的阳光。特别是当某个人面临来自老板、客户、老师、家长或子女的压力时,一个微笑对他们很有帮助,他们会觉得自己并非毫无希望——这世界还有快乐。

几年前,纽约市一家百货店公开承认,自己的职员在圣诞销售热季期间承受巨大压力,还在其广告中加入如下朴实的内容:

圣诞节微笑的价值

它没什么耗费,却创造很多。

它使得到微笑者收益,微笑者也无损失。

它发生于一瞬间,有时候给人的回忆却永存。

没有一个人富裕到不需要它,任何一个穷人,都因拥有它而变得富足。

它在家庭创造快乐,在生意上创造善意,在朋友间是友谊的信号。

它是疲惫者的安宁、沮丧者的光明、悲伤者的希望,是应付麻烦天然的最好解药。

然而,它无处可买,无处可求,无处去借,无处可偷,因为对任何人来说,它都无法给你带来世俗的好处,直到被白白浪费。

如果在圣诞节最忙碌的关头,我们的店员因为太累没对你微笑,你能否留下你的微笑呢?

因为没有人比那些忙得没空微笑的人更需要微笑。

所以,如果你希望人们都喜欢你,第二项原则是对他们微笑。

原则 2

保持微笑

第六章

不这样做,你就会麻烦不断

　　那还是在1898年隆冬时节,纽约州洛克兰县发生了一桩悲剧。一个小孩去世了,出葬的那天,附近的人都准备去参加葬礼。吉姆·法雷去马棚里拉出一匹马来套在马车上。当时冰天雪地,空气清冽。那匹马关在马棚里多天了,被牵到水槽时,兴奋地打转,两腿高举起来乱踢,把法雷活活踢死了。所以,在那一个星期内,小小的斯托尼角村一场葬礼变成了两场。

　　吉姆·法雷去世时,仅留给妻子和三个孩子几百元保险金。

　　吉姆·法雷的年仅10岁的长子吉姆①去一家砖厂做工。他先筛沙子,再把沙子倒进模子压成砖,然后搬到太阳下晒干。吉姆没机会读什么书,但他天生有亲和力,具备让别人喜欢自己的天赋,所以,他后来走上从政之路。随着时间流逝,他培养出一种不可思议的才能——对别人的名字过目不忘。

---

① 即前文提过的詹姆斯·法雷。

吉姆连高中的门都没进过,但在46岁前,已有4所大学赠予他荣誉学位。他还成为民主党全国委员会主席和美国邮政总局局长。

我曾经拜访吉姆·法雷,请教他的成功秘诀。他说:"玩命干!"

我说:"法雷先生,别开玩笑了。"

然后他问我,我觉得他成功的原因是什么。我说:"我知道你能叫出1万个人的名字。"

"不,你错了。我能叫出5万个人的名字。"吉姆纠正道。

毫无疑问,负责富兰克林·D.罗斯福竞选事务的吉姆,正是靠这种本领在1932年让罗斯福成功问鼎白宫。

吉姆是在石膏公司做推销员以及在斯托尼角村做村书记员的那些年,摸索出一套记住别人姓名的技能。

刚开始时,这套办法很容易。每当他遇到一个新朋友,他就弄清楚他或她的全名,以及他们家庭、生意情况或政治倾向。他牢牢记住这些信息,下次再遇到这些人时,即使是一年以后,他还能和他们勾肩搭背,问候家人,以及别人家后院里蜀葵的长势。难怪他人缘那么好!

富兰克林·D.罗斯福角逐总统前几个月,吉姆·法雷每天给西部或西北部州的公民写几百封信。后来,他乘火车在19天内跨越20个州,他通过马车、火车、汽车和船一口气旅行1.2万英里。他会突然出现在某个镇上,和朋友们共进午餐、早餐、晚餐或茶聚,和他们唠嗑拉家常。随后,他马不停蹄地开始另一段旅程。

他一回到东部,立即给访问过的各城镇某位朋友写封信,请他把和自己谈过话的客人名单寄给他。最终的名单多达数千人,但每个人都收到吉姆充满了微妙的奉承的个人信件。这些信件以"亲爱的比尔"或"亲爱的詹妮"称呼,落款签名永远是"你忠诚的吉姆"。

吉姆·法雷早就发现，一般人对自己姓名的兴趣，比对世界上所有姓名加在一起还要大。记住那个名字并自然地叫出口来，已经对他进行了微妙而非常有效的恭维；但是如果把人家姓名忘了或是叫错了，会将自己置于极其不利的位置。

比如，我曾经在巴黎举办过公开演讲术课程，给所有旅居巴黎的美国人邮寄了一封格式信函。那个法国打字员英文程度很差，填姓名时自然出了乱子。其中一位收信人是巴黎一家美国银行经理，因为他的姓名字母拼错了，气冲冲地给我写了一封信。

有时候要记住一个名字很困难，尤其是那些不容易拼读的。很多人甚至懒得费事去记，而是叫别人好记的别名或外号。斯德·里维曾经给一位叫"尼克德马斯·帕帕杜洛斯"的客户打电话，绝大多数人都叫他"尼克"，里维却告诉我们："我在给他打电话之前，特别花工夫拼读了好几遍他的名字，然后我以他的全名向他问候：'下午好，尼克德马斯·帕帕杜洛斯先生！'他愣住了！因为好像几分钟时间他都没有吭声，最后，他泪流满面地说：'里维先生，自从我在这个国家，整整15年来没有一个人尽量把我的名字叫对过。'"

安德鲁·卡耐基的成功秘诀又是什么呢？

他被人称作"钢铁大王"，他本人却对钢铁生产知之甚少，替他工作的人对钢铁要比他内行得多。但他深谙为人处世之道，这才是他飞黄腾达的原因。卡耐基在幼年时就已显出高超的组织才能和天才般的领导才能。10岁时他也发现了人们对自己姓名的惊人的重视度，他利用这个发现去赢得合作。

有个例子可以说明问题。那还是卡耐基在苏格兰的童年时代。一次，他得到一只兔子——一只母兔。好家伙！转眼间这母兔就生下一窝小兔来——可是找不到喂小兔的食物。安德鲁·卡耐基想出一个鬼点子来:他跟附近的那些小伙伴说,如果谁去采来小兔吃的三叶草和蒲公英,这只小兔就以他的名字命名。

这个计划效果神奇,卡耐基永志不忘。

多年后,生意场上的卡耐基利用同样的心理,使自己赚入数百万元。例如,他要将钢轨卖给宾夕法尼亚铁路公司,当时的负责人是J.埃迪加·汤姆森。卡耐基就在匹兹堡建造一座大型钢铁厂,命名为"汤埃迪加·汤姆森钢铁厂"。

这儿有个谜语,看看你能不能猜中。当宾夕法尼亚铁路公司需要采购钢轨时,汤姆森会买哪一家的?……从"希尔斯"、"洛伊柏克"? 不,不,你错啦。再猜猜!

还有一次,安德鲁·卡耐基和乔治·普尔曼竞争火车卧铺业务,"钢铁大王"又想起了幼时喂养兔子那一课。

安德鲁·卡耐基控制的中央运输公司和普尔曼的公司竞争联合太平洋铁路公司的卧铺业务。互相排挤,压低价格,几乎已到无利可图。一次,卡耐基和普尔曼都去纽约见联合太平洋铁路公司董事会成员。那天晚上,卡耐基在圣尼古拉斯酒店遇到了普尔曼,他说:"晚安,普尔曼先生,我们两人是不是自己玩自己啊?"

普尔曼问:"你什么意思?"

于是卡耐基说出了的心里话——双方的共同利益。他描述了双方通力合作的优势,而非互相拆台互相损害。普尔曼听得很细心,但并没被完全说服,最后他问:"你准备给这家新公司取什么名字?"卡耐基马上回答道:"用什么? 当然用普尔曼卧铺车公司。"

普尔曼顿时满脸放光,他说:"请到我房里来,我们详细谈谈!"那一次谈话,影响了世界工业史。

记住他人或生意伙伴的名字并为他们的名字增光添彩,是卡耐基成为商业领袖的秘诀之一。他对自己能叫出很多工人的名字很自豪。他得意地说,在他亲自管理公司的时候,他生意红火的公司从没受过罢工的影响。

得克萨斯商业银行董事会主席本顿·拉乌认为,一个公司越大,就越冷漠。他说:"一个让他们热络起来的办法,就是记住人们的名字。一个告诉我不能记住别人名字的管理者,同时也等于在告诉我他记不住他事业中的一个重要部分,这样的人是在流沙上行走。"

加州兰乔帕洛斯弗迪的卡伦·基尔希是环球航空公司空中小姐,她在工作中尽量记住航班里的乘客名字,并在服务时叫出他们的名字。这让她本人和公司好评如潮。一个乘客这样写道:"我有一段时间没乘坐'环球航空'了,但从现在起,我除了'环球'什么也不坐,你使我觉得你们的公司非常有人性化,这一点对我很重要。"

人们对他们名字如如此自豪,以至于不惜任何代价使其不朽。即使暴躁和老于世故的 P.T. 巴纳姆——他那个时代最伟大的"娱乐大王",因为没儿子将他的名字传承下去而沮丧;为了让外孙 C. H. 西利改名为"巴纳姆·西利",不惜给他 2.5 万美元。

很多世纪以来,贵族和商业大亨之所以资助艺术家、音乐家和作家,因为艺术家的作品是"献给"他们的。

图书馆和博物馆有那么丰富的收藏,要归功于那些捐赠者——他们无法承受自己的名字会被人遗忘的痛苦。纽约公共图书馆有阿斯特和里诺克斯①收藏馆,纽约大都会博物馆让本杰明·阿尔特曼和约翰·P.摩根②的大名永驻人间;几乎所有的教堂被彩绘玻璃窗所美化,那些窗子上都是捐献者的姓名以作纪念;在大多数大学校园里,有很多建筑物都以较大份额的捐献者名字命名。

大多数人记不住他人的名字,只因他们不愿刻意费时劳神去牢记在心。他们给自己找的借口是——太忙了。

但他们也许不至于比富兰克林·D.罗斯福更忙吧,可是他就能专门抽时间记住或回想起别人的名字——甚至那些一面之交的技工的名字。

当时情况是这样的:克莱斯勒汽车公司为总统先生特制了一辆汽车,他不能用普通车辆——大家知道,他双腿残疾。W. F.张伯伦和一位技工将这辆车送到白宫。我面前就有张伯伦给我的一封信,他说了当时的情形:"我教总统先生如何操控这辆有许多特别装置的汽车,他却教了我许多为人处世的艺术。我到白宫的时候,总统显得极其舒心和兴奋。"张伯伦先生的信上写道,"他直呼我的名字,让我感到十分开心;给我印象最深的是,当我向他介绍这部车子每个细节时,他都兴味盎然。这部车经过特殊设计,完全可以用手驾驶。一群人围着车看,罗斯福总统评论说:'我得说这车子太了不起了!你只需按一个按钮,它就能开走,开起来一点也不费力。我觉得太棒了——我不知道其中的原理,真希望有空拆开看个究竟。'当总统的朋友们和部属们对车子赞不绝口时,他又说:'张伯伦先生,为了这辆车,你耗费了大量时间和精力,我深表谢意。

---

① 阿斯特指约翰·阿斯特(John Jacob Astor,1763—1848);美国工业家、商人和最早的百万富翁;里诺克斯即詹姆斯·里诺克斯(James Lenox,1800—1880);美国收藏家和慈善家。

② 本杰明·阿尔特曼(Benjamin Altman,1840—1913);美国商人、收藏家;约翰·P.摩根(John Pierpont Morgan,1837—1913);美国著名银行家、收藏家、慈善家。

这活完美无缺。'他夸赞散热器、特别后视镜、时钟、特别照明灯、椅垫的式样、驾驶坐的位置、后备箱里的特殊衣箱以及衣箱子上的名字标记。也就是说,罗斯福总统细心看了车里每一个倾注了我心血的细微设计。他特别把这些设备指给罗斯福夫人、劳工部长和他的秘书看。他甚至还把旁边的搬运工叫过来说:'乔治,你要好好照顾这些衣箱!'当我把有关驾驶方面的知识讲完后,总统转身对我说:'好了,张伯伦先生,我已经让美联储董事会等我30分钟了,我想我还是该回去工作了。'我带了一位技工去白宫,他当时也被介绍给了罗斯福总统。这技工是个怕羞的小伙子,躲在人群后面,没同总统谈话。虽然总统只听过一次他的名字,我们要离开时,总统却找到这个技工,跟他握手,叫他的名字,感谢他来华盛顿。总统对技工的致谢并非出于敷衍了事,而真如他所说的那样真诚,这一点我可以感觉到。我回到纽约后没几天,就接到总统亲笔签名的照片和一封简短的感谢信,对我所做的帮助再次表示感激。他怎么能抽出时间来做这件事,对我来说是一个秘。"

罗斯福总统知道,获取好感的最简单、最明了而又最重要方式之一,就是记住对方的姓名,使对方感到自己很重要——可是我们又有多少人能做到这一点?

当我们被介绍给陌生人时,虽有几分钟谈话,临走时已经把对方的姓名忘得一干二净。这样的情况有一半。

一个政治学家的基础课之一,就是:"记住选民的姓名是政治家的素质,忘记选民的名字是漠视行为。"

在商业上、社交上记住他人名字能力的重要性,和在政治上记住他人名字的重要性是等量齐观的。

法国皇帝拿破仑三世——即伟大的波拿巴·拿破仑的侄儿,曾经自夸道,尽管他忙于国务,但凡见过的人,他们的名字都过目不忘。

他有绝招吗?很简单,如果他没有听清楚对方的名字,他就说:"太抱歉了,这名字我没听清楚。"如果是个不常见的名字,他就问:"这名字怎么拼写的?"在谈话中,他会不厌其烦地把对方姓名反复记几遍,同时在心里把这人的姓名和他的容貌、表情和基本外貌联系起来。如果这人是重要人物,拿破仑就更要下功夫了。一旦陛下他独处,就把这人的名字写在纸上,仔细看,铭刻于心,然后把纸撕了。这样一来,那名字给他的视觉印象,就跟留给他的听觉印象温和一致了。

这些都很费时间,但爱默生说:"良好的举止,是由众多小牺牲组成的。"

记住和使用别人的名字的重要性并不是帝王们和公司高层的特权,而是对我们所有人都行之有效的办法。印第安纳州通用汽车公司雇员肯·诺丁汉姆经常在公司餐厅吃午饭。他留意到,在柜台后工作的一个女职员总是愁眉苦脸的。他说:"她连续做了两个多钟头三明治了,我不过是她的又一个三明治。我对她说了我要什么,她把火腿放到小称上称了一下重量,加了一叶生菜、几个土豆片,然后机械地给了我。第二天,我还是站到那一队,同一个女人,同样的愁眉苦脸。唯一的不同是我留意到了她的姓名牌,我微笑着说:'嗨,尤妮丝!'然后告诉她我要什么。呵呵,这次,她忘记了过秤,给了我一摞火腿、三叶生菜,土豆片垒得都掉到盘子上了。"

我们应该弄懂隐藏在姓名里的**魔力**,应该意识到这一魔力完全存在于我们要打交道的人身上……而不是别人。姓名将个人区分开来,让一位男士或女士在茫茫人海里与众不同。当我们遇到与个人姓名有关的情形时,我们传达的信息或我们发出的要求就会呈现出特别重要的作用。当我们和人打交道时,无论是餐厅女招待还是公司高管,记住他们的姓名将会产生化腐朽为神奇的力量。

原则 3

谨记:对于每个人而言,他的名字是任何语言中最甜蜜、最重要的声音。

第七章

变成一个好的交流者

前一段时间我参加一个桥牌聚会。我不会玩桥牌——当时有一位女士也不会玩桥牌。她知道我在劳威尔·托马斯①从事广播事业前,曾一度做他的私人经理。我还到欧洲各地去旅行,为汤姆斯安排精彩的旅游访谈节目。于是这位女士说:"卡耐基先生,请告诉我你去了哪些地方,有什么精彩见闻。"

我们坐下旁边沙发椅后,她提到最近她和她丈夫刚从非洲旅行回来。

"非洲!"我惊叫,"太有趣了!我总想去非洲看看,可是除了在阿尔及尔逗留过 24 小时,其他地方都没去过。告诉我,你去没去能狩猎大型动物的国家?去了?太幸运了。我真嫉妒你,能谈谈非洲的情况吗?"

---

① 劳威尔·托马斯(Lowell Jackson Thomas,1892—1981):美国作家、电台制作人和旅行家,以制作"阿拉伯的劳伦斯"闻名,也是本人作者的良师益友,本书所附原版序即为他所作。

于是她一口气说了45分钟,再也没问我去过什么地方,有什么精彩见闻。她再也不听我谈我的旅行,她所要的是一个兴味盎然的静听者,听她讲述她的眼界,因此获得"自我膨胀"。

她与众不同吗?不,很多人和像她一样。

比如,在纽约一位出版商举办一次宴会上,我遇到一位著名植物学家。之前我从没接触过植物学家,我觉得他很棒。他讲述那些异国特色的植物以及培育新物种和室内花园的实验(甚至说了一些关于马铃薯的不为人知的惊人事实),当时我坐在椅子边上听得津津有味。我就有个小型室内花园,他的谈话对我解决几个问题颇有帮助。

我说过,这是一次宴会,还有十几位客人在座,我却违背了所有社交礼仪,忽略了其他所有的人,只顾和这位植物学家聊了几个小时之久。

到了午夜,我向每个人告辞。这位植物学家在主人面前,夸了我几句,说我"最有激励性";说我这也不错,那也很棒;最后,他夸我是一个"最有趣的交谈者"。

"最有趣的交谈者"?没搞错吧?我几乎啥也没说!如果不转换话题的话,即便我想说点什么,也无从谈起;因为是我对植物学的涉猎,还不如对一只企鹅骨骼结构了解得多呢。不过我是这么做的:我认真地听他说。我用心听是因为我确实产生了兴趣,他也感觉到了,自然很高兴。那种"聆听"是对任何人的最高赞美。杰克·伍德福特在他《爱中的陌生人》一书中曾这样写道:"很少有人能抗拒那种全神贯注倾听所包含的恭维之意。"

我告诉那位植物学家,他的谈话让我极为开心,也深受教益——事实上也如此;我还告诉他,我希望拥有他那么渊博的学识——我真心希望如此;我告诉他,希望能同他一起去田野漫步——我确实希望去;我还告诉他,我必须再见到他——我是真心诚意。

正因为如此,我使他认为我是一个善于交流的人;其实,我仅仅是一个善于倾听、并且善于鼓励他多说话的人。

一次成功的商务会谈的秘诀在哪里?按照前哈佛大学校长查尔斯·W.艾略特的说法,是这样的:"一桩成功的生意并没什么神秘的窍门……专心听别人说话非常重要,再没有比这更恭维人的了!"

艾略特本人就是一个聆听艺术大师。美国最出色的小说家亨利·詹姆斯①回忆道:"艾略特博士的聆听不仅仅是静止,而是一种活动。他挺身端坐,双手交叉于膝,除了交叉旋扭两个拇指以外一动不动;他凝视着交谈者,似乎还要让自己的眼睛和耳朵也参与聆听;当你说话时,他聚精会神,一边仔细琢磨你的意思。结束谈话后,你会觉得他听完了所有的话。"

这已经显而易见了,是吧?这诀窍没必要花四年时间去哈佛大学发现。但你我都知道,商店老板们租用昂贵的店面,尽量低价进货,将橱窗装饰得很诱人,还耗费成千上万的广告费;却雇了一些不愿聆听顾客的店员——这些店员随意打断顾客,反驳顾客,惹恼顾客,除了把顾客赶出大门没别的结果。

芝加哥一家百货商店差点失去一位每年在那儿消费数千美元的客户,就是因为一位店员不愿听她说话。亨利塔·道格拉斯太太曾在芝加哥参加我们培训课,她买了一件特价外套,回家后发现内衬有一个裂口。第二天她回到那家店要求换货,店员听都不愿听,她指着墙上的标识说:

---

① 亨利·詹姆斯(Henry James,1843—1916):美国作家。代表作《美国人》《戴茜·米勒》《欧洲人》《贵妇的肖像》等。

"你买的是特价货,你自己看看吧。"她还大叫起来,"标识上面说得清清楚楚'所有商品最后价',一旦售出,概不退货。你自己缝缝吧。"

"但这是破损商品。"道格拉斯太太抱怨。

"那没什么区别。"店员打断她,"最后价!"

道格拉斯太太愤愤不平地离开,发誓绝不再来这家商店。当她出门时遇到早就认识自己这位老主顾、大主顾的经理,经理向她问候后,她说起刚才的事情。

经理细听原委,查看了外套,然后说:"特价是'最后价',所以我们能在季末处理尾货,但'概不退货'对破损商品并不适用。我们肯定能为您修补或更换内衬,或者如果您愿意,我们可以全额退款。"

多么天壤之别的待遇!假如那个经理没过来倾听道格拉斯太太的抱怨,一个老顾客就将永远丢掉。

在家庭生活中倾听的重要性,和在商界以及职场的重要性不相上下。纽约克洛顿哈德森的米莉·埃斯波西托,就把倾听孩子当成自己分内之事。一天傍晚,她和儿子罗伯特坐在厨房里,先闲聊了一会儿,罗伯特说:"妈妈,我知道你非常爱我。"

埃斯波西托太太深受感染,说:"当然,我非常爱你。你不信吗?"

罗伯特说:"不,但我知道你真的爱我,因为不管什么时候我要和你说话时,你总是停下来听我说。"

即使那些习惯性的抱怨者,甚至最刻毒的批评者,也常常会在这样一个有耐心、充满同情感的倾听者面前软化下来或自我克制;当怒气冲天的找茬者像眼镜王蛇一样爆发、喷出毒液时,倾听者依然保持淡定和安静。

举个例子吧。几年前,纽约电话公司不得不应付一个对客服代表进行最恶毒谩骂的客户之一。那人随意谩骂,胡言乱语,他威胁将电话线连根拔起,他拒绝支付他认定的虚假服务费用,他给报纸写信诋毁公司声誉,他在公共服务委员会没完没了地投诉,他还几次把电话公司告到法院。

最后,公司一个最有技巧的"麻烦终结者"被派去和这个疯子面谈。这位专家静静坐着,让这位情绪失控的客户在恣意发泄中自我陶醉;这位代表还不时点头称是,对他的痛苦做感同身受状。

"他不停地发泄,我差不多听了三个小时。"这位"麻烦终结者"在笔者一堂课上说,"然后,我又去找了他,再听听他诉苦。我见了他四次,就在这次见面之前,我成为一个社团首批成员,而他是发起人;他把这个机构叫做'电话用户权益保护协会',我还是这个机构的成员;而且据我所知,我还是世界上除了先生您之外这个机构的唯一成员。这些会面中,对他说的每一点,我都保持倾听和同情的姿态;他从未见过任何电话代表像我这样和他会面,所以他几乎变得友好起来。第一次会面中,我甚至都没提起此行的目的,第二次、第三次会面也没有提,但在第四次会面时一切搞定,他全额补缴了所以费用;而且,在他和电话公司漫长龃龉中,他头一遭地主动去公共服务委员会撤除了投诉。"

无疑,这位"麻烦制造者"先生把自己看做是为了公众免遭大公司盘剥挺身而出的圣徒。但事实上,他真正需要的是一种"重要感"。最初他通过投诉和批评获得"重要感",但一旦他从公司代表那儿获得了这种感觉,他虚拟的冤屈便烟消云散了。

朱利安·F.迪特默是迪特默·乌伦公司的创始人,这个公司后来成为世界最大的毛纺品批发商。几年前的一个早上,一个愤怒的客户闯进了他的办公室。

"这个客户欠我们一笔小钱,他不承认,但我们心里有数。"迪特默对我解释说,"所以信用部坚持他应该付款。在收到信用部多封信函后,这个客户打点行李跑到芝加哥来了。他闯进我的办公室,通知我他不但不会付那笔款项,而且再也不会从本公司买一美元的货。我耐心地听他讲完。我本想打断他,但我意识到那不明智,于是我让他尽情宣泄。当他终于冷静下来,心情好了些,我就心平气和地说:'我感谢你特地来芝加哥告诉我这些情况。你帮了我一个大忙,因为如果我们信用部让你不悦,他们肯定还会得罪其他优质客户,那就太糟糕了。相信我,我比你更急切地想把情况弄清楚。'这是他最不希望我说的一句话。我想他大大地失望了,因为他大老远地跑来芝加哥对我诉苦,我却感谢他,而不是和他争吵。我向他保证我们会把这笔收费一笔勾销,不再提起,因为他是一个非常细心的人,而且他只有一本账目,我们的职员却有数千个账目要看;所以,他不太可能比我们的职员出差错。我告诉他,我非常理解他的感觉,如果将心比心,我也会毫无含糊地和他一样。既然他不再进我们的货了,我向他推荐了另外一些毛纺品公司。过去他来芝加哥时,我们常常共进午餐,所以我再次邀请他共进午餐。他犹豫地接受了,但当我们返回办公室时,他下了比以前任何时候都要大的订单。他带着宽慰的心情回去了,而且对我们就像我们对他那样公平。他反复查看账目,终于找出一张放忘了地方的单子,随后,他给我们寄来了支票和道歉信。后来,他太太为他生了个儿子,他把儿子的中间名取为'迪特默';而且,他把他公司和本公司的友谊和业务关系维持了20年,直到他去世。"

多年前,有一个贫穷的荷兰移民孩子,每天放学后去清洗一家面包房的窗户,以此补贴家用。他家实在太穷,所以他除了清洗窗子,还每天挎着篮子沿街去街边水沟里捡运煤马车抛撒下的小煤渣。那个男孩叫爱德华·波克,连小学都没读完,却最终成为美国新闻史上最成功的杂志编辑之一。他是怎么做到这一点的?那就说来话长了,不过,他怎起步的却可以大致说说。他的起步运用了本章倡导的原则。

爱德华·波克 13 岁就辍学进了西联公司办公室打工，每星期的工资是 6.25 美元。他虽然处在极贫困的环境中，但一刻也没有忘记教育——只不过完全是自学。他把交通费和午餐费都节省下来，直到能买一本《美国人物传记大全》——然后他做了一件闻所未闻的事情。他读完这些名人传记后给他们写信，向他们请教更多童年时期的信息。他是一个很好的倾听者，让这个名人们多给自己说说他们的童年。他给当时角逐总统的詹姆斯·A.加菲尔德写信，向他求证他幼时是否真的在运河当过纤夫；加菲尔德给他回复了。他给格兰特将军写信，询问一场战役情况；将军给他绘制了一幅地图，还邀请这个 14 岁的孩子共进晚餐，和他共度了一个愉快的晚上。

很快，我们的"西联"信使小子就和全国很多大人物们建立了通信联系，这些人包括：拉尔夫·沃尔多·爱默生、奥利弗·温德尔·福尔摩斯、朗菲洛①、阿伯拉罕·林肯夫人、路易莎·梅·阿尔克特②、谢尔曼将军和杰斐逊·戴维斯③。他不仅和这些杰出人物通信联络，而且——一旦他有假期，他就以贵宾身份登门拜访其中很多人。这些经历赋予了他信心，这种信心是无法用金钱衡量的。这些巨人们照亮了他的视野，点燃了他的雄心壮志，他的人生轮廓因此而形成了。所有这一切——让我复述一遍，完全是通过将我们正在讨论的原则付诸实施而取得的。

---

① 即亨利·沃兹沃斯·朗费罗（Henry Wadsworth Longfellow，1807—1882）：美国诗人和教育家。

② 路易莎·梅·阿尔克特（Louisa May Alcott，1832—1888）：美国女作家，代表作《小妇人》《小男人》。

③ 杰斐逊·戴维斯（Jefferson Davis，1808—1889）：美国军人、政治家，美国内战期间担任美利坚联盟国（南部）首任总统，也是唯一一任总统。

艾萨克·F.马科森是一个采访过数百名人的记者,他宣称,很多人因为心不在焉而没有给人留下好印象。他说:"他们太在意他们要说什么,因而他们不愿听别人说……一些非常重要的人物告诉我,他们更喜欢好的倾听者,而不是一个健谈者;但善于倾听的能力似乎比任何其他才能都要稀缺。"

不仅仅重要人物渴望倾听者,普罗大众也一样。正如《读者文摘》上一篇文章写的那样:"很多人去看医生时,其实仅仅需要一个倾听者。"

在美国内战最暗无天日时,林肯给伊利诺伊州春田镇一位老朋友写信,要他去华盛顿,说有些问题想和他探讨。这位老邻居赶到白宫,林肯和他谈了好几个小时,向他谈发布"恢复奴隶自由声明"的明智之处。林肯向他讲述了所有支持方和反对方的争论,然后给他读了一些信件和报纸上的文章,其中一些指责林肯没有给奴隶自由,另一些是因为担心林肯废除奴隶制也指责他。谈了几个钟头后,林肯和邻居握手,道晚安,甚至没有问他的意见就把他送回了伊利诺伊。这次会面林肯完全唱了独角戏,似乎表明了他的心境。

老邻居说:"谈话后他似乎感觉轻松多了。"

林肯没有要他的建议,他要的仅仅是一个友好的、理解他的、能减轻自己压力的倾听者。这正是在我们陷入麻烦时所需要的,正是被激怒的顾客需要的,正是心怀不满的雇员以及被伤害的朋友需要的。

近现代以来最伟大的倾听者是心理学家西格蒙多·弗洛伊德。一个见过他的人描述了他的倾听方式:"弗洛伊德给我的印象太深了,我永远忘不了他。他具备的品质在我认识的任何人中也找不到,我从来没见过这么专注的倾听。一点也不像锐利的"洞穿灵魂的凝视"那回事,他的目光平淡而温和,他的声音低沉而友善,他的手势很少;但他对我的专心,以及对我的话的欣赏太不同寻常了——即使我表达得很糟糕。**你不知道被那样倾听对你究竟意味着什么。**"

如果你想知道怎么让人躲避你、背着你嘲笑你甚至咒骂你,这就是秘方:听别人说话时永远不耐烦,一个劲儿地说自己;如果别人说话时你有话要说,别等他或她说完,随时打断别人。

你认识这样的人吗？不幸的是,我认识;而且让人吃惊的是,有些人还是成功人士。

讨厌鬼,所有讨厌鬼都这德行——陶醉于自我,沉溺于自己是个人物的虚荣感。

"那些只谈自己的人,心里也只为自己着想。"哥伦比亚大学资深校长尼古拉斯·默里·巴特勒博士说,"那种人是不可救药的缺乏教养者,他们没法被教育好,尽管他们可能受过什么教育。"

所以,如果你想成为一个好的交谈者,就先成为一个好的倾听者。要让自己显得风趣,就要对别人感兴趣。向别人提出一些他们乐于回答的问题,鼓励他们多谈他们自己和他们的成绩。

记住这一点:和你交谈的人对他们自己、他们的需求和问题的兴趣,比对你和你的问题的兴趣强烈上百倍。一个人的牙疼对那个人来说,比一场饿死100万人的外国饥荒更要命;一个人脖子上的一个脓肿,比其他大陆发生40场地震更让那人感兴趣。

你如果要别人喜欢你,下次和别人谈话时,谨记:

原则4

做一个好的倾听者。鼓励别人多谈他自己。

第八章

如何引起别人的兴趣

每一个拜访过西奥多·罗斯福总统的人,都会对他渊博的学识感到惊奇。无论他的客人是一个牛仔、是个牧童或骑兵,是来自纽约的政客或是外交官,罗斯福都能找到话说。那怎么可能呢?答案很简单,每次在接见客人前一晚,罗斯福就熬夜预习那位客人特别喜欢的话题。

因为罗斯福跟其他领袖人物一样,知道深入人心的最佳途径,就是和对方交流他或她最看重的事。

散文家、耶鲁大学文学教授威廉·利昂·菲尔普斯为人和善,早在他年轻时就学到了这个道理。

"我8岁时去姑妈家度周末,她家在胡萨托尼克的斯特拉福特。"菲尔普斯在他的散文《人性》中写道,"那天晚上有位中年人也来了,他跟姑妈客套后,就把注意力放到我身上。那时,我恰好对帆船产生了很大兴趣,而那位客人谈这话题显得特别有趣。他走了后,我热情地说起他。多好一个人!姑妈告诉我,那客人是纽约的一位律师,他并不关注帆船之类的东西——对这个话题也没什么感兴趣。我问:'那他又怎么一直和我聊帆船呢?'姑妈对我说:'因为他是一位绅士,他看你对帆船感兴趣,他就陪你谈你感兴趣的话题让你开心,他让自己显得亲切和蔼。'"

菲尔普斯教授补充说:"我永远不会忘记姑妈的高见。"

行笔至此,我面前摆着一封信,是热心"童子军"①工作的爱德华·L.查里夫先生寄来的。

"有一天,我需要有人帮忙。"查里夫在信上这样写道,"欧洲即将举行一次大型童子军集会,我要请美国一家大公司老总为我一个童子军的欧洲之行提供赞助。幸运的是,就在我前去拜见他之前,我听说他签发了一张百万元的支票,随后把那张支票作废,最后把那张支票装裱起来。因此我走进他办公室的第一件事,就是请求让我开开眼看看那张支票。我对他说,我从没听说有人开过百万元的支票;我说我要对我那些'童子军'们讲,我亲眼见过一张百万元的支票了。他很高兴地让我看了。我对此啧啧称奇,请他告诉我这张支票是怎么开出来的。"

读者注意到没到,查里夫先生开始并没有开口就谈"童子军"或欧洲的那场大型集会,而只谈谈对方最感兴趣的事。结果是这样的:

"很快,我见到的那人问我:'哦,随便问问,你找我有事吗?'于是我顺水推舟地说明来意。

"简直出乎我的意料,他不但立即答应了我的请求,比我要求的还要多!"查里夫先生接着说,"我原来只希望他赞助1个'童子军'去欧洲,他却愿意资助5个——还不包括我自己。他给了我1张1000美元的信用

---

① "童子军"(Scouts):又称"童子军运动",是一个国际性、非政治性、非军事性、非政府性及非营利性的青少年运动组织。童子军的目的是透过强调野外实践活动的非正规教育,在身体、精神和智力上培训青少年,使他们将来为社会做贡献,是一个相当多元的组织,也因此他们常在社会上扮演着建设性的角色。

证,让我们在欧洲住7个星期。他还为我写了几封介绍信,要求欧洲分公司关照我们。后来他本人在巴黎和我们见了面,带我们游览了这个城市。从那以后,这位老总还为一些家境贫寒的'童子军'孩子们提供工作;直到现在,他还活跃于我们这个团体里。我当然明白,如果当初没找出他兴趣所在,没一开始让他兴奋起来,很可能不如后来十分之一顺利。"

这个诀窍在商场上管用吗?我想想——再以纽约面包批发商亨利·G.杜维诺伊父子公司的故事为例吧。杜维诺伊先生一直试图把自己公司的面包卖给一家酒店。四年来,他每星期都去拜访那家酒店的经理。杜维诺伊参加那位经理热衷的交际活动,为赢得生意,他甚至在那家酒店租下房间住下来,但却都失败了。

"后来,"杜维诺伊先生说,"研究了人际关系学后,我决定改变策略,我决心想方设法找出这位经理最感兴趣的事——什么会激起他的热情。我发现他是酒店管理人员社团美国酒店公会会员,他不但是会员,由于他的热心肠还担任了这个团体的主席。同时,他还兼任国际酒店公会董事长。不论在哪儿开会,他都会出席。所以第二天我见他的时候,就和他谈'酒店公会'。我得到了什么反应?反应太积极啦!他跟我讲了半小时关于国际酒店公会的情况,他兴致勃勃眉飞色舞。我一眼看出,那个组织不仅是他业余爱好所在,还是他生活中的激情。我离开他的办公室前,他'卖'给我了一个会员资格。当时我并没提面包的事,但几天后,他酒店的主管给我打了一个电话,要我带着面包样品和价目表过去。'我不知道你在老顽童身上下了什么功夫。'这位主管告诉我,'他指定要买你的!'想想吧!为了和他做生意,我在他身上死缠烂打了整整四年。——如果不是千方百计找出了他的兴奋点,找出了他喜欢的话题,我可能还在瞎折腾呢!"

爱德华·E.哈里曼来自马里兰州哈吉斯顿,他退伍后选择定居于马里兰州漂亮的康伯兰谷地。可惜那儿没什么工作机会。他稍做调查后获知,那个地区的一些公司,要么属于R.J.方克豪斯这个人,要么被他所控制,此人是一位商界"独行侠"。他白手起家的故事很鼓舞哈里曼先生,然而,据说方克豪斯对求职者退避三舍。哈里曼先生这样写道:

"我问过很多人,发现他主要兴趣锁定在对权力和金钱的追逐上。但为了躲避我这样的人接近他,他让非常严厉无情的秘书做自己的挡箭牌。我又研究了这位秘书的兴趣爱好和目标,出其不意地去拜访她。秘书已经追随方克豪斯14年了,当我告诉她我有一个高招,可能对方克豪斯先生在商业或政治上的成功派上用场,她显得兴趣盎然。我还夸她对方克豪斯的今天功不可没。这次谈话后,她安排我和方克豪斯先生见面。我走进他宽大豪华的办公室时,决定不直接找他要工作。他坐在一张巨大的雕花办公桌后,声音洪亮地问我:'你怎么样啊,年轻人?'我说:'方克豪斯先生,我相信我能为你赚钱。'他立即起身,请我入座一张巨大的弹簧垫沙发。我说出我的主意和实现这些主意的条件,同时还谈了这些事情对他的个人成功有什么好处。当他明白之后,当场雇佣了我。我在他的公司里干了20年,双方都得到了很大发展。"

按照别人的兴趣去谈话,对双方都有益。"职场沟通"领域的佼佼者霍华德·Z.郝日格对此始终不渝地遵守,当被问起他从中获得了什么时,郝日格回答说,他不但从每个人那儿获得了回报;而且每次他对别人讲话时,他的生活也因此而丰富充实了很多。

原则 5

按别人的兴趣说话。

第九章

如何成为"见面熟"

我曾经在纽约第33街和第8大道交会处的邮局里排队寄挂号信。我注意到那个职员对他的工作显出厌倦——他的工作就是称重量、出邮票、找零钱、给收据——年复一年,如此单调。

所以我对自己说:"我要想办法让那人喜欢我。显然,我必须说些好听的话,不是自夸,而是夸他。"于是我又问自己:"他有什么值得夸奖的?"有时候这是个不容易回答的难题,尤其在对方素昧平生的情况下;但在此刻,恰恰很容易——我很快就从这员工身上找出了亮点。

当他称我的邮件时,我很热情地说:"我真希望有你这样一头好头发!"

他抬起头来,惊讶中露出笑容,谦逊地说:"没有以前好了!"我以肯定的语气告诉他,他的头发或许失去了一些最初的光泽,但依然很漂亮。他大为开心。我们愉快地聊了几句,最后他对我说:"许多人都夸过我的头发。"

我敢打赌,那位职员去吃午饭的时候,一定心花怒放;我打赌,晚上回家他会跟太太提到这事；我打赌，他还会一边照镜子一边说："呵，这头发确实很漂亮。"

我后来在公共场所讲过这个故事，有人问我："你想从那个邮局职员身上得到些什么？"

是啊，我想从那个邮局职员得到些什么？我想从那个邮局职员得到些什么！

如果我们卑劣自私到如此地步——不从别人身上得到点什么，就不善意待人，就不愿意给别人一点真诚的赞美；如果我们的气量比一个酸苹果还小，那我们遭遇失败，就完全是咎由自取。

哦，是的，我确实想从那人身上得到些什么，而且我也得到了；我觉得自己替他做了一件他无需回报的事；那是一种很久以后仍在我回忆中闪光和吟唱、挥之不去的温暖感觉。

关于人的行为，有一项极重要的定律，如果遵守这项定律，我们几乎不会遇到麻烦。事实上，如果遵守这项定律，我们将广结人缘并快乐常驻；但如果违反了，我们将麻烦不断。这项定律就是：**始终让别人感觉自己很重要。**我们前面提到过的著名哲学家约翰·杜威曾经说过，人类最深层的冲动，是"成为重要人物的欲望"。威廉·詹姆斯博士说："人类天性最深处，就是渴求受到赞赏。"我也曾指出，正是对"自重感"的追求，将我们和动物区分开来；正是"自重感"，推动了人类文明。

对于人类关系的规律，哲学家们思索了数千年之久，所有的思考只引证出一条定律。那项定律不是新的，跟历史一样古老。3 000多年前，索罗亚斯德①在波斯把那条定律教给所有拜火教徒;2 400 年前,孔子在中国宣扬这个定律;道教始祖老子在函谷关向他的门徒传授这一定律;公元前 500 年,佛陀②在恒河河畔如此布道;而此前 1 000 年前,古老的印度教典籍中就倡导了这个定律;19 世纪前,耶稣基督在乱石嶙峋的犹地山传授那条定律,并将其归纳在一个观念中——那也许是世界上最重要的一项定律:**"希望别人怎样待你,你就怎么去对待别人。"**

你想让你接触的人赞同你,你想别人承认你的价值,你想在你的小世界里有"自重感";你不想听到廉价而言不由衷的阿谀,但你渴求发自肺腑的赞赏。你希望你的朋友和同事——就像查尔斯·施瓦布所说——**"对别人的赞美要真心诚意,毫不吝啬溢美之词。"**我们所有人都需要这些。

所以我们应该遵守这条金科玉律,要别人怎么对待我,我就这么去对待别人。

如何做?何时做?在什么地方做?答案是:"任何时间,任何地点。"

威斯康星州奥克莱尔的戴维·G. 史密斯在我们的一堂课上,讲述了他在一次慈善音乐会中管理一处食品亭时,如何处理一次微妙的局面的情形。

"当我抵达音乐会举办地——一个公园的那个晚上,我发现两位年长的女士站在食品亭旁边,神情不爽。显然,她们都觉得自己才是这个活动的负责人。正当我站在那儿琢磨我该怎么办时,一家赞助委员会的

---

① 索罗亚斯德(Zoroaster,公元前 660—前 583):古代伊朗的宗教改革者,索罗亚斯德教创立人。

② 佛陀(Buddha,公元前 563—483):即乔答摩·悉达多,佛教创始人。因父为释迦族,成道后被尊称为释迦牟尼,意为"释迦族的圣人"。

成员出现了,她给了我一个现金募捐箱,并感谢我接手这个活动。她还把那两位女士罗丝和詹妮介绍给我,随后就急匆匆地走了。随后是一阵冷场。我意识到那个募捐箱是一种权威的标志,我就把它给了罗丝,并对她解释,我不太会管钱,由她来管理更适合。然后我建议詹妮教两位被分配到食品供应处的年轻人怎么使用苏打机,我要求她负责那一部分工作。就这样,罗丝清点现金,詹妮指导年轻人,我呢,去欣赏音乐会。这是一个很开心的傍晚。"

要使用这些赞美别人的为人之道,你没必要等到自己担任了美国驻法国大使,或你那个组织的室外活动负责人。几乎每天你都有机会一试身手。

譬如,在餐馆我们本来点的是法国炸薯条,女侍者却端来了土豆泥,我们不妨这样说:"对不起,要麻烦你了,我更喜欢法国炸薯条。"她很可能这样回答:"一点也不麻烦。"并很乐意为你更换,因为你对她先尽到了礼数。

一些简单的客气话:"对不起,麻烦您了。""劳驾您……""您乐于干……件事吗?""您愿意吗?""多谢!"可以给每天单调运转的生活加点润滑剂——而且,顺便还体现出良好的教养来。

让我们再举个例子:霍尔·凯恩的小说《基督徒》《法官》《马恩岛人》都是20世纪早期最畅销的作品,千百万人读过。凯恩是个铁匠的儿子,读书没超过8年时间,在他去世时却是世界上最富有的作家。

事情是这样的。凯恩早年喜欢商籁体诗歌和民谣,所以他把但丁·加布里尔·罗赛蒂[①]的诗歌读了个烂熟,还写了一篇演讲稿歌颂罗

---

① 但丁·加布里尔·罗赛蒂(Dante Gabriel Rossetti, 1828—1882):英国诗人和画家。

赛蒂的艺术成就——并且邮寄了一份给罗赛蒂。罗赛蒂很开心,他很可能这样对自己说:"任何能对我的才学做出这么精辟高超见解的年轻人,一定是顶呱呱的。"

于是,罗赛蒂就请这个铁匠的儿子来伦敦做他的私人秘书。那是霍尔·凯恩一生的转折点,因为这个新的职位上使得他见到了很多当时的大文豪,受到他们的指导和鼓励,从而开始了自己的写作生涯,最终享誉世界。

他的故乡——马恩岛上的格瑞巴堡,因他而变成了旅游胜地,游客们从遥远的地方赶来一睹他的早年生活。他遗留下的不动产价值数百万美元。然而——谁会知道,如果他没写那篇颂扬著名诗人的演讲稿,他可能会在默默无闻和贫困中终其一生。

这就是力量——这就是对别人发自肺腑赞赏的惊人力量!

罗赛蒂自视甚高,那并不奇怪,几乎每个人都认为自己重要,非常重要。

任何人只要能获得"自重感",很多人的生活就能很可能发生变化。罗纳德·J.罗兰德是我们在加州培训班的学员,也是一名艺术和工艺方面的教师。他给我们写了一封信,谈到开课初期的一名叫克里斯的学生的故事:

> 克里斯是个安静、害羞、自卑的男孩,这种学生常常得不到应有的关注。我还教一门高级课程,逐渐地,这门课大受欢迎,能上我的课变成了一种身份和某种特权的标志。
>
> 星期三那天,我看见克里斯正伏案钻研,我真切感觉到有一团火焰深藏在他的体内。我问他是不是愿意上高级课。我多希望我能准确描述当时这个14岁羞怯男孩的表情和情绪,只见他强忍泪

水,战战兢兢地问我:

"您说谁? 罗兰德先生,我——吗?"

"当然,我说的就是你。"

"我有那么优秀吗?"

"是的,你很优秀。"

那一刻,我不得不迅速离开,因为我也热泪盈眶了。当克里斯那天走出教室时,个子就像高了两英寸,他用明亮的蓝眼睛看着我,铿锵有力地说:"谢谢您,罗兰德先生。"

克里斯给我上了一堂永生难忘的课——我们深厚的"自重感"。为了不忘记这个定律,我特地制作了一个标识:**"你很重要。"**这个标识就挂在教室前面,让大家都能看见;同事提醒我,我面对的每一个学员都同等重要。

有一条最朴实无华的真理,就是你所遇到的任何人,都觉得自己某方面比你优越。要赢得他们内心,有一个切实可行的方法,就是高明而微妙地让他觉得你承认他的优越感和重要性,而且要显得心悦诚服。

谨记爱默生所说的:"我遇到的每个人都有强于我的地方,所以,我向他们求教。"

关于"自重感",令人悲哀的是,一些并没有什么成就感的人,常常通过咋咋呼呼的自负和炫耀等令人反感的方式自我拔高,自我膨胀,就像莎士比亚曾经描述过的那样:

人,

傲慢的人,

靠着那点雕虫小技,

......

便在上帝面前恣意卖弄，

天使为之欷歔。

我现在告诉你，我培训班里那些商界人士是怎么通过践行这条规则而获得惊人效果的。让我以康涅狄格州的律师的故事为例子——因为涉及他的亲戚，他不愿意我用他的真名，我就用 R 先生来代替吧。

R 先生来上课不久后的一天，驾车陪太太去长岛走亲访友。太太留下他陪姑妈聊天，自己急匆匆去看那些年轻的亲戚去了。由于 R 先生必须做一次关于如何将赞美他人的原则付诸实施的专业演讲，于是他想在这位老姑妈身上获得一些直接经验。他看了看屋子，想找到能真心赞赏的什么东西。

"姑妈，这房子大概是 1890 年修的，是吗？"他找到了话题。

"是的，"老姑妈回答，"正是那年修的。"

他又说："这让我想起我出生的那幢房子。非常漂亮，质量好，挺宽敞。您知道，现在的房子都不讲究这些了。"

"是啊，"老姑妈赞同道，"现在年轻人已不讲究住房漂不漂亮了。他们要的不过是一个小公寓，然后开着汽车到处跑。"

然后，老姑妈怀着温馨的回忆，轻柔地说："这是一栋梦想之屋，这房子是用爱建成的。在修之前我丈夫和我就已梦想了多年。我们没有请建筑师，完全是自力更生。"

老姑妈领着 R 先生去各个房间参观。R 先生对她在旅游中搜罗来并珍爱了一生的各种藏品——多色涡纹图案的毛织品、一套老式英国茶具、法国床椅、意大利名画以及一幅曾挂在法国封建时代宫堡里的挂帷，都真诚地加以赞美。

参观完了房子,老姑妈又带 R 先生去车库,里面的千斤顶上顶着一辆"派凯特"牌汽车,保养得非常好。

"这部车子,是我丈夫去世前不久给我买的。"她柔和地说,"自从他去世后,我就再也没坐过……你懂得欣赏美好的东西,我把这部车子送给你吧。"

"姑妈,这是为什么呢?"R 先生大吃一惊,"您的好意让我感动。我当然感激您的慷慨,但我不能接受。我甚至连您的亲戚都算不上,再说我已经有一辆新车子。你有很多亲戚,他们会喜欢这部车子的。"

"亲戚!"老姑妈声音高了几度,"是的,我有很多亲戚,他们就指望着我死呢,他们就可以拿走这车子了,可是,他们别想得太美了。"

R 先生给她出主意:"如果你不愿意送给他们,完全可以把这部车子卖给二手车车行。"

"卖掉!"老姑妈哭了起来,"你觉得我会卖了这车子? 你觉得我会忍心看着陌生人驾着这部车子——我丈夫特地给我买的车子——在街上颠来簸去? 我做梦也不会梦到卖了它,我会把车送给你,因为你懂得如何欣赏好东西。"

R 先生婉转谢绝,但又不能伤了姑妈的感情。

这位老太太独住这栋有着她珍贵藏品和温馨回忆的大房子,渴望一点点赞赏。她曾经年轻、美丽,如众星捧月。她带着炙热的爱建造了这栋房子,从欧洲各地搜集了很多珍品来装点他们的家。现在,在她风烛残年孤苦伶仃之际,她渴望获得丁点儿人间温暖、丁点儿真心的欣赏——却没有一个人给她。于是,当她发现了被欣赏的时候,就像在沙漠中发现一泓泉水;除了把这部心爱的"派凯特"汽车相赠,她不足以表达内心的感激。

让我再举一个例子。唐纳德·M.麦克马洪是纽约里维斯和瓦莱亭公司主管、园艺设计师,他讲述了这样一个故事:

"在我听了'如何赢得朋友和影响他人'讲座后不久,我为一位先是大律师又做了法官的先生设计园景。那位律师出来给我提出了他的建议——在哪儿栽种大量的杜鹃花。我说:'法官先生,您真有雅兴。我很喜欢您那几条狗,听说您每年在麦迪逊广场花园的赛狗会中多次获得大奖。这小小的恭维果然起效果了,律师回答说:'是的,我确实和狗相处甚欢,你想不想看我的狗舍?他花了差不多一个小时带我看他的狗和赢来的奖状奖品,他甚至拿出那些狗的血统系谱,给我解释这些血统对它们漂亮的外表和智力的决定性作用。

"最后,他转向我问:'你有小孩么?'

"'是的,'我回答,'我有个儿子。'

"'那么他会喜欢一条小狗吗?'他接着问我。

"'哦,是的,'我说,'他肯定会喜出望外的。'

"律师说:'那好吧,我送他一条。'

"他开始告诉我如何养小狗,顿了顿他又说,'说了记不住,我给你写下来吧。'于是他进屋把狗的血统系谱和喂养方法用打字机打印出来,又给了我一条价值几百美元的小狗,同时还付出他一个小时零一刻的宝贵时间——这一切几乎都是因为我对他的雅好和成就表示了由衷的赞赏。"

柯达公司的传奇人物乔治·伊士曼发明了透明胶片,从而使电影拍摄成为可能;同时也为他赚来亿万财富和世界上"最有声望的商人之一"的荣誉感。他即使有这么伟大的成就,依然和你我一样渴求别人的赞赏。

举例子吧。伊斯曼在罗切斯特建造伊斯曼音乐学校和克尔本大厅时,当时纽约超级剧场老总詹姆斯·阿丹姆森希望能为这些建筑里的剧场生产座椅,他给一个建筑师通了电话,预约一起去罗切斯特和伊斯曼面谈。

到了目的地,建筑师对阿丹姆森说:"我知道你想得到座椅订单,不过我现在告诉你,如果你占用了伊斯曼5分钟以上时间,你就甭想做这笔生意了。他极为守时,他太忙了。所以见面就说,说完就走。"

阿丹姆森准备那样做。

他被引进办公室时,看到伊斯曼正埋头批阅文件。随后,他抬头摘下眼镜,走向建筑师和阿丹姆森说:"先生们,早上好,我能为你们做点什么?"

建筑师介绍他们认识后,阿丹姆森说:"伊斯曼先生,刚才等候您的时候,我一直很羡慕您的办公室。如果我有这么漂亮一间办公室,我肯定乐坏了。我是做室内装修的,从没见过这样漂亮的办公室呢。"

乔治·伊斯曼回答说:"谢谢提醒,我差点忘了这点。这间办公室很漂亮,是吧?当初刚装修后,我很是享受了一阵,但现在太忙,有时甚至连续几个星期都不来这儿了。"

阿丹姆森过去摸了摸壁板,问:"这是英国橡木,对吧?质地和意大利橡木略有不同。"

"是的,"伊斯曼回答说,"这是从英国进口的橡木,是一位专门研究细木的朋友替我挑选的。"

接着,伊斯曼陪他参观室内陈设,一边对自己参与设计和施工的部分、色彩、手工雕艺和其他效果评头品足。

不觉间他们在一扇窗前停了下来,伊斯曼很谦和地向客人指着他捐建的罗切斯特大学总医院、顺势疗法医院、和善之家医院和儿童医院。阿丹姆森热诚地祝贺他,称赞他为减轻人类痛苦而慷慨解囊的古道热肠。随后,伊斯曼打开玻璃橱锁,取出他拥有的第一部照相机——是从一个英国人手里买下的发明。

阿丹姆森终于抓住机会请教伊斯曼的创业史。伊斯曼满怀情感地讲述他幼年时的贫苦,讲他守寡的母亲怎么经营一家小公寓;他自己则在一家保险公司做小职员。贫穷的恐惧夜以继日地困扰着他,他立志多赚点钱,母亲也就不会那么辛劳了。

当伊斯曼讲述他做感光板实验的往事时,阿丹姆森又引出更深的话题,自己再虚心聆听,悉心领会。伊斯曼讲他过去怎么做实验,说他整天关在屋子做实验;化学物质反应期间,他就通宵达旦地守着,只是偶尔打个盹;有时,他甚至忙到一穿起工作服,就三天三夜不脱下来。

阿丹姆森是上午10点15分进伊斯曼办公室的,当时被警告最多只能逗留5分钟,可是,一小时过去了,两小时过去了,他们依然谈兴甚浓。

最后,伊斯曼向阿丹姆森说:"上次我在日本时买了几张椅子回来,把它们放在阳台上;后来阳光把椅子上的漆晒脱了,我就进城买了些油漆回来自己漆上。想不想看看我的漆工手艺怎么样?对了,你们去我家一起吃午饭,我让你看看。"

午饭后,伊斯曼让阿丹姆森看了他漆的椅子。那些椅子值不了几块钱,而身家不菲的伊斯曼却很自豪,因为那是他的杰作。

座椅订单价值达9万美元。你猜谁得到了订单?——除了阿丹姆森外,还是其他竞争者?

就从那时起,直到伊斯曼去世,阿丹姆森和伊斯曼一直是最好的朋友。

克劳德·马瑞思是法国鲁昂地区的一位餐馆老板,通过这个原则,他将一位关键职员挽留下来。这位女士为他工作了5年,是他和21位员工之间的有效纽带,所以当他收到她的挂号辞职信时非常震惊。

马瑞思先生说:"我很惊讶,甚至很失望,因为我扪心自问对她还不错,有求必应。她既是我的雇员也是我的朋友,我可能太没拿她当外人了,也许对她的要求比其他人太高了。不对我做出合理解释,我当然无法接受她的辞职。我单独约见了她,问她:'波莱特,你应该明白我不会接受你的辞职,你对我、对公司很重要;餐馆的成功你做出的贡献和我一样重要。'我又当着全体员工说了一遍,然后邀请她来我家,当着我家人的面重申了我对她的信心。波莱特收回了辞呈,现在我比以前任何时候都更仰仗她。我常常大加赞赏她对我、以及对餐馆的贡献,以此强化了她的'自重感'。"

"和别人说话时,多谈谈他们,他们愿意听几个小时。"大英帝国最有智慧的统治者之一迪斯雷利首相[①]说。

原则 6

让别人觉得自己很重要——要真心诚意地。

[①] 本杰明·迪斯雷利(Benjamin Disraeli, 1804—1881):英国犹太裔政治家、第39—41任英国首相。他还是一个小说家。

小结
让人喜欢你的六种方式

原则 1
真正对别人产生兴趣。

原则 2
笑口常开。

原则 3
谨记:对于每个人而言,他的名字是任何语言中最甜蜜、最重要的声音。

原则 4
做一个好的倾听者。鼓励别人多谈他自己。

原则 5
按别人的兴趣说话。

原则 6
让别人觉得自己很重要——要真心诚意地。

第三部分

如何说服他人

第十章

争论中无胜者

第一次世界大战结束后不久,我在伦敦的一个晚上学到宝贵的人生一课。当时我是澳大利亚飞行家罗斯·史密斯爵士的经理人。大战期间,他是澳大利亚在巴勒斯坦的王牌飞行员;战争宣布结束后不久,史密斯在30天中飞了半个地球,轰动世界;澳洲政府奖励他5万元奖金,英国国王授予他爵位。那一段时间,史密斯是大英帝国最受人瞩目的人物。

我出席了为史密斯爵士举办的晚宴,宴会期间,坐在我旁边一位来宾讲了一段很幽默的故事,还引用了一句话:"我们拙劣地运筹谋划,结局却被天意主宰。"

侃侃而谈的那位来宾说那句话是出自《圣经》,其实他错了。我知道那句话的来历,有绝对的把握。于是,为了满足自己的"自重感"和优越感,我毫无客气地纠正了他的错误。他坚持己见。什么?出自"莎士比亚"?不可能!太荒谬了!那句话出自《圣经》,他早就知道了。

这位来宾坐在我右边,我的老朋友弗兰克·甘蒙德坐在我左边。甘蒙德先生研究莎士比亚作品很多年了,所以那位讲故事的朋友和我都同意把这问题交给甘蒙德先生裁决。甘蒙德一边静静听着,一边在桌下用脚踢了我一下,然后说:"戴尔,你错了。这位先生说的对,那句话确实出自《圣经》。"

那晚回家路上,我问甘蒙德先生:"弗兰克,你明明知道那句话出自莎士比亚嘛……"

"是的,一点也不错。"甘蒙德回答说,"那句话出现在《哈姆雷特》第5幕第2场上。可戴尔兄,我们可是宴会上的客人!为什么非得证明他错了呢?为何不给他留点面子呢?他并没有请教你,他不需要,你又何必去跟他争呢?永远避免和别人发生正面冲突。"

甘蒙德的话让我永生难忘。我不但让讲笑话的人不舒服,还将朋友置于尴尬的境地。我要是不那么争强好胜多好啊!

那个教训非常必要,因为我是个一根筋似的争论者。小时候就跟我哥哥争得不可开交,但凡银河系里的事,没有不争个不休的。进大学后,我研读逻辑学和辩论术,经常参加各类辩论赛。说起密苏里,我生在那儿,但我要出人头地。后来我在纽约讲授辩论时,曾经羞于承认我计划写一部辩论方面的书。从那时起,我听过,参加过,目睹过数千次辩论。结果我得出一个结论:天下只有一种办法赢得争论——那就是避免争论,就像躲避响尾蛇和地震一样回避争论。

10次辩论中有9次,其结局都是这样的:辩论者会更加固执己见。

你无法赢得一场论争,因为如果你输了,那就是输了;你如果赢了,你还是输了。为什么呢?这个嘛——假定你胜了对方,把对方驳得体无完肤,而且让他显得像个傻帽,结果又如何呢?你当然会很得意,可是对方呢?你使他感到自卑,你伤了他的自尊,他对你的胜利怀恨在心。而且——

强行说服一个人,

他仍会坚持己见。

贝恩互助人寿保险公司为职员定下一条铁律,就是"不要争辩"。

一个成功的推销员决不会跟顾客争辩,即使轻微的争辩也会避免。人类的观念不是那么容易改变的。

多年前,帕特里克·J.奥黑尔来听了我一堂课。他没怎么上学,对争辩却情有独钟!他当过私人汽车司机,来上课是因为他一直试着卖卡车却没什么业绩。稍微问了问他的情况后我得知,他和所有客户吵个不停。假如一个客户说了任何一点卡车的不好,帕特里克就当场翻脸,恨不得把人家脖子给拧断。那一段时期,帕特里克总是争吵中的大赢家,正如他对我说的:"我经常一边出办公室一边洋洋得意地说,'我给那呆鸟上了一课'。我的确给那呆鸟上了一课,可是我啥也没卖给那呆鸟。"

我的首要任务不是教帕特里克·J.奥黑尔怎么说话,当务之急是训练他怎么不开口说话,以及避免和人争吵。

奥黑尔先生后来成为纽约怀特汽车公司的销售明星之一。他是怎么做到的?他讲述了自己的故事:"现在,每当我走进一个客户的办公室,如果对方说:'什么,你们公司?他们产品不行!你白送我一辆也不要,我要买弗斯牌。'我就这样说:'那车的确很好,买那车绝对没错,大公司产品,质量可靠,售后服务也优秀。'然后对方就不吱声了,也就没有争吵空间了。如果他说'弗斯汽车最棒',我就说的确如此,他就不得不停下来了。我都同意他的说法了,他总不至于整个下午还喋喋不休吧。于是我们就不谈弗斯牌话题了,我开始谈怀特牌汽车的优点。要是以前,他哪怕说一句'弗斯'好,早让我脸红脖粗青筋暴突了。可是那样一来,我越是反驳,客户就越是喜欢那车;争得越厉害,他就约是认定了竞争对手的车。现在回头去看,我都纳闷我这样的人怎么可能卖掉任何东西。我在和人争吵中浪费了好几年时间,现在我选择把嘴巴缝上。这个有用。"

正如充满智慧的本杰明·富兰克林曾经说过的那样:

> 你争论、挑起是非和引起矛盾,有时候你可能会取得胜利,但那将是一个空洞的胜利,因为你再也无法获得对手的善意。

所以,你不妨这样掂量一下。你想得到的到底是一场空洞的、戏剧性的胜利,还是一个人的对你的好感?这两件事,你很难兼得。

波士顿一本杂志曾登载一首意蕴丰富的含意很深、有趣的诗:

> 这里躺着威廉·杰的身体,
>
> 他死得正确——
>
> 他这一生,一贯对的,绝对正确,
>
> 但他的错误就像他的死亡一样不可更改。

你这一路走来跟人较真,你可能是对的,绝对是对的;可是就改变别人观点而言,却毫无意义,就像你错了一样。

威廉·吉布斯·马克多是·伍德罗威尔逊总统任内财政部长,他从多年政治经验中得到一个教训,他说:"我们绝不可能用辩论让人心服口服。"

弗里德里克·S.帕尔松是一位税务咨询师,因为一笔9 000美元的税额和政府一位税收稽查员争了一个小时。帕尔松主张这是一笔永远无法收回的呆账,不应该征收。那稽查员反对:"呆账?老天爷!我认为必须缴税。"

"这位官员冷漠、傲慢,而且固执。"帕尔松在培训班上对我们讲述说,"有理也说不通……我们争得时间越长,他愈是顽固,于是我决定不跟他争了,换个话题,夸他几句。我这样说:'我看啊,这事和需要您过问和拍板的其他重大问题一比,微不足道。我虽研究过税务,但都是些书本知识,你可是有着丰富的实践经验。有时候我挺羡慕你有这样一个工作,会让我学到很多东西。我说的可都是真心话啊。'"

"呵呵,"帕尔松继续说道,"那稽查员在座椅上挺了挺腰,向后靠了靠,开始大谈他的光辉业绩。他讲了许多被他的火眼金睛识破的舞弊案。渐渐地,他的语气平和下来,接着说起他的孩子。他走时对我说,他回去后会再考虑一下,过几天给我答复。三天后他又来到我办公室,通知我说那笔税就按我申报的那样办理,不再征收。"

这个税务官展示了最常见的人性软肋,他要的是一种"重要感"。只要帕尔松先生和他争论,他就通过公事公办打官腔来获得"自重感";一旦有人承认了他的重要性,这争论也就立刻停止了,而他的"自重感"也得到扩展,随即变成一个有同情心、和蔼的人了。

拿破仑的管家常和拿破仑夫人约瑟芬打台球。在他写的《拿破仑私人生活回忆》中曾描述过:"我知道自己球技不错,但我总设法让约瑟芬取胜,这样她就很开心。"

释迦牟尼说:"仇恨永远无法以仇恨化结,只能通过爱。"同样,误解无法通过争论了结,而只能通过计策、手腕、调解和一种体谅他人的愿望终结。

林肯曾严厉批评过一位老是争吵不休的年轻军官。他说:"没有一个胸有大志的男人,会把时间拿去和人争吵。更不用说他无法承担后果,包括损害自己的性情,失去自制力。与其跟一条狗死缠烂打,还不如放它一马;否则你即使打死这条狗,也不能治好你的咬伤。"

在杂志《星星点点》中有一篇文章,对如何防止一场不同意见演变成争论提供了一些建议。文章如下:

欢迎不同意见。记住一句口号:"如果双方总是一致,其中一方就没有存在必要了。"如果你没有想到的某一点被别人提请注意,你应该表示感谢。也许这个不同意见是在你酿下大错之前纠错的机会。

别相信你的直观印象。我们对令人不悦的情况的第一自然反应是排斥,所以对你的第一反应当心点,冷静点,悠着点。因为它可能是你状态最糟糕的时候,而不是最好的时候。

控制情绪。记住,你能通过人们的愤怒原因来衡量他们的格局和境界。

先听后说。给你的对手说话的机会。让他们把话说完,不要对抗,不要抵制,不要争论,这只会增加障碍。试着建起理解的桥梁,而不要为误会添砖加瓦。

寻找共同点。当你听完反对方的话,首先找出你的赞同点。

坦率。寻找你觉得自己错了的地方,说出来,为自己的错误道歉。这有助于瓦解对方,减轻对抗。

承诺再考虑对方意见,然后细心研究。认真对待,对方真有可能是对的。到了这一步答应考虑对方的意见,比任由事态发展、以至于将自己置于这样一个尴尬位置——对方会说:"我们试着告诉你,但你不愿意听。"

真心感谢反对方的关注。任何花费时间去反对你的人,其实和你兴趣相投。视他们为真心帮助你的人,就可能化敌为友。

为了给双方足够多的时间考虑清楚，暂缓做出决定。 建议在所有情况弄清楚后，当日或次日再次面谈。在准备这次会谈时，严肃地反问自己几个问题：反对方会不会是对的？或部分对的？他们的立场和争论是不是事实，有没有道理？我的反应会使问题得以缓解吗？或者仅仅缓解了我的沮丧？我的反应是将反对方和我的距离拉近了还是疏远了？我的反应会让人们对我高看一眼吗？我会赢还是输？如果我赢，我必须付出什么代价？如果我低调应付，分歧会不会平息？这对我是个困境还是个机会？

歌剧男高音扬·皮尔斯在自己婚姻快满 50 年时曾这样说过："我太太和我在很久以前就定下君子协议，无论我们对对方多生气都始终遵守。就是：一方大嚷大叫时，另一方应该倾听——因为如果两个人都嚷起来，就无法交流，只有噪音和振动。"

原则 1

赢得争论的唯一方法，就是避免争论。

第十一章

有效避免制造对立面

西奥多·罗斯福任总统时坦承,如果他有百分之七十五的时候是对的,那就到达他的最高期望值了。

如果 20 世纪最杰出人物之一的最高标准是准确率达到百分之七十五,你我又能好到哪儿去呢?

如果你能保证百分之五十五的准确率,你就可以去华尔街,每天赚进百万元,买游艇,娶美女了;如果你不能保证自己准确率达到百分之五十五,你又凭什么告诉人家是错的呢?

你可以用表情、声调或手势告诉一个人他错了,就像你用语言一样明确——而如果你告诉他错了,你觉得他会赞同你?不!永远不会!因为你的做法对他的智力、判断力、自信心和尊严,都是直接打击;他不但不会改弦易辙,还会反戈一击。你可以搬出柏拉图、康德的逻辑理论来说服他,他还是"冥顽不化",因为你已经伤害了他。

所以,千万别劈头盖脸地说:"我要证明给你看。"这话太没水准了,那等于摆明了说:"我比你聪明,我要给你上一课,让你改邪归正。"

那是一种挑战,会引起对方抗拒,甚至你还没开口,他就要和你干上了。

即使在最其乐融融的气氛下,要改变别人的意志也非易事。所以,为什么要难上加难呢?为什么自寻麻烦呢?

如果你要证明一件事情对方错了,不要让他知道,而是策略、老练、不知不觉地进行。这一点被亚历山大·蒲柏①非常简洁明了地表述过:

教育他人时,必须就像没有教育那一回事一样;

遇到别人不懂的事情时,就像不是他们不懂,只是健忘了。

300年前,伽利略说过:

你无法教会一个人任何东西,你只能帮助他自己去发现。

切斯特菲尔德勋爵告诫他儿子:

尽量比别人聪明,但不要告诉他们。

苏格拉底在雅典反复教诲他的弟子:

我唯一知道的事情,就是我什么也不懂。

呵呵,我不指望自己比苏格拉底聪明,所以我从不说别人错了,我发现了这样做的好处。

如果有人说了一句你认为错误的话——即使你确信他错了,这样

---

① 亚历山大·蒲柏(Alexander Pope, 1688—1744):18世纪英国最伟大的诗人和艺术家。代表作《批评论》《夺发记》《群愚史诗》。

回复难道不更得体？——"这个嘛,好吧,我倒是想的不一样,但我可能错了,我经常犯错;如果我错了,我就改过来。现在我们看看究竟怎么回事吧。"

天上、陆地上以及水底下绝不会有人反对你说:"我可能错了,我们看看究竟怎么回事。"

我们一个学员叫哈罗德·瑞肯,是蒙大拿州比林斯的一位"道奇"汽车经销商,他在和客户打交道中从来不当面纠错让别人难堪。他说,因为汽车生意的压力,他和客户们打交道时,经常显得僵硬和冷漠,因此容易惹人不悦,生意丢掉了,还落得心情郁闷。他在课上说:"我认识到这样下去对我一点好处也没有,就使用了新技巧。我得承认,我们的销售方法漏洞百出,我经常感到汗颜。我们可能犯了很多你说的这种错误。新的销售技巧很快消除了客户的怨气。在解决问题时,客户们的情绪也理性多了。事实上,几个客户还对我通情达理的态度表示感谢,其中两个还带朋友来买新车。在这个竞争激烈的市场上,我们需要更多这样的客户,我相信,顾客至上的理念以及善待巧待顾客有助于我们在竞争中立于不败之地。"

承认自己可能犯错不会招致任何麻烦,反而会使一切争论消停下来,促使你的对手就像你一样公正、开放和大度;还会促使他也承认——他也可能错了。

如果你确信某个人错了就鲁莽地直言相告,你知道会发生什么后果吗？我举个案例看看吧。S先生是纽约一位年轻律师,曾在美国最高法院主辩一件大案子,这桩案件涉及一笔巨额金钱和一个重要法律问题。在辩论过程中,一位法官对S君说:"《海事法》的诉讼时效是六年,是不是？"

S君停了一下,注视法官片刻,然后说:"法官阁下,《海事法》中并没这样的相关条文。"

"我这样说后,整个法庭顿时安静下来。"S君在笔者的培训课中描述当时的前景,"审判大厅的温度刹那间似乎降到了冰点。我是对的,法官——他错了,而且我告诉了他。但——法官大人是不是因此对我友善点了? 不! 我现在依然相信我言之有据,而且那次比以前辩得都好,但我并没有说服那位法官;因为我犯了大忌——当众直言不讳地指出一位极有学问极有声誉的人物——他错了。"

很少人有逻辑性。大多数人都怀有成见、偏见,大多数人都受到先入为主的概念、嫉妒、猜疑、恐惧和傲慢所伤害。很多人不愿意改变他的宗教信仰,不愿意改变他的发型,或社交圈,或喜欢的电影明星。所以,你若准备指出别人的错误时,请你每天早餐前把詹姆斯·哈维·鲁宾逊①写的这段文章读一遍,文章摘自他极具启发意义的书《心智的形成》:

有时候,我们发现自己会在毫无阻力和情绪的情况下改变自己的主意;但如果被人挑错,我们就会耿耿于怀,心肠变硬。对我们的观念养成,我们不可思议地疏忽大意,可是当有人试图抹去我们的想法时,我们又突然对此充满了一份不正当的热情。显然,并不是观念本身对我们有多重要,而是我们的"自持"受到了威胁……

简单一个"我的"在人际关系中是最重要的一个词汇。如果两个字用对了,就是智慧的开端。无论是"我的饭""我的狗""我的房子""我的父亲""我的国家""我的上帝",这词汇都具有同样的效力。

我们不仅对有人说我们的钟表不准或我们的汽车太破心里不

---

① 詹姆斯·哈维·鲁宾逊(James Harvey Robinson, 1863—1936):美国历史学家。

舒服，而且如果有人对我们的火星地貌概念、Epictetus 这个词的发音、水杨苷的医用价值或古亚述国①萨尔贡一世时期这些固有概念进行修正，我们也会恨由心生。我们倾向于对信以为真的事物继续相信下去，任何质疑或纠错都会激发我们的强烈抵触，不惜找尽借口来顽抗。这样一来，出于维护既定观念的惯性，我们绝大多数所谓理性就消弭于争强好胜之中了。

杰出的心理学家卡尔·罗杰斯在他的著作《论人的形成》中有这样一段：

> 当我允许自己理解他人时，我发现了巨大的价值。这句话的措辞方式可能让你觉得怪怪的——有必要"允许"自己去了解别人吗？我们对绝大多数别人的陈述的第一反应是评估或判断，而不是理解。当某人表达某种情感、态度或信仰时，我们的倾向几乎都是立即觉得："说对了。"或："胡说八道。""那不正常。""那不理智。""不是那么回事。""那可不好。"我们很少会允许自己去准确理解别人的意思。

有一次，我请了一个室内装潢师，替我家配置一套窗帘。等到账单送来，我又惊又气。

几天后，有位朋友来访，看到那套窗帘。我提到价钱，她以明眼人的口气惊呼："啊？太倒霉了！你怕是被骗了。"

真的吗？是的，她说的都是真话，可是很少人愿意听到这类实话，因

---

① 亚述(Assyria)：古代西亚奴隶制国家，位于底格里斯河中游。公元前3000年中叶，属于闪米特族的亚述人在此建立亚述城后，逐渐形成的奴隶制城邦。

为这反映了你的眼光问题。所以,出于人性的弱点,我竭力替自己辩护。我说,一分钱一分货,没人指望在地摊廉价买到高品质有艺术品位的东西,诸如此类。

第二天,另外一个朋友到我家。她对那套窗帘赞不绝口,还希望自己也买得起那样一套精致美妙的窗帘。我的反应跟前一天判若两人了。我这样说:"呵呵,说实在的,我根本买不起这套窗帘,价钱太贵了,我现在后悔买了它。"

当我们犯了错,我们自己或许会承认;如果话说的策略点得体点,我们也可能对别人承认,甚至对自己的坦率和大度感到自豪;但如果有人硬要把不合胃口的事实往我们喉咙里面塞,情况就完全天壤之别了。

"美国内战"时,著名编辑霍勒斯·格雷里和林肯的政见极其相左。他认为凭借一场充满冷嘲热讽和责骂的论战,就可以迫使林肯接受他的意见。他月复一月、年复一年地恶毒攻击林肯,甚至就在林肯被杀手布斯刺杀的那个晚上,他还写了一篇针对林肯的文章,充满了粗鲁、辛辣、尖酸和人身攻击。

但,这所有的刻毒让林肯屈服了吗?不,完全没用。尖酸和辱骂绝不是战斗!

如果你想获得关于人际关系、自我管理、自我完善的最好建议,请阅读《本杰明·富兰克林自传》——这是有史以来最精彩的人物传记之一,也是美国最经典的文学作品之一。在这部自传中,富兰克林讲述他如何把一个有争强好胜恶习的自己,变成美国历史上最能干、最有亲和力和最有外交技巧的人物之一。

当富兰克林还是一个莽撞的年轻人时,一天一位老友把他叫到一边,把他狠狠训了一顿,原文是这样的:

> 本杰明,你太不像话了。你的话打击了一大片和跟你意见不合的人,他们出于自卫不会理会你的意见。你的朋友,发觉没有你他会更开心。你太博学了,没人会再告诉你任何事情了。确实,没有一个人会费力不讨好,给自己添恶心。因而你不太可能比现在学到更多了——尽管现在你懂的并不多。

本杰明·富兰克林最优秀的地方之一,就在于他具有接受这聪明却尖锐的教训的勇气。那时他已成熟到有足够的头脑明辨是非,能看到这样下去自己的人生之路将越走越窄,直到失败。所以,他痛改前非,将自己的傲慢无礼和固执己见等毛病彻底改掉。

"我替自己定了一项规矩。"富兰克林说,"克服和任何人发生直接冲突,免得对方情感上受伤害,克服一切自以为是。我甚至禁止自己使用那些包含确切态度的词汇或表述法,比如'肯定''无疑'等等,而采用'我设想''我理解为''我猜''某件事情如何如何',或'目前我觉得如何'。如果我认为某人所说的某件事情不对时,我不当场打断他而让他出丑难堪,我牺牲了自己的这种快感;我会这样回应,在某些情况或场合下,他说的是对的,但就眼下情况而言,我觉得情况貌似有些差异,等等。我很快就感觉到为人处世方式转换后带来的益处。我参与的谈话都更融洽了;我表达意见的谦逊姿态让他们多了一分接纳,少了一分反对;当人们指出我的错误时,我也没以前那么恼羞成怒了;在我碰巧正确的时候,我更容易劝说他们放弃他们的错误,和我站在一起。刚尝试这种办法时有着本能的、激烈的抗拒,最后终于游刃有余习惯成自然了,以至于在过去50年中,可能都没人从我嘴里听到一句武断的话来。在我看来,正是受益于这种习惯,我每次提出建议,或改革时都得到同胞们的支持;当我成为"公众会议"成员后,也因此获得一些影响力。我不善言辞,口才平平,遣词造句时显得笨拙,在语言语法上也不得体,然而,我还是实现了我的人生理想。"

本杰明·富兰克林的方法用在职场上,情况又如何呢?举两个例子吧。

北卡罗来纳州国王山的凯萨琳·A.艾尔雷德是一家纺纱厂的工程监理,她在课上讲述了她在接受我们培训之前是怎么处理一桩棘手事的:"我的工作之一,就是建立并维持一套标准和激励机制,以使纺纱工能在生产更多产品的同时,拿更高的工资。当我们只生产两三种纺纱时,这套机制运行良好,但最近我们扩产了,能生产12种纱。现有的激励机制已经无法让工作量大增的纺纱工获得公平的报酬,也无法激励他们提高产量。我摸索出一套新的激励机制,能够根据纺纱工在任何时间生产出的产品等级来公平地付酬。我带着新方案参加公司管理会议,决心向管理层证明我的方案现实可行。我具体告诉他们以前的方案错在哪儿,如何对员工不公平;而我的新方案怎么为他们纠正了所有错误。结果?说痛苦也毫不夸张。我忙于为自己的新方案辩护,而被我逼到墙角的其他人也绝无可能大大方方承认他们的旧方案有什么问题。事情就这么胎死腹中了。上了几期卡耐基先生的培训课,我对自己错在什么地方恍然大悟。于是我提请了另一次会议,这次我问他们觉得问题出在哪儿。我们详细讨论了每一个细节,我征求他们的最佳改进意见。在几次适当的会议间休息时,我低调地提出了几个意见,然后让他们来完善我的方案。在会议临近结束时,我适时提出这个议项,这一次,他们很热情地批准了。"

"现在,我深深体会到,如果你直截了当告诉对方错了,将一事无成,还贻害无穷。你唯一的成功就是把人家的自尊剥得体无完肤,从而自己也成了不受欢迎的人。"凯萨琳说。

让我再举个例子——请记住我引用的这些例子都是来自于芸芸众生的典型经验。

R. V. 克劳利是纽约一家木业公司的销售员。克劳利承认,多年来他一直顶撞那些冷冰冰的木业检验员,尽管每次争论他都赢了,但一点好处也没有得到。克劳利说:"这些检验员就像棒球裁判,他们一旦做出决定,就坚持到底。"

克劳利先生目睹公司因为他赢了那些争论损失了数千美元,于是上了我的课后,他决心改变策略,不再争吵。结果如何?

"一套早上,我办公室里的话响了,电话那头是又急又躁的声音,说我们送到他们工厂的木材让他们很不满意。他说大概卸了四分之一时,他们的检验员说这批木材中的百分之五十五不达标;在此情况下,他们拒绝接受,已经停止卸货,他要求我们立即安排人去把木头拉走。"克劳利说,"我立即赶往他的工厂,在路上我琢磨着怎么把这棘手事处理得最好。通常遇到这情况,我会结合自己做检验员的经验和知识,引用有关等级规定,尽量说服对方检验员木材是达标的,是对方在检验时误判了检验标准。然而,这次我想试试在培训课上学到的原则。我到对方工厂时,发现采购代表和检验员都没个好脸色,摆好了大吵一场的架势。我们走向货车,我要求他们继续卸货,以便我看个究竟;我还要检验员直接把次品铺开,同时把合格品另外磊一堆。我观察了一阵,开始明白过来,这次检验过于苛刻,对方检验员对相关规定有所误解。这种特殊木材是雪松木,我意识到检验员在检验各种硬木方面绝对合格,但在检验雪松上还不合格或缺乏经验。恰恰雪松知识是我的强项,但是我对他的检验方式提出抗议了吗?根本没有。我不停地察看,渐渐开始问他,为什么某些木材不合他意。我没有旁敲侧击含沙射影他们质检员错了,我强调,我要求这样做的唯一原因是确保以后给他们提供完全满意的货品。他继续说道,因为我提问时语气友好,充满合作精神,还坚持认为把那些不满意的木材摆到一边是正确的。他热络起来了,我们的紧张关系开始消融。我偶尔点到为止的评论在他心里引起一些看法——这些被拒绝的木材可能有些达标了,而且他们要求的木材要付更高的价格。我很小心,无论如何也不能让他觉得这是我的意思。渐渐地,他的态度完全转换了。他最终承认他对雪松缺乏经验,还在每一块木材从车上卸下来时向我请教。我就给他解释为什么这一块木料符合需要的等级,但还是坚持如果不符合他们的要求就没必要留下。他最后改变主意了,对每放一块木料到退货堆都很内疚。他最后明白了错在他们一方,因为按他们的实际需要没必要等级定那么高。最终的结果是这样的:我离开后,他彻底检验了所有货物,照单全收,我们也收到了全额支票。"他最后说道,仅从这个案例来看,一点小小的技巧和避免让人下不来台的决心,让我们公司挽救了一笔不小的利润,而且,对善意的挽救是无法用金钱来衡量的。"

马丁·路德·金曾经被问到,作为一个和平主义者,他怎么成了当时黑人最高军衔军官——空军将军丹尼尔·"查皮"·詹姆斯的粉丝,金博士回答说:"我是根据别人的原则——而不是我自己的原则——来评判一个人的。"

罗伯特·E.李将军曾经在南部总统杰斐逊·戴维斯面前说起他麾下的某位军官,同样不乏溢美之词。当时另一位在场的军官惊呆了,问道:"李将军,你不知道吗?刚才你高度评价的那人是你最毒辣的敌人之一,他抓住每一个机会攻击你。"

"是的,我知道。"罗伯特·李说,"但总统在问我对他的看法,你没有问他对我的看法。"

随便说一句,我不会在本章中揭示任何新的观点。2 000年前,耶稣说:"尽快同意你的敌人。"

耶稣诞辰前2 200年,埃及国王阿克图伊给他儿子一些精明的告诫——这些告诫今天还极为需要。他说:"学点外交手腕,这将有助于你实现你的目标。"

这也就是说,不要和你的顾客、配偶或反对者争论,不要对他们说他们错了,不惹恼他们,而用点外交手腕和他们打交道。

所以,如果要获得人们的同意,谨记第二项原则:

原则2

尊重别人的意见,永远不要说:"你错了。"

第十二章

如果自己错了,勇于承认

　　从我家步行不到一分钟就有一片野生林。春天来到时,黑草莓吐出白色的花蕾,马尾草长得和马头那么高,松鼠在里面筑巢繁衍。这块完整的林地被人们叫做"森林公园"——这真是一座原始森林,可能跟哥伦布发现美洲时的没多大区别。我经常带着我的波士顿斗牛犬"雷克斯"去公园里遛弯,"雷克斯"是一只很友好、不咬人的小猎犬;也因为公园里人迹罕至,我就不给"雷克斯"系上皮带或口笼。

　　有一天,我和"雷克斯"在公园与一个骑警狭路相逢,这是一个急于显示权威的警察。

　　"不给狗戴上口笼不系皮带就在公园乱跑,你够大胆的啊?"他呵斥,"你不知道这是违法的?"

　　我温和地回答:"是的,我知道,不过我想它不至于在这儿伤人的。"

　　那警察劈头盖脸地说:"你以为不会!你想不至于!法律可不管你以为怎么样。那狗没准会咬死松鼠,也可能咬伤一个小孩。听着,这次我饶了你,下次再让我逮着,你就得跟法官说去了。"

我恭顺地答应遵命。

我真的遵命了——遵守了几次。因为无论"雷克斯"还是我都不喜欢在它嘴上套上口笼，于是我们决定碰运气。刚开始平安无事，随后遇到麻烦。那天下午我和"雷克斯"赛跑，当我们跑到一座小山上时，突然——真倒霉！——我一眼就看到那个警察，正骑着枣红大马四处巡视。"雷克斯"在我前面，直奔警察而去。

我知道坏事了，我知道这点，所以不等警察开口就不打自招了，我说："警官，你抓了我个现行。我认罪。我认罪，我没借口没理由可讲。因为你上次讲过，如果我再犯，你就会处罚我。"

"呵呵，这个嘛！"那警察柔和地说："我也知道，在没人的时候带狗来这儿遛遛挺有诱惑力的。"

我说："确实挺好玩，只是犯了法。"

那警察辩解道："这么小的狗，不会伤人的。"

我说："可是，它可能会咬死松鼠。"

"呵呵，我觉得你太言重了。"警察对我说，"我来告诉你怎么做，你只要让小狗跑到山那边，别让我看到——我就什么都忘啦。"

出于人性，这个警察需要获得"自重感"。当我自责时，他的"自重感"能膨胀的唯一方法，就是态度宽宏，显出他的菩萨心肠。

但反过来设想一下，如果我去跟警察辩护——呵呵，你和警察争论过吗？

我不和他斗嘴，我承认他的正确，我全错了；而且我承认得迅速、坦诚和毫不含糊。这件事由于我们换位思考，很快就圆满了结。这位警察前一周还用法律吓唬我,这次却成了我的辩护者,即使切斯特菲尔德勋爵①,恐怕也没这位骑警心地仁慈。

假如我们知道反正会受责罚,何不趁势就驴下坡自我批评,这岂不比挨训好受多了?自我批评难道不比他人批评容易得多吗?

在别人想腹诽你、想责备你、准备责备你之前,索性大大方方痛痛快快把自己损个够——而且就在准备批评你的人面前说;那么你被宽容被谅解以及你所犯错误被大事化小小事化了的机会将是百分之九十九——正像那位骑警察对我和"雷克斯"一样。

费迪南德·E.沃伦是一位商业美术家,曾用这种方法赢得了一个粗鲁难缠的顾客。

"在为广告或出版物绘画时,重要的是表达准确到位。"沃伦先生回忆道,有些美术编辑催活催得急,这样就容易出现小纰漏。我就认识一位美编主任,特别喜欢吹毛求疵。我经常在离开他办公室后很不开心,并非他的挑剔,而是他的攻击我的方式。最近,在交了一件赶出来的作品后,我接到他的电话,说出什么错了,要我立即去他办公室。我风尘仆仆地赶到时,果然不出我之所料——和惧怕的。他充满敌意,大声呵斥我;问我为什么要那么干,要这么干,感觉借机拿我训斥寻开心。我意识到'自我批评'学以致用的机会到了,就说:'某某先生,如果您说的是对的,我就错了,我没什么好说的;我为您你画了这么多年,我应该画得更好,我对此非常惭愧。美术主任听我这么一说,却替我说起话来:'是啊,你说的就是嘛,不过还不算太糟,只是——'"

沃伦继续说:"我打断他:'任何差错,总可能造成不良后果,都是讨

---

① 切斯特菲尔德勋爵(Lord Chesterfield,1694—1773):英国政治家、著名知识分子。

人嫌的。'他要插话,我却不让他说。我有生以来难得第一次批评自己,感觉好极了。所以我接着说:'我应该更细心点,你照顾了我这么久生意,你应该得到最满意的东西。这画我带回去重画。'"沃伦说道,"'不!不!我不想给你添那么多麻烦。'他大声说,并开始夸奖我,告诉我他只要小改一下,因为这一点小错误没有对公司造成什么经济损失;总之,这只是一个小枝节——不值得大惊小怪。由于我急于自我批评,他怒气一下就全消了。最后,他请我吃午饭。我离开时,他给了我一张支票,还另给了一件活。"

勇于认错确实能带来相当程度的满足感。不仅将内疚和抗拒的气氛一扫而光,还有助于解决问题。

新墨西哥州艾尔布魁克的布鲁斯·哈维,出于疏忽给一位请病假的雇员签发了一张全额工资支票。他发现这个问题后就找到那位雇员,向他解释,为了纠正这个错误,他不得不在下次付薪时将上次多付的数额全部扣除。那位雇员说那样做会造成他严重的财务问题,请求在一个时间段内扣除。哈维解释说,如果要这样他必须得到上司的同意。

哈维先生说:"我知道这会让他暴跳如雷盛气凌人。在我琢磨来处理这麻烦事时,我意识到这完全是我造成的,我决定自己承担责任。我走进上司的办公室,将事情全部告诉了他。他果然爆发了,说那是人事部门的错误,我就说那是我的错;他又大发雷霆,说那是财会部门不认真,我再次说那是我的错;他又责怪了公司另外两个人,但每次我都重申是我的错。最后,他看着我说:'是的,就是你的错。现在,想办法挽回吧。'错误被纠正了,没有人遇到麻烦。我感觉棒极了,因为我能驾驭一件棘手事,有勇气不寻找借口。此后,老板更高看我一眼了。"

任何一个愚蠢的人都会极力为自己的错误辩护——绝大多数傻瓜

都是这样;然而,一个能勇于承认错误的人,能让自己脱颖而出,获得尊贵感和高尚感。比如,美国历史关于罗伯特·E.李将军的美谈之一,就是他为葛底斯堡战役中的皮克特冲锋战失败而自责,并把所有责任大包大揽。

皮克特冲锋战无疑是西方历史中最耀眼、最壮观的一次战役。乔治·E.皮克特将军本人风度翩翩,他那一头火栗色的头发几乎披垂到肩背上。像拿破仑在意大利作战时一样,他每天都在作战之余写炙热的情书。

在那个惨痛的7月的一个下午,他跃马扬刀威风凛凛地杀向北军阵线。他的帽子和右耳形成一个不落俗套的斜角,那英武之姿赢得忠诚士兵们的喝彩。他们人挨着人,一列紧随一列,追随着皮克特将军杀向敌阵。一时间阳光下军旗猎猎,刺刀闪耀,杀声震天。那景象极其勇武、壮观!即使北方将士看到这景观,也禁不住啧啧称奇。

皮克特的部队顺利往前推进,经过果园、玉米地、草地,越过一个沟壑。这期间北军炮火将他们的队形撕裂,但他们迅速聚拢,镇定而势不可挡向前推进。

突然间,埋伏在"墓岭"石墙后的联军蜂拥而出,对猛冲而来的南队枪炮齐发。一时间,山顶火海一片,成了一个屠宰场和熊熊火山。在几分钟之内,皮克特率领的5 000大军,几乎有五分之四都被击倒;旅级指挥官只有一人幸存。

刘易斯·A.阿密斯特将军带着残余部队最后一搏,他冲过去跳过石墙,用刀尖挑起军帽,大叫:"弟兄们,拼刺刀!"

于是他们越过石墙,和敌人展开白刃战,刺刀刺,大刀砍,终于把南军的战旗竖在山顶上。

战旗在山顶上飘扬了一会儿,虽然短暂,但那一小会儿却记录了南军最荣耀的时刻。

皮克特冲锋战尽管壮烈、英勇,却也是败局的开始。李将军无法击穿北方阵地,他明白这一点。

南军大势已去。

罗伯特·李将军极其悲痛、震惊,向南方政府总统杰斐逊·戴维斯提出辞呈,请他另派"一位年富力强的人"来替代他。如果李将军要把皮克特冲锋战灾难性的惨败归罪于别人,他能找出很多借口来。比如,有些指挥官不尽职,骑兵没有及时到位协助步兵进攻……这有问题,那有问题。

可是李将军的品格不允许自己责备他人,当皮克特带领残军艰难而伤痕累累地回来时,李将军骑着单骑去迎接,他以一句简短而温暖的话向他们问候,他坦诚地说:"都是我的过错,完全是因为我导致这次战役失败的。"

在所有历史上,很少有这种勇于认错勇于担当的将军。

麦克·陈先生是我们在香港的培训讲师,他说,由于中国传统文化,会出现一些很特殊的问题。有时候很有必要承认运用本课程中的原则解决问题比墨守成规更有优势。他课上有一名中老年学员,和他儿子疏远很久了。这位父亲曾经对鸦片上瘾,但当时已经戒除了。在中国文化中,年长者通常持矜持姿态,这位父亲认为在父子和解中,儿子应该迈出第一步。他听课没多久就告诉学友们他很久没见过孙子了,他多么渴望和儿子好如初。学员们都是中国人,对他的愿望和老规矩之间的僵局非常理解。父辈们觉得年轻人尊重老年人,还觉得不向自己的欲望妥协而是等儿子来见他的决定是正确的。

在那堂课快结束时,这位父亲再次对学员们说:"我反复考虑过这个问题,戴尔·卡耐基说:'如果你错了,就迅速而且勇敢地承认。'对我来说,要迅速承认错误太迟了,但我可以勇敢地承认。我对待儿子的做法是错的,他有权不见我,有权把我从他的生活中赶出去。我可能会因为请求一个年轻人的宽恕而丢面子,但这局面是我造成的,我必须认账。"

课堂上响起热烈的掌声,都为他加油。在下一堂课时,这位父亲讲述了他如何去了儿子的家,请求原谅并如愿以偿,现在他和儿子、儿媳、孙子一家人过得和和美美。

阿尔伯特·哈伯德①是最有原创力的作家之一,火遍全国。他极为尖刻的文字常招致痛恨。可是,他也有一套罕见的化敌为友的处事技巧。

例如,当有一位被惹恼的读者写信给他,对他的作品横挑鼻子竖挑眼,信尾还对他不恭不敬。哈伯德会这样答复:

……在我反思之后,对自己也无法完全赞同。并不是所有昨天写的东西,今天对我还那么有吸引力。下次你来我附近时,一定来见我;我们可以就这个问题这里进行深入和彻底的探讨。

在此,遥远的握手。

你的真诚的,

阿尔伯特·哈伯德

---

① 阿尔伯特·哈伯德(Elbert Green Hubbard,1856—1915):美国著名出版家和作家。《菲士利人》《兄弟》杂志总编辑、罗伊科罗斯特出版社创始人。主要作品《送给加西亚的信》《短暂的旅行》《现在的力量》《自己是最大的敌人》《一天》等。

如果别人这么对待你,你能说些什么呢?

如果我们对了,我们应该温和而巧妙地让别人接受我们的观点;可是,如果我们错了——这种情况惊人的多——如果我们能扪心自问,就能迅速而热诚地认错。运用这种技巧,不但能获得惊人的效果,而且——信不信由你,在很多情况下,比抗拒更为有趣。

谨记这样一句谚语:"争强好胜,你永远无法所获甚多;当你谦让时,你得到的却比你所期望的多。"

原则 3

如果你错了,迅速、勇敢地承认。

第十三章

一滴蜂蜜

如果你火气起来了,对人发了一阵脾气,你确实有宣泄之后的畅快。但别人又如何呢?他能分享你的畅快吗?你那咄咄逼人的口气、仇视的态度,有助于他赞同你吗?

"如果你紧握两只拳头来找我。"伍德罗·威尔逊总统[①]说,"我可以负责地告诉你,我的拳头会比你握得紧两倍;但如果你来我这儿,这样说:'让我们坐下来商量一下。如果有分歧,我们不妨想想原因何在,主要症结在哪儿。不久就会发现,我们分歧并不太大,而共同点却很多;只要有耐心、诚意和合作意愿,我们就能更接近。"

威尔逊总统这句话蕴含的真谛,没有人比约翰·D.洛克菲勒更赞赏了。还是在1915年,洛克菲勒是科罗拉多州最遭人憎恨的人。当时在那儿发生了美国工业史上最血腥的工潮之一,两年之久余震未消。科罗拉

[①] 托马斯·伍德罗·威尔逊(Thomas Woodrow Wilson,1856—1924):美国第28任总统(1913—1921在任)。

多煤铁公司(属于洛克菲勒)愤怒而好斗的矿工们要求增加工资。资产遭矿工捣毁,军警被调来镇压,然后发生流血事件。

那个时候,到处充斥着仇恨的气氛。洛克菲勒却要那些矿工接受自己的意见,而且真的做到了。他是怎么做到的?情况是这样的:

洛克菲勒花了几个星期去结交朋友,然后对工人代表们讲话。这一次演讲,是一篇杰作,效果惊人,那些威胁要把洛克菲勒生吞活剥的工人们,因为这篇演讲愤怒被平息下来;洛克菲勒因为这次演讲获得大量崇拜者。

洛克菲勒就是靠这篇演讲,促使罢工者重返岗位,他们甚至连增加工资都只字未提——而这正是他们浴血奋战苦苦追求的目标。

这里就是这篇著名演讲稿的开头部分,请注意言辞间流露出来的善意。别忘了,洛克菲勒这篇演讲的对象,是几天前还要把他的脖子吊在酸苹果树上的人;可是他所说的话,比面对一群医学传教士说得更谦和、更友善。他的演讲中充满了这些表达法:"我**有幸**来到贵地。""**有幸拜访你们的家**,见到你们的妻子和孩子们。""我们不是陌生人的邂逅,而是**朋友的重逢**。""**彼此互助**的精神。""我们的**共同利益**。""我能在这里,完全是因为你们对我的**殷勤和厚爱**。"……

"这是我一生中最值得纪念的一天。"洛克菲勒以这样的句子作为开场白,他接着说,"我平生第一次有这样的荣幸,和这个伟大的公司的劳工代表、管理人士及监管人士会聚在一起,我向大家保证,今天的聚会我将毕生难忘。如果两个星期前举行这个聚会,我在这里一站,对绝大多数人就是个陌生人,我就认得那几张脸。上一周,我有机会去南部矿区家属区跟所有代表一一谈话——除了那些离开矿区的人;我有幸拜访你们的家,见到很多人的太太和孩子们,所以现在我们的聚会,就不是陌生人的邂逅,而是朋友的重逢。正是出于一种彼此互助的精神,我很高兴有此机会跟你们探讨我们的共同利益。由于这是一次公司管理层和劳工代表参加的聚会,我能来这里,完全是因为你们对我的**殷勤和厚爱**,因为我既不是管理人员,也不是劳工代表;可是我又觉得我和你们之间的关系非常密切,因为在某种意义上说,我同时代表股东和董事会。"

这难道不是一个化敌为友艺术的最好案例?

设想一下,如果洛克菲勒用另外一种策略。比如他和那些矿工们辩论,肆无忌惮地痛责他们;比如他阴阳怪气含沙射影告诉工人们,是他们错了;比如他搬出一大套规章制度和逻辑知识,证明是工人们错了。结果又将如何呢?一定会激起更多的愤怒、更多的仇恨和更多的反抗。

> 如果一个人的心里对你不对弦甚至厌恶,你就是找出世界上所有的逻辑来,也难以说服他。爱骂人的父母、发号施令的老板和丈夫以及唠唠叨叨的妻子都应该认识到这一点;所有人都不愿意改变他们的观念。他们不会因为压力而赞同你或我;但是如果我们通过温和与善意,他们就可能被引导过来。

实际上,这段话是林肯一百多年前说的,他还说:

> 这是一句古老而真实的格言:"一滴蜂蜜比一加仑胆汁,能捕捉到更多的苍蝇。"人类也如此。如果要人们和你站在一起,首先要让他确信你是他的忠实朋友;那就会有一滴蜂蜜,粘住了他的心,这样无论你是怎么想的,都会让他觉得合理。

公司管理者懂得,如果善待罢工者,会把损失降到最低。举个例子吧。怀特汽车公司2 500名工人,为了增加工资、工作环境达到工会标准而罢工,公司总裁罗伯特·F. 布拉克并没有情绪失控地斥责和恫吓,也没有给他们戴上暴徒和共产主义者的大帽子;相反,他赞扬了工人。他在克里夫兰各大报上登了一则广告,赞扬他们"放下武器、和平表达诉求的做法"。他看到罢工纠察人员闲着没事,就为他们买了几个棒球棍和棒球手套,邀请他们在空地上打球;对那些爱玩保龄球的,他还替他们包下一个保龄球场。就像善有善报一样,布拉克的友善态度,得到了友善的回应。那些罢工的工人,找来很多的扫帚、铁铲、垃圾车,清理工厂四周的火柴、纸屑、烟蒂和剩雪茄。想想吧!那些罢工的工人,一边为加薪和承认工会抗争,一边还清理工厂环境。这种情形,在美国漫长而狂暴的劳工史中闻所未闻。那次罢工,在一个星期内和平解决——没有留下任何恶意和怨恨。

丹尼尔·韦伯斯特[①]有着上帝般的仁慈容貌,说起话来就像耶和华。他是一桩诉讼中最出色的辩方律师之一,然而在他最有力的辩论中,他却使用这样一些温和的措辞:"这些将由各位陪审员去考虑。""这情况似乎值得考虑一下。""诸位,凭你们对人性的丰富知识,很容易明察秋毫。"

没有胁迫,没有高压,不试图强加于人。韦伯斯特用的是柔和、安静而友善的方法,他因此成名。

你可能永远不会被召去平息工潮或去做陪审员,但你或许需要房东给你减低房租。和颜悦色会有用吗?我们看看这个故事。

工程师O. L. 斯特劳布想把减点房租,但他知道房东很难通融。斯特劳布在培训班课上说:"我给他写了一封信,告诉他我租期一满就搬出

---

① 丹尼尔·韦伯斯特(Daniel Webster, 1782—1852):美国著名参议员、律师。

公寓。其实我并不想搬,如果能减点房租我还是愿意续租下去。但看起来似乎没有希望,其他租户都试过——都失败了。他们都告诉我房东不好打交道。可是我给自己打气,'既然正在上人际关系课程,何不活学活用,试试看'。房东接到信后,带着他秘书一起来看我。我在门口友好地接待他们,热情洋溢。我并没有一见面就说房租太高,而是说我如何喜欢这公寓。相信我,我的确是'真心诚意地赞美,毫不吝惜溢美之词'。我称赞他管理有方,还告诉他我非常愿意继续住下去,可惜囊中羞涩。很显然,他从没受到房客这样恭维,有点不知所措了。接着,他也对我诉苦,抱怨租户。一个人曾给他写了14封信,有的简直就是对他的侮辱;还有一位房客威胁说,如果他不想办法让楼上人停止打呼鼾,他就立即取消租约。'有你这样善解人意的客户,轻松多了。'随后,我甚至没提要求,他就主动提出降了一点价。我希望再降点,就说了我能承受的价位,他毫不犹豫地答应了。"

斯特劳布继续说道:"临走时,他转身问我:'你觉得这房子需要装修吗?'如果我用其他人的那些办法,我敢肯定我会遭到一样的结局。我的成功完全是因为我的与人为善、感同身受和不惜赞美对方。"

宾夕法尼亚州匹兹堡的迪安·伍德科克是当地一家电器公司的部门主管,他的员工被召去维修某种电杆顶部的设备。这类工作以前是由其他部门负责的,最近才移交过来。尽管他的员工也接受过这种培训,却是第一次实际操作。公司每个人都很想知道这些人能不能做好,是怎么做的,伍德科克先生、几个下属经理和公司其他部门的人都过来实地观摩。四周停满了小车和卡车,人们站了一圈,围观两名工人在电杆上的实际操作。

伍德科克环顾四周,发现街那边一个人从车里走出来,手里拿着照相机,随后开始对着这里拍照。市政施工人员对自己的公共形象非常在意。伍德科克突然醒悟这工作场景对这个拍摄者意味着什么——两个人干的活由一群人来干,那是小题大做。于是,他大步流星地朝那个人走去。

"我看你对我们的工作很感兴趣啊。"

"是的,我母亲会更感兴趣。她手里有你们公司的股票,这照片能让她开开眼。她可能终于会同意自己的投资不够明智。我告诉她多年了,你们公司效率低下——就像现在这样。我可拿到证据了,这照片报纸可能很也会感兴趣的。"

"看起来真如你所说,是吧?我如果在你的角度也会这么想。但这是特殊情况……"于是迪安·伍德科克给他解释这件事情的来龙去脉。他向照相者保证,正常情况下,这活只需要两个人就能处理。这时,这个人伸出手和伍德科克握手,并感谢他实情相告。

迪安·伍德科克的友好方式让公司免除了尴尬和一场潜在的公关危机。

我们培训课上还有一位来自新罕布什尔州利托顿的学员杰拉尔德·H.温,他向我们讲述了他是怎么通过友善获得了一项非常满意的保险赔偿。

"初春地上的冰雪还未融化的时候,"他说,"下了一场罕见的暴雨,地面涨起洪水,从沟渠里改道沿着道路重新流出一条河道,流到了我刚修好的住房。洪水无法流走了,在房基四周汇集并迫使水渗到多小时水泥地板下,引起地面开裂,水涌进了地下室,毁坏了供暖炉和热水器。维修需要几千美元,而我的保险并没有涵盖这些损失。然而,我很快发现这片地块的业主并没有在住宅附近修泄洪渠以防止这类事故,所以我约见了他。在前往25英里外他办公室的路上,我细心回顾了所有情况,并把我在课堂里所学的规则默念于心。我决定绝对不能发火,那将会把事情弄糟。我到达后,我极力保持冷静,先聊了一阵他最近去西印度群岛度假的见闻;然后,等我觉得时机适当了,我就提起那个'小问题',他爽快地答应尽力解决。几天后,他打来电话,他说他会承担损失,还会修建水渠以绝后患。即使是别人的错,假如我不是本着友好协商的态度,很有可能会折腾很久才能达到现在的结局。"

多年前,我还是密苏里州西北部一个光着脚去上学的孩子,那时我读过一篇关于太阳和风的寓言故事。太阳和风为谁更强大争吵不休,风说:"我证明给你看我比你更强。看着那边穿外套的老人了吧?我打赌,我能比你更快地让他脱掉外套。"

于是太阳躲进了云背后。风开始吹,直吹得像一场龙卷风。然而,风吹得越大,那个老人就把外套裹得越紧。

最终,风停了下来,放弃了。随后太阳钻出云层,微笑着面对老人。老人很快,就抹眉毛和额头,脱下外套。太阳告诉风,温和与善意永远比愤怒和强迫有力量。

对温和善意的运用日复一日地被那些懂得一滴蜂蜜能比一加仑胆汁捕捉更多蚊蝇的道理的人们所证明。马里兰州鲁斯维尔的F.盖尔·康纳尔也证明了这一点,当时他不得不第三次把那辆才买了四个月的车开回去找经销商的服务部门。他在我们课堂上说:"很显然,争论、理论或大闹一场不可能获得满意的解决。我走进展厅,要求见老板。稍等片刻后,我被领进怀特先生的办公室。我先做了自我介绍,解释我是经他的一个老客户的推荐才在这儿买了车。朋友说他这儿的性价比高,服务好。他听我讲时,露出满意的微笑。然后,我解释我和服务部的纠纷。

随后我补充道:'我觉得,您可能想知道任何可能对您的良好声誉造成损害的事情。'他对我的提醒表示感谢,保证我的问题会圆满解决。他不仅亲自参与,还在汽车维修期间把他的车借给我用。"

伊索是希腊克洛赛斯宫中的奴隶,在基督降生600年前创作了不朽的寓言。而且,他对于人性真谛的教诲,就如同现在的波士顿和伯明翰一样真实,就如同2 500年前的雅典那样真实。太阳比风能让你更快脱去外衣,善意和赞美比河东狮吼能更快让人们改变主意。

谨记林肯的话:"一滴蜂蜜比一加仑胆汁能捕捉到更多的蚊蝇。"

原则 4

以善意为出发点。

第十四章

苏格拉底的秘密

跟别人谈话时,别一开口就谈"异",而先求"同"——反复强调你赞同的事情;如果可能,强调双方的共同点,差异仅仅在于途径,而不是目的。

开始的时候,尽量争取对方说"是的,是的";如果有可能,尽量防止他说"不"。

按照奥弗斯特里特教授在他所著《影响人类行为》一书中说的,一个"不"字的反应,是最不易克服的障碍。当你说出"不"字后,你的人格尊严就会要求你坚持到底。事后,你或许事后觉得这个"不"字不妥,但你又必须顾及到自己的宝贵尊严!一言既出,势必坚持到底,所以一开始就往积极方向走是重中之重。

会说话的人,开始的时候就能得到很多"是"的回应。这能将听者的心理引向积极方向。这情形就像打台球,朝某个方向击打球体,在使球体改变方向时会耗费一些力量;耗费的力量越大,就向相反方向偏离越多。

这里的心理模式非常清晰。当某人说出"不"字而且真有否定的意思时,他的反应远大于"不"的字面意思。他的所有生理机能——腺、神经、肌肉完全集结起来,形成一种众志成城的抗拒状态。常常是一瞬间,或有时候也可以觉察到,在心理上也存在着一种妥协和倾向于妥协的过程;但总体而言,这时整个神经肌肉系统会把自己锁定为"对抗"。但反过来说,当一个人说"是"时,所有逆反应就不会发生,身体机能会呈现出前进、接受和开放的状态。所以当刚开始说话时,若能引导对方做出更多"是"的回应,就更容易博得对方对我们的最终目的的关注。

得到这个"是"的反应只需极简单的技巧,却常被人们所忽略;更多的情况是,人们一开口似乎就要为了反对而反对,以此显出他的分量。

让一个学生、顾客、丈夫或太太一开口就是个"不"字,将会耗费你的大量心思和耐性,才能将他们顽固的负能量变为正能量。

运用"是"的技巧,使纽约一家储蓄银行出纳员詹姆斯·艾伯森挽留了一位潜在的储户。

"这人来开户,"艾伯森先生说,"我把申请表格交给他填写,有的他愿意填写,有些他干脆拒绝回答。如果这事发生在我尚未研究人际关系学之前,我会告诉这位潜在的储户,如果他不提供完整信息,我们就会拒绝为他开户。以往我都是这样做的。当我说出那句最后通牒似的话后,会油然升起一种满足感。我要他们知道谁说了算,让他们知道不能藐视银行的规矩。有一点可以肯定,那种态度不能给专程前来惠顾我们生意的客户宾至如归和自重的感觉。现在我深感愧疚。今天上午,我决定运用一点点技巧,我决定不谈银行所要的,而谈些顾客的需要。最主要的是,我想让他一开始就说'是',所以我就说我和他意见完全一致,我说他不愿填的信息,其实毫无必要。

"'但是,'我口吻一转,'假如您的钱存到您过世,难道您不愿意到时银行依法把钱转给您最直系的亲属吗?'

"'当然,我当然愿意啦。'他说。

"我继续说:'那您不觉得,最好还是提供您最直系的亲属的信息?这样将来我们履行您的遗嘱时就不会出差错,不会拖延了。'

"他再次说:'是啊。'

"当这位年轻人意识到我们要求提供信息不是为了银行,也是出于他的利益,他的态度软化下来。在离开银行前,他不但提供了自己的信息,还在我的建议下开了个信用托管账户,将他母亲列为受益人,高兴地回答了关于他母亲的所有信息。我发现,通过让他开头就说'是',他就忘记了我们的分歧,我的建议他照单全收。"

西屋电力公司销售代表约瑟夫·阿利森,说出他的一段往事:"在我片区里有一位公司极想搞定的客户。我的前任几乎花了10年时间做他工作,却没谈成一笔生意。我接管这一片区后,连续花了3年时间去公关,也一无所获。经过13年的访问和会面,对方终于买了几部发动机。我的期望是,如果不出意外,以后他会买我几百部发动机。

"没问题吧?我知道不会出问题。所以三个礼拜后我给他们打电话时,心里美滋滋的。

"他们的首席工程师史密斯用这句让人震惊的话向我问好:'阿利森,我们不能再买你们的发动机了。'

"'怎么啦?'我心里一愣,问,'为什么呢?'

"'你们发动机散热太差了,热得我都不敢摸一下。'

"我知道争论下去无济于事,以前屡试屡败,所以我想到了'是'技巧。

"'这个嘛,史密斯先生,请听我说。'我说,'我百分百地赞同您,如果

机器发热,您不该买余下的货。你一定有发动机没超过国家电器协会发布的散热标准,是吧?'

"他说是,我得到了第一个'是'。

"'国家电器协会的规定说,一个发动机的合理设计应该允许比室内温度高 72 华氏度,是这样吗?'

"'是的,'他回答,'一点没错,但你们的机器比那热多了。'

"我没有和他争论,我只是问,'机房里的温度有多高?'

"'哦,大约 75 华氏度。'

"'呵呵,'我反问,'如果机房温度是 75 度,你加上 72 度,就应该是 147 度你如果把手伸进 147 华氏度的热水中,不会把自己手烫坏吧?'

"他又说了一次'是的'。

"'这样吧,'我建议道,'别去摸发动机,好吧?'

"'哦,我猜你说的有道理。'他承认了。我们又聊了一会儿,随后他让秘书追加了下个月价值 3.5 万美元的订单。

"在我明白争论无济于事之前,我耗费多年时间和数千美元,却没谈成一笔生意;而将心比心设身处地看待问题对于促使对方说'是'更有利,也更有趣。"

资助我们课程的埃迪·斯诺先生来自加州的奥克兰,讲述了他是怎么因为这个处事技巧而成为一个商店的优质客户的。

埃迪对弓箭打猎发生了兴趣,在本地一个弓箭商店购置设备花了不少钱。当他弟弟拜访他时,他想从这个店里租一只弓,店员说他们没出租的。他就给另一个弓箭店打电话,埃迪描述了事情经过:

"一个非常温和的绅士接的电话,他对我的回复和前一位大相径庭。他说很抱歉他们无法再租借弓箭,因为要亏本。然后他问我以前是否租过,我是几年前租过。他就提醒我,我可能付了25到30美元租金。我又说了个'是'。他就问我是不是个节俭的人,我当然回答'是'。于是他就解释,他们有几套连弓带箭头和其他必要设备,售价34.95美元,我只需比租借多付4.95美元就能拿到全套。他解释说,这就是他们不再租借的原因。我觉得合理吗?我的'是'回应引导我购置了一套。去取货时,我还买了几样别的东西;而从此以后,我成了他们的常客。"

世界最伟大的大哲学家之一苏格拉底,外号是"雅典的老刺头"。他的成就人类历史上罕有人可以媲美:他彻底改变了人类思维方式。在他去世2400年后,他被奉为"最能影响这个纷乱世界的智者之一"。

他有什么法宝?他告诉人"你们错了"吗?不,苏格拉底不会这样干。他太人情练达长袖善舞了,他的整套为人处世哲学,现在被称为"苏格拉底法",就是建立在"是"回应基础之上。他所问的问题,反对者们都不得不赞同。他一个问题接着一个问题地让对方同意,直到得到一大堆'是的'。然后他继续发问,直到反对者不知不觉中发现自己得出了一个前数分钟前还针锋相对的结论。

下次当我们要指出人们错了的时候,谨记"苏格拉底法",温和地问一个问题——一个能获得对方"是"回应的问题。

中国人有一句格言,蕴含着东方的古老智慧:"轻履者行远。"

中国人花了5000年时间去研究人性,那些中国圣贤们积累了大量智慧,就像这句**"轻履者行远"**。

原则5

使对方立即以"是,是"回应。

第十五章

应付抱怨的安全阀

绝大多数人在试图说服别人时,谈自己谈得太多。请尽量让对方谈他们自己,他对自己的事比你清楚得多,所以你应该虚心请教,让他们告诉你一二。

如果你不同意他说的,就容易插嘴,但不要这么做,那是危险的。在他谈兴尚浓时,他不会把注意力放到你身上。所以,心态放宽,鼓励他们尽情说,耐着性子听,显得真诚。

这种技巧在职场有效吗?让我想想——这儿就有个例子。一个销售代理,不得不**迫使**自己这样做。

美国最大汽车公司之一正在洽谈采购一年所需的座垫布,当时有三家重要供应商把样品送去备选。汽车公司高层查看后,通知三家供应商于某日各派一位代表前来就这份合同做最后陈述。

G. B. R. 是其中一家厂商代表,就在到达那一天偏偏患了严重的喉炎。

"当轮到我去见汽车公司那些高管时,我的嗓子居然哑了,几乎出不了声。"R先生在一堂课上说,"我被带进一间办公室,发现自己面对的是坐垫布工程师、采购代表、销售部总监和公司总裁！当我站起来拼命想说话时,却只能发出沙哑的吱吱声。

"由于他们绕桌而坐,我就用笔在纸上写道:'先生们,我失声了,我不能讲话。'

"'好吧,我来替你说吧。'那位总裁说——他真的替我说了！他把我的样品一一展开,并称赞产品的优点。他们就这样讨论起了我们公司产品的优点。由于老总代替我说话,所以在讨论时,他自然地以我的口气说话。我唯一能参与的就是微笑、点头或打几个手势。这个奇特的会议讨论结果是我获得了订单,这家公司订购了50万码的座垫布,总价是160万美元——是我拿到的最大的一份订单。我知道,若不是我嗓子哑了,我会失去那份合同,因为我整个陈述的观念是错的。这次,我在无意中发现,有时候让别人说话,收获会有丰厚。"

让别人说,不仅仅在商海上大有斩获,在处理家庭纠纷上也有帮助。芭芭拉·威尔逊和她女儿的关系正在迅速恶化。罗丽曾经是一位安静乖巧的小孩,现在正处于不太听话的叛逆青春期。威尔逊太太教训她、威胁她、惩罚她,但白费心思。

"一天,我干脆撒手不管了。"威尔逊太太对于我们一课堂的学员讲述道,"罗丽不听话,家务没做完就离家找她女同学了。她回来时我准备再狠狠训斥她,可是我没力气吼了,我只是盯着,伤心地说:'为什么,罗丽,你究竟是为了什么？'

"罗丽见状静静地问道:'你真想知道吗？'我点了点头,于是罗丽就开始说了,刚开始还很犹豫,随后就一吐为快。我从来没听过她的意见,我总是发号施令,当她要对我说她的真实想法、感情时,我总是打断她,让她干这干那。我开始意识到,她需要我——需要一个知己、一个青春期烦恼的感情港湾,而不是一个发号施令盛气凌人的母亲。我在应该倾听时,却唠叨个没完。我从来没有倾听过她。那次后,我就放手让她倾诉,她告诉我她的内心想法,我们的关系得到了巨大改善。她又变成了一个乖乖女。"

纽约一家报纸的财经版面刊登大型招聘广告,寻找一个有特殊才能和特殊经历的人。查尔斯·T.丘布里斯欲前往应征,送去了自己的联系方式。几天后,他收到邀请函去面试。给招聘者打电话之前,他在华尔街用了几个小时尽量搜寻这位大亨创业时期的蛛丝马迹。

面谈中,他对老板说:"我非常自豪能和一个您这样的伟大公司产生联系。我听说您在 28 年前仅靠一间办公室和速记员打天下。是那样吗?"

几乎所有功成名就者都喜欢缅怀他的峥嵘岁月,这位老板也不例外。他打开话匣子,说当初他怎么靠 450 美元现金和一个创意开创自己的事业;他说起怎么战胜一切冷言冷语和冷嘲热讽,最终从千军万马中杀出一条血路,现在即使华尔街最重要的人物也来向他虚心求教。他非常自豪他的光辉岁月和业绩。他有权自豪,也愿意对此津津乐道。最后,他简单问了问丘布里斯先生的经历,就把副总裁招来,对他说:"这就是我们要找的人。"

丘布里斯先生不怕麻烦去发掘出他未来老板的光辉岁月,他对别人和他的问题兴趣盎然,他鼓励别人多说——从而给对方留下了一个良好的印象。

加州萨克拉曼多的罗伊·G.布拉德利遇到的情况则恰好相反。当一位优质客户说服自己接受他公司的销售职位时,他采取了倾听的态度。布拉德利先生讲述道：

"作为一家小经纪公司，我们没有额外福利，比如住院治疗、医疗保险和津贴。每一个经纪人都是一个独立的个体。我们甚至不提供客户线索，因为我们不能像我们的有实力的竞争者那样广告。理查德·普莱尔有我们提供职位的经验，我的助理先和他面谈，告诉他这个工作所有的不利因素。他走进我办公室时有点沮丧。我提到本公司的一个好处——作为独立的合作方，他其实是一个自雇型老板。当他谈到这些优势时，他把前面面谈的所有负面想法全部否决了。有几次在他反复斟酌时，似乎在自言自语。我几次想插话，然而，到面谈结束时，我觉得他说服了自己为我们公司工作。因为我是个好的倾听者，把说话的机会让给迪克。他能够权衡利弊，他得出积极的结论，这是他对自己的挑战。我们雇了他，他成为公司的优秀业务代表。"

即使是我们的朋友，宁愿多谈自己成就的远远多于喜欢听我们自我炫耀的。

法国哲学家拉·罗什富科曾这样说过："如果你想要仇人，你就胜过你的朋友；但想要更多朋友，就让你的朋友胜过你。"

为什么这话有道理呢？因为当朋友胜过我们时，就满足了他的"自重感"；当我们胜过朋友时，会使他们——至少一部分人——自卑和妒忌。

迄今为止，纽约市中城人力资源公司最有人缘的猎头是亨瑞塔·G，但也并不总是如此。在她和这个机构合作的前几个月里，她一个朋友也没有。为什么？因为每天她都大吹特吹自己的业绩，她拿下的交易以及她其他所有成就。

"我工作能力强，很有些自鸣得意。"亨瑞塔对课堂上的学员说，"但我的同事们不但不分享我的成绩，反而对此很不开心。我希望被大家喜欢，我真的希望成为他们的朋友。在获得培训课里一些建议后，我开始少谈多听。同事们也有可资炫耀的事情，对他们的成绩也津津乐道。现在，如果我们有时间聊天，我就分享他们的快乐，我只在他们问我的情况下，才浅尝辄止地说几句。"

原则 6

尽量把说话机会让给对方。

第十六章

如何使人跟你合作

你对你自己所发现的主意,是不是比别人拱手相送的更信得过?如果是的话,你把你的意见强加于人难道不糟糕?难道你做出建议——但让他人自己得出结论,不是更明智些吗?

费城的阿道夫·瑟尔兹先生,是一家汽车展销公司的销售经理,也是我培训班一位学员。他突然意识到,有必要对手下那群垂头丧气组织涣散的推销员注入热情和信心。于是,他召集会议,敦促员工们告诉他究竟对他有什么期望;员工们说的时候,他就把意见写在黑板上。随后他说:"我可以满足你们的期望,现在我希望你们告诉我,我有权对你们有什么期望呢?"答案马上就出来了:忠诚、真心、进取、乐观、团队精神以及每天8小时工作热忱。会议的结果唤起了员工新的勇气,激发了员工的热情,甚至有人愿意每天工作14小时。——瑟尔兹先生告诉我,公司的销售额猛然增加。

"我和他们做了一次精神上的置换。"瑟尔兹先生说,"只要我能精神抖擞,他们就能斗志昂扬。跟他们谈他们的期望和需求,就像在他们胳膊上打了一针似的。"

没有人喜欢那种被兜售或被指使的感觉,我们都喜欢随自己意愿买东西,或按自己心思做事;同时,我们喜欢和别人谈我们的愿望、需要和观念。

现在以尤金·维森先生的情形为例子。在他明白这个道理之前,损失了成千上万美元收入。维森为一家服装设计公司推销设计,这家公司为艺术造型师和服装生产公司服务。连续三年,维森先生几乎每星期都去拜访纽约顶级设计师之一。维森先生说:"他从不拒绝见我,但也从来不买我的图样。他每次都细看设计,然后说:'不,维森,我觉得今天我们还是没想到一块儿去。'"

经过了150次失败后,维森终于如梦方醒,觉得自己脑子走进死胡同了,所以他决定每星期利用一个晚上研究如何影响人的行为,以帮助自己培育新的观念,产生新的热情。他决定采用新办法一试。这次,他带着设计家们尚未完成的图样,匆匆赶到那位买主的办公室,对他说:"如果您愿意,我想请你帮我一点忙。这是一些还未完成的图样,您能不能告诉我,怎么完成才能为您所用?"

这位买主把图样看了一阵儿,没有表态,撂下一句:"维森,你把图样放在这里,等几天再来见我。"

三天后,维森去找他。听了他建议后把图样拿回去,按买主的意思修改完成。结果如何?买主全部买下了。那笔生意后,这位买主又从维森那里订了很多图样,都是按他的意思设计的。维森说:"现在我才知道过去失败的原因——我总催他买我认为他需要的。随后我完全改变了策略,我请他给出意见,这会使他觉得那些图样是他设计的。——他确实参与了设计。我没有非卖给他不可,是他自己买的。"

让别人觉得主意是他的,不仅在商场和政坛上管用,在家庭生活中也有效。俄克拉何马州图尔萨的保罗·M.戴维斯,对学友们讲述了他是怎么运用这个原则的:"我家人和我尽情享受了最精彩的一次旅行度假。我很早就渴望参观那些重要历史遗迹,比如'美国内战'遗址——比如葛底斯堡战役遗址;还有费城的独立大厅,以及我们的首部;另外,'福吉谷'①、詹姆斯敦②威廉斯堡的仿殖民时期的小村庄也很想去看看。3月份,我太太南茜说我们夏季度假可以去西部几个州,包括新墨西哥、亚利桑那、加州和内华达。很多年来她一直想去这些地方,但我们不可能同时去两个方向。我们的女儿安妮刚学完中学美国历史课程,对美国的形成过程中那些大事件非常感兴趣。我问她要不要去这些相关历史景点,她说她很想去。两天后我们吃晚饭时,南茜宣布,如果我们都没有意见,我们夏季将去东部度假,安妮很开心,我们也很兴奋,所以一致通过。"

一位X光仪生产商通过同样的心理学,成功地将仪器卖给了布鲁克林的一家大医院。这家医院当时正在扩建,准备引进美国最好的X光设备。该负责部门的L医生被销售代表们包围了,每个销售员都对自己的设备自卖自夸。

一位生产商更有技巧,他比其他销售员更洞悉为人处世。他给L医生写了一封信,大概是这样的:

敝公司最近刚完成一条X光设备生产线。第一套刚送到我们办公室。设备不够完美,我们知道这一点,但我们会改进。如果贵方能抽时间仔细查看这套设备,并提出你们的意见,以确保更适合

---

① "福吉谷"(Valley Forge):位于宾西法尼亚州,美国独立战争时大陆军军营。
② 詹姆斯敦(Jamestown):位于弗吉尼亚州,北美第一个英国殖民地。

你们的专业要求，我们理应感激不尽。知道您很忙，一旦您确定时间，我将荣幸地随时派车接您光临。

"收到那封信我很惊喜。"L医生在我们课堂上说，"我既惊喜，又满意。以前从没任何一位生产商咨询我的意见。这让我觉得我很重要。那一周每一个晚上我都很忙，但我取消了一个饭局，专门去看设备。我越看，觉得越喜欢。没有人试图卖给我，我觉得为医院买下那套设备是我的主意，我买下了这套优质设备，下令安装使用。"

拉尔夫·沃尔多·爱默生在他的散文《自力》中阐释道："在每一部天才的作品里，我们都发现了自己曾经被反对过的观念，他们带着被疏离的神圣重现眼前。"

在伍德罗·威尔逊担任总统期间，爱德华·M.豪斯上校在国内和国际事务上有重大影响力。威尔逊总统对豪斯上校的倚重甚至超过任何自己内阁成员。上校凭什么办法影响总统？我们幸运地从这个途径得知其内情：豪斯亲自透露给亚瑟·D.豪登·史密斯，史密斯在发表于《周末晚报》上的一篇文章中做了披露：

"'我认识总统后，'豪斯说，'我了解到让他接受一个意见的最好方式，就是偶尔见缝插针地植入他的脑子，但要恰到好处地让他感兴趣——他就会出于自己的利害关系去琢磨这个建议。这个方式第一次起作用是个意外。我在拜访白宫时曾经强烈建议他采纳一项他似乎不赞同的建议，但几天后，在晚餐桌上，我惊讶地听到威尔逊总统提出了这个建议。'"

豪斯先生当时是不是打断了总统，说"这不是你的主意，而是我的"？哦，没有，豪斯不会那么做的。这方面他太老练了。他并不想贪功，他只要结果，所以他就继续让总统觉得那主意是自己的，甚至因此公开为总统邀功。

谨记:我们日常接触的每个人在人性上和伍德罗·威尔逊总统并无不同,所以请向豪斯上校学习。

一位来自加拿大风景如画的新布朗斯维克的先生,把这个方法用到我身上,成功做成了我的生意。当时,我计划去新布朗斯维克钓鱼、划船,所以我给旅行社写信咨询。显然我的名字和住址被放进了邮寄清单,因为很快来自各种野营和导游的邮件、小册子和印刷品潮水般涌来。我迷惑了,我不知道该选哪家。后来一家野营经理做了一件聪明事,他送来几个他接待过的纽约游客的名字和电话,邀请我给他们打电话自己去了解情况。我惊奇地发现其中一个人我认识,经过电话咨询,我给那家机构拍了电报,告知我的行程。其他人一直想向我兜售他们的服务,但一个公司却让我把自己兜售自己,这个公司赢了。

2 500年前,中国圣人老子的一段话,今天还能为人为所用:"江海所以能为百谷王者,以其善下之,故能为百谷王。是以圣人欲上民,必以言下之;欲先民,必以身后之。是以圣人处上而民不重,处前而民不害。是以天下乐推而不厌。以其不争,故天下莫能与之争。"①

原则7

使对方觉得这个主意是他的。

---

① 老子《道德经》第66章。

第十七章

一个为你创造奇迹的公式

　　请记住,别人很可能完全错了,但他们不以为然。不要指责他们,傻瓜才那么做;尽量理解他们,只有那些聪明的、大度的和例外的人才会去体谅对方。

　　别人为什么那么想、那么做,一定有他的理由。找出那个理由,你就找到了解读他的行为或许他的人格的钥匙。

　　试着真心诚意地换位思考。

　　如果你这样对自己说:"如果我处在他的位置,我会如何感受,又如何反应?"你就能省去许多精力和烦恼。因为"关注了起因,我们就不大可能憎厌结果"。此外,你还可以大大提升你的处事技巧。

　　"停留一分钟,"肯尼斯·M.古德在他《如何将人变成黄金》一书上说,"停留一分钟,把对自己事情强烈关注和对任何外界事物的漠视、冷静作个对照,你就会知道,世界上所有人感受都一样!然后,你可以像林肯和罗斯福一样,牢牢把握住人际关系的稳固基础;也就是说,为人处世的成功,依赖于和别人感同身受,依赖于换位思考。"

纽约州亨普斯特德的山姆·道格拉斯曾经告诉他太太,她过度打理草坪了——她每周两次拔草、施肥、割草,弄得草坪没有四年前他们搬进来时好看了。自然,他的话很伤感情,每次他这样说时,余下晚上的气氛就被毁了。

上了我们的课后,道格拉斯先生意识到这么多年来自己有多傻。在他看来,太太从未如此享受打理园子的乐趣,她可能真的非常欣赏自己的勤奋。

一次晚餐后,道格拉斯太太说她要拔杂草,要他陪她去。他先拒绝了,随后改变主意,随她出去帮她拔草。太太看上去很开心,他们一起拔了一个小时,也交谈了一个小时。

那以后,他经常帮她打理园子,赞美她让草坪看上去多漂亮;即使土壤看上去板结得像混凝土似的,他照夸不误。结果是这样的:两人都开心,因为他学会了从她的角度看问题——即使主题仅仅是杂草。

杰拉德·S.尼伦伯格博士在他《理解别人》一书中评论道:"当你把对方的观点和感情看得和自己一样重要时,谈话中的共识就实现了。谈话开始时,让对方知道你的目的和方向;如果你是听者,你想听什么就说什么;接受对方的观点,将有助于听者接受你的观点。"

我一直喜欢在我家附近一个公园里散步、骑马。就像古代高卢德鲁伊教教士[①]一样,我对橡树的情感几乎处于膜拜状态。所以一季又一季地,每当我看见橡树和其他乔木被毫无必要地烧掉时,就非常沮丧。这些林火不是粗心的吸烟者引起的,几乎是半大孩子入乡随俗搞野餐造成

---

① 高卢德鲁依教教士(Druids):高卢,公元前5世纪至公元1世纪散居于欧洲和小亚细亚的蛮族;德鲁依教士,高级祭司、法师或预言者。他精通占卜、祭祀,也长于历法、医药、天文和文学,也是执法者、吟游诗人、探险家的代名词,享有崇高地位。

的。有时候火势很大,需要消防队来才能扑灭。

在公园边上有一个布告牌写着:对引起林火者,将处以罚款或监禁。但布告牌立在偏僻一角,肇事者极少能看到。有一位骑警理应对这公园负责,他却疏于职守,所以公园里经常会起火。

有一次,我跑到警察面前,告诉他林火正在急速蔓延,要他马上通知消防队。他却冷漠地说不关他的事,因为不是他的辖区!绝望之余,每次我骑马来公园溜达时,便像一个自封的公共财产保护者。

起初,我甚至根本不去考虑别人的想法。当我看到有人在树下生火野餐时,就很不高兴,以致做了件错事。当时我快马扬鞭赶过去,警告他们树下生火是要被拘禁起来的;我以严厉口气要他们把火熄了,如果不听,我威胁马上把他们逮捕归案。我只顾发泄我的情感,并没有考虑他们的想法。

结果如何呢?他们虽然遵从了——心里并不服气,还怨气冲天。我骑马翻过山后,他们没准又生起火来,恨不得把整个公园烧掉呢。

随着时间流逝,我零星获得一些人际关系的知识和处事技巧,更倾向于从别人视角看问题。于是,我不再指手画脚,而是向火堆走过去,这样开头:

"小朋友们,玩得开心吗?晚餐准备做什么啊?……我小时候也喜欢野餐——现在还喜欢。但是,你们知道在公园里生火是很危险的。我知道你们不想惹出什么乱子,但别的孩子可能就不会像你们这么细心了。他们看到你们生火,也跟着玩起火来,回家时却不把火熄灭。干树叶很容易就烧着了,连树也烧死了。再不小心,这个公园就没树了。你可能因此坐牢。我可不是对你们发号施令,也不是扫你们的兴,我希望你们玩得开心。只是——现在把树叶耙拉得离火堆远一点怎么样?还有,你们回家时别忘了在火堆上盖上土,多盖些,好不好?你们下次再野炊时,去山顶那边沙堆起火行吗?那里不会有任何危险……小朋友,谢谢你们啦,玩得开心点!"

这样说话,效果上多么天壤之别啊!孩子们乐意配合,没有愠怒,没有愤恨。不会感到被强制,保全了面子。他们满意,我也满意,因为我设身处地地处理了问题。

当个人遇到麻烦时,设身处地为他人着想会缓解紧张。澳大利亚新南威尔士州的伊丽莎白·诺维克迟付了六个星期车款。

"在一个星期五,我接到一个恶心的电话,是那个负责我账户的男人打来的。"她说,"他通知我,如果我下周一上午不付122美元,他们公司就会采取进一步行动。我没办法在周末筹到这笔钱,所以在周一上午我接到了意料之中的那个电话。因为我从他的角度看问题,我没觉得心烦。我对给他造成的不便表示诚挚歉意,还自嘲我一定是最令他头疼的客户,因为这不是我头一次拖延付款。他的声音立即变了,他让我确信我远不是最令让棘手的客户。他列举了几个客户对他多粗鲁,怎么对他撒谎,有时候干脆躲他的电话。我什么也没说,静静地听他向我诉苦。随后,我没提任何建议,他说我不能立即付款也没关系,只要我在本月底任何方便时间付20美元凑够余额就行了。"

以后,在要求别人息怒之前,在要求别人买你产品前,或要求别人向你最喜欢慈善机构捐款前,何不闭上眼睛试着从别人角度想想整件事情?问问自己:"别人为什么要这样做?"没错,这会费点工夫,但可以避免制造敌人,结果也会更好——烦恼少一些,麻烦小一点。

哈佛大学商学院院长多纳姆说:"我如果会见某人,在没把对方研究透彻之前,在没有弄清我究竟该怎么说,以及对方可能怎么回答我之前,我宁愿在别人办公室外的人行道上走上两小时,而不是贸然走进去。"

这句话太重要了,我在此用粗体字反复强调一遍:

我如果会见某人,在没把对方研究透彻之前,在没有弄清我究竟该怎么说,以及对方可能怎么回答我之前,我宁愿在别人办公室外的人行道上走上两小时,而不是贸然走进他的办公室。

如果你看过这本书后,至少能增加你一种倾向——就是当你接人待物时,替别人着想,在以自己角度看问题的同时,也以对方的角度去;即使你只从本书中学到这一点,它也会成为你事业的铺路石之一。

谨记第八项原则:

原则 8

真心诚意地以他人角度看问题。

第十八章

每个人所需要的

你愿意得到这样一句妙语吗?——可以停止争论,消除怨恨,营造善意并使人们倾听你。

愿意?那好吧,让我告诉你。你这样说:"你有那种感觉,我一点也不怨你;如果我是你的话,我也绝对一样。"

这么简单一句话,即使世界上最难缠的老坏蛋也会软化下来。你应该真心诚意地说出那些话来,因为如果你是对方的话,你能像他一样感觉出来。

让我举艾尔·卡彭①的例子吧。按理说,你继承的身体、性情、心智与卡彭并无二致;再预设你也处在他的环境,也和他经验相同,那你就会成为跟他完全一样的人。因为正是那些因素——也仅仅因为这些因素——将他塑造成那种人。譬如,你不是一条响尾蛇的唯一原因,是因为你的父母不是响尾蛇。

---

① 艾尔·卡彭(Capone, 1899—1947):黑帮教父,号称"芝加哥王"。

你之所以成为你,一点也不取决于你本身——谨记,那些在你头疼的人,冥顽不化的人,没理性的人,他之所以成为那样的人,也错不在他们。对这可怜虫表示遗憾吧,怜悯他们,同情他们。这样对自己说:"如果不是上帝宠爱我,我也会和他一样坏。"

你遇到的人中,有四分之三都渴望别人和他们感同身受。给我们同情吧,他们会喜欢你的。

有一次,我在电台节目中谈到《小妇人》作者路易莎·梅·艾尔克特。我当然知道她住在马萨诸塞州的康科德,并在那儿完成了她的不朽之作,我却信口说我曾到新罕布什尔的康科德拜访过她。假如我只说了一次新罕布什尔一次也许情有可原,哎哟!——我说了两次。

随后,信函、电报和刺耳的话就像马蜂一样将我湮没了,令我无处可藏。这些信息大多数不恭不敬,少数具有侮辱性。其中有位生长于马萨诸塞州康科德附近后来定居费城的名门贵妇,将她的满腔怒火劈头盖脸地向我倾泻而来。假如我指控艾尔克特是新圭亚那来的食人族,我估计她也刻毒不到那儿去。读她那封信时,我自言自语:"感谢上帝,我没娶这个女人。"

我想给她回信,告诉她虽然我犯了点地理错误,她却更为过分——连一点起码的礼节也不懂。当然,这就是信件的开首语,随后我准备毫不客气地告诉她我的真实想法。然而,我并没有那样做,我控制住了自己。我知道只有莽撞的傻瓜才会那样做——大多数脑残都会那么做。

我可不能和脑残一个境界,于是我决定把她的仇视变成友谊。这将是一个挑战,一种我敢玩能玩的游戏。我对自己说:"不管怎么说,如果我是她的话,可能和她感觉差不多。"所以,我决定原谅她的说法。后来我去费城的时候,给这位老太太打了个电话,当时谈话大概是这样的:

我：某太太，几个星期前，您给我写了一封信，我要感谢您。

她（机敏、温和、有教养的口吻）：请问哪位啊？我这么荣幸和您说话。

我：您不认识我，我叫戴尔·卡耐基。几个星期前，您听了我的广播访谈节目，当时谈的是路易莎·梅·艾尔克特。我犯了个无法饶恕的错误，我说艾尔克特住在新罕布什尔州康科德，我向您道歉。您特地写信纠正我的错误，我也表示谢意。

她：卡耐基先生，我为那封信向您道歉。我太失态了，我必须道歉。

我：不！不！不该由您道歉，该道歉的是我。即便任何一个小学生也比我知道得多。在接下来的那个星期天，我已在电台上致歉了，现在我要亲自向您道歉。

她：我生在马萨诸塞州康科德。我的家族在马萨诸塞州已经二百来年了，我对我的家史引以为豪。当我听你说艾尔克特女士是新罕布什尔人时，我实在很闹心，但那封信让我十分愧疚。

我：我相信您的闹心肯定不及我的十分之一，我的错误对马萨诸塞州并没什么伤害，但伤害了我自己。很少有像您这样有身份、有教养的人给电台人员写信的，我衷心希望，以后如果再发现我的错误，请再写信给我。

她：你知道，我真的很赞赏你这种愿意接受批评的态度；你一定是个很好的人，我愿意进一步了解你。

所以，因为我道歉了，还对她表示了同感。我很满意能控制住自己的脾气，能以德报怨。我从让她对我由恨到喜欢这个转变中得到的快乐，远比告诉她去跳斯古吉尔河真实得多。

每位住在白宫的人,差不多每天都会遇到棘手的人际关系问题,塔夫特总统也不例外。他从经验中得知,同情是消解恶感最有效的药物。在他《服务中的道德》一书里,塔夫特举了一个有趣的例子——他怎样使一个失望而志在必得的母亲平息了心中的怨气。

"华盛顿的一位太太,她丈夫在政界有一定影响力。"塔夫特总统说,"她缠着我不止六个月,要我替她儿子谋一个职位。她还搞定了几位参议员和众议员,让他们陪她来我这里替她说话。由于那个职位要求专业人士,我遵照有关部门主管推荐,另有任命了。后来我接到那母亲的来信,谴责我忘恩负义,因为我连举手之劳都不愿意,让她成了一个不开心的女人。她还抱怨说,她费了很大精力游说她那一州的代表,为我特别关注的一项行政法案投赞成票,我却这么回报她。当你接到这样一封信时,你能做的第一件事就是怎么严厉回应一个失礼甚至鲁莽的人,接着,你或许就该动笔了。可是,如果你是个明智的人,你会把这封信放进抽屉,然后锁起来。过两天后再把这封信拿出来——这类信始终应该推迟几天回复;但当你两天后再拿出这封信时,你就不会寄出去了。这就是我所采取的办法。然后,我坐下来写了一封尽量客气的信,告诉她我理解此刻一个母亲的极大失望。但我实话告诉她,任命那个职位并非全由我个人说了算,我必须挑选一个技术上合适的人,因而接受了那位部门主管的举荐。我希望她的儿子可以继续在原来的岗位上努力,以完成她的殷切希望。那封信舒缓了她的怒气,她寄来一封短信,对上次那封信深表歉意。由于我所发布的任命子程序上短时内还不能确认,过了几天,我接到一封署名她丈夫的来信,信上的笔迹却跟过去两封信不差毫厘。这封信说他太太由于这件事患上神经衰弱,卧床不起,发展成最严重的胃癌了。然后对我有个建议,说为了恢复他妻子的健康,我能否把已委任的那个人换上他们儿子的名字。我不得不再回一封信——给她丈夫。我说但愿他太太的病是误诊,对他太太和他所遭受的痛苦深表同情,可是要撤回已委任的人已不可能,因为任命已经被确认了。就在我接到那信的两天内,我在白宫举行音乐会,最先向我和塔夫特夫人致敬的,就是这一对夫妇,尽管这位太太最近已经'濒临离世边缘'。"

杰·曼格姆供职于俄克拉荷马图尔萨一家电梯和扶梯维护公司,这家公司和图尔萨最好的酒店有业务合同。为了不给客人造成不便,酒店经理不同意电梯一次关闭两小时以上。但检修电梯至少要用八个小时,而且他的公司并不总是在酒店方便时有特别合格的技术人员。

当曼格姆先生找到机会安排一位最好的技工去检修电梯时,他给酒店经理打了个电话。他没有为了得到必要的检修时间和他争论,而是这样说的:"里克,我知道你们酒店很忙,你要尽量少关电梯。我理解你的顾虑,我会尽力让你方便。然而,经过检测发现如果现在不彻底修好电梯,就会造成更严重的损害,会关闭更长时间,你不愿意客人连续几天不方便吧。"

经理不得不承认,关闭八个钟头总比关闭几天划算。通过对酒店经理的顾客至上理念的感同身受,曼格姆先生顺利地说服了经理,没有造成任何不愉快。

乔伊斯·诺里斯是密苏里州圣路易斯的一位钢琴教师,谈到了她如何处理了一个问题——那是经常发生在钢琴教师和年轻女孩之间的事情。

芭贝特指甲长得过分,这对任何想养成良好钢琴演奏习惯的人来说,都是一个严重障碍。诺里斯太太说:"我知道她的长指甲对她要提高弹奏技巧的愿望肯定是个阻碍。在她正式跟我学钢琴前的谈话中,我完全没有提出她的指甲问题。我不想让她因此打退堂鼓,而且我知道她也不乐意失去精心打理、让她如此骄傲和魅力倍增的长指甲。第一节课后,当我觉得时机成熟了,我就说:'芭贝特,你有一双吸引人的双手和漂亮的指甲,但如果你要弹出你的最高水平,如果你要弹得随心所欲,不妨把指甲修短点,你会对自己弹得多快多好大吃一惊的。仅供参考,怎么样?'她做了个鬼脸,含义肯定是不愿意的。我还和她母亲谈了这个情况,再次提起她的指甲有多漂亮。芭贝特依然是不愿意,显然,美甲对她来说很重要。一周后芭贝特来上课时,我吃惊地发现她的指甲被修过了,对她所作出的牺牲我进行了表扬。我还感谢她母亲对她的影响,她却说,'跟我一点关系没有,芭贝特她自己要剪的。为了别人剪指甲,这还是她头一遭呢。'"

诺里斯太太威胁过芭贝特吗?她说过她会拒绝教一个留长指甲的学生吗?不,她没有。她只是让芭贝特明白她的指甲很漂亮,剪掉是一大损失。她这样暗示道,"我和你感觉一样——我知道剪掉要下很大决心,但你会从音乐技艺的提高中获得补偿。"

索尔·霍洛克或许是美国头号音乐经理人,半个世纪来他经营过的艺术家不胜枚举——包括费奥多·夏里亚宾、邓肯、帕芙洛娃等世界顶级艺术家。霍洛克告诉我,他在和那些爱耍大牌的艺术家们相处时学到的第一课,就是必须顺着他们,对他们古怪的脾气必须顺从,顺从,再顺从。

有三年时间,霍洛克担任世界最杰出的男低音之一费奥多·夏里亚宾的经理人。夏里亚宾曾在大都会歌剧院引起轰动。然而夏里亚宾麻烦不断,他的行为就像一个被宠坏了的孩子。用霍洛克不可复制的表达法,就是:"他是各方面都糟透了的家伙。"

比如说,有时候夏里亚宾会在演出的当天中午给霍洛克打电话:"索尔,我感觉糟糕透了,我的嗓子糟糕得就像生汉堡包,今晚我唱不了。"霍洛克听他这样说后,同他争辩了吗?不,他知道那不是企业家和艺术家打交道的办法。于是,他火速赶到夏里亚宾的酒店,十分同情和悲伤地说:"太遗憾了!太遗憾了,可怜的朋友!你当然不能再唱了。我马上取消今晚的节目,这只会让你损失两三千块钱,可是跟你的名誉相比,不足挂齿。"

费奥多·夏里亚宾听霍洛克这么一说,就叹口气说:"索尔,你该晚来一阵儿的,下午5点钟来,当时看看我的状态怎么样。"

到了5点钟,霍洛克先生再赶到酒店,再次对夏里亚宾表示同情,同时坚持要取消节目。夏里亚宾又叹了口气说:"你再晚一点来看我,到那时或许我会更好一点儿。"

到了7点半,低音歌王终于答应登台了,但要求霍洛克先生到台前向听众说明本人患了重感冒,嗓子不好。霍洛克就假意承诺下来,因为唯有如此夏里亚宾才会登台。

亚瑟·I.盖茨博士在他的巨著《教育心理学》里这样写道:"同情是所有人类的普遍诉求。为了博取足够的同情,孩子们会急切地展示他的伤口,有的甚至故意自己割伤、扭伤;出于同样的目的,成人们到处向人展示他的伤情,绘声绘色地描述遇到的意外事故,所患的疾病,特别是手术过程中的细节。某种程度上,真实或幻想出的'自怜',实际上是一种普遍行为。"

所以,你要别人赞同你,请运用第九项规则:

原则9

对他人的意念和欲望感同身受。

第十九章

人人都喜欢的气场

我在密苏里州的毗邻"杰西·詹姆斯[①]"那一片土地上长大。我去过克尔尼的詹姆斯农场,当时他的儿子还生活在那儿。他的妻子对我描述了当年杰西如何抢火车、抢银行,然后把抢来的钱散给附近贫穷的农夫,让他们去赎回质押出去的田地。

在杰西·詹姆斯的内心,他可能自视为一个理想主义者,和几代人之后出现的达奇·苏尔茨,"双枪"克劳利、艾尔·卡彭以及其他犯罪组织的"教父"一样。事实上,你见到的所有人都自视甚高;在他们的自我评估上,都是品行良好而不自私。

银行家约翰·摩根在他一篇分析文稿中观察到,一个人做某件事,通常会出于两个理由:一是听起来很高尚的,一是真实的。

当事人自己会想到那个真实理由,这点不用你来强调。但我们内心

---

① 杰西·詹姆斯(Jesse Woodson James,1847—1882):美国著名黑帮头领,劫匪、凶杀犯。

都是理想主义者,喜欢考虑那些听起来高尚的动机,所以要改变他人,就必须唤起他高尚的动机。

这方法是不是想当然了,因而在商业上行不通?我们看看吧。我们就以哈密尔顿·J.法雷尔的经历为例子。法雷尔是宾夕法尼亚州葛伦诺顿法雷尔-米切尔公司职员,他有一个牢骚满腹的房客,威胁要搬走,但这房客的租约还有四个月才到期。他通知法雷尔说马上就搬,他才不管什么租约呢。

"那些房客在我的房子里已住了一个冬季——那是一年中最昂贵的季节。"法雷尔在课堂上讲述道,"我知道如果他们搬走了的话,在秋季前这房子很难租出去。我眼睁睁看着到手的房租从我口袋飞到山梁那边去了,我气不打一处来。通常,如果遇到这档子事,我肯定冲进那房客的房间,要他把合同重念一遍。我会摆明了说,如果他现在搬走,那四个月的租金马上就成了未付款——我有权,将会,并将采取实际行动要求他全部付清。然而,这次我没有情绪失控,没有和他大吵大闹,而决定另辟蹊径。于是,我这样对他说:'多依先生,我听说过您准备搬家,可是我仍然不相信那是真的。我多年的租房经验让我对人性多了些了解。我打见你第一面就认定您就是自己所说的那样——是一位言而有信的人;事实上,我敢跟自己打个赌,您就是这样的一个人。'我接着说,'现在,我有个提议,不妨把你的决定搁几天,再考虑一下。从今天起到下个月一号该续缴房租前,如果你还是要搬,我保证我会答应你;我会破格让你搬走,就算当初我看错了人。但我仍然相信你是自己说的那种人,会如实履行协议。不管怎么说,我们要么是人,要么是猴子——全看我们自己选择了。'于是,到了下个月初,这位先生亲自过来缴了房租。他和他太太经过商议——决定继续住下去,他们认为唯一荣耀的事,莫过于忠实履约。"

已故的洛德·诺斯克利夫发现一份报上登出一张他不愿意公开的照片,就给那家报社编辑写了一封信。但他在信上说"请勿再刊登我那张照片,因为**我**不喜欢那张照片"了吗?没有,他激起了高尚的动机,他激起了所有人对母亲的尊敬和爱。他在信上这样写道:"请不要再登那张照片了,因为家母不喜欢那张照片。"

当约翰·D.洛克菲勒阻止摄影记者偷拍他孩子时,他也激起一个高尚的动机。他没有说:"我不希望孩子的照片登出来。"他唤起了我们所有人内心深处不愿伤害孩子的愿望,他说:"诸位,你们知道做家长的心情。你们当中有些人也有自己的孩子,你们知道让孩子们获得太多关注,对他们没有好处。"

赛勒斯·H.K.柯迪斯是缅因州一个穷小子,以创办《周末晚报》和《妇女家庭杂志》取得令人炫目的成功,赚进数百万元身家。他创业之初,开不出像别家报纸、杂志那么高的稿酬,他没有能力请来纯粹为钱写作的一流作家为他写稿,可是,他激发了他们的高尚动机。比如,他甚至成功说服不朽名著《小妇人》作者路易莎·梅·艾尔克特,在她红得发紫的时候为他写稿。柯迪斯没有给寄给她一张100元美元支票,而是把支票寄给艾尔克特最喜欢的一个慈善机构。

或许这时,有人会怀疑说:"呵呵,这种伎俩用在诺斯克利夫、约翰·洛克菲勒,或一个多情善感的小说家身上或许有效。可是,我倒想看看,这种方法用在我要催烂账的那些家伙身上,还会一样有效!"

你或许是对的。这世界没有灵丹妙药,没有万能钥匙。如果你满意于现状,何必改变呢?但——如果你不满现状,试一试又何妨呢?

无论如何,我想你会喜欢听听我一个学员詹姆斯·L.托马斯讲的真实故事:一家汽车公司有六个顾客拒付一笔修理费。并不是所有人对所有账单不承认,但每个人都说其中某项收费弄错了。可是每一项服务都有他们签字,所以公司认为这些账不会有错,——也是这么对他们说的。第一步就错了。

下面是汽车公司信用部职员追款时的工作流程,依你看,他们会成功吗?

1. 他们找到每一位顾客,直截了当地告诉他们自己来催收一笔超期欠款。

2. 他们简单明了地说,汽车公司方面绝不会弄错,所以,所有错误绝对在顾客。

3. 他们提示客户,在汽车方面公司要比他们内行得多,所以,争来论去好玩吗?

4. 结果:他们争论起来。

这些方法,能求得顾客和解,解决分歧吗?你不妨自己去回答。

事情闹到这种地步,汽车公司信用部主任准备采取法律措施,幸亏总经理获悉了这件事。这位总经理查阅了那几位欠账的主顾的背景,发现他们过去都付款及时,他相信哪儿不对劲——催账方式大错特错了。于是,他把詹姆斯·L.托马斯叫去,要他去收那些"死账"。

根据汤姆斯自己的讲述,他采取了如下步骤:

1. 我去拜访每一位顾客,同样是为了要一笔烂账——那笔账我们确信绝对没问题。可是,我对此只字不提;我对他们解释说,我是来调查公司的服务哪些做得好,哪些没做好。

2. 我清楚地表明,在没弄清楚具体情况前,我不会发表任何意见。我告诉他说,公司方面也并非绝对没错。

3. 我告诉他,我只对他的车感兴趣。而他对自己的车应该比谁都熟悉,有绝对的发言权。

4. 我让他们尽请倾诉,我静静地充满同情地听着——这是他所希望的。

5. 最后,当他们心平气和时,我就把整个事情交给他们,凭自己的公平感、是非感来处理。当然我激发了他们的高尚动机,我这样说:"首先我要表态,我也觉得这件事确实处理欠妥。公司代表给您带来了不便、烦恼和困扰,那是不该的,我深感抱歉,我代表公司向您道歉!我听了您的遭遇后,禁不住对您的公正和忍耐所感动。现在,正因为您的宽宏大量,我才敢开口请您帮我个忙。您能比任何人做得更好,您也比别人更清楚。这儿是您的账单,我知道您完全有理由修正,就像您是我公司老总一样。我完全听您的,您说怎么办就怎么办。"

他修改账单了吗?他当然这样做了,而且很爽快地做了。这些账单的数目在 150 元到 400 元间——但顾客占便宜了吗?是的,其中一位对一笔争执款项一分都不愿意付;可是另外 5 位顾客如数支付了。最精彩的是,在以后两年中,那 6 位顾客都买了本公司的新车!

"经验教育了我。"托马斯先生说,"当你不熟悉顾客时,最好办法是预设对方是真诚、可靠的,一旦让他相信账目没问题,他是愿意甚至急于付账的。换个说法或许更明白些,人们是诚实的,愿意履行义务,很少例外。经验告诉我,绝大多数情况下,如果人们觉得你认为他们诚实、正直和公正,即便本想占你便宜,也会一改初衷。"

原则 10

激发更高尚的动机。

第二十章

必要时,做回演员又何妨?

前些年,《费城晚报》被有预谋的危险的谣言所诽谤。一个恶毒的谣言四处流传:广告商们被告知那家晚报广告太多新闻太少,吸引力不再。有必要立即采取措施,将谣传平息下去。

但——该采取什么办法呢?

他们是这样做的。

晚报将平常一天报纸中所有可供阅读的资料剪下,加以分类,会集了当天所有新闻和特色内容,编成一本书出版,书名就叫《一天》。这本书有307页——和很多精装书差不多,将其付印后却只卖几分钱,而不是几美元。

这本书出版后,将事情变得富有戏剧化色彩——晚报刊载了大容量而且有趣的内容。这比列出一堆数字和仅靠嘴巴说说更形象、更有趣、更深刻地澄清了事实。

这是戏剧化的一天,仅仅陈述一个事实还不够,这个事实必须表达得更生动、更有趣和有戏剧性。你必须具备高超的展示才能。电影这么做,电视这么做,如果你要引起关注,也必须这么做。

橱窗展示专家知道"戏剧化"的力量。比如,新鼠药生产商将两只活老鼠放进橱窗展示给销售商,那一周,鼠药销量飙升到平时5倍以上。

电视广告中更是运用了大量"戏剧化"。不妨找个晚上坐在电视机前,分析分析广告商是怎么制作每一则电视广告的。你会看到某种抗酸药怎么在一个试管里让酸的颜色发生改变,而竞争者产品则没这个效果;你还能看到某种肥皂或洗涤剂将油污衬衫洗得雪白,而竞争者呢,却把白衬衣洗成灰衬衣;你还能看到一辆汽车玩了一阵眼花缭乱的曲线和急转弯——远比你知道的好;你会看到一张张对各种产品啧啧称赞的脸。无论卖的是什么,所有这些广告都夸大其词了——却依然能让观众掏腰包。

你可以将你的主意通过广告式的办法引入你的事业和任何其他人生领域。这个并不难。来自弗吉尼亚州里士满的吉姆·伊曼斯为"全国收银机"推销收银机,他讲述了他是怎么用这个办法打开销路的。

"上周我拜访了一个附近的杂货店主。我看见他收银台上的收银机都成老古董了,就走过去对老板说:'老板,您在白白从您的顾客身上浪费赚钱的机会。'说完,我扔了一把钱币到地板上,他很快认真起来。光嘴巴说可能只能引起他的兴趣,但钱币打在地板上的声音真的让他动了心。我很顺利地从他那儿拿到订单,为他替换了所有的旧收银机。"

"戏剧化"在家庭事务中也能起到良好作用。以前,情人在向心爱的人求婚时只靠嘴说吗?不!他以膝跪地,那最能表达他的心意。我们不再跪地求婚了,但很多人在求婚前,还是喜欢营造一种浪漫氛围。

把你的需求"戏剧化"地对待小孩也管用。阿拉巴马州伯明翰的乔伊·B.芬特的两个孩子——5岁大的儿子和3岁的女儿不爱收拾玩具,于是乔伊就发明了一列"火车"——乔伊骑着三轮车,在前面当机长;珍妮特的马车和"列车"连接起来,并充当尾车。傍晚,她给她的马车装上"煤"——其实是她的玩具;当哥哥开火车时,她就跳到她的车厢里,随哥哥满屋跑。这样一来,珍妮特就把所有玩具清理干净了。——没有说教,没有争论,也没有吓唬。

印第安纳州密夏瓦卡的玛丽·凯瑟琳·沃尔夫工作中遇到了些问题,她决意和老板当面谈谈。周一早晨她请求约谈但被告知老板太忙,她可以和老板秘书把约谈安排在本周晚些时候。秘书暗示老板日程很紧,但她会尽量安排。

沃尔夫太太讲述了事情经过。

"我一周也没有得到她的一个准信,无论我怎么问,她总是给出老板不能见我的理由,所以直到周五一早我还没机会。我确实想在周末之前和老板见面,于是我就问自己怎么才能如愿。

"我最后是这样做的。我正式给老板写了一封信,在信中暗示我完全理解他整个一周有多忙,但我们的谈话也非常重要。我在信封里放了一封表格式信件,还在信封上写上给我的回信地址。我请他把表格填好或让秘书填好后退给我。格式信件是这样的:

沃尔夫太太:
  我将在_____(地点)_____(上午/下午)接见你,我会给你_____分时间。

"我在上午11点把信放到他的办公桌旁的资料筐里。下午2点我查看了我的邮箱,我自己写好的那个信封就在里面!老板填好了我的格式信件,说下午可以见我,时间是10分钟。我见到了他,谈了一个多小时,我的问题也得到了解决。如果我不通过夸张的方法让他知道我真的要见他,我恐怕现在还在干等着。"

詹姆斯·B.博因顿必须陈述一份大型市场报告。他的公司刚刚为一家领先的润肤霜品牌公司做完一项全面而周详的调研,他急需同类产品在市场的竞争数据情况。他的潜在客户是广告界中最牛——也是最可怕的一个人。

可是他的第一种办法让他几乎在行动之前就铩羽而归。

"第一次交流我就发现。"博因顿先生释道说,"我发现,关于调查法,我们进行的完全是一种无效讨论。他说我错了,我就试着证明自己是对的;他一言,我一语,我们抬上杠了。我如愿以偿地争赢了——但我的时间到了,面谈结束了!我依然一无所获。第二次,我才不管那些数字数据表格什么的。我去见这个人,我要给他来点震撼性、戏剧化的效果。我走进他办公室时,他正在通电话。等他一说完,我就打开皮箱,把32瓶润肤霜——他所知道的所有品牌,以及所有竞争品牌——噼里啪啦一股脑倒在他的办公桌上。在每一个瓶子上,我贴了一张小纸签,上面详细罗列了各种调查结果;每张纸签简单而戏剧性地描述了该产品情况。情况怎么样?我们没再争论了,局面耳目一新。他拿起一瓶润肤霜,又拿起另一瓶,读上面的信息。很快,我们开始了友好的交流。他表现出了极大的兴趣,问了另外一些问题。起先他只给了我10分钟陈述,10分钟过去了,20分钟过去了,40分钟过去了,快到一个小时了我们谈兴仍浓。我陈述的基本内容和前次陈述的毫无二致,但这次,因为我做了回演员,运用了戏剧化、表演化——效果真是天壤之别。"

原则 11

将你的想法戏剧化。

第二十一章

束手无策时,不妨试试这个

美国最早的百万年薪职业经理人查尔斯·施瓦布手下有一名钢铁厂经理,他的工人老是不能完成生产配额。

"这是怎么回事?"查尔斯·施瓦布问他,"你这么能干的人,怎么不能完成产量?"

那名经理回答说:"我也弄不清楚是怎么回事,威逼利诱什么手段都用尽了,但毫不奏效,他们就是不给力。"

他们谈话的时候,是白班、夜班交接班之际。施瓦布向那个经理要了一支粉笔,转身走到最近的工人旁边,问:"你们这一班,今天完成了几个单位?"

那工人回答:"6个。"

施瓦布二话不说,在地上写了一个大大的"6",转身便走了。

来接夜班的工人看到这个"6"字,就问是什么意思。

"大老板刚走。"日班的工人说,"他问我们今天做了几个单位,我回答6个,他就在地板写了这个字。"

第二天早晨,施瓦布又来到工厂车间,发现夜班工人已把"6"拭去,换成了一个大大的"7"。

次日上午,白班的工人换班时看到地板上一个大大"7"字。他们就这样想:夜班工人觉得自己比白班工人强,是这样吗?我看啊,他们是要在白班面前显摆一下。于是白班工作铆足了劲儿干活,下班时他们在地板上留下一个硕大的、趾高气扬的"10"。

他们就这么扛上啦!形势也发生了逆转。

很快,这家长期产量垫底的工厂就笑傲其他工厂了。

这是什么原因?就让施瓦布用他自己的话来解释吧:"取得这个成绩的法宝是就是激发竞争,我并不是指下三烂的金钱诱惑,而是一种胜过别人的欲望。"

提出挑战!迎接挑战!求胜的欲望!对有血性的人来说,这个"激将法"百试不爽。

如果没有挑战,西奥多·罗斯福不会入主白宫。这位勇士刚从古巴凯旋而归,便被推选为纽约州州长候选人。反对者发现罗斯福已不是纽约州合法居民,他知道这情况后,有些畏惧,准备打退堂鼓。这时,纽约州参议员托马斯·科利尔·普拉特使用了"激将法",他厉声质问罗斯福:"难道圣圣胡安山的英雄,竟是这么一副熊样?"

就这样,一句话让罗斯福坚持到底——结局众所周知。这个挑战不仅改变了西奥多·罗斯福的一生,也对国家产生了深远影响。

"所有人都有恐惧,但勇者会扔掉恐惧前行,有时甚至付出生命代价,但总的趋势是获得胜利。"这是古希腊国王卫士们的座右铭。还有什么事情比获得克服恐惧的机会具备更大的挑战?

当艾尔·史密斯当纽约州长时,他就勇于接受这样的挑战。当时位于"恶魔岛"西面最臭名昭著的辛辛监狱没有监狱长,监狱内丑闻、谣言泛滥成灾。史密斯需要一位强有力的铁腕人物去管理辛辛监狱,但找谁呢?他把新汉普顿的里维斯·E.劳韦斯招来。

"你去管理辛辛监狱如何?"当劳韦斯站在他面前时,他很有激情地说,"那儿需要一个有经验的人。"

劳韦斯一时愣了。他知道辛辛监狱的危险,这是一项政治任命,出于变化莫测的政治需要。那里的监狱长走马灯似的换了又换——其中一位只维持了三个星期。他得替自己的前程着想,这险值得去冒吗?

史密斯州长见他犹疑不决,向椅子后仰了仰,微笑说:"年轻人,你感到害怕,我不会责怪你。那的确是个烂摊子,需要一个有雄才大略的人才能胜任。"

史密斯下了一个挑战书,是吧?劳韦斯喜欢这个念头——去尝试一个需要"雄才大略"的人才能胜任的工作。

于是劳韦斯去了,而且他在那里干了很久,成为当时最著名的监狱长。他写的书《在辛辛监狱的日子》卖了几十万册。他在广播电台讲述的故事以及他的监狱长经历,成为多部电影的灵感和素材。他对罪犯实行"人性化"管理,在监狱改革方面创造了奇迹。

大公司风驰通轮胎和橡胶公司创始人哈维·费尔斯通曾这样说:"我从来没发现仅仅靠工资靠待遇就能网罗和留住最好的人才,而是靠竞争。"

对于这一论断,最优秀的行为科学家之一弗里德里克·赫茨伯格表示赞同。赫茨伯格在从工厂工人到公司高管数以千计的人群中做了深度研究。你认为在赫茨伯格的发现中,什么是最重要的激励因素——工作的哪一方面最具有鼓动性?钱?良好的工作条件?福利?不——统统不是,刺激人们的主要因素是工作本身。如果工作激动人心,有趣,人们就喜欢去做,而且会尽力做好。

这是任何一个成功人士都喜爱的——竞争。因为竞争是表现自我的机会、证明自身价值的机会、超越大众的机会和取得胜利的机会。正因为争强好胜的欲望和"自重感",产生了形形色色稀奇古怪的比赛:竞走比赛、唤猪比赛、吃甜点比赛,等等。

原则 12

发出挑战。

小结
如何说服他人

原则 1
赢得辩论的唯一方法,就是避免辩论。

原则 2
尊重别人的意见,永远不要说:"你错了。"

原则 3
如果你错了,迅速、勇敢地承认。

原则 4
以善意开始。

原则 5
使对方立即回答"是"。

原则 6
使对方多说。

原则 7
使对方觉得这个主意是他的。

原则 8
真心诚意地以他人角度看问题。

原则 9

同情对方的意念和欲望。

原则 10

激发更高尚的动机。

原则 11

将你的想法戏剧化。

原则 12

发出挑战。

第四部分

领导艺术:既影响他人,又不招怨

第二十二章

如果必须纠错,这样来

卡尔文·柯立芝总统当政时,我一个朋友应邀在一个周末去白宫做客。当他信步在总统私人办公室时,正好听到柯立芝对他的一位女秘书说:"你今天上午穿的衣服真漂亮,你是个有魅力的年轻女士。"

这可能是沉默寡言的柯立芝总统一生中对一位秘书的最高赞誉,太不同寻常,太出乎意料了,以至那位女秘书在迷惑中脸露红晕。总统接着说:"我刚才的话是为让你开心,可是你也别骄傲了。从现在起,我希望你在使用标点符号时,要更留点神。"

他的方式稍嫌直白了点,但在心理学上却很高超。我们听到称赞后再听不愉快的话,接受起来就容易多了。

理发师在为人修面前,会敷上一层泡沫。麦金利在1896年竞选总统时就完全运用了这个原理。共和党一位要员写了一篇竞选演讲稿,他自我感觉良好——西塞罗①、帕特里克·亨利②和丹尼尔·韦伯斯特三人的口才加在一起和他相比还略输文采稍逊风骚。他满怀激情、得意洋洋地在麦金利面前把他的不朽名篇朗诵了一遍。这篇演讲稿虽有可圈可点之处,但并不适合当时的场合,它会引起一场暴风骤雨般的抨击。麦金利不愿伤害他的感情,也不能抹杀他的热忱,但又不得不说"不"。且看他怎么老练地处理这件事的。

"我的朋友,这真是一篇气势磅礴而又精彩绝伦的演讲稿。"麦金利说,"不可能有人比你写得更好了。在很多场合这篇演讲稿都非常适用,可是,在眼下这个特定的场合是不是很合适呢?从你的立场来看,很完美,很慎重,但我必须从政党的立场来考虑这份演讲稿所产生的效果。现在请你回家按我的提示再写一篇,写好了送我一份。"

那人就那样做了。这次,麦金利用蓝色铅笔做了修订,并帮助他重写了第二稿,结果那位党员在竞选中成为口才最好的演讲者之一。

这儿还有另一封信,在林肯的信件中知名度仅次于写给比克斯比太太的那封信(那封信里,林肯对她5个儿子阵亡表示哀悼)。这封信可能是林肯只花了5分钟时间急就而成的,可在1926年公开拍卖时,售价高达1.2万元!随便说一句,这个数目比林肯50年辛勤工作的全部积蓄还多。

这封信是林肯于1863年4月26日写给约瑟夫·胡克将军的,当时处于内战最残酷的期间。连续18个月来,林肯的将领们率领联军屡遭惨败,一切努力都是徒劳,都归于血腥的人类大屠杀,举国哗然。数千名

---

① 西塞罗(Marcus Tullius Cicero,公元前106—前43):古罗马政治家、雄辩家。
② 帕特里克·亨利(Patrick Henry,1736—1799):美国独立时期著名政治家和演说家。

士兵临阵脱逃,甚至参议院里的共和党议员也反戈一击,强迫林肯辞职。

林肯说:"我们现在已山穷水尽。在我看来,上帝也反对我们,我看不到一丝希望的曙光。"这封信就写于如此悲戚和混乱的时期。

我摘出这封信,是为了说明林肯是如何设法改变一位桀骜不驯的将领——当时国家的命运,完全依赖于这位将领的一举一动。

这也许是林肯任总统后措辞最严厉的一封信,但你会留意到,林肯在指出胡克的严重错误前,褒奖了他一番。

是的,那些错误是很严重的,可是林肯并不那么措辞,而是更稳健、更圆润。林肯是这样写的:"你办理的几件事情,我不是特别满意。"多老练!多有外交策略!

以下就是写给胡克将军的信:

> 我已任命你为波托马克部队司令官,当然,我这样做是依据我所认可的充分理由。然而,我也希望你最好明白,有几件事我对你并不是特别满意。
>
> 我相信你是一个有勇有谋的军人,这点,当然是我所赞赏的。同时我也相信,你没有把政治和你的职业操守搅和在一起,这方面你做得很对。你很自信——如果这算不上不可或缺的素质,也是一种价值所在。
>
> 你很有抱负,在合理的范围内,是利大于弊的。可是在拜恩塞德将军指挥军队期间,你完全屈从了你的自负,尽你所能削弱他的权威;在这件事上,你对你的国家和一位品德高尚的兄弟指挥官,可谓犯下了大错。
>
> 我曾经听说——并且你的说话方式也让我相信其真实性——你最近说不管军队还是政府都需要一位独裁领袖。当然,不管情况

如何，我授予你军队指挥权，并非出于这个原因。

只有战争中取胜的将领，才可能成为独裁。眼下我对你的期望是军事上的胜利，为此我甘冒让你变成独裁者的风险。

政府将一如既往、竭尽全力地支持你，对所有指挥官都会这样。我极为担忧的是，你曾经助长过的那种批评指挥官和诋毁他们信心的风气传给部队，并落到你自己的身上。我愿尽我所能协助你平息这种风气。

部队中一旦充斥着这种风气，即使是你或拿破仑——如果他还活着，也无法带好部队。所以，现在切忌轻率，切忌冲动，而要充满斗志，时刻警醒，为了我们的胜利，奋勇前进。

你不是柯立芝，不是麦金利，也不是林肯，但你应该知道，这种哲理在职场上对你也真的会有用。会有用吗？让我想想——就以费城瓦克公司W. P. 戈先生为例。戈先生普普通通，就像你我一样。他是我在费城举办的培训班的学员，这是他在课堂上讲述的故事。

瓦克公司要在费城承建一座大型办公楼，竣工时间被定为某一特定日子。一切进展顺利，大楼几乎完工了。突然，外墙铜饰工程材料生产商说他不能如期交货。什么！整个工程都要停顿下来！巨额罚款！损失惨重！居然就是因为一个人！

长途电话，争来辩去，吵来吵去！都是徒劳。不如虎穴，焉得虎子？于是戈先生被派往纽约直捣那个人的老巢当面解决。

"您的大名在布鲁克林区中可是绝无仅有，你知道吧？"戈先生走进这位分包商的办公室，寒暄两句后这样说。这位经理很惊讶，他说："不，我不知道。"

"事情是这样的。"戈先生说，"今天早晨我下了火车，在电话簿上找你的地址,发现布鲁克林就你一个人叫这个名字。"

"我还真不知道呢。"这位分包商说,还饶有兴趣地把电话簿拿来查看,一边自豪地说,"呵呵,我这名字比较罕见。我的祖先在200年前就从荷兰移民到新英格兰了。"

接着他又谈了几分钟他的家族史。戈先生等他炫耀家史完毕,又恭维他的工厂规模庞大,是自己见过的同类厂中是家大业大的。

分包商就说:"我一生的心血都耗在这里了,我为此而自豪。你愿意参观参观吗?"

参观的时候,戈先生连连夸奖工厂的生产系统,并解释为什么比那些竞争厂家高明。戈先生还对几种不常见的机器评头品足,这位经理就告诉他,那些机器是他自己发明的。他花了很长的时间给戈先生演示机器的工作原理以及产品有多棒。他坚持请戈先生共进午餐。提醒读者一下,直到此时,戈先生对他的来意仍然未置一词呢。

午餐后,那位分销商说:"现在,我们言归正传了。我当然知道你此行的目的。但没想到我们的见面这么投缘。你可以回费城复命了,我保证你们的订单准时加工,按时发货,即使拖延别的订单,你的也会保证。"

戈先生对自己的真实使命只字未提,却轻松达到他的一切目的了。材料全部如期运到,办公楼在合同规定的那一天顺利竣工。

如果戈先生当时采用在此类情况下通常使用的硬碰硬的办法,情况又会如何?

多萝西·乌布利斯基是新泽西州芒茅斯堡联邦信贷联盟分区经理,她在一堂课上讲述她是怎么帮助一名下属提高工作业绩的。

"我们最近聘了一名年轻女士做柜台实习生,她和顾客的沟通很好,在处理个人转账业务方面既准确又高效,快下班时的平账阶段却出问题了。柜台组长过来找到我,强烈建议我解聘她,她说:'她平账实在太慢了,让所有人都耗着。我教了她一遍又一遍,她就是不行。她必须走人。'第二天我观察到,她在处理日常转账业务时又快又准,和顾客也相处甚欢。下班后,我过去和她谈话。她显得很紧张而又烦躁。我首先表扬她对顾客的友好热情态度,还夸奖她在工作中的精确和效率,然后我建议我们温习收银箱对账的所有程序。一旦她意识到我对她有信心,她就很容易听从我的建议,并很快就掌握了那项技能。从此,她再也没出过任何问题。"

以表扬作为纠错的开始就像牙医首先给病人局部麻醉一样,病人照样被钻孔,却不觉得疼痛。一个领导者,也应该……

原则 1

用表扬和真诚的赞美开始。

第二十三章

如何批评才不招怨

一天中午,查尔斯·施瓦布穿过下辖一家的钢铁厂时,偶遇几个工人在吸烟,而"禁止吸烟"的标识牌就悬挂在工人头顶的墙上。施瓦布是不是指着牌子对那些工人说:"你们难道不识字啊?"不,没有,施瓦布不会这样做。当时,他走到那些工人面前,给他们每人发了一支雪茄,说:"伙计们,如果你们能到外面去抽这些雪茄,我会很感激的。"那些工人们知道自己违反了规章制度——但他们钦佩施瓦布,因为他不但没责备他们,还送给他们每人一个小礼物,使工人们觉得挺有面子。这样一个人,你能不喜欢他吗?

约翰·沃纳梅克也运用了这个原则。沃纳梅克曾经每天去他的大型百货商场转一转。有一次,他看到一位顾客在柜台外等着,却没人去理会她。售货员呢?哦,原来他们都聚到柜台很远一角只顾自己谈笑。沃纳梅克一声没吭地悄悄走进柜台里,招呼那位女顾客,然后在自己离开时随便把东西交给售货员去包装。

政府官员经常被指责为脱离群众。他们是大忙人,有时候错在对他们保护过度的助手——他们不愿访问过多而加重老板的工作负担。

卡尔·朗福德是迪斯尼世界乐园所在地——佛罗里达州奥兰多市市长,多年来他经常训诫下属允许市民去见他。他宣称这是他的"门户开放政策",然而市民拜访时,却常常被他的秘书和同僚挡驾。

最后,这位市长找到了解决办法。他把自己办公室的门给拆了!他的助手们得到通知,从他的办公室门被象征性拆除的那天起,市长就完全实行开放式管理。

在不冒犯或不招怨的前提下改变他人,仅仅改用一个3字母的单词"but",常常就能在成败之间导致大相径庭的结果。

很多人在真诚地赞美别人后,用"但是"这个词开始批评。比如,为了改掉一个孩子粗心大意的习惯,我们可能这么说:"约翰尼,你这学期成绩提高,我们真为你骄傲;**但是**,如果你在代数上再用功点,成绩会更好。"

这种情况下,约翰尼或许深受鼓舞——直到他听到那个"但是",他或许会因此怀疑原话出于真心诚意。对他来说,表扬不过是一个勉为其难的引子——引出关键性的失败性推论;因而,我们的可信度就大打折扣,我们也许无法实现改变约翰尼学习态度的目的。

这个结局可以轻易地通过把"但是"换成"还有"克服掉。——"约翰尼,你这学期成绩提高,我们真为你骄傲;**还有**,如果下星期继续用心努力,你的代数成绩就也上去了。"

现在,约翰尼就会接受表扬,因为接下来的不是一个失败论断。我们间接地引起了他对自己行为的关注,而没有明说那是我们希望他予以改变的行为;因而,他努力达到我们的期望的几率也就增大了。

一些敏感的人可能对直接批评持抗拒和憎恨态度,所以,间接引起他们对自己错误的关注效果就好得多。罗德岛乌恩萨克特的玛姬·杰克布在课堂上谈到自己扩建房屋时,如何劝说那些浑身是泥的工人们把自己洗干净。工程前几天,杰克布太太下班后,看到木材废料洒落得草坪上到处都是。她不想批评这些工人,因为他们活干得非常棒。于是,在工人们回家后,她就和孩子们清理草坪,把那些边角废料码到一个角落。第二天早上,她把一名工头请到一边说:"我很喜欢前草坪保持成昨天晚上那个样子,美观,干净,也不会让邻居不舒服。"从那天起,工人们就把废料收拾得干干净净,工头每天都会在下班后过来检查。

在预备役军人和他们的正规军队训练员之间,最主要的争议之一就是理发。预备役人员认为自己是平民(大多数情况下他们的确是),不愿意剪成平头。

哈利·凯塞尔是美国陆军后备队第542学校军士长,在和一群士官共事时,他试着解决了这个问题。你可能觉得,作为一名老派军人的他会对士官们大嚷大叫;然而,他却采用了迂回战术。"先生们,"他这样开场,"你们是领头羊,以身作则是让你们提高效率的最佳途径。你们必须为部下起到表率作用。你们知道部队关于理发的规定怎么回事。尽管我的头发比你们有些人短多了,我今天还去理发。你们去照照镜子,如果觉得你要给士兵们做个表率,我们会为你们安排去军营里的理发店。"结果可以预料。一些人果真对着镜子自我检视,然后在下午去理发店,中规中矩地理成了短发。军士长凯塞尔次日早上看到后评论说,他已经在一些士官身上看到了领导素质。

533

1887年3月8日，最雄辩的亨利·沃德·比彻①去世。接下来那个星期日，莱曼·阿波特被邀去教堂布道，顶替比彻留下的空白。阿波特绞尽脑汁，完稿后，以福楼拜②似的精细反复修改、润色。然后，念给他太太听。就像所有书面演说稿一样，效果不佳。

　　如果他太太没有心机，一定会这样说："莱曼，这稿子太糟了，绝对不行。读起来就像百科全书似的，会让听众打瞌睡的。你讲道这么多年，难道不懂啊？老天爷，你为什么不能像平常人一样说话，为什么不自然一点？如果你去念那东西，肯定会给自己丢脸的。"她**完全可能**这样说。而且，如果她这样说，你应该知道结果如何。她也明白这一点，所以她仅仅说如果那篇讲道稿发表在《北美评论》杂志上绝对是一篇上乘之作。也就是说，她在赞美丈夫的同时，又巧妙地暗示这篇演讲稿并不适合现场采用。阿波特明白了，就把那篇精心准备的演讲稿撕了，直接就去讲道了。

　　我们要阻止一件事，请记住始终要避开正面批评。正面批评会伤了他的"自重感"和自尊。如果必须批评，应该采取暗示法，对方明白你的善意和用心，他不但会接受，还会感激你。

　　所以要改变人们的主意，而不引起反感，谨记规则2：

原则2

　　　　间接指出人们的错误。

---

　　①　亨利·沃德·比彻（Henry Ward Beecher, 1813—1887）：美国公理会牧师、社会改革家、演说家。
　　②　福楼拜（Gustave, 1821—1880）：法国小说家。

第二十四章

正人先正己

几年前,我的侄女约瑟芬·卡耐基到纽约来做我的秘书。约瑟芬19岁,3年前从一家中学毕业,她的职场经验少得可怜。现在,她却成为苏伊士运河以西最能干的秘书之一。

然而刚开始的时候,她——呵呵,着实有待于提高水平。有一天,我想要批评她时先反问我自己:"别急,戴尔·卡耐基,且稍等等,你比约瑟芬年岁大一倍,你处事的经验高过她一万倍。你凭什么期望她和你有一样的观点、判断力和原创力呢?——尽管你可能很平庸。戴尔,你19岁时又在干些啥呢?还记得你所犯的那些蠢驴般的错误和过失吗?忘了这次……那次……你干的聪明事了?"

这样扪心自问后,我得出结论:19岁的约瑟芬的能力要比19岁的戴尔·卡耐基强多了;而且,我坦率地承认,我对约瑟芬表扬不够多。

所以,此后每当我要提醒约瑟芬注意错误时,我常常这样说:"约瑟芬,你出了一点差错,不过老天爷作证,那点差错简直无法和我犯的错误相提并论。你不是生下来就能明辨是非的,那需要从经验中得来。你比我在你那个年龄强多了。我一直为自己那些愚蠢可笑的错误内疚,我无意批评你或其他任何人。可是你想想,如果你如此这般……去做,不是更聪明一点吗?"

如果批评你的人一开始就谦逊地承认自己远非完美无瑕,然后再指出你的错误,你就不会太抗拒了。

E.G.德雷斯顿是加拿大曼尼托巴省布兰顿的一位工程师,他和自己的新秘书出现了问题。他口述的信件打出来送来签名时,每一页都有两三处错误。德雷斯顿先生讲述自己是怎么处理这件事的:

"就像很多工程师一样,我的英语或拼读不是太好。多年来我一直携带个小黑本,把自己容易误拼误读的词汇罗列出来。显然,仅仅指出秘书的错误并不能让她在校对和查字典上多用些心思,我决定采取别的法子。所以,在下一封信发现错误后,我就请打字员坐下来,对她说:'不知怎么回事,这个单词看上去好像有点别扭,我也老是拿不准,所以我自制了这个勘误表本(我把本子翻到相应页面),这儿,在这儿!我现在对拼写很小心,因为人家是通过我们的信件判断我们的,拼写错误会让他们觉得我们不够专业。'我不知道她是不是借鉴了我的办法,反正那次谈话后,她频繁的拼写错误显著减少了。"

老辣的冯·比洛亲王在1909年就深谙这种方式的极端必要性。当时冯·比洛是德皇威廉二世的帝国首相,这个德国最后一位皇帝傲慢、狂妄,他疯狂扩充陆、海军,夸口没有达不到的目的。

于是,一件骇人听闻的事情发生了!德皇说了一些令人难以置信的事情,整个欧洲大陆都为之抖动,甚至波及全世界。最糟的是,德皇是在他访问英国时把这些愚蠢、狂妄、荒唐的言论当众前发表的,他还准许《每日电讯报》发表出来。比如,他声称,自己是唯一对英国友善的德国人;他宣称,德国正在建造海军以应付日本的威胁;他还说,全凭他一己之力,才使英国免遭法、俄两国的羞辱;他又说,英国的罗伯特勋爵之所以能在南非战胜了布尔人①,全仰仗**他制定的**作战计划,等等。

在近百年来的和平时期内,欧洲没有一位君主会说出这么不成体统的话来。当时欧洲各国一片哗然。英国被激怒了,德国的政客们也瞠目结舌。在一片惊恐中,德皇也有些慌了,他暗示首相冯·比洛代为受过。是的,德皇要冯·比洛宣布,这一切都是他的责任,是他建议德皇说出那些不可理喻的话来的。

"但是陛下,"冯·比洛抗议道,"我觉得不管是德国人或是英国人,都绝不会相信我能让陛下那么说的。"

冯·比洛话一出口,就发觉自己犯下大错。果然,德皇动怒了。

"你认为我是一头蠢驴?"他咆哮道,"连你都不会犯的错,我却犯了。"

冯·比洛其实明白应该先恭维再批评,但既然为时已晚,他好退而求其次——批评后再恭维。结果,奇迹产生了。

"陛下,我绝对不是那个意思!"冯·比洛毕恭毕敬地说,"陛下当然在很多方面都远胜于我,不只是在海军和军事领域,尤其还在自然科学方面。陛下每次讲解气压表、无线电或X射线时,我总是对自己在这方面的无知自惭形秽;我对各门自然科学一问三不知,对化学、物理更是一窍不通,即使最平常的自然现象我也搞不懂。"

"不过,"冯·比洛话锋一转,"稍可弥补的是我在历史方面略知一

---

① 布尔人(Boers):南非荷兰移民的后裔。

二,或许还有点政治素养,尤其在外交上。"

此刻,德皇脸上露出了笑容。冯·比洛恭维了他,抬举了他,却自贬了一番。这样一来,德皇什么都可以宽恕他。德皇热忱地说:"我不是常跟你这样讲过嘛,你和我彼此相得益彰嘛。我们需要精诚合作,我们会的。"他和冯·比洛握手,不是一次,而是很多次。那天下午,德皇高兴地高举双拳大声说:"任何人要给我打冯·比洛亲王的小报告,**我就一拳打在他的鼻子上。**"

冯·比洛亲王及时救了自己一把——他虽然是个极其圆滑练达的外交家,依然做错了一件事。他应该**先谈**自己的短处和德皇的长处——而不能暗示德皇智商不高,需要别人保护。

如果几句贬低自己抬高对方的话,就能把目空一切、爱侮辱他人的德国皇帝变成一个铁杆好友;不妨设想一下在我们的日常生活中,又能产生什么效果? 如适用恰当,真的会在人际关系中产生奇迹。

承认自己的错误——即使还没来得及纠正错误,也有助于改变他人的行为。这在最近再次被马里兰州蒂莫尼姆的克劳伦斯·热修森先生验证了,当时他发现 15 岁的儿子在学着抽烟。

"当然,我不希望戴维抽烟,"热修森告诉我们,"但我和他母亲都抽烟,我们一直是他的坏榜样。我给戴维解释我是如何在他那个年龄开始抽烟的,尼古丁怎么危害了我,现在我几乎不可能戒烟了。我提醒他我的咳嗽好令我烦恼,以及以前他是怎么追着求我戒烟的。

"我没有劝诫他戒烟,没有威胁他,也没有警告他吸烟的危险。我所做的就是指出我怎么被尼古丁牢牢控制住,以及吸烟对我意味着什么。他想了一阵儿,决定在高中毕业前不抽烟。几年过去了,戴维再没抽过烟,也没那打算。那次谈话后,我也决定戒烟,在全家的支持下,我成功了!"

一个好的领导,要遵循下面的原则:

原则 3

在批评对方之前,不妨先自我批评。

第二十五章

没人喜欢被使来唤去

我曾经很愉快地同美国著名传记作家艾达·塔贝尔女士共进晚餐。我告诉她我正在写这本书后,我们开始讨论这个至关重要的话题——为人处世。她告诉我,当她写欧文·D.扬传记时,曾采访一位跟欧文·D.扬先生同一办公室工作三年的人。那人说,长达三年时间里,他从没听到欧文·扬对任何一个人直接发号施令过,他总是给出建议,而不是命令。

比如,欧文·扬从没说过类似"做这个,做那个"或"别做这个,别做那个"的话;他会这样说:"你不妨考虑一下……"或者"你认为……怎么样?"

"你以为如何?"当他口述完一封信后,他常常这样问;在审阅某个助理写的信时,他会说"我们这样措辞或许会好一点"。他总是把做事情的机会给别人,他从不告诉助手应该怎样去做,而是让他们从错误中总结经验。

欧文·扬的技巧很容易使人改正错误。他用这种技巧保留了对方的自尊,给予他"自重感";那种技巧鼓励对方合作,而不是引起抗拒。

轻率而傲慢地对人发号施令会引起憎恨,而且经久不息——即使被纠正的是一个显而易见的严重错误。丹·桑塔雷利是宾夕法尼亚州怀俄明一名假期学校教师,他在我的培训课上对学员们讲述了一件事:他一个学生在学校商店前乱停车,堵住了商店的入口。

一个老师闯进教室,盛气凌人地问:"商店前的车是谁的?"

当那位学生承认后,老师冲他大叫:"把车开走!现在就开走!要不我用铁链子把它拖出去。"

学生的确错了,那地方不该停车,但自从那天起,不仅这个学生对这个老师怀恨在心,所有学生都想尽办法在课堂上给那个老师添乱,弄得他工作起来很不顺心。

他能不能换个处理方法? 如果他以友善的口气问:"商店前的车是谁的?"然后建议,如果车移一下,其他车就可以通行了,那位学生也就会开开心心地把车挪走,其他同学也不会被惹恼惹怒。

采取提问的方式不但能让一个命令听起来顺耳,还常常能激起听者的创造性。人们如果能参与由命令引发的决定,则更易于接受命令。

南非约翰内斯堡的伊恩·麦克唐纳是一家小型精密机械部件厂总经理,本有机会获得一个大订单,但被告知无法按时交货。车间生产任务已经排满,加之要求的工期太紧,这些都似乎不可能让他接受订单。他没有敦促工人加班加点把这个订单加进去,而是把所有人召集起来,向他们解释情况,告诉他们如果能想办法按时交货,对公司、对所有员工将有多么重大的意义。随后他开始问问题:

"我们有任何办法接下这个单子吗?"

"有没有人能在工艺中想出其他办法,我们就能接下这个大单子?"

"有什么办法调整工时和调配人员吗?"

员工们集思广益,想出了很多主意,坚持麦克唐纳接下这个大单。人们以"我们能行"的态度解决了难题。单子接下了,按质按量生产出来并按时交货了。

一个有效率的领导会采用:

原则 4

多虚心请教,而不是发号施令。

第二十六章

面子要给足

数年前,美国通用电气公司遇到一桩棘手的事:怎么免去查尔斯·斯坦梅茨的部长职务。

以电学学识衡量,斯坦梅茨是顶级天才,但让他担任测算部部长,却是十足的失策。由于斯坦梅茨是公司离不开的人才,又极度敏感,公司不敢得罪他,公司给了他一个新头衔,请他担任总公司顾问工程师——这是一个和他工作对口的职位;然后,另派他人填补他留下的那个部长职位。

斯坦梅茨很高兴。

通用电气公司高层也很满意。他们温和而又有策略地动了一位脾气暴躁的明星人物的"奶酪",没有发生任何"地震",因为他们给足了斯坦梅茨面子。

保全一个人的面子,何其重要!极其重要!却很少有人这么想一想!我们践踏别人的感情,怎么狠怎么来;吹毛求疵,威胁恫吓,当众训斥孩子或员工,毫不顾虑别人的尊严。其实,只需几分钟先想一下,说一两句体谅的话,真心设身处地地理解对方,就能化干戈为玉帛。

以后,如果不得不面对批评员工的不愉快局面时,我们应记住保全对方的面子。

现在我引述一段执业公共会计师马歇尔·A.格兰杰写给我的信:

> 辞退雇员不好玩,被辞退,更不好玩。我们的业务季节性很强,所以每年收入税高峰过去,我们都不得不让一批雇员开路。
>
> 在我们行业中,有一句行话:没有人愿意挥斧裁人。结果,解雇员工时就形成快"斧"斩"乱麻"的局面;通常是这样的套路:"请坐,史密斯先生。现在保税季节已过,我们似乎没什么工作让你做了。当然,你事前也知道,你只是在税季来帮忙的,等等。"
>
> 这些人的反应是一种失望,一种"被撵走"的感觉。他们当中多数人是以会计谋生的,但对这些将他们招之即来挥之即去的会计事务所,没有什么特殊的感情。
>
> 最近我决定,在辞退雇员时注意方寸;所以,我在约谈每个人之前必先把他们的工作成绩细看一番。我是这么对他们谈话的:"史密斯先生,你工作干得很棒(如果确实如此)。前次,事务所派你到纽瓦克处理的那件事难度很大,你临危受命,却办得很漂亮。有一点我们希望你明白,你很能干,无论去哪都会受欢迎。公司很为你骄傲,我们信任你,支持你。"
>
> 效果如何?这些人对被辞退心情舒服多了,他们不再觉得"被撵走"了。他们知道以后这里还会请他们来的。后来他们再来工作时,对我们很亲热。

在我们某个学期的培训课中,两个学员讨论了挑错的负面影响以及保全他人面子的正面影响。

宾夕法尼亚州哈里斯堡的弗雷德·克拉克说起发生在他公司里的一件事:"在一次生产会议上,一名副总就一个生产程序方面的问题向一名生产主管尖锐发问,他的语气很有挑衅性,直指主管的失职。为了不在同事面前丢面子,这位主管顾左右而言其他。这位副总发火了,呵斥主管,指责他撒谎。这次冲突之前的良好工作关系在短短几句话中就土崩瓦解了。这名总体来说工作能力不错的主管从此成了公司多余的人。几个月后,他跳槽到一家竞争对手公司,我知道,他在那儿干得不错。"

另外一个学员安娜·马佐尼讲述了她公司里一件同样的事——只不过方式和结局都南辕北辙。

马佐尼太太是一家食品包装物公司的营销专家,她接到的第一个任务是对一个新产品进行市场测试。她在课堂上说:"当测试结果出来后,我很沮丧。我在计划中犯了个大错,整个测试不得不再来一遍;更糟糕的是,在下次的专题汇报会之前,我没机会和老板谈这个事情。当我被通知汇报时,我紧张得发抖。为了不至于崩溃,我想尽了办法;但我决心绝不能哭,不能让那些男人们说三道四,什么女人太情绪化,做不了这项工作之类的。我简单做了汇报,表明因为一个错误,我会在下次会议之前再做一次测试。然后我坐了下来,等着老板河东狮吼。老板并没有爆发,反而感谢我做的工作。他说在一个新项目中出个漏子不算什么奇怪,他还说他相信下次的市场调查会准确有效;他在我所有同事面前保证了对我的信心,知道我会竭尽所能,这次之所以出问题,不在于我的能力,而是因为经验不足。离开会议室时,我昂首阔步,脑子里有一个坚定的信念,绝不能辜负老板的希望。"

即使我们全对,对方全错,扫对方面子只会摧毁他的自尊。传奇人物、法国飞行探险家和作家安托万·让·埃克絮佩里写道:"我没有任何权利去说任何话或做任何事,以使某个人感觉被藐视。要紧的不是我怎么看待他,而是他怎么看待自己。伤害一个人的自尊是一种犯罪。"

世界上的真伟人不会只顾及自己某方面的成就。有这样一件事:

经过数百年的敌对仇视,土耳其人在1922年决心将希腊人驱逐出去。土耳其总统凯末尔,悲愤地对士兵说:"你们的目的地,就是地中海。"一项近代史上最激烈的战争就此发起了。

结果土耳其获胜,当希腊的两位将军向凯末尔请降时,沿途遭到土耳其民众的羞辱。凯末尔却没以胜利者姿态自居,相反,他握着两位败军之将的手说:"两位请坐,你们一定累了!"凯末尔先谈了谈战争情况,为了安抚对方,他说:"战争就像一场竞技比赛,有时候,即使高手也会马失前蹄的。"

一个真正的领导,会始终遵循:

原则 5

顾及对方的面子。

第二十七章

如何激励人们成功

皮特·巴洛是我的一位老朋友。他善于表演,一生都随马戏团和歌舞巡回演出。我喜欢看他为了演出训练新狗。我注意到每当狗在动作上略有进步,巴洛都会拍拍它,给它肉吃,大加表扬。

这技巧不算什么新鲜事,被动物训练者们用了几个世纪。

我纳闷的是,当我们想改变他人时,为什么不借用那些驯狗技巧呢?为什么不用肉来替代皮鞭呢?为什么不用夸奖来替代责备呢?即使别人只有丝毫改进,我们也要夸奖,这样就能鼓励他们继续进步。

心理学家杰斯·莱尔在他《孩子,我不算什么,我只是我》一书中评论说:"夸奖就像阳光暖人心窝,没有阳光,我们的人生之树无法开花结果。然而,大多数人随时准备对别人冷嘲热讽时,不知怎么的,却对我们的伙伴说句暖心窝点赞美的话犹犹豫豫。"

劳韦斯狱长发觉,即使对辛辛监狱里的凶残犯人略加赞赏,也是有效的。写本书时我接到劳韦斯狱长的一封信,信上这样说:"我发现如果对囚犯的勤劳加以适度夸奖,要比严厉惩罚和责备更能让他们采取合作,更有助于他们人格修复。

我从没在辛辛监狱待过——至少目前还没有。但我可以回顾自己的往事,找出彻底改变了我生活的几句话。你能在自己生活中找出这样的几句话吗?往事中充满了魔力般夸奖的生动例子。

比如,很多年前,一个 10 岁大的意大利男孩在那不勒斯一家工厂打工。他渴望成为一个歌唱家,但他的第一个老师给他当头一棒:"你唱不了,你嗓音一点也不好,听起来就像穿堂风似的。"

但他的妈妈——一个贫穷的农妇,却拥抱着他,夸奖他,说她认为他能唱歌,她已经看出了他的提高。这位母亲为了给他凑钱学音乐,竟然赤足走路、干活!这位农妇的表扬和鼓励改变了孩子的命运,他的名字叫恩里科·卡鲁索,他成为那个时代最伟大最负盛名的男高音。

在 19 世纪早期,一位伦敦的年轻人立志成为作家,但似乎一切都在跟他作对。首先,他连小学四年级都没读完;他的父亲,因为无法偿还债务而锒铛入狱;小孩时他就饱尝饥寒交迫的滋味。

最后,小孩找到一个活儿——在一个鼠多为患的五金仓库里为墨水瓶黏贴标签。晚上,他就和另外两个伦敦贫民窟来的小孩睡在一个阴暗的阁楼房间里。他对自己的写作能力一点也没有信心,以至于第一次投稿时他要靠夜色掩护下溜出去邮寄稿子,以免被人认出来。一次次退稿后,第一篇稿子被采纳的那一个伟大日子终于到来。尽管他们没有得到一先令稿酬,却得到了一位编辑的赞扬和另一位编辑的认可。他太兴奋了,他在街上漫无目的地逛着,泪流满面。

一篇稿子付印——这就是他得到的赞扬和认可,改变了他的人生,因为如果没有那个鼓励,他可能就在那个老鼠出没的五金仓库里干一辈子活了。你可能听说过这个男孩,他的名字叫查尔斯·狄更斯。

另一个在伦敦的男孩靠在一个干货店打工。他必须每天早晨5点起床,清扫店面,然后累死累活地干14个小时。男孩恨透了这沉重又乏味的活。两年后,男孩再也忍受不下去了,一个早晨,他没等到吃早饭就步行15英里去找他妈妈,她当时在给人家做家佣。

他疯了似的请求他妈妈允许他离开那个鬼地方,他哭着说,他宁愿杀了自己也不在那儿干下去。然后他给他的中学校长写了一封悲痛欲绝的长信,说自己心都碎了,不想活了。老校长在回信中表扬了他,让他相信自己很聪明,能干更有意义的工作,还给他提供了一个当教师的工作。

校长的赞扬改变了那个男孩的命运,并在英语文学中留下了一段不朽的佳话。因为这鼓励,孩子写出了无数畅销书,靠着一支笔赚下百万身家。你可能听说过他,他的名字叫G. H. 威尔斯①。

表扬而不是批评,是B. F. 斯金纳最基本的教学法,这位当代最伟大的心理学家通过动物和人类实验,揭示出这样一个现象:当减少批评、加大赞扬时,人们干得好的事情就会好上加好,干得不太好的事情因为没被人注意,也会越来越少。

北卡罗来纳州洛基岗的约翰·温杰斯堡就这样管教孩子。像很多家庭一样,父母对孩子的主要交流方式似乎就是呵斥;而且,通常每次家法从事之后,无论孩子还是母亲都没因此向好的方向发展,而是更糟。要解决问题看起来似乎遥遥无期。

温杰斯堡先生决定采用在培训课中学到的原则去解决这个情况。

---

① G. H. 威尔斯(Herbert George Wells, 1866—1946):英国著名小说家,尤以科幻小说创作闻名于世。主要作品《时间机器》《莫洛博士岛》《隐身人》《星际战争》等。

他在课堂上讲述道:"我们决定试着去表扬他们,而不是对他们的错误一味地横加指责。这不容易,因为我们看到的尽是负面的东西,很难找到值得表扬的事情。我们就想方设法地找。头两天,有些非常让人头疼的事情他们不再干了。随后,其他一些毛病也消失了。他们开始看重我们的表扬,甚至开始不怕麻烦尽量把事做对。简直难以置信。当然,这个情况持续不了多久,但趋于平稳后的水准比以前好多了,孩子的正面行为远多于负面行为。这都得益于对孩子的每一最轻微进步的表扬,而不是对他们错误的责难。"

在职场上,这个技巧也管用。加州伍德兰岗的基斯·罗珀就在他公司事务里将其付诸实施。从印刷车间送来的印刷品质量不同寻常的高。其实,印出这些材料的印刷工费了很大周折才适应这个岗位,他的主管认为他态度消极,很想辞退他。

罗珀先生得知此事后,亲自去那个印刷车间和这个年轻人谈话。他说刚收到的印刷品多令他满意,他说,很长一段时间以来,那是本车间最好的产品。他还详细说明这个年轻人技术好在哪儿,以及天对公司做出了多重大的贡献。

你觉得罗珀的做法对年轻人对公司的态度有影响吗?短短几天就发生了逆转。他对几位工友说起了这次会谈,说公司里有人对他的技术多么刮目相看。从那天起,他变成了一个忠诚敬业的好员工。

罗珀先生所做的不只是恭维这个印刷工,说什么"你真棒!"而是具体指出他的技术了不起在什么地方,因为他已经具体罗列出了子丑寅卯,而不是客套似的泛泛而谈,他的称赞因而有理有据。每个人都喜欢被赞美,但如果赞美变得明确、具体,就会显得更加真诚——不是那种为了讨好而讨好的伪善。

请记住：我们都渴望被赞扬，被承认，并愿意为此付出一切；但没有人需要虚情假意，没有人需要献媚拍马。

让我重复一遍：本书的原则只有在真心诚意的前提下才有效果。我不是在兜售一袋子锦囊妙计，我是在倡导一种新的生活方式。

这话夸张吗？现在我们看看迄今为止美国最富声誉的心理学家、哲学家威廉·詹姆斯的真知灼见：

> 和我们本应达到那那个状态相比，我们还处于半开发状态。我们的身心、智能只有很小一部分得以利用。恕我直言，人类的个体潜能受困于他的局限之内，每个人都有更多潜能，却习惯性地疏于利用。

是的，读到此处的你就具备各种潜能，却习惯性地疏于利用；这些潜能中的一种，或许就是你没有尽量用你的超常能力去赞美别人，激发出他们的潜能。

人们的能力在批评中枯萎，在鼓励下绽放。要成为一个明察秋毫的领导，请运用：

原则 6

> 对别人最微小的进步和每一次进步大加赞美；
>
> 溢美之词要发自肺腑，多多益善。

第二十八章

即使一条狗也要取个好名

如果一个一向表现良好的员工在工作中开始敷衍了事,你会怎么做？你可以炒了他,其实那并不解决任何问题；你可以教训员工,但那通常会招人怨恨。亨利·亨克斯是印第安纳州劳威尔一家大型卡车经销商的售后服务经理,他手下一个技师的工作越来越令人不满意。亨克没有训斥他,也没有威胁他,而是把他请到办公室,进行了一场推心置腹的谈话。

"比尔,你是一个优秀的技师。"亨克对他说,"你在这个行业很多年了,你修的很多车都让客户满意。事实上,我们得到了很多对你的表扬。当然,最近可能因为你的工作时间增加了,你的活没有以前水准高了。你过去一直是一名优秀的技师,我敢说你知道我对这个情况不满意,不过,我们也许可以一起想办法予以纠正。"

比尔回答说,他没有意识到自己疏于职责；他让老板确信,他所干的工作并非不能应对,他会尽量予以改进。

他这样做了吗？你应该相信他这样做了。他很快又成为一名动作敏捷技术全面的技师。在亨克给了他那么高的荣誉后,他除了干得和过去一样好,他还能怎样呢?

当时的宝德温机车公司总裁萨姆尔·瓦克莱恩说:"如果你能以礼待人,或者对他的某种能力表示尊重,一般的人是不难领导的。"

简言之,如果你要改善某人的某一方面,就表现为对方已经具备了那方面的才能或品德。正如莎士比亚说的:"如果你没有,就预设一个。"最好在预设后再公开说出来,某个人就有某个优点——这一点正是你想让他发扬光大的。给他制造一种荣誉去,他们就会付出远远超出你的想象的巨大努力去维护那个荣誉。

作家乔吉特·勒布朗在她的《我和梅克林特生活回忆》中描述了一个比利时"灰姑娘"惊人的转换。

"旁边酒店一个侍者送来我的订餐。"她写道,"她叫'刷盘子的玛丽',因为她最早是在后厨房帮工。她长得活像个怪物,斗鸡眼,罗圈腿,皮肤和气色都很寒碜。"她写道。

> 一天,当她端着我订的一盘意大利通心粉进来时,我直截了当地对她说:"玛丽,你不明白你真正的魅力在哪儿。"
>
> 由于习惯于抑制自己的情感,玛丽半阵没有反应;因为生怕惹出事端,哪怕最细微的姿态也不敢流露。直到她把饭菜放到桌子上,才叹了气,非常质朴地说:"夫人,我从来没那么想过。"她没有质疑,也没有提问,只是回到厨房对别人转述我说的话,说这是出于我的真心,而不是寻她开心的。
>
> 那天以后,别人开始对她好起来。但发生在谦卑的玛丽自己身上的变化才最令人好奇。由于信了我说的——她是被忽略了的一件宝物,她开始小心翼翼地在脸上和身体上下工夫,不久,她那枯

萎的青春渐渐绽放,悄悄地将她平淡的容颜掩盖起来。

两个月后,她告诉我她要和一名大厨的侄子结婚了。"我要当太太了。"她说,并对我深表谢意。就这样,一句寻常话语彻底改变了她的生活。

乔吉特·勒布朗给了"刷盘子的玛丽"一个需要维护的荣誉——那个荣誉将一个"灰姑娘"转换成了一个有魅力的太太。

比尔·帕克是佛罗里达州德托拉海滩一家食品公司的销售代表,他对公司引进的一条新生产线非常兴奋,同时又因为一家大型独立食品商场拒绝引进他们的产品闷闷不乐。比尔整天琢磨着这件事,决定在下班回家前再去那家超市碰碰运气。

"杰克,我早上离开后才想起,我没把新生产线的所有特点说清楚。"帕克说,"如您能给我一点时间听我查漏补缺,我将非常感激。我很尊重一点,就是您始终愿意倾听别人的意见,而且特别识时务。

杰克还能拒绝给他一次听证会的机会吗?不会的,因为他会顾及自己的声誉。

一个上午,爱尔兰都柏林的牙医马丁·菲茨休被一个病人的话惊呆了,病人说当她涮洗口腔时,发现放置口杯的托架不够干净。尽管病人是用纸杯而不是用托架喝水的,但使用不干净的设备确实不够专业。病人离开后,菲茨休医生回到办公室给女清洁工布莱吉特写了一封信,她每周来打扫他的办公室两次。信件如下:

亲爱的布莱吉特:

我很少见到你,这么长时间以来,你一直把我的办公室打扫的干干净净,我觉得应该抽时间谢谢你。随便说一句,我觉得我该提醒你一下,由于一周两次、每次两小时清洁时间太短,如果你觉得有必要把那些"不时"需要清洁的东西——比如托架之类也清洁一下,不妨每次增加半小时。当然,我会支付额外工钱的。

"第二天,当我走进办公室时。"菲茨休医生说,"我的桌子被擦得光可鉴人,椅子也一样,我都差点滑下去了。当我走进治疗室时,我看见亮晶晶的一尘不染的镀铬托架——自打放那儿就没这么干净过。我给了清洁女工荣誉,就因为我这小小的姿态,她就干得比过去任何时候都更好。她多花了多少时间?说对了——一点也没有增加。"

有一句老话这么说的:"如果给一条狗取个难听的名字,你还不如吊死它算了。"但如果给狗取一个好名——你尽可瞧瞧,会有什么情况发生!

鲁思·霍普金斯太太是纽约布鲁克林一位小学四年级教师,新学期开学那天,看了学生名册后,她的兴奋劲儿很快就被焦虑湮没了。

新学年,学校恶名昭著的"捣蛋王"汤米·T.到了她班上。汤米三年级的老师不断在同事、校长以及其他人面前抱怨他。他不仅调皮捣蛋,还在班上严重破坏纪律,和男同学打架,取笑女同学,随着年龄增加似乎越来越糟糕了。他唯一值得肯定的是脑子灵,学东西快。

霍普金斯太太决定马上面对"汤米问题"。她向新学生问候时,她对他的稍做评价:"罗丝,你的衣服真漂亮。""阿丽西娅,我听说你的画画很漂亮。"当她面对汤米时,她看着他的眼睛,说:"汤米,我知道你天然是个领导,我还得靠你帮助我在这一年把班上各方面成绩做得最好。"此后几天她对汤米做的任何事情都大加表扬,说这些充分证明了汤米是个好学生。在这样的荣誉下,即使一个9岁孩子也不会让她失望——他的确没有。

如果你要在改变他人的态度和行为的领导力这一艰难角色上胜出，请运用：

原则 7

给他人一个荣誉，让他去维护。

第二十九章

轻松纠错

我有一个单身朋友,差不多40岁才订婚。他的未婚妻劝他去上一些过时的舞蹈课。他对我讲述事情经过时,坦陈道:"上帝都知道我需要学,因为我现在的舞技还停留在20年前初学时的样子。我请的第一位老师也许说的是真话,她说我动作完全不对,我必须彻底忘掉以前,从头学起。这话让我沮丧极了,无心再学了,我辞掉了这位老师。"

他说道:"第二个老师说的可能也不是实话,但我听了却很高兴。她若无其事地说,我的舞步也许有点过时了,但基本动作是对的,她向我保证,我要学会几种流行舞步没有问题。第一个老师通过强调我的错误,浇灭了我的兴趣;新老师恰好相反,她不断称赞我的正确之处,从而减少我的错误。她肯定地对我说:'你有很天然的节奏感,你天生就是一块跳舞的料。'可是我有自知之明,在跳舞上我一直是永远也只能是第四流水平;但在我心里,却依然相信她说的**也许**是真的。当然,她这么说是因为我付了学费,我又何必去点破呢?无论如何,如果她不夸奖我'有很天然的节奏感',我就不会比以前跳得好了。她的话鼓励了我,给了我希望,让我有提高的意愿。"

假如你告诉你的孩子、你的爱人或你的员工在某件事上愚蠢透顶，或说他们没有一点天赋，或说他们朽木不可雕，会将他们自我改进的欲望扼杀殆尽。相反——你要慷慨鼓励，让事情显得容易一些，让别人知道你对他的办事能力有信心，对他说他有某种禀赋尚未发挥出来——这样一来，为了取胜，他就会竭尽全力，直到曙光降临。

人际关系学大师劳威尔·托马斯就运用了这个技巧。他给你信心，用勇气和信任激励你。我和托马斯夫妇共度了一个周末。周六晚上，我被请到壁炉前打桥牌。桥牌？噢，不！我对桥牌一窍不通，这个游戏对我简直就是一个不解之谜，不！我肯定玩不了！

"何必呢，戴尔，一点也不神秘。"劳威尔回复说，"桥牌除了记性和判断外啥也没有，你还写过关于记忆力的文章呢，桥牌对你简直就是小菜一碟，信手拈来。"

就因为他们说我对桥牌有天赋，让游戏显得不那么难，一眨眼，我几乎还没有反应过来就破天荒地坐在牌桌前了。

提起桥牌，让我想起伊利·卡伯特森[①]，他关于桥牌的书被翻译成多种语言，卖了100多万册。他却告诉我，要不是一个年轻女人让他相信自己在桥牌方面有天赋，他根本就不可能在这方面取得那么大的成就。

当他1922年来美国时，他希望找到一个教授心理学和社会学的工作，但没找到。

然后，他试着去推销煤炭，失败了。

---

① 伊利·卡伯特森(Ely Culbertson, 1891—1955)：美国20世纪30年代著名桥牌大师，号称"桥牌之父"。

然后,他试着去推销咖啡,也失败了。

他打过桥牌,但当时从来没想到将来会从事桥牌教育。他不仅桥牌技术差劲,还是个一根筋。他打牌时话太多,出牌后还追问个究竟,所以没人愿意和他玩。

后来他遇到名叫约瑟芬·迪伦的可爱的桥牌教师,并爱上了她,和她结了婚。她留意到伊利·卡伯特森在分析牌局时异常细心,就让他深信自己是一个潜在的桥牌天才。卡伯特森告诉我,正是这个鼓励,将他带入了桥牌事业。

克拉伦斯·M.琼斯是我们在俄亥俄州辛辛那提培训部的讲师,讲述了鼓励以及让错误显得易于纠正是如何轻松而彻底地改变了他儿子的生活。

"1970年,我15岁的儿子戴维前来辛辛那提和我一起生活。他的命运实在是多灾多难。1958年,他的面部在一次车祸中破相,留下一个难看的伤疤。1960年,他的母亲和我离婚,他和他妈妈搬到得克萨斯州的达拉斯。15岁之前他在达拉斯上学期间,大多数时间是在专为脑力迟钝的学生开设的系统课程中学习。因为前额那个伤疤,学校认定他有脑伤,脑力不正常。所以他比同龄人晚了两级,是七年级唯一的一名学生。然而,他却不会用乘法表,只能掰手指头计算,也几乎无法阅读。有一点值得肯定,那就是他喜欢摆弄收音机和电视机。他要成为一名电视机技师,我对此进行鼓励,还告诉他必须学好数学才能符合培训的要求。我决定帮助他学好这门课,于是就找来四套加减乘除教学卡片。当我们学习时,把正确答案放到'已过'一堆;当戴维错了一道题,我就给他正确答案的卡片,然后把卡片放到'重做'那一堆,直到卡片全部用完。他每做对一道题,我都大加夸奖,尤其是前面做错了的。每个晚上,我们都要把

'重做'那一堆的卡片全部完成;每个晚上我们还用跑表测试时间,我对他保证,如果他能在八分钟内把所有卡片正确无误地完成,我们就没必要每天晚上都练习。"

琼斯说道:"这目标对戴维似乎遥不可及。第一个晚上他用了 52 分钟,第二个晚上用了 48 分钟,接下来几个晚上是 45 分钟、44 分钟、41 分钟,然后控制在 40 分钟以内。每一次缩短,我们都会庆祝一番。我叫来太太,热烈地拥抱戴维,并且载歌载舞。当月底,他就在 8 分钟内完成任务。每当他取得一点进步,他都会主动要求再来一次。戴维惊喜地发现,学习是轻松和充满乐趣的事情。自然,戴维的代数成绩突飞猛进。如果你会乘法表,代数就会容易得多。他带回了连他自己都惊讶的成绩——B分,这是前所未有的。戴维在其他方面进步之迅猛也让人难以置信。他的阅读提高很快,他开始显露出绘画方面的天赋。那一学年晚些时候,他的理科老师派他去一个展会布展。他选择了一个显示杠杆原理的系列模型,这极其复杂,不仅需要绘画和模型制作方面的才能,还涉及运用数学方面的知识。展会在学校科学展中获得一等奖,然后在辛辛那提全市竞赛中获得三等奖。

琼斯总结道:"鼓励以及让错误显得易于纠正的效果就是这样。这就是一个留了两级的孩子,一个被宣布为'脑残'的孩子,一个被同学们嘲笑为'弗兰肯斯坦'①的孩子,一个被伙伴们告知他的脑髓肯定从他的脑伤中流走了的孩子。突然,他发现他其实具备学习能力,而且能学有所成。结果呢?从八年级最后一个季度直到高中毕业,他的荣誉从未停

---

① 弗兰肯斯坦(Frankenstain):是英国诗人雪莱的妻子玛丽·雪莱 1818 年创作的同名小说中的角色,是一个自我创造又自我毁灭的科学怪兽。本小说被认为是世界第一部真正意义上的科幻小说。

止过。高中期间,他入选了'全国荣誉学生社团'。一旦他发现学习并不难,他整个人生就被改变了。"

如果你要帮助别人进步,谨记:

原则 8

多鼓励,使错误显得易于纠正。

第三十章

让别人乐于为你效劳

还是在1915年那年,美国举国震惊。那一年,欧洲列国以史无前例的规模陷入一场又一场大残杀。和平有望吗?没人知晓。但伍德罗·威尔逊总统决心为此努力,他准备派一名个人代表,一个和平特使去欧洲和那些军阀们斡旋。

国务卿威廉·詹宁斯·布莱恩是一位和平倡导者,他看出这是个建功立业名垂青史的机会,希望自己前往奔走。威尔逊总统却派了另外一个人——他的密友和顾问爱德华·M.郝斯上校。这就把一件难题摆在了郝斯上校面前:如何把这个不受布莱恩待见的消息吐露给他,又不至于让他不悦。

"当布莱恩听说是我担任欧洲和平特使,显然极为失望。"郝斯上校在日记中写道,"他说,原本他想亲自走一趟……我回答说,总统认为这事做得太正式了是不明智的,**国务卿亲自出马太引人注目了**,人们会议论纷纷。"

你听出弦外之音了吗?郝斯上校其实是对布莱恩说,以他的位高权重去做那工作是牛刀杀鸡——布莱恩对此很受用。

阅历丰富的郝斯上校深谙处世之道,他遵从了一条重要的人际关系原则:"**永远使人们乐意按你的建议去做。**"

伍德罗·威尔逊总统在邀请威廉·吉布斯·麦卡杜加入他的内阁时,也运用了这项原则。这本是总统给任何人的最高荣誉,他却以一种使别人觉得自己加倍重要的方式发出邀请。麦卡杜自己是这样描述的:"威尔逊总统说他正在筹建内阁,如果我能接受财政部长一职,他将非常高兴。他做事让人舒心,他给人这样一种印象——如果我接受这项荣誉,好像帮了他一个大忙。"

不幸的是,威尔逊总统并不始终如一地运用那种技巧,否则历史或许就不一样了。他让美国加入"国际联盟"就开罪了参议院和共和党。威尔逊总统拒绝带那些重要的共和党人——如伊莱修·鲁特、查尔斯·伊万斯·休斯或亨利·卡波特·洛奇——随他参加和平大会,反而带了几个本党内无足轻重的人。他冷落了共和党,拒绝让共和党人"分一杯羹",没让他们觉得创办"国联"也是他们的意见。威尔逊的草率行事,毁掉了自己的事业,损害了自己的健康,甚至让他折寿;美国因此未加入"国联",世界历史进程也被改变。

不仅政治家和外交家运用这种"让他人乐意按你的建议去做"的策略。戴尔·O.费里年来自印第安纳州韦恩堡,他讲述了他是怎么通过鼓励他最年幼的孩子乐意完成他分配的家务活的:

"杰夫的一个活儿是在梨树下捡梨,这样在梨树下割草的人就不用停下来去捡了。杰夫不喜欢这个活儿,总是要么没捡干净,要么就是'猴子掰玉米',反正割草的人不得不时而停下来捡几个他漏掉的梨。我没有对杰夫吹胡子瞪眼,而是在某一天对他这样说:'杰夫,我和你做个交易吧——你每捡满一筐梨,我付你一美元;你完成后,如果我发现一个梨,就扣除一美元。你觉得怎么样?'你可能猜到了,他不仅把梨捡得一干二净,我还得留点神仔细检查,看他是不是把树上的梨也摘下来放进篮子里充数。"

我认识一个人,很多人邀请他去演讲,他都拒绝了。这些邀请来自他的朋友,来自他应该尽义务的对象;由于他太善于处世,被拒绝的人居然还毫无怨言。他是怎么做的?他不是仅仅说自己多忙,忙这啊,忙那啊,而是在对邀请表示感激以及自己无法接受邀请深表遗憾的同时,推荐了一个替代人选。换句话说,他没有给邀请者任何时间对自己的婉拒感到不悦,他迅速把对方的心思转移到一位愿意接受邀请的人那儿。

冈特·施密特先生供职于德国一家食品店,他在德国上我们的课时讲述了他手下一个职员的事情。这位"马大哈"店员老是把食品架上的价格标签放错,时常引起混乱和顾客的抱怨。提醒她,告诫她,当面批评她都起不了多大作用。最后,施密特先生把她叫进办公室,任命她为全店价格标签的主管,负责全店所有货架上标签的正确放置。这个新的职责和头衔彻底改变了她的工作态度,从此,她出色地履行了她的职责。

孩子气?也许有点,但这却正是有些人对拿破仑在一件事上的说法。当时拿破仑创立"荣誉军团",向士兵们颁发了1.5万枚十字勋章,授予18名将领"法兰西元帅",将他的部队称为"雄师"。有人批评拿破仑拿"玩具"逗弄这些久经沙场磨砺的军人们,拿破仑说:"是的,人就是甘为玩具控制的。"

这种给头衔或授权的方法,对拿破仑有效,对你同样有效。我在纽约斯卡斯德尔有个朋友叫欧内斯特·根特太太,她的草地常被顽皮的孩子踩坏,这很让她头疼。连批带哄都不管用,她终于想出一个办法。她从这群"捣蛋鬼"中找出一个最恶劣的,授予他"大侦探"的头衔,职责是负责将所有踩踏草坪的小家伙轰走。这个办法立竿见影。"大侦探"在后院里燃起一堆篝火,把一条铁棍烧得通红,威胁谁再踩踏草地,他就给谁上"炮烙之刑"。

在必须改变他人态度和行为时,高明的领导会遵循如下忠告:

1. 真诚。不要对任何无法实现的事情做出许诺。忘掉自己的利益,关注他人的利益。

2. 你要别人做什么,心里应该一清二楚。

3. 善解人意。扪心自问别人究竟需要什么。

4. 考虑别人能从遵循你的建议中获得的好处。

5. 让你的利益和他人的需求相匹配。

6. 当你提出要求时,要注意方式方法,让接受你主意的人本人受益。我们可以这样直截了当地发号施令:"约翰,明天有顾客来,我得让存货库显得干净。你去清扫一下,把货架上的货摆放整齐,把柜台擦亮点。"或者我们可以通过让约翰获益的方式表达同样的意思:"约翰,我们有个紧急任务。**如果现在就做,以后就省事了。**明天我会带一些客户来看我们的设施,我打算在存货库给他们看,但里面有点脏乱。如果你能整理清洁一下,把货架上的货物放整齐,把柜台擦干净,将会让我们显得管理有方,**你也将对公司的良好形象做出自己的贡献。**"

约翰会高高兴兴地从命吗?或许不会太开心,但比起不指出他也利益攸关,却开心得多。就设想你知道约翰对他自己的存货库的模样有自豪感,对维护公司的形象有兴趣,他会更通融合作。同时对约翰表明,这活反正迟早要做,早做早了事。

当你运用这些方法时,如以为会从他人那儿获得积极反应,未免太幼稚了；但多数人的经验显示,运用这些办法去改变他人,比不用这些办法可能性大得多；而且,即使你仅仅将成功率增加百分之十,你作为领导的高明也会比你没做领导前增加百分之十,——这个受益者就是你。

当你运用如下原则时,人们更可能按照你的意思行动：

原则 9

让别人乐于按你的意思行事。

小结
如何做领导

一个领导者的工作通常包括改变人们的态度和行为,以下是实现这些目标的建议:

原则 1
用表扬和真诚的赞美开始。

原则 2
间接指出人们的错误。

原则 3
在批评对方之前,不妨先自我批评。

原则 4
多虚心请教,而不是发号施令。

原则 5
顾及对方的面子。

原则 6
对别人最微小的进步和每一次进步大加赞美;赞美要发自肺腑,多多益善。

原则 7
给他人一个荣誉,让他去维护。

原则 8

多鼓励,使错误更容易纠正。

原则 9

让别人乐于按你的意思行事。